I0041375

LE
CHATELET
DE PARIS

SON ORGANISATION, SES PRIVILÉGES

PRÉVOTS — CONSEILLERS — CHEVALIERS DU GUET

NOTAIRES — PROCUREURS — COMMISSAIRES — HUISSIERS — REGISTRES

PRISONS ET SUPPLICES — BAZOCHE — TRIBUNAL DE LA SEINE

PAR

CHARLES DESMAZE

CONSEILLER A LA COUR D'APPEL DE PARIS, OFFICIER DE LA LÉGION D'HONNEUR

DEUXIÈME ÉDITION

PARIS

LIBRAIRIE ACADÉMIQUE

DIDIER ET Cⁱᵉ, LIBRAIRES-ÉDITEURS

35, QUAI DES AUGUSTINS, 35

E . M

N.º 1606 80

LE CHATELET

DE PARIS

OUVRAGES DU MÊME AUTEUR

Étude sur Ramus, philosophe picard (XVIe siècle).

Recherches sur le Suicide.

De La Tour, peintre du roi Louis XV.

Des modifications au Code d'instruction criminelle (art. 200, 201 et suivants).

Le Parlement de Paris.

Des Contraventions à Londres.

Le Formulaire des Magistrats.

Pénalités anciennes (supplices et prisons).

Curiosités des anciennes Justices.

Jacques Beauchant, bibliophile Saint-Quentinois (XIVe siècle).

SOUS PRESSE :

La Sainte-Chapelle du Palais de Justice de Paris.

Paris. — Imp. PILLET fils aîné, 5, rue des Grands-Augustins,

LE
CHATELET
DE PARIS

SON ORGANISATION, SES PRIVILÉGES

PRÉVOTS. — CONSEILLERS. — CHEVALIERS DU GUET.
NOTAIRES. — PROCUREURS. — COMMISSAIRES. — HUISSIERS. — REGISTRES.
PRISONS ET SUPPLICES. — BAZOCHE. — TRIBUNAL DE LA SEINE.

PAR

CHARLES DESMAZE

CONSEILLER A LA COUR IMPÉRIALE DE PARIS, OFFICIER DE LA LÉGION D'HONNEUR

DEUXIÈME ÉDITION.

PARIS
LIBRAIRIE ACADÉMIQUE
DIDIER ET Cᵉ, LIBRAIRES-ÉDITEURS
QUAI DES GRANDS-AUGUSTINS, 35.

—

1870
Réserve de tous droits.

PRÉFACE

L'histoire judiciaire de la France, avant 1789, est entièrement écrite dans les registres du Châtelet et des Parlements (1). Ces redoutables et vigilantes juridictions étaient, à Paris, assises en face l'une de l'autre, sur les deux rives de la Seine ; le fleuve baignait les murs de leurs sombres prisons, — à leurs audiences, tenues dès l'aube, se déroulaient toutes les disputes, toutes les contestations, toutes les iniquités, tous les crimes des provinces et de la capitale. — La royauté, la noblesse, le clergé, le peuple portaient devant les juges, avec une même confiance ou une même résignation, leurs doléances et leurs divisions. — Alors, en effet, à cette époque déjà si loin de nous, le seigneur renfermait « les manants sous portes et gonds, du ciel à la terre, maître dans tout son ressort, sur tête et sur col, vent et prairie, tout était à lui, forêt chenue, oiseau dans l'air, poisson dans l'eau (2), bête au buisson,

---

(1) *Le Parlement de Paris*, Cosse et Marchal, éditeurs, place Dauphine.

(2) Michelet. (*Origines du Droit*). (*Rôle de la taille de Paris*). 1296-1300.

cloche qui roule, onde qui coule. » — Le fonctionne-
ment de tous ces droits, la perception de tant d'impôts si divers par leurs titres (1), si lourds par leur
assiette (2), amenaient de fréquents procès, de nombreuses violences, dont la justice examinait avec soin
les pièces et dont elle réprimait avec fermeté les excès.
— Le Parlement de Paris (arrêt de 1779) punit, comme
rebelles, les habitants d'une paroisse, qui avaient osé
réclamer judiciairement des indemnités pour dégâts
aux champs, commis sur leur territoire ! — Devant le
Châtelet, c'était, — sous les yeux du Prévôt, et chaque
jour, un défilé moins solennel peut-être, mais tout aussi
varié : — sorciers, empoisonneurs, faux-monnayeurs,
convulsionnaires, filles de débauche, coupeurs de
bourse, — détrousseurs de grands chemins, mendiants,
sacriléges, journalistes, auteurs de libelles, pamphlets,
et gazettes secrètes, faux témoins, accapareurs de blé,
fauteurs ou complices de rapts et enlèvements expiaient
leurs crimes, sévèrement punis. — Le Châtelet (3)

---

(1) A la veille du 4 août 1789, nuit qui vit abolir tous les priviléges,
il existait encore en France 1,569 péages, dont 400 pour les rivières,
1,169 pour les routes. Sur ce nombre, 1,420 appartenaient à la noblesse
et au clergé.

(2) *Lettre de Marc d'Argenson à Chamillart* (15 décembre 1702),
annonçant l'établissement d'un droit de trois sols par jour, sur les carrosses de louage, par heure, à Paris, au profit de l'hôpital de la Sal-
pétrière.

(3) *Charte de Louis VI* (1134).

s'occupait même, dans sa sollicitude, de la religion de ceux qu'il condamnait : «Salmon de Barselonne, Juif et depuis convers, sera pendu (1) par les pieds, entre deux chiens, d'un costé et d'aultre. — Et après, fust exhorté de soy faire crestien et batisier pour sauver son âme et sur les quarreaulx du Chastellet, fût batisié par les chapelains de Saint-Jacques et furent ses parrains : ung examinateur, un sergent à cheval et la geôlière. » Le temporel et le spirituel étaient là ainsi, jusqu'à l'heure suprême, tristement réunis. — Si je ne m'abuse, il y a, dans tous ces textes, pour la plupart inédits et toujours plus éloquents à mes yeux que les détails fournis par la seule imagination, de bien précieux enseignements sur la marche incessante de notre justice nationale vers le progrès, vers la civilisation. — Les Archives de l'Empire, aujourd'hui si libéralement ouvertes (2) au public m'ont surtout offert une riche moisson, puissé-je en avoir recueilli la féconde récolte. — Que l'on songe qu'il existe aux Archives : liasses, 6,368 ; registres, 2,313 ; cartons, 11 ; cahiers, 27 ; en tout : 8,719 pièces, toutes intéressantes à explorer. — Les procédures sont encore suivies, depuis le xiv⁵ siècle

---

(1) *Registre criminel du Châtelet* (1389).

(2) Le Musée des Archives est ouvert, rue de Paradis-au-Marais, de midi à 4 heures, le jeudi, et les salles sont, chaque jour, ouvertes aux travailleurs de 10 à 3 heures.

jusqu'à nos jours, des documents qui les éclairent et des pièces à conviction, qui les accompagnent. Voici encore l'argent volé par un coupeur de bourse (6 *livres*, 6 *deniers*), puis le couteau de Ravaillac, ici, la machine infernale de Fieschi (1), là une chemise, toute raide et rouge du sang, que versaient les trente plaies de la duchesse de Choiseul-Praslin, pratiquées à l'aide d'un yatagan et d'un pistolet d'arçon, maniés avec une fureur aveugle ! — Plus loin, un immense tableau, trouvé dans l'église de Billon, représentant une allégorie politique, qui n'a pas peu contribué, sans doute, à la condamnation de l'ordre des Jésuites, en 1762. — Enfin, un plan en relief de la Bastille, fait avec une pierre du monument par le citoyen Palloy, chargé de la démolition. (Décret du 21 juillet 1793).

J'espère que le public accueillera, avec une indulgente bienveillance, cette nouvelle édition du *Châtelet de Paris* et qu'il ne la jugera pas dépourvue d'intérêt si j'ai pu, en m'inspirant de sources inexplorées, y faire revivre les traits, déjà bien effacés par le temps, de notre histoire judiciaire. *Qualis ab incepto.*

Paris, juin 1870.

(1) Ces pièces ont été, depuis 1848, versées par la Cour des Pairs supprimée alors.

PRÉFACE

En 1854, avec les modestes ressources d'une bibliothèque de province, dans la bonne ville de Laon, j'avais écrit un Essai sur *le Châtelet de Paris*. Ce travail, si incomplet qu'il fût, renfermait le germe de celui que je publie aujourd'hui sur le même sujet, et pour lequel des matériaux plus nombreux et plus féconds ont été largement mis à ma disposition.

Par cette étude, on pourra juger du double rôle administratif et juridique confié, dans la capitale, aux magistrats des anciens jours. Sur ma route, j'ai toujours recueilli, d'une main pieuse, les débris flottants et épars du passé judiciaire de la France, recherche immense qu'on peut poursuivre sans l'épuiser jamais; et d'où l'on peut tirer, pour le temps où nous sommes, d'utiles enseignements. Cette fois, mon but a été d'indiquer les sources principales auxquelles on doit puiser pour édifier l'histoire, encore à faire, de nos anciennes justices. Aussi, comme je l'ai tenté déjà pour le Parlement de Paris [1], ai-je cité dans leur ordre chronologique les textes, en grande partie inédits, toujours plus éloquents à mes yeux que tous les détails fournis par la seule imagination. Les archives de l'empire m'ont surtout offert une riche moisson : puissé-je en avoir su profiter [2]! Ici, et tout d'abord, c'est pour moi un devoir de gratitude de remercier M. le comte de Laborde, directeur général, et les savants archivistes MM. Duclos, Edgard Boutaric et E. Campardon, pour le désintéressement empressé avec lequel ils ont mis à ma disposition, en véritables érudits, ces nombreux trésors dont ils possèdent si bien la clef.

J'espère que le public accueillera ce livre sur le Châtelet de Paris avec une indulgente équité, et qu'il ne le jugera pas tout à fait dépourvu d'intérêt, si j'ai su y faire revivre quelques traits, déjà bien effacés par le temps, de notre histoire judiciaire.

---

1. *Le Parlement de Paris*, 1860, in-8°. Cosse et Marchal, éditeurs.

2. Les Archives impériales renferment sur le Châtelet : liasses, 6,368; registres et volumes, 2,313; cartons, 11; cahiers, 27. En tout 8,719 pièces.

INTRODUCTION

Le Châtelet [1], cette justice royale ordinaire à Paris, y a tenu une grande, une glorieuse place, même à côté du Parlement et à son ombre. Il était, en effet, chargé de maintenir la sûreté dans la capitale, de prononcer sur de nombreux différends, de contenir et de réprimer présidialement les agitations populaires, de réglementer les corporations et métiers, de vérifier la sincérité des poids et mesures, de déjouer les fraudes du commerce, de défendre les mineurs et les femmes mariées, de contenir les empiétements des juridictions jalouses de leurs priviléges, de calmer la turbulence des écoliers qui confiaient au prévôt lui-même la conservation des statuts et des droits universitaires, antiques et immenses prérogatives instituées par nos rois, confiées par eux au

1. Nous devons mentionner ici le discours de rentrée prononcé, le 3 novembre 1841, par M. Ternaux, substitut près le tribunal de la Seine, qu'une mort prématurée a enlevé à ses fonctions.

patriotisme éclairé des magistrats! Au moment de l'invasion anglaise et dans nos troubles civils, le Châtelet a compté ses héros, ses martyrs, dont l'histoire a précieusement gardé les noms : Jean Filleul, Martin Doublé, François Baudran, Guillaume Perdriau, Hugues Aubriot, Villiers de l'Isle-Adam, Jacques de Luxembourg, Tanneguy Duchâtel ; plus tard, Nicolas Poulain, Jean Tardif, Brisson, Jean Séguier, François Miron. Après la Fronde, cette équipée d'écoliers entre deux grands maîtres, Richelieu et Louis XIV, ce monarque comprend qu'il faut réunir l'administration au lieu de la diviser, et il permet (11 décembre 1666) aux officiers du Châtelet de faire pénétrer l'action de leur police par toute la ville, même dans les lieux privilégiés. Qu'importaient en effet les personnes, et combien leurs misérables questions s'effaçaient devant la hauteur du but poursuivi alors par le grand roi!

Une large et utile place était occupée par le Châtelet de Paris. Ses magistrats étaient, en dernier lieu, au nombre de cinquante-six. Auprès d'eux siégeaient quatre avocats du roi, un procureur du roi, huit substituts, un greffier en chef et ses commis, deux certificateurs de criées, un garde des décrets qui, après les avoir conservés vingt-quatre heures pour recevoir les observations, s'il y avait lieu, en délivrait les expéditions collationnées avec cette mention : *ità est;* les scelleurs et chauffe-cire, un receveur des dépôts, un receveur des amendes, les huissiers audienciers, les huissiers priseurs, les huissiers d'escorte, les geôliers, le crieur assermenté, les quatre trompettes, le médecin juré, le chirurgien, la sage-femme, les soixante experts spéciaux [1], les deux cent vingt sergents à cheval. Ces derniers formaient une confrérie en l'honneur des glorieux corps de saint Martin et de saint Louis ; on chantait, chaque semaine, en l'église Sainte-Croix de la Bretonnerie, trois messes solennelles à diacre et à sous-diacre, l'une pour les trépassés, le lundi ; l'autre pour le Saint-Esprit, le jeudi [2], et enfin une troisième, le samedi, en l'honneur de Notre-Dame. Le personnel était nombreux et en harmonie complète avec l'étendue des attributions exercées.

Aussi la juridiction du Châtelet avait-elle prévention sur les justices seigneuriales de la ville et des faubourgs de Paris. Parfois contestée, elle fut maintenue même contre la puissante abbaye de Sainte-Geneviève (arrêt du 7 mars 1725) et contre l'abbaye de Saint-Germain des Prés (arrêt du 16 janvier 1739). Huit prévôtés ou châtellenies royales lui ressortissaient par appel : Montlhéry, Saint-Germain en Laye, Corbeil, Gonesse, la Ferté-Alais, Brie-Comte-Robert, Tournan et Chaillot. Le service du Châtelet se faisait par les conseillers

---

1. Brewer.
2. Ord. ix, 238.

divisés en quatre colonnes, qui servaient tour à tour et par mois aux séances de la prévôté ou parc civil, du présidial, de la chambre du conseil et de la chambre criminelle.

Ces colonnes se réunissaient en différentes occasions dans la chambre du conseil, soit pour statuer sur certaines matières, soit pour les affaires de la compagnie, soit pour la réception de ses officiers. N'est-ce pas là le berceau de notre chambre du conseil? Nous allons parcourir successivement les diverses fonctions du Châtelet, les attributions de ses magistrats, et le jurisconsulte y retrouvera sans peine l'origine des principales dispositions de nos lois sur la procédure civile. On verra, dans cette histoire, notre marche vers la civilisation, et l'on n'affectera pas de dédain pour nos pères, parce qu'ils n'ont pu jouir des conquêtes juridiques dont leurs efforts nous ont mis en possession. Ne soyons donc pas oublieux. Sans doute, la France doit à Napoléon, premier empereur, son admirable législation; mais à côté des matériaux apportés par la Révolution de 1789, on peut compter encore les fécondes assises empruntées à nos vieilles institutions, tombées aujourd'hui en ruines, mais sur lesquelles nos codes modernes se sont élevés.

LE CHATELET

DE PARIS

I

SIÉGE ET JURIDICTION

DU CHATELET

—

SON ORGANISATION

Le Châtelet de Paris était une juridiction royale infé-
rieure de la même classe que les autres prévôtés; mais il
siégeait dans la capitale même, recevait les appels des
différentes châtellenies de la vicomté et ressortissait *nû-
ment* du parlement. Aussi son importance et sa juridiction méritent-elles d'être étudiées [1].

Dans quelques villes, à Paris, à Orléans, à Montpellier, à Melun, les justices s'abritèrent toujours dans les
châteaux forts. Elles n'avaient, avec les châtellenies,
rien de commun que le lieu même où elles siégeaient et
d'où elles prirent souvent leur nom. A Paris, le château
fort où la justice municipale tenait ses séances était
situé à l'extrémité du pont joignant la Cité à la rive op-

[1]. Pardessus, *De l'organisation judiciaire.*

posée [1]. C'était, dans l'origine, une tour bâtie, après la conquête des Gaules, par Jules César, pour la défense de Lutèce. Il y avait là deux forts, *le grand et le petit Châtelet*. La justice de Paris se tenait dans *le grand Châtelet*. Une des salles porta longtemps le nom de *Chambre de César*, et on lisait encore en 1636, sur une tablette de marbre recouvrant un bureau, l'inscription suivante : *Tributum Cæsaris*, d'où on peut conclure que là se faisait le payement de l'impôt. Plusieurs empereurs romains, et surtout Julien, séjournèrent à Lutèce ; ils en augmentèrent les monuments ou en fondèrent de nouveaux.

Tous les rois continuèrent au Châtelet sa destination. Le 13 mai 1416, Charles VI fait abattre la boucherie qui était au-devant du grand Châtelet [2]. Le 9 mai 1485, Charles VII ordonne que les confiscations, aubenages, seront employés aux réparations du Châtelet de Paris [3]. Des lettres données par Charles VIII, à Rouen, le 23 novembre 1487, prescrivent l'accroissement du Chastellet de Paris, *qui est ung des grans auditoires du royaume* [4]. Plusieurs maisons et édifices joignant aux murs du Châtelet de Paris n'étaient pas sûres pour la justice,

Parce que les criminels détenus aux prisons ont pu savoir des nouvelles par ceux qui demourèrent ès dites maisons et édifices, ou par leurs gens et serviteurs, et que, par ces maisons tombant en ruines, ils ont pu s'échapper.

---

1. Brewer, *Histoire de l'organisation judiciaire en France*. Dusseldorf, 1835.
2. Ord. des rois de France, t. x, p. 361.
3. Ord. xix, p. 546.
4. Ord. xx, p. 50.

Il fut alors décidé que ces maisons seraient, à l'avenir, retenues pour l'accroissement de l'auditoire du Châtelet. Des lettres patentes à Blois, du 23 décembre 1506, attribuent le produit de toutes les amendes à la reconstruction du Châtelet, dont les audiences durent se tenir au Louvre. Il en résultait des inconvénients,

Tant à cause de la grande foule qui les suivait, que de la poudre déposée dans les caves de ce palais. (*Archives judiciaires*, vol. J. *des Ord.*)

Du 14 avril au 31 octobre 1202 (Paris). — Philippe Auguste donne à Pène, son écuyer, des fenêtres sises sous le Châtelet, qui avaient appartenu à Rodrigue, son arbalétrier.

Vers 1204. — Liste de Juifs qui doivent rester au Châtelet, *secundum pontem.* (Catalogue des Actes de Ph. Aug., par L. Delisle.)

Septembre 1206 (Paris). — Ph. Auguste atteste que Nicolas le Boucher, son sergent, a donné à l'église de Montmartre la voûte qu'il avait à Paris, devant le Châtelet.

Du 3 avril au 31 octobre 1211 (Melun). — Ph. Auguste cède à Eude Arrode deux maisons situées à Paris, près du Châtelet, et dont l'une avait appartenu à l'abbaye d'Hierre.

Le Châtelet s'élevait sur le terrain même encore aujourd'hui appelé *Place du Châtelet.* Il existait déjà lors du siége de Paris par les Normands, en 884. Souvent modifié, presque entièrement reconstruit à l'intérieur en 1506, 1537, 1544, 1684, le Châtelet se composait de trois tourelles reliées par des constructions de diverses époques. Deux de ces tourelles, en pendentif d'inégale grosseur, protégeaient les deux côtés d'une voûte qui donnait accès dans la ville. Au sommet de l'une des tourelles était une galerie entourée d'une balustrade en fer et surmontée d'un toit conique; cette galerie servait aux *gaites* ou gardes de nuit. La voûte supportait deux étages au milieu desquels était un cadran couronné d'un écusson aux armes de France. Une grande statue de la Vierge, tenant le Christ enveloppé dans son manteau, était sculptée sur la clef de voûte et donnait au Châtelet le caractère distinctif des autres portes de Paris. (Sauval, *Antiquités de Paris*, t. Ier, p. 31.)

Tel était au dehors l'aspect de ce monument célèbre qui, depuis le xiie siècle, devint le siége de la juridiction royale de Paris et la demeure du prévôt, institué par le roi pour veiller sur la ville; il a été complétement détruit au commencement de ce siècle (1802)[1].

Un trophée y représentait des arcs, des flèches, une arquebuse (Arcusbusius in Castelleto, Par — 1480), avec cette légende :

Flamma simul, fulgor que simul, tonitruque sequuntur.

Le Châtelet retraçait ainsi la date de sa fondation,

Arcis Parisiacæ origo :

Jàm propè lapsa novem redivivo Cæsare sæcla.
Ex quo structa fui, quoad hunc pervenimus annum,
Quod superest vitæ Deus ordinet et regat æque.

Anno Incarnationé dccc in quo Karolus magnus imperator et Augustus. Romæ appellatus est.

---

1. M. Leroux de Lincy, *Hugues Aubriot*. (Biblioth. de l'École des Chartes, 1862.)

Au-dessus de la porte de la buvette du Châtelet était ce vers :

Interpone tuis interdùm gaudia curis.

On lisait ces lignes au Châtelet sur une pierre rongée par le temps :

Anno MCCCXVI mense Martis Philippus V Longus dictus hanc ædiculam seu Capellam in Castelleto extruxit ad honorem Dei et beatæ Mariæ et sancti Ludovici Regis et Sancti Desiderii episcopi ac martyris.

MCCLXXXII. — Vacation et deuil au parlement et au Chastelet pendant l'octave des x jors à la novele des Vespres siciliennes.

Les magistrats du Chastellet assistent au conseil teneu au Palais, en la grand'chambre, por adviser touchant la maladie de Charles VI.

Le Chastelet assiste à l'entrée solennelle à Paris, de :

Charles VII, 12 novembre 1437.

Louis XI, 31 août 1471.

Charles VIII, 5 juillet 1484.

Louis XII, 2 juillet 1498.

François Ier, 23 février 1514.

Charles Quint, 1er janvier 1539.

Henry II, 16 juin 1549.

Charles IX, 6 mars 1571.

Louis XIV, 26 août 1660.

Et à Saint-Denys, aux funérailles de Henri IV, les 29, 30 juin, 1er juillet 1610.

Regnante Ludovico grosso Castellum reedificatur,

Præses erat Sugerus abbas Beati Areopagitæ Dyonsii.

Li Chastellet estoyt encore en MCCCLVII li parloner aux borjois qui fut par cy devant la hanse de Paris ou la maison de la marchandise de l'iaue.

On démolit l'église de Saint-Leufroy et trois maisons pour agrandir le Chastelet. MDCLXXXIV.

L'église collégiale de Saint-Germain-l'Auxerrois était la paroice du Chastellet. 1582.

Sous les murs du Châtelet se vendait le poisson, sur les pierres du roi, où étaient inscrits les noms de chaque espéce de poisson : la carpe, la raie...

Veiz ci li pierres à poissons ou jus nos murs la grant boucherie vent li poisson de mer et d'iaue doulce par congié de Philippe-Auguste. MCLXXXII.

Sur le fronton de la porte de la chambre criminelle du Châtelet de Paris étaient inscrits ces vers de Santeuil :

Hic pœnæ scelerum ultrices posuêre tribunal,
Sontibus undètremor, civibus unde salus[1].

On lisait cette inscription, gravée sur du marbre noir, dans la chambre criminelle du Châtelet de Paris :

Basilicam hanc capitalium causarum cognitioni dicatam a fundamentis excitavit Guillelmus Gelœus præfectus urbi. — Anno 1592.

Le Châtelet était donc la justice ordinaire de la ville, prévôté et vicomté de Paris[2]. La justice s'y rendait au nom

---

1. Cette sentence se trouve aujourd'hui au-dessus de la porte d'entrée de la chambre des appels de police correctionnelle, au palais de justice de Paris.

2. Pour preuve que le Châtelet était la cour du comte de Paris, voyez le procès entre l'abbé de Saint-Germain des Prés et Étienne de Macy (vers 1150), in curia domini regis Parisiis pertractata causa in presentia præpositorum Guillelmi de Gornaio, Rainoldi de Bellomontis locum domini comitis tenentium (lieutenants du roi, en qualité

du prévôt de Paris, qui est d'épée; toutes les sentences de cette juridiction et tous les actes des notaires sont intitulés en son nom. Lorsque le siége est vacant, ces actes s'intitulent au nom du procureur général du parlement, qui est garde-né de cette prévôté.

Les comtes qui rendaient autrefois la justice s'étant, dans la suite, uniquement appliqués aux fonctions militaires, laissèrent le soin de rendre la justice à des substituts ou lieutenants qui furent appelés viguiers en Languedoc et prévôts partout ailleurs.

Le comté de Paris ayant été réuni à la couronne sous Hugues Capet, on y établit un prévôt, c'est-à-dire un lieutenant préposé par le roi pour administrer la justice au nom du roi. On ne peut préciser la date de cet établissement, mais il existait dès 1060 et 1067, car deux chartes datées de ces années-là, et données en faveur de Saint-Martin des Champs par les rois Henri Ier et Philippe Ier, sont souscrites par Estienne, prévôt de Paris : *Stephanus præpositus Parisiensis.*

Saint Louis et Philippe le Bel, ces deux rudes justiciers, s'appliquèrent à remédier aux abus qui se commettaient au Châtelet. (*Olim*, t. II, p. 517; t. III, 1514-1515. — Ord. de novembre 1302. — Ord. du 18 dé-

---

de comte de Paris). (Bouillart, *Hist. de Saint-Germain des Prés*, Preuves, p. 39, no 52.) Ailleurs, on lisait cette inscription :

ODO

FRANCORUM REX

Castelleto Parisiensi obacerrimam Nortmannis obsidentibus defensionem. Anno DCCCLXXXVIII
Sit Benedicta Dei mater sceptra in Iesu.

cembre 1311. — *La France sous Philippe le Bel*, par M. E. Boutaric, 1861.)

Le Châtelet de Paris n'avait pas, en droit, de supériorité sur les autres prévôtés; mais sa position topographique, l'étendue de son territoire, les appels qu'il recevait des diverses châtellenies situées dans la vicomté, enfin l'absence d'un grand bailli à Paris (ce qui faisait porter l'appel des décisions directement à la cour du roi), lui avaient acquis une grande importance.

Après la suppression du prévôt des marchands, le roi voulut donner plus d'éclat au prévôt royal. Dans ses lettres du 27 janvier 1382, qui réunissaient la maison de ville de Paris à l'office de la prévôté de Paris, Charles VI désirait que « les prévôts eussent honorable demeure et maison, et afin que tous ceux qui devront avoir recours à eulx comme à leurs juges, sçachent où aller plus promptement pour faire expédier leurs besoignes, il donne le Châtelet avec toutes les appartenances et dépendances au prévôt et à sa famille, et le Châtelet changera le nom de maison de ville en celui de maison de la prévôté de Paris. » Cette décision ne fut pas exécutée sur-le-champ; le commis nommé par le roi pour remplacer le prévôt des marchands s'y était maintenu. Des lettres du 20 avril 1402 rappelèrent les premières et enjoignirent aux gens de comptes et trésoriers de mettre le prévôt réalment et de fait en possession du petit Chastelet. Ces lettres reçurent, cette fois, leur exécution. (*Recueil Ord.*, t. VI, p. 688; t. XII, p. 578.)

Pour les assignations au Châtelet, il fallait observer l'article 4 du titre III de l'ordonnance de 1667, parce que cette juridiction était bailliage royal et en outre siége de conservation des priviléges de l'Université. Aussi l'assignation devait être, pour les domiciliés à Paris, de huitaine ; pour ceux qui sont dans l'étendue de dix lieues, de quinzaine ; ceux qui sont dans la distance de cinquante lieues, d'un mois, et de six semaines au delà de cinquante lieues dans le ressort du Parlement de Paris ; mais lorsque l'assignation était donnée hors du ressort, le délai était de deux mois.

Tous les bourgeois de Paris avaient le privilége de ne pouvoir être contraints à plaider en matière civile, en défendant, ailleurs qu'au Châtelet. C'est là un droit fort ancien consacré par la coutume et successivement confirmé par lettres-patentes des 9 novembre 1465, septembre 1543, mars 1594, mars 1669, 19 novembre 1522. La police générale appartient aux seuls officiers du Châtelet. (*Coll. Lamoignon*, t. VI, p. 33.).

L'usage est comme un supplément à ce que la loi a omis de régler. De tout temps, on a exigé qu'il fût régulièrement attesté par des parères en bonne forme ou constaté par quelque jugement contradictoire : *Contradicto aliquando judicio.* (Loi 34, § *de Legibus.*) Autrefois les usages étaient attestés par les *actes de notoriété du Châtelet*, rédigés avec grandes précautions, après avoir entendu les gens du roi et les praticiens les plus éclairés.

Au xve siècle, la cour du Châtelet était composée

Jehan, seigneur de Foleville, chevalier, conseiller du roy nostre sire et garde de la prevosté de Paris ; présens, maistres Dreue d'Ars, lieutenant ; Martin Double, advocat ; Andrieu le Preux, procureur du roy en Chastellet ; Jehan de Bar, Robert de Tuillières, Nicolas Bertin, Jehan Soudant, examinateur audit Chastelet, et Regnault de Foleville, eccuyer.

En 1775, le Châtelet de Paris se composait :

De M. le procureur général du Parlement de Paris, comme garde de la prévoté ; d'un prévot, d'un lieutenant civil, d'un lieutenant général de police, d'un lieutenant criminel, d'un lieutenant criminel de robe courte, de deux lieutenans particuliers, de soixante-quatre conseillers, d'un juge auditeur, de quatre avocats du roi, d'un procureur du roi, de huit substituts, d'un chevalier d'honneur ; d'un greffier en chef, ayant sous ses ordres soixante commis greffiers, deux certificateurs des criées, un scelleur des sentences et décrets, un garde des décrets et immatricules, un commissaire aux saisies réelles, un receveur des consignations, un receveur des amendes ; deux médecins, quatre chirurgiens, quatre matrones ou sages-femmes ; un concierge buvetier garde clefs ; cent treize notaires, gardes notes et gardes scel ; quarante-huit commissaires, inspecteurs, examinateurs ; deux cent trente-six procureurs, vingt-huit huissiers audienciers, dont *deux premiers* et les autres ordinaires ; cent vingt huissiers, commissaires priseurs vendeurs de biens meubles, dont *six huissiers fieffés* et douze appelés de la *douzaine*, servant de garde à M. le prevot de Paris et pourvus par le roi, sur la présentation des huissiers à cheval, des huissiers à verge ; un juré crieur pour les annonces et cris publics ; quatre trompettes.

Outre les officiers du Chatelet, il y en a d'autres qui s'y rattachent parce qu'ils prêtent serment devant le lieutenant civil ; ce sont : les vingt avocats au Parlement, les banquiers expéditionnaires en cour de Rome et des délégations ; les quarante agens de change, banque et finances ; les soixante experts, dont trente bourgeois et trente entrepreneurs ; les seize greffiers des bâtimens ou de l'écritoire.

Il y avait encore les quatre compagnies du prévot de l'isle.

du lieutenant criminel de robe courte, du guet à pied et du guet à cheval[1].

Les princes du sang étaient soumis à la juridiction du Châtelet, dans les cas de garde noble de leurs enfants. Le fait est constaté par un procès-verbal de séance extraordinaire tenue, par le Châtelet, dans l'une des salles du palais du Luxembourg, où fut établi un tribunal qui déféra à M. le duc d'Orléans, son père, régent du royaume, la garde noble de madame la duchesse de Berry.

La juridiction du Châtelet de Paris a de tout temps été prévôté seulement, quoique par arrêt de 1288 on puisse induire qu'il y avait un prévôt et un bailli; le prévôt était conservateur des priviléges de l'Université de Paris, comme nous l'avons déjà indiqué.

En 1522. — François Ier amoindrit la prévôté et la fit exercer par un bailli, mais il la réunit en 1532; et en 1551, Henri II y établit un présidial.

Il y a eu de tout temps au Châtelet un prévôt, ses lieutenans, des conseillers, avocats et procureurs du roi, examinateurs, notaires, auditeurs, scelleurs, sergents, audienciers, clercs de greffe, avocats et procureurs. Il n'y a jamais eu qu'un prévôt. Une lettre patente de 1407 dit : « Ab antiquo erant ibi duo auditoria distincta et separata, unum pro civilium *magnus Parquetus*, reliquum pro criminalium causarum expeditione *parvus Parquetus*. Sic duo locum tenentes præpositi Parisiensis, sic clerici duo, videlicet civilis pro magno Parqueto, et pro parvo criminalis. »

Le 16 *juin* 1554, le roi créa un payeur des gages au Chatelet,

_____

1. Archives de l'empire. Tables de Lenain. Voy. *Offices de France*, t. II, fol. 1860.

Et le 20 *mai* 1557, on y créa un président et on doubla le pouvoir des officiers du Chatelet pour les jugemens en dernier ressort. Le premier président du parlement de Paris va au Chatelet, soit pour les prisonniers, la veille des bonnes fêtes, soit pour y faire des installations ou y publier des ordonnances. Deux présidens y furent, le 15 janvier 1400. On ôta des officiers du Chatelet, à cause qu'ils étaient ignorans. (Reg. du parlement, t. XX, fol. 143.)

Mai 1313 *et février* 1320. — Les officiers du Chatelet furent suspendus de leurs charges pour leurs extorsions.

25 *mai* 1325. — Charles le Bel commet deux conseillers en la cour et le prevot de Paris pour faire une enquete sur les désordres des officiers du Chatelet et de la prevoté de Paris.

Février 1327. — Philippe de Valois approuva les conclusions de l'enquête des commissaires et en fit une ordonnance que les officiers jurèrent de garder ; en cas de contravention, le prévot suspendait les officiers et en avertissait, sans délai, le roi, qui en ordonnait à sa volonté.

6 *janvier* 1348. — Le chancelier ayant emporté le grand sceau en un voyage, deux conseillers scellaient du sceau du Petit Chatelet.

1340. — Privilege de l'Université de Paris de plaider au Chatelet.

6 *octobre* 1380. — Lettres que la connaissance du fait de la marée appartiendra au prevot de Paris et non à des commissaires du parlement, conformément à un arret du parlement, enterinées. (Reg. du parlement, t. IX, fol. 86.)

1406. — On fit un nouvel auditoire au Chatelet.

4 *novembre* 1423. — Le parlement assemblé commet trois conseillers pour s'enquérir de l'etat du Chatelet, et enjoignit

au procureur du roi au Chatelet de travailler avec eux et les instruire. (Reg. du parlement, t. XXI, fol. 54.)

2 *mai* 1485. — Le roi ordonna que toutes les confiscations, successions qui lui pourraient échoir en la prevoté de Paris, seraient employées aux réparations du Chatelet de Paris. (Reg. de la chambre des comptes, t. IX, fol. 82.)

23 *décembre* 1506. — Le Chatelet menaçant ruine, le roi le transfera au Louvre et ordonna par lettres enregistrées le 13 janvier 1506, que les amendes seraient employées à réparer, réédifier et accroître le Chatelet.

14 *juin* 1509. — La cour a défendu aux officiers du Chatelet et à tous autres de prendre des épices, jusqu'après la prononciation des sentences. (Reg. du parlement, t. 137, fol. 413.)

12 *mai* 1525. — La cour a ordonné aux officiers du Chatelet de pourvoir aux exactions sur *le pain et sur la chair*, autrement elle transferera la justice ailleurs ou les suspendra de leurs états.

17 *août* 1530. — Defenses de laisser entrer au Petit Chatelet aucuns avec *espées, poignards et bâtons*.

1547. — Les haut-justiciers ne peuvent faire aucune *execution de mort* à Paris, mais le seul prevot de Paris. (Reg. du parlement, t. 190, fol. 63.)

15 *juin* 1549. — Le roi avait permis aux officiers du Chatelet de porter *robes rouges* à son entrée, mais depuis il le leur défendit, sur les remontrances de la cour des aides. (Reg. du parlement, t. 39, fol. 36-272.)

21 *mars* 1555. — La connaissance des *poids et mesures* appartient au prevot de Paris.

10 *septembre* 1562. — La peste étant au Chatelet, la cour permit au lieutenant civil de s'en aller aux champs pour quelque temps, le Chatelet se tenant à l'abbaye Saint-Magloire.

2 *mars* 1574. — Augmentation de 4,000 liv. pour les *frais de justice et necessités* du Châtelet de Paris outre les 2,000.

Le 11 *juillet* 1592. — Translation du Chatelet de Paris à Saint-Denis.

12 *juin* 1598. — Les prevots des marchands et échevins ont assisté avec les officiers du Chatelet, à la *publication de la paix*, *les officiers du Chatelet tenant le coté droit.*

16 *mars* 1656. — A cause de la peste, translation du Chatelet à l'hotel de Charny. (Reg. du parlement, t. 109, fol. 62.)

18 *août* 1666. — Arrêt que les officiers du Chatelet jugeront certains procès criminels, par voie de police souverainement et qu'on leur dira de vive voix que cette permission n'est que pour un an. (Reg. du parlement, t. 115, fol. 200.)

17 *novembre* 1523. — Le *bailliage* de Paris créé et établi d'abord à l'hotel de Neelle fut transféré au Petit Chatelet. (Reg. du parlement, t. 143, fol. 108.)

5 *janvier* 1649. — Les commissaires du Chatelet feront la police au faubourg Saint-Germain, malgré l'opposition du bailli dudit faubourg. (Reg. du parlement, t. 101, fol. 409.)

Le droit de prevention appartenait aux officiers du Chatelet dans la ville et fauxbourgs de Paris. (Arrêt du parlement du 3 décembre 1569.)

Sur les vagabonds, voleurs à Paris, le 24 janvier 1634, ont été mandés les principaux officiers du Chatelet.

En 1674 (février) fut créé un nouveau Chatelet qui fut réuni à l'ancien, en septembre 1684. Il n'est résulté de cette fondation que la création d'une seconde charge de lieutenant particulier, de vingt-deux charges de conseillers et de deux d'avocats du roi. Le nombre des conseillers fut, en avril 1685, fixé à cinquante-six, quatorze dans chaque chambre, et celui des avocats du roi à quatre.

12 *mars* 1674. — Edit du roi portant création d'un nouveau Chatelet en la ville de Paris.

7 *septembre* 1684. — Edit du roi pour la réunion du nouveau Chatelet à l'ancien; et arrêt du conseil d'Etat du roy ordonnant que le sieur Lefebvre demeurera seul concierge, buvetier, garde clefs, tant de l'ancien que du nouveau Chatelet (du 10 aout 1685). Lettres patentes données à Fontainebleau, le 18 aout 1728, portant évocation et attribution au Chatelet de Paris pour faire le procès à plusieur habitans du Vexin français, braconniers de profession, voleurs de grand chemin, armés de fusils brisez, pistolets.

Nous voyons en 1286, Philippe le Bel asseoir 40 livres sur le Châtelet :

« Litteræ Philippi Francorum Regis quibus notum facit se in Castelleto Parisiensi assidere et assignare quadraginta libras annui reditûs, quas ratione excambii cum abbate et conventu S. Germani de Pratis facti, Rex ad opus duarum capellaniarum Universitatis persolvere debebat. »

(Actum Parisiis, anno Domini 1286, mense Julio.—Charles Jourdain, *Index Chron. Chartarum.*)

Un édit de Charles IV, dit le Bel, porte :

Février 1324. — 1° Quant à ceux qui sont par nous à nostre conseil dudit Chastelet, dont ilz estoient plusieurs clercs et laïcs et d'autres qui avoient affaire au siège dudit Chastelet et qui estoient advocats commis, pourquoy ils ont esté si occupés que les querelles et les procès en sont moult empêchés et y venaient peu audit Chastelet, au grand dommage de nous et du peuple,

Nous ordonnons qu'il y en ait huict tant seulement desquelz il y aura *quatre clercs* et *quatre laïcs* et s'assembleront au Chastelet *deux jours en la semaine*, pour voir d'un accord et d'un assentiment les procès et les causes avec nostre prevost et viendront au mandement dudit prévost, toutefois qu'il les mandera et iceux conseillers ne seront advocats, procureurs, ne pensionnaires demeurant en la vicomté de Paris, ne ez ressorts, ne d'autres qui ayent affaire au siège dudit Chastelet de quelque estat et condition qu'ilz soient.

En octobre 1467, le cardinal la Balüe, profitant des vacances du parlement, fit vérifier au Châtelet de Paris les lettres patentes du roi pour l'abolition de la pragmatique sanction. Il ne rencontra là aucune opposition ; il n'en fut pas de même au parlement, où le procureur général de Saint-Romain s'opposa courageusement à l'entérinement, répondant aux menaces du cardinal :

« Qu'il étoit au pouvoir de Sa Majesté de lui oter la charge qu'elle lui avoit donnée, mais que tant qu'il l'exerceroit, il n'agiroit jamais ni contre sa conscience, ni contre les intérêts du royaume. »

De son côté, le recteur de l'Université de Paris se rendit au Châtelet, appela au futur concile et demanda acte de son opposition.

23 *décembre* 1506. — Lettres du roi Loys XII, par lesquelles comme par la grande antiquité du Chatelet de Paris et les dangers, périls de ruine et cadence, il est convenu oster et transporter les auditoires, chambres et greffes de la prevosté de Paris en son chastel du Louvre, et en iceluy y mettre les prisonniers et tenir la geôle ainsy qu'ilz estoient audit Chastelet, mais obstant que audit Chastel du Louvre etoient gardées les poudres à canon, il ordonne que ledit Chatelet sera rebasti et aura des édifices et pour ce que les amendes du parlement et dudit Chastelet seront appliquées.

En 1551, Henri II créa les présidiaux ; un siège présidial fut alors établi au Châtelet et réuni à la prévôté, présidé par un lieutenant particulier, et décidant sans appel les procès dont l'intérêt n'excédait pas 250 livres tournois et jugeait souverainement certaines affaires déterminées par les édits. Parfois aussi, à la suite d'une émeute, le parlement renvoie les inculpés devant le Châtelet, pour y être jugés présidialement.

Le parlement va tenir séance au Châtelet le mardi de la semaine sainte, le vendredi avant la Pentecôte, la veille de Saint-Simon Saint-Jude, et l'avant-veille de Noël [1].

Dès septembre 1574, une assemblée générale de police se tenait au Châtelet, une fois la semaine [2].

En 1656, le Châtelet tient ses séances aux Augustins de Paris. (Félibien, t. III, p. 152.)

Le 8 janvier 1633, est rendu un arrest de la Cour du parlement, portant deffenses aux officiers du Chastelet de Paris de décréter prise de corps contre les bourgeois, sinon en matière importante et très-grièvre [3] :

Entre Philippes Robert, bourgeois de Paris, et Denise Laurier, sa femme, appelans de la permission d'informer, décret de prise de corps contre ledit Robert et adjournement personnel contre ladite Laurier décerné par le prévost de Paris ou son lieutenant criminel, emprisonnement dudit Robert, ensemble de l'ordonnance apposée au bas d'une requeste du 14 août 1632, portant deffenses d'exécuter le décret à leur profit, et inthimez, d'une part,

Et Charles Gavoys et Nicolas Gonault, garçons drappiers,

1. Piganiol de la Force. *Description de Paris*, t. I, p. 174-5.

2. Collection Delamare. V, 179, fo 15.

3. Archives impériales. Collection Rondonneau. — Communication due à l'obligeance de M. Louis Lacour, bibliothécaire à Sainte-Geneviève.

inthimez et appellans de la permission d'inthimer informations, décret décerné le 29 aoust 1632, ordonnance apposée au
bas d'une requeste présentée au lieutenant criminel le 20 dudit moys, et de tout ce qui s'en est suivi d'autre, sans que les
qualitez puissent préjudicier aux parties; après que Humbe-
lot, advocat des appellans, voulant desduire ses causes et
moyens d'appel, Bignon, pour le procureur général du Roy,
s'est levé, et dit qu'il y a eu rixe entre les parties, et pour
raison de ce information de part et d'autre, desquelles ayant
fait récit, a dit avoir lieu mettre les appellations respectueusement interjettées au néant, et condamner Gavoys et Gonault à
quelques réparations, avec deffenses de meffaire et mesdire à
Robert et sa femme, et aux officiers du Chastelet plus décréter
prise de corps contre les bourgeois de Paris, sinon en matière
très griefve, l'escrouë rayé, et l'arrest publié au Chastelet; et
Martin, advocat desdits Gavoys et Gonault, a été ouy.

La Cour a mis et met les appellations et ce dont a esté appellé au néant, et évocque à elle le principal différend d'entre
les parties, et y faisant droit, condamne Gavoys et Gonault en
trente-deux livres parisis de réparations envers les inthimez
et ès dépens; et sera l'escrouë d'emprisonnement du mary
biffé et rayé; fait inhibitions et deffenses à iceux Gavoys et
Gonault de cy après meffaire et mesdire ausdits Robert et sa
femme, à peine de punition corporelle; et faisant droict sur
les conclusions du procureur général du Roy, fait inhibition
et deffenses aux officiers du Chastelet de cy après décréter
prise de corps contre les bourgeois de ceste ville, sinon en
matière importante, à peine de répondre, en leurs noms, des
despens, dommages et interests des parties; et sera le présent
arrest leu et publié au siége du Chastelet, l'audience tenant,
à ce qu'aucun n'en prétende cause d'ignorance.

Fait en parlement, le 8 janvier 1633.

Signé : RADIGUES.

Arrest de conflit entre le Grand conseil et le lieutenant criminel ès Cour criminelle du Chastelet de Paris, à l'occasion d'un assassinat commis par un conseiller du Grand conseil sur sa femme. (Extrait des registres du Grand conseil du Roy et du Conseil d'Estat [1].)

8 *mars* 1635. — Arrest du Conseil d'Estat du Roy, rendu à Paris, le 8 mars 1635, sous Louis XIII.

Voici l'analyse sommaire des faits exposés par le procureur général au Grand conseil, sur la requeste duquel est intervenu l'arrest du Conseil cy-dessus daté et cy-après relaté :

En l'année 1628, un sieur de Mézières Lenormand, conseiller au Grand conseil, assassina sa femme sur le grand chemin d'Orléans à Paris. Le Grand conseil du Roy siégeait alors à Poitiers. Trois de ses membres sont délégués pour instruire cette affaire. L'instruction faite, ils en envoient le résultat à Poitiers; puis, par arrest du 23 aoust de la mesme année 1628, le Grand conseil condamne Lenormand à avoir le poing coupé et la teste tranchée. Son office est déclaré vacant et supprimé. Il est condamné en plusieurs amendes, et le surplus de ses biens est acquis et confisqué au profit du Roy.

Néanmoins, au mespris de la jurisprudence du Grand conseil, qui luy est attributive de jurisdiction pour les crimes commis par ses membres, le lieutenant criminel de Paris avait fait prononcer contre ledit Lenormand, dès le 26 mai de la même année, une sentence de mort, dont le procureur général avait eu connaissance tant par les lettres de don, fait aux enfants dudit Lenormand, des biens acquis et confisquez au

1. Collection Delamare, vol. 174, fol. 61, et pièces imprimées, pages 88 à 93.

profit du Roy, que par celles du restablissement de son office au profit de maistre René de Maupeou.

A la suite de cet exposé, le procureur général ¡au Grand conseil concluait à la cassation des informations, décret, procédure criminelle et sentence du lieutenant criminel de Paris, et de tout ce qui s'en estait suivi, au retrait des minutes de cette procédure du greffe criminel du Chastelet et à leur suppression, avec défenses au lieutenant criminel de Paris d'informer, décréter ny prendre connaissance, à l'avenir, du fait des officiers du Grand conseil, à peine de suspension de sa charge et de dix mille livres d'amende.

A l'appui de ces conclusions, le procureur général invoquait une suite de monumens de la jurisprudence du Grand conseil, qui embrassait les années de 1611 à 1634.

Sur ces conclusions, intervint l'arrest du 8 mars 1635, par lequel le Roy, en son conseil, a cassé, révoqué et annulé les décret, procédure criminelle et sentence rendue par le lieutenant criminel de Paris à l'encontre dudit Lenormand, et tout ce qui s'en est suivi ; a fait défenses au lieutenant criminel et à tous juges autres que le Grand conseil d'informer, décréter ny prendre connaissance, à l'avenir, en fait de crimes, contre les officiers dudit Grand conseil, à peine de nullité, de cassation de procédure, dépens, dommages et intérests.

Suit la formule exécutoire, puis la copie *in extenso* de l'exploit de signification de l'arrest à maistre Benigne Blondeau, lieutenant criminel au Chastelet de Paris ; ensuite une mention de signification à maistre Michel Letellier, procureur du Roy au Chastelet de Paris; et enfin la mention de l'enregistrement au Grand conseil, le 31 mars 1635.

Le 5 *novembre* 1666. Arrest du Conseil d'Estat, par lequel le Roy ordonne que la police générale de la ville, fauxbourgs et banlieue de Paris sera faite par les officiers du Chastelet, avec deffenses à tous autres juges de s'en entremettre. (Extrait des registres du Conseil d'Estat [1] :

Sur ce qui a esté représenté au Roy estant en son Conseil, que le droit de faire police générale dans l'étendue de la ville, fauxbourgs et banlieue de Paris, appartenant au Prévost dudit lieu et ses lieutenants civil et criminel du Chastelet, à l'exclusion de tous autres officiers royaux et des justices des seigneurs particuliers, Sa Majesté aurait donné ses ordres audit lieutenant criminel, pour, avec son procureur audit Chastelet, faire ladite police générale et informer Sa Majesté des abus et désordres qu'ils y auroient remarqués contraires aux ordonnances, arrests et règlemens de police; à quoy ayant esté par eux procédé en différens jours à ladite police générale commencée, ils auroient esté troublés dans l'exécution desdits ordres par la concurrence de plusieurs officiers desdites justices particulières, et notamment par le bailliage de Ville-Levesque, lequel, sans titre et sans pouvoir, se seroit ingéré d'entreprendre semblable visite de police générale ; et d'autant qu'il importe d'arrester le cours de ces sortes d'entreprises contraires au bien du public, et qui pourroient empescher le fruit d'une réformation si utile et si nécessaire, par la confusion de toutes sortes d'officiers, aux ordonnances desquels les bourgeois se trouveroient en peine d'obéir dans la différence des justices; à quoy estant nécessaire de pourvoir, le Roy, estant en son Conseil, a ordonné et ordonne que la police générale encommencée par lesdits officiers du Chastelet sera par eux incessamment continuée, et à cet effet, pourront se transporter dans toutes les maisons, hostels, colléges, communautez et autres lieux de ladite ville, fauxbourgs et banlieue de Paris, dont ouverture leur sera faite nonobstant tous prétendus priviléges, sur lesquels Sa Majesté se réserve de faire

1. Archives impériales. Collection Rondonneau.

droit en connoissance de cause, ainsi qu'il appartiendra; Et en conséquence a fait Sa Majesté très expresses inhibitions et deffenses à tous les officiers des seigneurs haut-justiciers de ladite ville et faubourgs de Paris, mesme au lieutenant du grand prévost de l'hostel et baillif du Palais, d'entreprendre de faire ladite police générale ny donner aucun trouble auxdits officiers du Chastelet pour raison de ce ; Et sera le présent arrest exécuté nonobstant oppositions ou appellations quelconques, dont si aucunes interviennent, Sadite Majesté s'en est réservé la connoissance, et icelle interdite à tous autres juges. Enjoint à son procureur du Chastelet de tenir la main à l'exécution d'iceluy, lequel sera publié et affiché en tous les lieux et endroits accoustumés, à sa diligence.

Fait au Conseil d'Estat du Roy, Sa Majesté y estant, tenu à Saint-Germain en Laye, le 5 novembre 1666.

Signé : DE GUENEGAUD.

Leu, publié à son de trompe et cry public, et affiché par tous les carrefours et fauxbourgs de Paris par moy, Charles Canto, juré crieur du Roy, en ladite ville, prévosté et vicomté de Paris, soussigné, accompagné de Hierosme Tronsson, Estienne du Cos, jurez trompettes du Roy, et de Jean de Beauvais, commis d'Estienne Chappé, aussi jurez trompette, le samedy 6 novembre 1666.

Signé : CANTO.

Janvier 1685. — Edict du Roy, en forme de Règlement, pour l'administration de la justice au Chastelet de Paris [1] :

ARTICLES I A VI.

. . . .

1. Archives impériales. Collection Rondonneau.

ART. VII.

Lorsqu'il s'agira de la liberté de prisonniers arrestez pour dettes, hors les cas portez par l'article précédent, de la main levée des meubles, chevaux et bestiaux saisis, et autres matières qui requièrent célérité, le lieutenant civil pourra permettre d'assigner les parties à un délay plus bref que ceux portés par le troisième titre de nostre ordonnance du mois d'avril 1667, à laquelle nous avons dérogé pour ce regard; et ceux qui feront arrester prisonniers leurs débiteurs, ou qui les feront recommander pour dettes dans nostre bonne ville de Paris, ou qui y feront saisir des carrosses, chevaux, bestiaux et autres meubles en conséquence de jugemens rendus dans l'une des cours et juridictions qui y sont establies, ou autres actes, seront tenus de constituer procureur et d'élire dans ladite ville par les écroues d'emprisonnements, recommandations, saisies ou oppositions; et en conséquence ils pourront estre assignez aux domiciles qu'ils auront élus. Deffendons aux huissiers, sergens et tous autres officiers de constituer prisonnier aucune personne, ou de la recommander pour dettes civiles, ny de saisir aucuns meubles, ou de signifier aucunes oppositions aux saisies qui seront faites, s'il n'y a élection de domicile et un procureur constitué, et aux geolliers des prisons de recevoir lesdits prisonniers, le tout à peine de cinquante livres d'amende et de tous dépens, dommages et interests, tant contre lesdits officiers que contre les geolliers qui pourront contrevenir.

ART. VIII A XV.

. . . .

ART. XVI.

Les conseillers du Chastelet seront partagez en quatre colonnes, en chacune desquelles il y en aura quatorze pour servir successivement, durant un mois, et à commencer par la première, à l'audience de la Prevosté, à celle du Présidial en la Chambre du conseil pour le jugement des procez civils et de police, et en la Chambre criminelle; Et les quatre plus anciens conseillers seront mis à l'avenir à la teste de chacune desdites colonnes. Voulons néanmoins, pour bonnes considérations, que maistres... le Fevre, doyen,... Milet sous doyen des conseillers du siége, que nous avons supprimé, soient toujours mis à la teste de la troisième desdites colonnes, jusques à ce qu'ils soient en estat, par leur ancienneté, de monter à la teste des autres colonnes, et qu'après eux, maistres... Racine et Petitpas occupent les mesmes places, sans tirer à conséquence pour les autres conseillers ayant servi dans ledit siége supprimé.

ART. XVII.

Aucun des conseillers ne pourra prendre place aux audiences ny assister au jugement des procez civils et criminels, s'il n'y est actuellement de service, ou s'il n'y est appellé par celuy qui y présidera pour remplir le nombre de juges nécessaires, en l'absence et au delfaut de ceux y servans actuellement; et ceux des conseillers qui se trouveront de service au criminel, sans avoir servy deux ans, assisteront seulement à la visitation et jugement des procez criminels, qui seront jugez en dernier ressort, sans y pouvoir opiner.

ART. XVIII.

Les lieutenans particuliers et conseillers pourront rapporter en la Chambre du conseil les procez civils dont ils seront chargez, encore qu'ils soient de service à l'audience et au criminel, pourveu que ce soit avant les heures destinées pour l'un et pour l'autre.

ART. XIX.

Les conseillers de service en la Chambre du conseil seront

.tenus d'assister assiduëment au jugement des procez civils ou criminels qui regarderont la police, lesquels nous voulons estre expédiez diligemment, et par préférence à tous autres, de quelque nature ils puissent estre.

ART. XX A XXIV.

o · · · · · · · · · · · · · · · · · · ·

ART. XXV.

Le lieutenant criminel donnera audience les mardis et vendredis, et mesme un troisième jour de la semaine, s'il est besoin, depuis midy jusques à deux heures pour les affaires criminelles où il s'agira d'injures, rixes et autres matières légères qui ne méritent pas d'instruction; et les informations et procédures faites seront mises entre les mains de l'un de nos advocats qui devra y assister, afin d'en faire le récit, et que ces contestations puissent estre vuidées sur le champ, ainsi que nous enjoignons au lieutenant criminel de le faire; et s'il estimoit de voir luy mesme les informations ou autres procédures, il le pourra ordonner, et prononcera à l'audience suivante la sentence qu'il trouvera à propos de rendre, sans prendre aucuns droits pour ce sujet.

ART. XXVI.

Les commissaires auront soin d'informer soigneusement le lieutenant criminel et nostre procureur au Chastelet des crimes qui arriveront dans l'étendue des quartiers où ils sont distribuez, dans le jour qu'ils en auront eu connoissance; et s'il arrive quelque difficulté considérable au sujet des plaintes qu'ils recevront, ou des réquisitions des parties pour faire arrester des personnes hors ce flagrant délit, ils en informeront le lieutenant criminel, lequel y pourvoira sur le champ, sans aucuns droits ni vacations.

ART. XXVII.

L'article dix-neuvième du titre dixième de nostre ordonnance du mois d'août 1670 sera exécuté, et en conséquence le lieutenant criminel et autres officiers du siége du Chastelet ne décerneront des décrets de prises de corps contre des personnes domiciliées, que lorsqu'elles seront accusées de crimes graves et pouvant mériter des peines afflictives ou infamantes; et ils ne pourront élargir ceux qui auront esté constituez prisonniers en vertu de décret de prise de corps, si ce n'est du consentement de nostre procureur ou par délibération prise en la Chambre du conseil, en cas que nostre Procureur n'y consente pas, et lorsque, dans les affaires sujettes au jugement dernier, la compétence aura esté jugée.

ART. XXVIII.

Les officiers dudit siége du Chastelet, de l'ordonnance desquels des prisonniers auront esté arrestez, seront tenus de les interroger dans vingt-quatre heures après leur emprisonnement, et ne pourront prendre et recevoir des prisonniers aucuns droits pour leurs interrogatoires, ny pour les sentences d'élargissement, ny dresser aucuns procez-verbaux pour la réception des causes présentées, si les parties civiles n'y ont assisté pour en contester les facultez.

ART. XXIX.

Les prisonniers qui auront obtenu des ordonnances ou sentences portant élargissement, ne pourront estre retenus sous prétexte des vacations des juges pour les interrogatoires ou autres procédures faites contre eux. Deffendons aux geolliers, à peine d'interdiction pendant trois mois et de tous dépens et dommages-intérêts pour la première contravention, et d'estre declarez incapables de leurs fonctions en cas de récidive, de les retenir, et aux greffiers, sous pareilles peines, de recevoir les vacations desdits prisonniers ou d'aucunes personnes autres que des parties civiles, quand mesme on leur offrirait volontairement; leur enjoignons d'écrire, sur toutes les expéditions qu'ils délivreront, les droits qui auront esté payez tant pour les juges que pour nostre procureur et pour eux, et de faire mention du nom des personnes par les mains desquelles ils les auront receus.

ART. XXX.

Lorsqu'il sera intervenu une sentence interlocutoire ou deffinitive sur un procez criminel portant élargissement ou abso·lution d'un prisonnier, elle sera signée par les juges qui y auront assisté, avant qu'ils sortent de la Chambre, et prononcée sur le champ à nostre procureur et aux accusez, lorsqu'elle sera rendue à la charge de l'appel; et si nostre procureur n'en interjette point d'appel, le greffier ira dans la matinée mesme mettre le prisonnier en liberté et décharger le registre de la prison, sans qu'il puisse recevoir aucuns droits du prisonnier ny de sa part, si ce n'est ceux qui sont deubs pour l'expédition de la grosse de la sentence, en cas qu'il la veuille lever après qu'il aura esté mis en liberté, et ce, sur les peines portées par l'article précédent.

ART. XXXI.

Aussitost que les procez criminels seront instruits, ils seront distribuez par le lieutenant criminel, en présence du lieutenant particulier de service à l'audience du présidial, ou de l'autre en son absence, et du plus ancien des conseillers de service au criminel, et qui se trouvera au Chastelet lorsque la distribution se fera à l'issuë de la dernière des audiences, qui sera tenuë ce jour-là audit Chastelet.

La juridiction du Châtelet et celle de l'hôtel de ville étaient sans cesse en conflit. Cet état de choses est préjudiciable aux affaires, dont il entrave le cours, et aux habitants de Paris, qui, le plus souvent, sont incertains entre l'une et l'autre. Par l'édit ci-après le Roi détermine la juridiction du Châtelet et celle de l'hôtel de ville. Il indique ce qui est du ressort du lieutenant général de police et ce qui est du ressort du prévôt des marchands et des échevins; le parlement est désigné pour juger des conflits ou contestations ou cas douteux qui pourraient naître dans l'avenir.

Juin 1700. — Édit du Roy portant règlement pour la jurisdiction du lieutenant général de police et celle du prévost des marchands et eschevins de Paris.

Donné à Versailles au mois de juin 1700.

Registré au parlement [1].

Louis, par la grâce de Dieu, Roy de France et de Navarre, à tous présens et à venir, salut :

Les inconvéniens que causent les conflits de jurisdiction estant également contraires au bien de la justice, à l'ordre public et à la dignité des magistrats qui sont obligés d'y prendre part, Nous avons estimé nécessaire de nous faire rendre compte de quelques difficultez que la création de plusieurs charges, les interests des officiers qui en ont été pourvus, la diversité des usages dans les différentes jurisdictions, et la multitude des affaires que la grandeur de nostre bonne ville de Paris et le commerce que l'on y fait, ont produit depuis plusieurs années entre nos officiers du Chastelet et les prévosts des marchands et eschevins de nostre dite ville; Et voulant leur donner encore plus de moyens de continuer à nous rendre dans la suite les services que nous en recevons avec beaucoup de satisfaction, et garentir en mesme temps nos su-

---

1. Archives impériales. Collection Rondonneau.

jets de l'embarras où ils se trouvent, lorsqu'ils ne sçavent pas précisément à qui ils doivent s'adresser pour demander justice et pour recevoir les ordres qui doivent estre donnez suivant les différentes occurrences; après avoir entendu le rapport qui nous a esté fait en notre conseil desdites difficultez, Nous avons estimé nécessaire de les terminer par nostre présent règlement, et de prévenir les suites fascheuses qu'elles pourraient avoir à l'avenir, en déclarant ainsi notre volonté.

A ces causes et autres, et à ce nous mouvans, et de notre certaine science, pleine puissance et autorité royale, Nous avons dit, ordonné et déclaré, et par ces présentes signées de nostre main, disons, ordonnons, déclarons, voulons et nous plaist :

ARTICLE I.

Que le lieutenant général du prévost de Paris pour la police et les prévosts des marchands et eschevins exercent chacun sur le commerce des bleds et autres grains, et les fassent exécuter à cet égard, ensemble les règlemens de police, ainsi qu'ils ont fait bien et deuëment jusqu'à cette heure. C'est à sçavoir que le lieutenant général de police connaisse dans l'étendue de la prevosté et vicomté de Paris, et mesme dans les huit lieuës aux environs de la ville, de tout ce qui regarde la vente, livraison et voiture des grains que l'on y amène par terre, quand mesme ils auraient esté chargez sur la rivière, pourveu qu'ils en aient esté déchargez par la suite sur la terre, à quelque distance que ce puisse estre de ladite ville ; comme aussi de toutes les contraventions qui pourraient estre faites auxdites ordonnances et règlements, quand mesme on prétendrait que les grains auraient esté destinez pour cette ville, et qu'ils devraient y estre amenez par eau, et ce jusqu'à ce qu'ils soient arrivez au lieu où l'on doit les charger sur les rivières qui y affluent ; et que les prévost des marchands et eschevins connoissent de leur part de la vente et livraison desdits grains, lorsqu'elles se feront dans le lieu où ils doivent estre embarquez sur lesdites rivières, et pareillement de la voiture qui s'en fera par icelles; Et si dans les procez qui sont portez devant eux pour raison des ventes et livraisons ainsi faites, et des voitures desdits grains, ils trouvent qu'il y ait eu quelque contravention aux ordonnances et règlemens de police, ils en prendront connoissance et pourront ordonner, sur la réquisition qui sera faite d'office par nostre procureur et de la ville, tout ce qu'ils estimeront nécessaire pour l'exécution de nos ordonnances et règlemens.

ART. II.

Que les prévost des marchands et eschevins reçoivent en la manière accoutumée les déclarations de tous les vins qui arrivent en nostre ville de Paris; qu'ils prennent connoissance de tout ce qui regarde la vente et le commerce de ceux qui doivent y estre conduits, dedans et depuis le lieu où l'on les charge sur les rivières, ensemble de leur voiture par icelles, et incidemment aux procez qui seront intentez pour ce sujet, des contraventions qui pourroient avoir esté faites à nos ordonnances et règlemens de police, lorsqu'ils seront dans les lieux où l'on les charge, et tant qu'ils seront dans les batteaux, sur les ports et sur l'estape de cette ville, et que le lieutenant général de police ait toute jurisdiction, police et connoissance sur la vente et commerce qui se fait desdits vins, lorsque l'on les amène par terre en cette ville, et des contraventions qui peuvent estre faites aux ordonnances et règlements de police, mesme sur ceux qui y ont esté amenez par les rivières aussitost qu'ils seront transportez des batteaux sur lesquels ils ont esté amenez des ports et estapes de ladite ville, dans les maisons et caves des marchands de vin, et sans que les officiers de la ville puissent y faire aucunes visites ny en prendre depuis aucune connoissance, sous prétexte des mesures ou sous quelque autre que ce puisse estre.

ART. III.

Que les prévost des marchands et eschevins connoissent de la voiture qui se fait par eau des bois mairain et de charonage, et qu'ils règlent les ports de cette ville où ils devront estre amenez et déchargez; et que le lieutenant général de police connoisse de tout ce qui regarde l'ordre qui doit estre observé entre les charons et autres personnes qui peuvent employer lesdits bois de mairain et de charonage que l'on amène en nostre dite ville de Paris; Et pour prévenir les contestations qui peuvent arriver au sujet de la décharge desdits bois à terre, voulons que le voiturier qui les aura amenez ou celuy à qui ils appartiendront soient tenus de faire signifier au bureau des maistres charons, par un huissier ou sergent du Chastelet, l'arrivage desdits bois, afin que les jurez en fassent la visite et le lotissement dans les trois jours qui suivront celui de la signification; et à faute par eux de faire la visite et le lotissement dans ledit temps, permettons au voiturier ou à celuy à qui lesdits bois appartiendront de les faire descendre à terre sans en demander la permission à aucun juge et d'en disposer, après néanmoins que la visite aura été faite.

ART. IV.

Que les prévost des marchands et eschevins connoissent de tout ce qui regarde les conduites des eaux et entretien des fontaines publiques, et que le lieutenant général de police connaisse l'ordre qui doit estre observé entre les porteurs d'eau pour l'y puiser et la distribuer à ceux qui en ont besoin, ensemble de toutes les contraventions qu'ils pourroient faire aux règlemens de police, et qu'il puisse particulièrement leur faire défenses d'en puiser en certain temps et en certains endroits de la rivière, lorsqu'il le jugera à propos.

ART. V.

Que les prévost des marchands et eschevins prennent connoissance et ayent jurisdiction sur les quays pour empescher que l'on n'y mette aucunes choses qui puissent empescher la navigation sur la rivière, et pour en faire oster celles qui y auront esté mises, et pareillement celles qui pourroient causer le dépérissement des quays, et sans qu'ils puissent y faire construire à l'avenir aucunes échopes ny aucuns austres batiments de quelque nature que ce puisse estre, sans en avoir obtenu nostre permission. Voulant au surplus que le lieutenant général de police exerce sur lesdits quays toute la jurisdiction qui luy est attribuée dans le reste de nostre dite ville, et qu'il puisse mesme y faire porter les neiges lorsqu'il le jugera absolument nécessaire pour le netoyement de la ville et pour la liberté du passage dans les ruës.

ART. VI.

Ordonnons que la publication des traitez de paix sera faite en présence de nos officiers au Chastelet et des prévost des marchands et eschevins, suivant les ordres que nous leur en donnerons, et en la forme en laquelle a esté faite cette publication à l'occasion des derniers traitez de paix qui ont esté conclus à Riswik.

ART. VII.

Lorsque l'on fera des eschafaux pour des cérémonies ou des spectacles que l'on donne au sujet des festes et des réjouissances publiques, les officiers tant du Chastelet que de l'hôtel de ville exécuteront les ordres particuliers qu'il nous plaira leur donner sur ce sujet, et lorsqu'ils n'en auront point reçu de notre part, voulons que le lieutenant général de police ait l'inspection sur les échafaux et donne les ordres qu'il jugera nécessaires pour la solidité de ceux qui seront faits dans les ruës et mesme sur les quays, et pour empescher que les passages nécessaires dans la ville n'en soient embarrassez ny empeschez, et que les prévost des marchands et eschevins prennent le mesme soin et ayent la mesme connoissance sur ceux qui pourront estre faits sur le bord et dans le lit de la rivière et dans la place de Grève.

ART. VIII.

Lorsqu'il arrivera un débordement d'eau qui donnera sujet de craindre que les ponts sur lesquels il y a des maisons basties ne soient emportez, et que l'on ne puisse passer seurement sur lesdits ponts, voulons que le lieutenant général de police et les prévost des marchands et eschevins donnent conjointement, concurremment et par prévention, tous les ordres nécessaires pour faire déloger ceux qui demeurent sur lesdits ponts et pour en fermer les passages, et qu'en cas de diversité de sentimens, ils se retirent sur le champ vers nostre Cour de parlement, pour y estre pourveu; et en cas qu'elle ne soit pas assemblée, par devers celuy qui y préside, pour estre réglez par son avis.

. . . .

ART. XII.

Enjoignons au surplus auxdits lieutenant général de police et prévost des marchands et eschevins d'éviter, autant qu'il leur sera possible, toutes sortes de conflits de jurisdiction, de régler, s'il se peut, à l'amiable, et par des conférences entre eux, ceux qui seraient formez et de les faire enfin régler au Parlement le plus sommairement qu'il se pourra, sans qu'ils puissent rendre des ordonnances ny faire de part et d'autre aucuns règlemens au sujet desdites contestations, ny sous aucun prétexte que ce puisse estre.

. . . .

Octobre 1712. — Edit du Roy, servant de règlement entre les officiers du Chastelet de Paris et ceux du bailliage du Palais :

Louis, etc., à tous présents et à venir, salut :

Les contestations importantes que nos officiers du Chastelet et ceux du bailliage du Palais ont fait naistre pour l'exercice de leurs fonctions et pour l'étendue de leur jurisdiction, durent depuis si long-temps, et elles ont esté si souvent renouvellées que nous avons estimé qu'il estoit nécessaire de nous faire rendre compte de leurs prétentions réciproques ; et comme les conflits de jurisdiction, devenus très fréquens entre nosdits officiers, sont également préjudiciables à leur caractère, à l'interest de nos sujets et à l'ordre public, nous avons résolu d'en arrester le cours, en terminant par nostre présent édit les différends qui y ont donné lieu, afin que nos sujets, connoissans les juges dont ils sont justiciables, s'adressent à eux d'autant plus volontiers qu'ils seront seurs d'obtenir une justice plus prompte, et afin qu'il ne reste d'orénasvant entre nosdits officiers qu'une émulation honorable et digne de louange, pour se distinguer en nous rendant leurs services, et en veillant avec soin à l'exécution de nos ordonnances dans le territoire que nous leur avons confié ; A ces causes et autres à ce nous mouvant, de nostre certaine science, pleine puissance et autorité royale, nous avons, par ces présentes signées de nostre main, dit, déclaré et ordonné, disons, déclarons et ordonnons, voulons et nous plaist :

ARTICLE I.

Que le bailly du Palais, son lieutenant général et autres officiers dudit bailliage exercent leur jurisdiction civile, de police et criminelle, dans les cours et galleries neuves, ainsi que dans le reste de l'enclos du Palais.

ART. II.

Permettons aux commissaires du Chastelet, lorsqu'ils auront apposé le scellé sur les effets d'une personne domiciliée hors le bailliage du Palais, qui aura aussi laissé d'autres effets dans l'étendue dudit bailliage, de s'y transporter pour y apposer le scellé sur lesdits effets, à la charge que réciproquement, lorsque le scellé aura esté apposé par le lieutenant général, au bailliage du Palais, sur les effets d'une personne domiciliée dans ledit bailliage, qui aura d'autres effets dans la jurisdiction du Chastelet, ledit lieutenant général pourra se transporter dans le territoire du Chastelet, pour sceller lesdits effets; et seront les scellez, ensemble toutes les contestations qui naistront en exécution desdits scellez et des inventaires portées devant les juges qui auront apposé lesdits scellez.

ART. III.

Lorsqu'un bourgeois de Paris aura fait arrester les effets de ses débiteurs forains, dans le cas de l'art. CLXXIII de la Coustume de Paris, la connoissance de tel arrest appartiendra au prévost de Paris, conformément à l'art. CLXXIV de la mesme Coustume, sans que le lieutenant général au baillage du Palais en puisse connoistre, quand mesme le forain ou ses effets auroient esté arrestez dans ledit bailliage.

ART. IV.

Ne pourra le bailly du Palais ny son lieutenant connoistre des contestations qui naistront en exécution des priviléges de l'Université, lesquelles seront portées devant le prévost de Paris, comme conservateur desdits priviléges, encore que les deux parties fussent domiciliées dans le bailliage du Palais.

ART. V.

Le privilége des huissiers et sergents du Chastelet, qui consiste à ne pouvoir estre poursuivi, tant en matière civile que criminelle, ailleurs que devant le prévost de Paris, aura lieu contre le bailly du Palais, ainsi qu'il s'observe à l'égard des autres jurisdictions, en telle sorte que lesdits huissiers et sergents ne puissent estre contraints de plaider par devant le bailly du Palais ny son lieutenant.

ART. VI.

Tous jugemens, ordonnances, sentences, soit préparatoires, soit définitives, rendues en matière civile dans l'une des deux jurisdictions, soit du Chastelet, soit du bailliage du Palais, seront exécutées dans l'autre, sans permission ny *pareatis*, en les faisant exécuter par les huissiers qui ont pouvoir d'exploiter dans les deux jurisdictions; sinon lesdites ordonnances et jugemens ne pourront estre exécutés qu'après en avoir obtenu la permission des officiers de la jurisdiction dans laquelle il s'agira d'exécuter les sentences et jugemens émanez de l'autre jurisdiction.

ART. VII.

Le bailly du Palais connoistra de tous les cas royaux arrivez dans l'étendue de son territoire, et pour ce qui regarde les cas prévostaux, nostre déclaration du 29 mai 1702 sera exécutée selon sa forme et teneur, et conformément à icelle. Le bailly du Palais connoistra dans son ressort, à la charge de l'appel en nostre Cour de parlement, des cas énoncez dans l'art. XII du titre 1er de l'ordonnance du mois d'aoust 1670; et à l'égard des crimes qui ne seront du nombre des cas royaux et prévostaux, mais qui auront esté commis par des personnes de la qualité exprimée dans le mesme article, voulons pareillement que le bailly du Palais ou son lieutenant général en prenne connoissance, à la charge de l'appel en nostre Cour de parlement; exceptons néanmoins de la présente disposition les vagabonds et les bannis, à l'égard desquels nostre déclaration du 27 aoust 1701 aura lieu ; et en conséquence leur procez sera fait et parfait par le lieutenant général de police ou par le lieutenant criminel de robe courte du Chastelet, dans le cas et en la forme prescrite par nostredite déclaration.

ART. VIII.

Ordonnons que l'art. xii du titre des décrets et l'art. xv du titre des sentences, jugemens et arrests de l'ordonnance de 1670 seront exécutez selon leur forme et teneur, sans qu'il soit besoin, dans les cas portez par lesdits articles, de permission ny *pareatis*, soit qu'il s'agisse des décrets et sentences du Chastelet dans le territoire du bailliage du Palais, ou de l'exécution des décrets et sentences du bailliage du Palais dans celuy du Chastelet ; voulons en outre que toutes les ordonnances rendues pour l'instruction des procez criminels, tant par le lieutenant criminel de nostre Chastelet que par le lieutenant criminel de robe courte audit Chastelet, chacun dans les matières de sa compétence, soient exécutées dans le bailliage du Palais sans *pareatis* ny permission du lieutenant général audit bailliage, ce qui aura lieu réciproquement pour les ordonnances rendues par le lieutenant général audit bailliage pour l'instruction des procez criminels, lesquels seront exécutées sans permission ny *pareatis* des officiers du Chastelet en leur territoire.

ART. IX.

L'article précédent aura lieu pareillement pour l'exécution des ordonnances rendues par le lieutenant général de police, dans les cas de sa compétence qui concerneront la seureté et tranquillité de nostre bonne ville de Paris ; qu'en aucun cas et sous quelque prétexte que ce puisse estre, le lieutenant général de police, le lieutenant criminel du Chastelet, le lieutenant criminel de robe courte, ny le lieutenant général au bailliage du Palais puissent faire ou faire faire aucun acte de jurisdiction, faire arrester ny recommander aucuns prisonniers qu'en vertu d'ordonnances rendues par écrit, et dans les formes en tel cas requises et prescrites par nos ordonnances. Défendons aux concierges et géoliers des prisons de recevoir aucuns prisonniers, s'ils ne sont écrouez en vertu d'ordonnances rendues dans la forme cy-dessus marquée.

ART. X.

Maintenons le bailly du Palais et son lieutenant de connoistre de toutes matières de police dans l'estendue de son territoire, aux exceptions et modifications cy-après déclarées.

ART. XI.

Les hoteliers, aubergistes et autres tenans chambres garnies dans ledit territoire, seront tenus, conformément aux édits, arrests et règlemens, de déclarer au lieutenant général audit bailliage les noms de ceux qui viendront loger chez eux, et de les écrire sur un registre qui sera cotté et paraphé, sans frais, par le lieutenant général audit bailliage, desquels registres et déclarations le greffier dudit bailliage remettra un double certifié de luy entre les mains du lieutenant général de police, de quinzaine en quinzaine, mesme plus souvent, s'il en est par lui requis.

ART. XII.

Les marchands et les maistres, de quelques corps et communautez qu'ils soient, qui voudront s'establir dans l'enclos dudit bailliage et y ouvrir boutique ou échoppe, feront enregistrer leurs lettres de maistrise au greffe dudit bailliage, pour lequel enregistrement sera payé, pour tous droits, la somme de deux livres.

ART. XIII.

Les maistres et gardes, syndics, adjoints et jurez feront

aussi enregistrer leurs lettres de jurande au greffe dudit bailliage. Ils demanderont lors dudit enregistrement une permission au lieutenant général au bailliage du Palais de faire les visites qu'ils croiront nécessaires chez les maistres de leurs corps et communauté, pendant tout le temps de leur exercice et jurande, laquelle permission, le lieutenant général audit bailliage du Palais ne pourra leur refuser, et payeront lesdits maistres et gardes, syndics, adjoints et jurez la somme de deux livres pour le droit d'enregistrement.

ART. XIV.

Et quant aux visites qu'ils feront dans les limites dudit bailliage, les rapports en seront faits par devant le lieutenant général de police, et ne pourra connoistre le lieutenant général audit bailliage que des délits, rébellions et austres empeschemens que les marchands establis dans ledit bailliage auront faits auxdites visites, sans préjudice néantmoins au lieutenant général audit bailliage de prendre connoissance des contraventions aux statuts, ordonnances et règlemens de police, lesquelles seront incidentes aux procez civils et criminels portez devant luy par les parties interessées, ou d'ordonner, sur la requisition qui sera faite d'office par le substitut de nostre procureur général audit bailliage, tout ce qu'il estimera nécessaire pour l'exécution de nos ordonnances et règlemens dans son territoire.

ART. XV.

Dans le cours des visites qui seront faites dans le bailliage du Palais, ne pourront les maistres et gardes, syndics, adjoints et jurez se faire assister d'autres huissiers que ceux de nostre Cour de parlement ou dudit bailliage du Palais, et dans les cas où ils doivent se faire assister d'un commissaire au Chastelet, ils se feront assister, dans l'enclos du bailliage, du lieutenant général, auquel, à cet effet, le lieutenant général de police adressera une commission rogatoire.

ART. XVI.

Maintenons le substitut de nostre procureur général au Chastelet de procéder à la création des maistres et gardes et jurez et à la réception des maistres, de délivrer et faire exécuter toutes contraintes nécessaires, faire faire significations de ses ordonnances aux maistres demeurans dans l'enclos dudit bailliage par les sergens ordinaires du Chastelet, sans prenre congé ny *pareatis* des officiers du bailliage.

ART. XVII.

Les marchez avec les entrepreneurs et les ouvriers pour les lanternes et pour le nettoyement des rues seront faits par un des commissaires du quartier de la Cité en la manière accoutumée, et toutes les ordonnances concernant cette partie de la police seront rendues par le lieutenant général de police; mais la connoissance des contraventions auxdites ordonnances, arrivées dans le bailliage du Palais, appartiendra au lieutenant général audit bailliage; Enjoignons au surplus auxdits officiers du Chastelet et du bailliage du Palais d'éviter tous conflits de jurisdiction, et en cas qu'il s'en forme à l'avenir, de les faire régler en nostre Cour de parlement, sans qu'ils puissent rendre de part ni d'autre aucunes ordonnances portant condamnation d'amende pour distraction de jurisdiction, ny mesme aucunes ordonnances, de quelque nature qu'elles soyent, après que le conflit aura été formé; Si donnons en mandement à nos amez et féaux conseillers, les gens tenans notre cour de publier, registrer et exécuter selon sa forme et teneur, nonobstant tous édits, déclarations, règlemens, ordonnances et autres choses à ce contraires; car tel est nostre plaisir; et afin que ce soit chose ferme et stable à toujours, Nous y avons fait mettre nostre scel.

Donné à Versailles, au mois d'octobre 1712, et de nostre règne, le 70ᵉ.   Signé : LOUIS.

Et plus bas, Phelypeaux, visa Phelypeaux, et scellé du grand sceau de cire verte, en lacs de soye rouge et verte.

Registrées, ouy et ce requérant le procureur général du Roy, pour estre exécutées, et copies collationnées envoyées au Chastelet et au bailliage du Palais, pour y estre leuës, publiées et registrées. Enjoint aux substituts d'y tenir la main et d'en certifier la cour dans huitaine, suivant l'arrest de ce jour.

A Paris, en parlement, le 14 décembre 1712.

Signé : DONGOIS.

Les appels des sentences et jugements rendus au Châtelet de Paris, tant au civil qu'au criminel, se portaient au parlement.

Les conseillers du parlement se rendaient au Châtelet cinq fois par an; ils y statuaient sur les demandes en liberté des prisonniers pour dettes, sur celles en nullité de leur détention, ordonnaient la liberté de ces prisonniers, sous caution, lorsqu'ils payaient comptant le tiers des causes de leurs écrous et recommandations, avec délai pour le payement des deux autres tiers, ou bien avec caution aussi, en ne payant que le quart, et délai pour le payement des trois autres quarts.

II

LE PRÉVOT DE PARIS

Sous l'empereur Aurélien, le premier magistrat de Lutèce se nommait déjà *Præfectus urbis*, titre qu'il portait encore en 588, sous Chilpéric, et en 663, sous Clotaire. Cette fonction acquit une telle autorité, que Hugues Capet ne l'échangea que pour le trône, en 987. Ensuite il investit son frère Eudes du comté de Paris, sous la réserve que ce comté ferait retour à la couronne à l'extinction de la ligne masculine, condition qui s'accomplit en 1032. Une charte de Henri Ier, de 1060, est signée par le prévôt de Paris[1]. Sa juridiction est attestée par une charte de Louis VI, qui ordonne au prévôt et à ses officiers de prêter secours aux bourgeois de Paris, lorsqu'ils opèrent une main-mise sur les biens de leurs débiteurs justiciables du roi[2].

Les prévôts rendaient originairement la justice au nom du roi, des comtes ou vicomtes qui les nommaient. Au XIIIe siècle, le titre de prévôt était donné à ferme; mais saint Louis renversa un pareil abus.

La prévosté de Paris, dit Joinville, estoit lors ven·lue aus

---

1. *Rerum gallicarum et francicarum scriptores*, t. XI, p. 605.
2. Pardessus, *De l'organisation judiciaire*.

bourgeois de Paris ou à aucuns, et quand il avenoit que aucuns l'avoit achetée, cy soustenoient leurs enfants et leurs
neveus en leur outrage. Si ne voult plus le roi que la prévosté
de Paris feust vendue, ains donna gages bons et grans à ceulz
qui dès or en avant la garderoient. Fist enquerre, par tout le
royaume et partout le pays, où l'en feist bone justice et roide,
et qui n'espargnast plus le riche home que le poure. Si li fu
enditié Estienne Boiliaue, lequel maintint et garda si la prévosté, que nul malfaiteur, ne liarre, ne murtrier n'osa demourer à Paris [1].

Après saint Louis, on vit la juridiction du Châtelet
changer de face. En effet, tant que l'appel ne fut pas in-
troduit, il n'exista aucune relation immédiate et nécessaire entre le parlement et le Châtelet. La cour jugeait,
dans le ressort de la prévôté de Paris comme ailleurs,
toutes les affaires où le roi avait un intérêt; le Châtelet,
de son côté, décidait dans son propre ressort les procès
nés entre particuliers. Il n'était donc, par rapport au
parlement [2], qu'une simple châtellenie semblable à toutes
celles qui existaient dans les domaines du roi, et dont la
supériorité consistait à siéger dans la capitale, au lieu
même où les rois résidaient habituellement. Après l'introduction de l'appel, la situation respective des deux
tribunaux changea : le Châtelet devint un tribunal de
premier degré dont les sentences pouvaient être soumises
à la révision du parlement. Tandis que dans les provinces les baillis s'interposaient entre la cour du roi et
les juridictions inférieures, et que l'éloignement, les

---

1. *Rerum gallicarum et francicarum scriptores*, t. XX, p. 297. —
Une ordonnance de 1331 (art. 2) déclare que le prévôt de la ville de
Laon sera en titre d'office, avec des gages.

2. *Olim*, t. II, p. LIX.

frais et les embarras d'un déplacement s'opposaient à ce que les appels de ces juridictions fussent fréquents, à Paris tout portait les justiciables du Châtelet à invoquer la justice du parlement. Aussi le mémorial de la cour ou répertoire que tenait le clerc des arrêts[1] indique-t-il qu'au commencement du XIVe siècle le nombre des appels était très-considérable. Voici en quels termes la mention de ces affaires avait lieu sur le mémorial :

Inter magistrum Hugonem rectorem, ex una parte, et dominum de Mellento et Galterum Louvrier ex altera, consenserunt partes quod processus eorum Castelleti videatur utrum bene vel male fuerit judicatum.

Mais bientôt la cour opposa une digue à des appels trop facilement et trop témérairement interjetés. Le mémorial offre la preuve que la cour délibérait pour savoir si l'appel interjeté d'une sentence du Châtelet serait admis ou rejeté. C'est ce qui résulte de nombreuses mentions semblables à celle-ci :

Auditis comite de Lancero et dominâ de Bobiers, præcipit curia quod inquesta facta interipsos, in Castelleto videatur utrum bene vel male fuerit judicatum.

Auditis Thoma de Noysi, Richardo Lenorment, præcipit curia quod processus eorum Castelleti videatur utrum bene vel male fuerit judicatum, facta prius collatione deipso.

La cour (constituée comme la chambre des requêtes à la cour de cassation aujourd'hui) n'admettait un appel au parlement que lorsqu'il lui semblait fondé sur des griefs sérieux. Elle s'exprimait ainsi :

Auditis partibus, præcipit curia quod processus Castelleti,

1. *Olim*, t. II, LX et p. 888.

in causa appelationis inter Petronillam, relictam Johannis La-
vache et tutorem Geleti ejus filii et Stephanum Lefèvre et
ejus uxorem videatur et judicetur.

Toutes les mentions d'appel interjetées sur des sentences du Châtelet ou des bailliages de la province sont
semblables à celle-ci.

Peu à peu le prévôt s'adjoignit des suppléants ou assesseurs, qui, d'abord nommés par lui, furent plus tard
élevés au bailliage royal[1]. Dans l'origine, le prévôt de
Paris n'était pas seulement le chef de la justice, mais
encore l'administrateur politique et financier de la capitale ; il réunissait encore à ces attributions le commandement en chef des troupes de la ville, et demeura toujours chargé de la convocation du ban et de l'arrière-ban.

Longtemps il fut considéré comme le chef de la noblesse du comté, et sa charge appartint aux plus illustres
personnages de l'État. Il ne dépendait pas du gouverneur
comme les baillis et les sénéchaux, et son nom précède
constamment les leurs, dans les ordonnances royales.

Un détachement de soldats de la ville montait la garde
à sa porte, et Philippe le Bel lui octroya, en 1309, le
privilége de paraître, dans les cérémonies, escorté de
douze sergents vêtus de cottes d'armes et munis de hallebardes. Comme chef de la justice, sa voix était prépon-
dérante dans les délibérations, et quand il était présent
au prononcé du jugement, la sentence commençait ainsi :
Le prévôt de Paris a dit : Nous ordonnons.

Dans la salle des séances se trouvait un dais sous lequel le prévôt prenait place, distinction extraordinaire

----

1. Johann Brewer, *loc. cit.*

dont ne jouissait aucun autre magistrat, et dont l'origine
s'explique peut-être par l'usage de certains rois, surtout
de saint Louis, d'aller, en personne, rendre justice aux
bourgeois *de leur bonne ville*.

La police municipale de Paris absorba successivement
différentes juridictions qui avaient d'abord existé, et le
prévôt en exerça la direction, dans l'intérêt des citoyens
ou des corporations. Des malfaiteurs se masquaient le
visage avec leurs chaperons, et sous ombre de ce, faisaient murdres et roberies, desquels ne pouvait être fait
pugnicion[1]. Aussi, le mal s'étendant, commission est
donnée au prévôt de Paris pour faire le procès à tous
voleurs, murdriers, bateurs à l'oye, faux monnoyeurs,
en quelque juridiction qu'ils se trouvent, les arrêter et
faire pugnir dans les lieux où il le jugera à propos. Chaque jour, les hôteliers de Paris doivent faire connaître
au prévôt le nom des personnes qui logent chez eux, et
même obligation est imposée à ceux qui louent à des
étrangers. Charles VI désigne le Petit-Châtelet pour servir de demeure au prévôt de Paris, afin qu'il soit au
centre même de ses fonctions. Dans les grandes cala-
mités, accidents, crimes, c'est toujours à lui que l'on a
recours. Robert d'Estouteville, prévôt de Paris, est délégué par Charles VII, le 6 octobre 1447, pour informer
contre plusieurs larrons, mendiants, espieux de chemins,
ravisseurs de femmes, violeurs d'église, tireurs à l'oye,

1. Charles VI, 2 mars 1399, Ord. viii, p. 364.
   —   21 juin 1401.   *Id.*   p. 443.
   —   29 novembre 1407. Ord. ix, p. 261.
   —   20 avril 1402. Ord. xii, p. 578.
   Charles VII, Ord. xii, p. 509.

joueurs de faulx dez, trompeurs, faux monnoyeurs, malfaicteurs et autres associez, récepteurs et complices.

Le prévôt devait donner deux audiences au Châtelet,
pour expédier les causes de l'Hôtel-Dieu de Paris, celles
des chanoines et du chapitre de la Sainte-Chapelle, celles
des Célestins de la province de France[1].

Avec l'importance de ces attributions, on comprend
que la charge de prévôt de Paris ne pouvait demeurer
interrompue ; à chaque vacance la fonction passait au
procureur général près le parlement, qui administrait
jusqu'à la nomination du nouveau titulaire. Le roi reprend, pour ainsi dire, par les mains de son procureur
général, l'office vacant jusqu'à ce qu'il y ait pourvu[2].
Le prévôt était, pour son installation, conduit à la
grand'-chambre du parlement, le mortier sur la tête, et
accompagné de quatre conseillers, deux clercs et deux
laïques. Après la cérémonie, il donnait un cheval au président qui avait procédé à sa réception. Son costume consistait en une robe courte avec manteau, col rabattu, épée,
chapeau à plumes, bâton de commandement entouré d'é-
toffe d'argent. Il avait cette tenue pour assister aux séances
royales, où il avait sa place sur les derniers degrés du
trône, au-dessous du grand chambellan, aussi bien que
pour se présenter aux audiences du parlement. Là, chaque année, à la fin des vacances, le prévôt de Paris se
présentait à l'appel des causes de son ressort, devant la
grand'chambre du parlement, à la tête du parc civil.
Après l'appel des causes, il se couvrait, droit réservé

1. Ord. viii, p. 181-184. — Ord. ix, p. 164.
2. 12 mars 1619. Le prévôt de Paris, étant au parlement avec le roi,
portait un bâton. (Reg. du parlement, 88.)

aux princes du sang, aux pairs de France et à ceux qui parlent au nom du roi.

Le prévôt ou ses lieutenants devaient être, en tout temps, au Châtelet à sept heures du matin, et siéger les mêmes jours que le parlement, excepté les jours de Saint-Denis, de Sainte-Catherine, de Saint-Nicolas, de Saint-Germain l'Auxerrois et les vacations d'août et des vendanges. Chaque matin, il devait se faire représenter l'état des prisonniers arrêtés la veille, observer la tenue et propreté des prisons, n'exiger, directement ni indirectement, des sergents ou autres officiers, chapons, or ou argent; enfin il lui était interdit de prendre à son profit les ceintures, joyaux, habits, vêtements ou autres parements, défendus aux fillettes et femmes amoureuses[1].

Selon l'auteur du grand Coutumier, qui écrivait sous Charles VI, le prévôt de Paris a trois juridictions : une ordinaire, qui est la connaissance du siége du Châtelet, et deux déléguées, qui sont la conservation des priviléges royaux de l'Université et la criée des maisons.

Le prévôt de Paris est chef du Châtelet et y représente le roi au fait de la justice, suivant l'expression du grand Coutumier, ce qui fait qu'il y a un dais toujours subsistant.

Le jour de la feste de Saint-Vincent, a li prevoz et li paagiers à Saint-Germain des Prés, un mui de vin, si redoivent ásaier le vin du couvent tout avant et puis ont xij eschaudés et j pour asaier le vin et une haste de porc, à quelque jour que la feste soit, neis se èle estoit au vendredi[2].

---

1. Règlement de Henri VI (mai 1425).
2. Registres des mestiers et marchandises, publiés par Depping.

Il est chef de la noblesse et la commande à l'arrière-
ban sans être sujet aux gouverneurs, au lieu que les
baillis et sénéchaux y sont assujettis.

Il a douze gardes de toute ancienneté, qui, selon un
arrêt de 1566, doivent avoir hocquetons et hallebardes
en le suivant à l'audience et par la ville. Ces gardes
sont huissiers exploitants par tout le royaume....Avant
la création des huissiers audienciers, ces gardes avaient
fonctions d'audiences...

Il a une séance marquée aux lits de justice au-dessous
du grand chambellan : il a la garde du parquet, et le
droit d'assister aux états généraux, comme premier juge
ordinaire et politique de la capitale du royaume. Son
habillement est semblable à celui des ducs et pairs, et il
porte un bâton de commandement couvert d'une étoffe
d'argent ou d'un velours blanc, nous l'avons dit.

Le prévôt connaissait du privilége des bourgeois de
Paris pour arrêter leurs débiteurs forains ; ce privilége
fut accordé par Louis le Gros en 1134.

Le prévôt de Paris est le conservateur des priviléges
de l'Université; c'est pour cette raison que Philippe-
Auguste ordonna, par ses lettres de l'an 1200, que le
prévôt de Paris prêtât serment entre les mains du recteur de l'Université. Les prévôts ont régulièrement prêté
ce serment jusqu'au commencement du dix-septième
siècle, époque à laquelle le prévôt de Paris commença à
être troublé dans l'exercice de sa juridiction par son
lieutenant civil. Dans une assemblée du 2 mars 1613,
l'Université députa le sieur Turgot, proviseur du collége
d'Harcourt, pour prier le nouveau prévôt de Paris de
venir prêter le serment que ses prédécesseurs avaient tou-

jours fait à l'Université. Comme le différend a toujours continué, on ne voit pas que depuis ce temps aucun prévôt de Paris ait prêté ce serment au recteur de l'Université.

Le prévôt est reçu au payement du droit annuel de sa charge, sur le pied de son ancienne évaluation, sans être tenu de payer aucun prêt.

Il a la connaissance du sceau du Châtelet, qui est attributif de juridiction.

Il est installé au Châtelet par un président à mortier et par quatre conseillers de la grand'chambre du parlement de Paris. Le président à mortier lui dit en l'installant : « Je vous installe dans la charge de prévôt de Paris pour l'exercer dignement et au contentement du roi et du public. » Ce jour-là, on plaide une cause devant le président à mortier et les quatre conseillers, et le prononcé est un arrêt, quoiqu'au Châtelet, parce que ces cinq commissaires y représentent le parlement.

Anciennement toute la juridiction résidait en la personne du prévôt de Paris. Il commettait des lieutenants, se choisissait des conseillers à son gré, et n'avait point d'autre greffier qu'un clerc domestique. Ce n'est que depuis l'an 1498 que ses lieutenants sont officiers. Le plus ancien des lieutenants particuliers n'a été créé qu'en 1546, et les conseillers n'ont été établis qu'en 1327.

Henri II, par son édit de mars 1551, établit au Châtelet un présidial composé de 24 conseillers.

Louis XIV, par édit de février 1674, ayant supprimé presque toutes les juridictions particulières possédées par divers seigneurs dans la ville, faubourgs et banlieue de Paris, et les ayant incorporées à la justice du Châtelet

par l'édit de suppression et par un autre d'août, même
année, créa un nouveau présidial au Châtelet, avec les
mêmes pouvoir et nombre d'officiers que l'ancien, et
mit des bornes au ressort de l'un et de l'autre; des
inconvénients étant résultés de cette dualité de tribunaux, un édit de septembre 1684 cassa le nouveau Châtelet et le réunit à l'ancien.

La justice était rendue au Châtelet par un lieutenant
général civil, un lieutenant de police, un lieutenant criminel, deux lieutenants particuliers, cinquante-quatre
conseillers, dont un d'épée créé en 1691, quatre avocats
du roi, un procureur du roi, huit substituts, un greffier
en chef; un premier huissier audiencier, plusieurs autres huissiers audienciers, un juge auditeur pour juger
les affaires de cinquante livres et au-dessous, un greffier
en chef des auditeurs, quarante-huit commissaires, cent
treize notaires, deux cent trente-cinq procureurs, trois
cent quatre-vingts huissiers à cheval, deux cents huissiers à verge et cent vingt huissiers priseurs.

La charge de prévôt de Paris est fort ancienne, et
son existence était déjà en pleine vigueur au XIᵉ siècle.
Ainsi :

Louis IX, de retour d'oultremer — vient se seoir sobz li
dées — encoste — li bon prevost — rendant justice.

La charte de fondation de l'abbaye de Saint-Martin
des Champs (1060) [1] est signée par Étienne, prévôt de
Paris. Le prévôt doit d'abord gérer seul sa charge [2], avec
l'assistance d'un clerc pour ses écritures; mais bientôt

1. Félibien, t. III, p. 131.
2. Ord. de 1302.

on lui donne pour l'aider, dans ses travaux et dans ses luttes, un procureur du roi, un lieutenant civil, deux avocats du roi, huit conseillers, et un lieutenant criminel, Pierre de Lieuvils, en 1343 [1].

Pendant l'occupation anglaise, les magistrats du Châtelet de Paris, au péril ou au sacrifice de leur vie, donnent de nobles exemples [2]. Jean Filleul et Martin Doublé, conseillers au Châtelet, sont jetés en prison, et plus tard, 18 avril 1430, leurs collègues François Baudran et Guillaume Perdriau ont la tête tranchée.

Les premiers prévôts de Paris étaient de fermes justiciers, s'appuyant sur la force ; mais bientôt arrive le règne du droit, préparé par l'étude des lois romaines, malgré les prohibitions du pape Honorius (1219) et les défenses de Philippe le Hardi et de Philippe le Bel (1277-1304). Aussi Louis XII exige-t-il, dès 1498, que le prévôt de Paris soit docteur *in utroque jure*, et que ses officiers inamovibles soient choisis parmi les jurisconsultes éminents. Le même roi ordonne de recueillir toutes les coutumes de la France et notamment celles de Paris. Le 8 mars 1510, les commissaires royaux, en présence de la cour du Châtelet, convoquèrent dans la grand'salle du palais épiscopal les comtes, barons, châtelains, de la ville, prévôté et vicomté de Paris. Les gens du roi près le Châtelet portèrent la parole devant cette solennelle assemblée ; la publication de la Coutume faite en grande pompe, la minute en fut déposée au Châtelet.

La multiplicité toujours croissante des affaires fit

---

1. Ord. de Philippe VI, février 1327 ; — Félibien, t. II, p. 739 ; — Dulaure, t. II, p. 51-234-235-400.

2. Loysel, *Dialogue des avocats*, p. 184.

promptement décharger le prévôt de la perception des revenus; pour le seconder dans l'instruction des procès, il lui fut permis d'avoir des enquêteurs qui s'occupèrent spécialement de certains actes, tels que scellés, ouvertures, comptes en justice.

Les mêmes raisons firent créer des auditeurs qui l'aidaient à rendre la justice; mais des abus s'étant glissés dans cette institution, l'ordonnance de novembre 1302 restreignit leur compétence aux valeurs mobilières d'une valeur de 60 sols.

D'après l'ordonnance de février 1327, il y eut, sous la présidence du prévôt, huit conseillers, auxquels on adjoignit deux auditeurs, tout en leur conservant la juridiction propre qu'ils exerçaient dans un local spécial et à des heures particulières.

Le prévôt de Paris présidait la noblesse de Paris et de la banlieue lors des assemblées préliminaires à la tenue des états généraux; aussi M. de Boulainvillers, dernier prévôt de Paris, a-t-il joui de ce privilége en 1789.

On lit vers 1380 un règlement de Hugues Aubryot, prévôt de Paris, concernant son auditoire et celui de ses auditeurs. (Reg. Doulx Sire, fol. 5 bis, P. de pol.)

28 *avril* 1402. — Charles VI à Paris. — Lettres par lesquelles le roi désigne le petit Châtelet de Paris pour servir de demeure au prévôt de Paris.

Le 15 juillet 1489, Jean d'Orgemont, évêque de Paris, étant mort, eut pour successeur dans l'évêché de Paris Simon de Montaigu, évêque de Poitiers. Accusé de plusieurs crimes par le duc de Bourgogne et le roi de Navarre, ses ennemis, il fut arrêté par ordre de Pierre des Essarts, prévôt de Paris. Interrogé, mis à la question, il fut condamné, malgré ses dénégations, à avoir la tête tranchée. Il fut exécuté; son tronc fut pendu à un gibet et sa tête plantée sur un pieu à Montfaucon, d'où le vicomte de Laonnois, son fils, qui eut assez de crédit pour faire plus tard réhabiliter la mémoire de son père, le fît transporter, avec un cortége honorable de prêtres et de luminaires, chez les Célestins de Marcoussy, que sa piété avait fondés.

28 *mai* 1418. — Les Bourguignons, conduits par Jean de Villiers de l'Isle-Adam, avec 800 lances, s'introduisirent dans Paris par la porte Saint-Germain en criant : Paix et Bourgogne ! A ces cris, Tanneguy Duchâtel, prévôt de Paris, courut prendre le dauphin dans son lit, et l'enveloppant de sa robe de chambre, le conduisit à la Bastille et de là à Melun. Le roi, qui était dans son hôtel, demeura au pouvoir des Bourguignons, dont les troupes pillèrent les maisons des Armagnacs, en massacrant les habitants.

Le 10 septembre 1419, Tanneguy Duchâtel sauta la barrière du pont de Montereau, se jeta sur le duc de Bourgogne qui s'entretenait avec le dauphin[1], et le tua de plusieurs coups de hache sur la tête.

Le 5 août 1461, le corps du roi défunt fut de Meung apporté à Notre-Dame de Paris. Le convoi se fît aux frais de Tanneguy Duchâtel; on dit qu'il lui coût après de 50 mille livres. Après le corps placé sur une litière et suivi des ducs d'Orléans, d'Angoulême, d'Eu, de Dunois, marchaient le recteur de l'Université de Paris, la chambre des comptes, les maîtres des requêtes, le prévôt de Paris, le Châtelet et les ordres religieux.

En 1488, Charles VIII, roi de France, fît ajourner les

1. Juvénal des Ursins, *Histoire de Charles VI.*

ducs de Bretagne et d'Orléans à *la Table de marbre*, par le prévôt de Paris accompagné d'un conseiller du parlement et du premier huissier.

1495. — Charles VIII par son édit : *Des officiers du Chastelet de Paris et reiglement d'iceux*, titre IV : Ordonne au prevot de venir au Chastelet, pour y besogner à sept heures du matin, chaque jour, excepté les jours fériés, les vacations d'août et les vendanges, de visiter ou faire visiter, *chaque jour*, les tableaux des prisonniers et d'entendre ceux-ci pour savoir si des griefs leur ont été faits par les geôliers ou autres, de faire tenir les prisons nettes, de n'exiger rien, chappons, or, argent des officiers du Chastelet, à cause de leurs institutions.

Le 3 août 1560 fut ordonné que le prévot de Paris fera son état en personne et ira chacun jour, avec ses officiers, par la ville, pour contenir les bons en paix et faire tenir les mauvais en crainte par sa présence. (Registres du parlement, 49.)

1594. — Jean Châtel ayant frappé Henri IV d'un coup de couteau, subit son premier interrogatoire devant le prévôt de Paris et les autres au parlement, qui le condamna au supplice, par arrêt du 29 décembre.

Le prévôt de Paris siégeait de droit aux Etats généraux, comme premier juge de Paris. Chargé de défendre les priviléges des bourgeois et ceux de l'Université, lui seul pouvait faire arrêter les étrangers pour dettes ; la police et la sûreté de la ville étaient remises à ses soins.

Saint Louis ayant reconnu l'inconvénient qui résultait du système de vénalité appliqué à de pareilles fonctions,

---

1. *Edit et ordonnances des roys de France,* Fontanon, t. II, p. 215.

déclara la prévôté de Paris charge de magistrature, et en
la remettant à l'intègre Etienne Boileau, lui rendit son
premier lustre. Après Boileau, qui régla les arts et métiers
de Paris, le pouvoir des prévôts s'effaça devant l'influence
croissante des prévôts des marchands. Ceux-ci commen-
cèrent à prendre une importance politique et populaire
sous les règnes de Philippe le Bel et de ses fils; mais
Charles V ruina cette influence par l'autorité rivale des
prévôts de Paris, auxquels il confia l'exécution de mesures
d'utilité générale qui devaient attirer la faveur du peuple.
Hugues Aubriot, nommé en 1367 à la prévôté et capitai-
nerie de la ville de Paris, s'occupa de fortifier et d'assai-
nir la ville de Paris, de dégager les abords du Châtelet,
de réprimer le vagabondage, de régler la prostitution, le
luxe et de soutenir l'Université. Un des premiers actes de
Hugues Aubriot, dès son entrée en fonctions, *fut d'aller
visiter tous les bordeaux de la ville :* curieuse sollicitude
chez un prévot ! L'Eglise elle-même, dans sa primitive
naïveté, n'avait pas alors d'indignation pour le voisinage
des maisons de débauche : il fut dit *au xve siècle que
la paroisse Saint-Merri avait intérêt que les bordeaux
demeurent dans les maisons l'avoisinant, car ainsy ses
rentes en valaient mieux*[1]. Le 8 janvier 1374, Charles V
le nomma chevalier et lui conféra la noblesse[2]. Enfin,
accusé d'hérésie et d'immoralité le 17 mai 1381, Hugues
Aubriot, placé devant un échafaud où étaient l'évêque de
Paris et les docteurs de l'Université, leur demanda l'ab-
solution de ses péchés et de ses hérésies. Alors l'évêque

1. Archives de l'empire.
2. M. Leroux de Lincy, *Hugues Aubriot.*

de Paris, revêtu de ses habits sacerdotaux, le condamna à une pénitence perpétuelle, au pain de tristesse, à l'eau de douleur, comme auteur de la perfidie judaïque, contempteur des sacrements, hérétique, méprisant les chefs de l'Église [1].

La prévôté de Paris était composée de plusieurs chambres, savoir : de la chambre de la prévôté au parc civil, de la chambre civile, du présidial, de la chambre de police, de la chambre criminelle, de celle de M. le prévôt de l'Ile de France, de la chambre de M. le procureur du roi et de celle du juge auditeur. On plaidait au parc civil et au présidial tous les jours, *excepté le lundi,* de neuf heures à midi. On plaidait les mercredis et samedis à la chambre civile, depuis midi jusqu'à deux heures ; les mardis et vendredis à la chambre criminelle, et à celle de M. le procureur du roi de midi à deux heures ; les jeudis au présidial les appels des juridictions subalternes de la prévôté et vicomté de Paris ressortissant au Châtelet ; les vendredis à l'audience de police, à midi, toutes les causes. concernant les corps, arts et communauté de la ville de Paris ; tous les jour sà la chambre des auditeurs, à midi, toutes les causes sommaires qui n'excèdent pas la valeur de 50 livres.

Le prévôt de Paris et le Châtelet jugeaient les malfaiteurs. Le roi Jean fit arrêter, en 1350, son connétable, le comte d'Eu, pair de France, par le prévôt de Paris ; cet officier le jugea, le condamna seul en trois jours, et le condamné eut la tête tranchée dans l'hôtel royal de Nesle, en présence de la cour.

1. *Chronique du moine de Saint-Denis,* liv. II, t. I, p. 108, citée par M. Leroux de Lincy, art. *Hugues Aubriot.*

1589. — Lettre du prévost des marchands de la ville de Paris aux autres villes du royaume pour les inviter d'estre de la ligue soubz prétexte qu'ilz estoient absous du serment de fidélité, le roi estant excommunié pour avoir fait mourir le cardinal de Suze.

M. le prévot de l'Ile de France est un prevot des maréchaux qui connaît comme les autres prévots des maréchaux, des crimes exprimés au titre premier de l'ordonnance de 1670.

La prévôté de Paris n'est donnée qu'en garde au prévôt de Paris, qui ne s'intitule que *garde de la prévôté de Paris* [1].

Il y a dans cette prévôté un lieutenant général civil, un lieutenant général de police, un lieutenant général criminel, un de robe courte, deux lieutenants particuliers qui sont assesseurs civils et criminels, plusieurs conseillers, un procureur du roi qui a plusieurs substituts, quatre avocats du roi, un juge auditeur, plusieurs substituts.

Le prévôt de Paris était, dans les lits de justice, assis aux pieds du roy, en signe de ce qu'il est institué *ab urbe habitatâ*, porte un arrêt du 19 mars 1550.

Après la suppression du prévôt des marchands, Charles VI voulut donner plus d'éclat au prévôt royal. Dans ses lettres du 27 janvier 1382 qui réunissaient la maison de ville de Paris à l'office de la prévôté de Paris, le roi désirait, nous l'avons vu :

Que les prévots eussent honorable demeure et maison, et afin que tous ceux qui devront avoir recours à eulx comme à leurs juges, scachent où aller plus promptement pour faire

---

1. Loyseau, *Traité des offices*, t. III, chap. 1.

expédier leurs besoignes, il donne le petit Chatelet avec toutes ses appartenances et dependances au prevot et à sa famille.

Cette décision ne fut pas exécutée sur-le-champ; le commis nommé par le roi pour remplacer le prèvôt des marchands s'y était maintenu. Des lettres du 20 avril 1402 rappelèrent les premières et enjoignirent aux gens des comptes et trésoriers de mettre le prévôt *realment* et de fait en possession du petit Chastelet. (V. *Rec. des Ord.*, t. VI, p. 688; t. XII, p. 578.)

Le prévôt de Paris, faisant fonctions de bailli, recevait seize sous par jour [1], les baillis de Champagne et de France 365 livres par an, le sénéchal de Rouergue 400 livres; les sénéchaux d'Auvergne et de Saintonge 500 livres, le sénéchal de Périgord 600 livres; ceux de Toulouse, de Beaucaire, de Carcassonne chacun 700 livres.

Ces baillis surveillaient de près la noblesse.

1371. — Lettres de commission du roi au prévôt de Paris d'avoir seul le soin de la police de Paris et de contraindre tous les bourgeois à paver devant leurs maisons, et que tout ce qu'il ferait vaudrait comme si le roi l'avait fait, cassant toutes appellations et poursuites au parlement et en la Chancellerie. Le prévot, sur le vu des lettres de provision obtenues du roi, recevait les huissiers à cheval, à verge, les archers, les maîtresses sages-femmes, lesquelles devaient assister, tous les premiers lundis des mois non festés, au service divin en l'église Saint-Cosme, ensuite à la visite pieuse et charitable des pauvres femmes malades, à qui il sera resté quelqu'incommodité de leur grossesse, serment préalablement prêté. (V. 10, 557, Reg. du Châtelet.)

1. Reg. de la chambre des comptes, fol. 2289, p. 870. — E. Boutaric, *La France sous Philippe le Bel.*

L'évêque de l'aris requist instantanément le prévost que Ernoulet prisonnier, qui avait été prins en habit et possession de tonsure, il voulsit rendre comme son clert ou au moins qu'il voulsit surseoir de procéder à l'exécution dudit prisonnier jusqu'à ce que ledit mons l'évesque ou son conseil ouy en la Cour de parlement, en feust autrement ordonné. Lequel mons le prevot ala incontenens en la Court de parlement pardevant messcigneurs dudit lieu, en sa compagnie ledit promoteur et aussi maistre Andrieu le Preux, procureur du roy, lesquels ouys en ladite cour et le prévot retourné sur les quarreaux du Chatelet dit que par mesdiz seigneurs de parlement a été ordonné, délibéré, commandé audit prevost que le jugement soit exécuté, nonobstant la répéticion faite par icellui mons l'évesque ou son promoteur Ernoul de Lates. 7 juillet 1390. (Reg. cr. du Châtelet, p. 301.)

En 1240, le prévôt de Paris s'appelait le *Roi des ribauds*.

24 *juin* 1427. — Le roi commet le prévôt de Paris pour fournir le siége de Montargis de vivres; en vertu de sa commission, il fit assembler tous les bourgeois et leur commanda d'envoyer du bétail, ce qu'ils promirent, ceux de la grande boucherie ne satisfaisant on leur fit commandement, ils appelèrent.

23 *février* 1445. — L'Université dit en plaidant que le prévôt de Paris en sa réception fait serment de n'emprisonner escoliers, s'il n'y a cas qui le requièrent. (Reg. du parlement, t. 127, fol. 139.)

1411. — Le prévôt de Paris est *major post principem*. Il n'est toutefois plus grand que la cour, car elle représente le roi.

13 *décembre* 1529. — Commission du roi au prévôt de Paris pour recevoir l'emprunt de la vaisselle d'argent et pour payer la rançon du roi François Ier; il en parla à la cour.

Le 20 mai 1526, François Ier revenant de Madrid envoya un lieutenant de ses gardes, avec le prévôt de Paris, tirer

Louis Berquin, gentilhomme flamand, des prisons de la Conciergerie, où il était enfermé comme *hérétique et fauteur de Luther.*

Un arrêt du conseil d'État du 10 novembre 1725, rendu sur la requête de G. J. de Bullion, comte d'Esclimont, colonel du régiment de Provence-Infanterie, pourvu de la charge de prévot de Paris sur la démission du sieur marquis de Bullion, son père, décide que le prévôt maintenu en ses rangs et séances, s'abstiendra d'assister aux audiences, excepté le jour de son installation. Lorsqu'il sera à l'audience, la prononciation se fera en son nom : *M. le prévôt de...* Lorsque ledit prévôt voudra assister aux cérémonies publiques, il marchera à la droite du lieutenant civil ou du premier officier de robe longue, comme aussi gardera ses fonctions aux lits de justice, et pour la convocation, conduite et commandement du ban et arrière-ban.

A Paris, le prévôt des marchands jouait autrefois un grand rôle; plus tard, il devint un simulacre, un chef nul qui présidait seulement aux repas; aux fêtes, aux monuments publics. Messieurs de la ville ne faisaient rien qu'il n'y eût un repas. M. de Laverdy et ses successeurs mirent fin à cet abus.

Le prévôt de Paris était conservateur des priviléges, différens et procès où les supposts et officiers de l'Université avaient intérêt, en quelque juridiction que lesdites causes fussent pendantes, mesme hors le ressort du parlement de Paris. (V. arrêt du conseil privé confirmant la juridiction du prévôt dans les affaires de l'Université. 17 décembre 1604.)

Litteræ Philippi Augusti regis quibus pœnas edicit in Præpositum Parisiensem de quo scholares conquesti erant, et vetat ne scholares in custodiam trahantur, mulcta que afficiantur, nisi per judices ecclesiasticos; statuit denique ut concessa

scholaribus privilegia præpositus quilibet in perpetuam bonâ
fide servaturum jurejurando confirmet. (Actum apud Bestia-
cum anno incarnati Verbi 1200 [1].)

Litteræ Philippi IV Francorum regis ad Præpositum Parisiensem ne teneantur scholares dare pignora civibus Parisiensibus, pro domibus quas ab iis conducebant. (Actum Parisiis
diè veneris ante Brandones 1299, 26 février.)

Un vieil usage, qui s'appuyait sur la célèbre ordonnance de Philippe-Auguste, exigeait que chaque prévôt,
à son entrée en fonctions, comparût devant l'assemblée
des députés de l'Université et qu'il jurât entre leurs
mains de conserver les priviléges de la corporation; il
devait en même temps indiquer les jours de chaque semaine qu'il consacrerait à l'expédition des affaires académiques [2]. Le serment traditionnel avait été prêté encore, en 1592, non sans quelques omissions dans les
formes, par Charles d'Alincourt de Villeroi [3]. Cependant les prévôts cherchaient à s'affranchir de ce cé-
rémonial humiliant qui les constituait comme vas-
saux de leurs propres justiciables. Jacques d'Aumont
résolut, quant à lui, de ne pas s'y soumettre : il résista
aux prières, aux sommations, aux menaces. La dernière
injonction de ce genre porte la date du 2 mars 1613,
lorsque Turgot fut député vers Louis Séguier, nommé
prévôt de Paris, pour sonder ses dispositions. L'antique
cérémonie du serment du prévôt tomba dès lors en dé-
suétude.

1. Voyez le savant ouvrage de M. Charles Jourdain, *Index chronolo-
gicus chartarum pertinentium ad historiam Universitatis Parisiensis.*
2. *Recueil des priviléges de l'Université de Paris.*
3. Du Boulay et Crevier.

Chaque année, le prix de la pension des écoliers était fixée en présence du prévôt et du procureur du roi :

Singulis annis ad decimum septimum calend. octobris, rector Universitatis theologiæ, juris canonici, medecinæ decanis, gymnasiarchis et collegiorum præfectis comitatus, sistit se apud Castellum Parisiense, coram Proprætori Parisiensi et procuratore regio, in auditorio in quo de rebus politicis agitur, ibique illis omnibus auditis et duobus mercatoribus civibus Parisiensibus vocatis, habitâ ratione annonæ, pensionis modus constituitur.

Dans les derniers temps, le prévôt de Paris ne siégeait qu'aux cérémonies d'éclat. Il n'avait au Châtelet que sa voix comme le moindre conseiller, et quoique président, il ne parlait jamais et ne prononçait même pas les sentences rendues en son nom. C'était le lieutenant civil qui articulait : *M. le prévôt de Paris a dit....*

LISTE DES PRÉVOTS DE PARIS.

1060. Etienne.
1192. Anselme de Garlande.
1196. Hugues de Meulant.
1200. Thomas.
1202. Robert de Meulant.
1217. Philippe Hamelin.
1217. Nicolas Harrode.
1227. Jean Desvignes.
1229. Thilloy.
1235 Etienne Boilève ou Boileau.
1245. Guernes de Verberie.
1245. Gaultier le Maître.
1256. Henri Dyerres.
1256. Eudes le Roux.

1258. Etienne Boileau.

1260. Pierre Gontier.

1261. Etienne Boileau.

1270. Renau Barbou.

1277. Marc de Morées.

1277. Eudes le Roux.

1277. Henri Dyerres.

1277. Guy Dumex.

1283. Gilles de Compiègne.

1285. Oudard de la Neuville.

1287. Pierre Sayneau.

1287. Jean de Montigny.

1291. Jean de Marle.

1291. Guillaume d'Hangest.

1296. Jean de Saint-Léonard

1297. Robert Mauger.

1298. Guillaume Thiboust.

1302. Pierre de Dicy.

1304. Pierre Jumeau.

1308. Firmin Coquerel.

1310. Jean Ploibaut.

1316. Henri Tapperel.

1320. Gilles Hacquin.

1321. Jean Robert.

1322. Jean Loncle.

1325. Hugues de Crusy.

1330. Jean Milon.

1334. Pierre Belagent.

1339. Guillaume Gormont.

1348. Alexandre de Crèvecœur.

1353. Guillaume Staize.

1358. Jean le Bacle de Meudon, chevalier.

1361. Jean Bernier.

1367. Hugues Aubriot.

1381. Audouin Chauveron ou Chameron, docteur ès lois.

1388. Jean de Folleville, chevalier.

1401. Guillaume de Tignonville.

1408. Pierre des Essarts, maître d'hôtel de Charles VI.

1410. Bruneau de Saint-Clair.

1411. Pierre des Essarts.

1412. Robert de la Heuse, dit le Borgne.

1413. Tannegui Duchatel, chambellan de Charles VI.

1413. Robert de la Heuse.

1413. André Marchant.

1414. Tanneguy Duchatel.

1414. André Marchant.

1414. Tanneguy Duchatel.

1418. Guy de Bar.

1418. Gilles de Clamecy, sire de Prouvaire.

1420. Jean Dumesnil.

1420. Jean de Labeaume.

1421. Pierre de Marigny.

1421. Pierre de Leverrat.

1421. Simon de Champluisant.

1421. Jean Doule.

1422. Simon de Champluisant.

1422. Simon Morhier.

1432. Gilles de Clamecy.

1436. Philippe de Ternant.

1436. Boulainvilliers.

1436. Ambroise de Loré.

1436. Jean d'Estouteville.

1446. Robert d'Estouteville, chevalier.

1461. Jacques de Villiers.

1465. Robert d'Estouteville.

1479. Jacques d'Estouteville, fils de Robert.

1509. Jacques de Coligny, chevalier.

1512. Gabriel d'Alègre, baron.

1522. Jean de la Barre, chevalier.

1533. Jean d'Estouteville, sire de Villebon-la-Gastine.

1540. Antoine Duprat, chevalier, sire de Nantouillet et de Précy.

1553. Antoine Duprat, fils du précédent.

1592. Charles de Neuville.

1593. Jacques d'Aumont, baron de Chappes, sire de Dun-le-Paleteau.

1611. Louis Séguier, chevalier.

1653. Pierre Séguier, marquis de Saint-Brisson.

1670. Armand du Camboust.

1685. Charles-Denis de Bullion.

1723. Gabriel-Jérôme de Bullion.

1755. Alexandre de Ségur.

1766. Anne-Gabriel-Henri-Bernard de Boulainvilliers, jusqu'en 1792.

LIEUTENANTS CONSERVATEURS DES PRIVILÉGES ROYAUX DE L'UNIVERSITÉ DE PARIS.

1544. Bertrand Joly.

1545. Michel Vialart.

1559. Nicolas Luillier.

1559. Pierre Rubentel.

---

11 may 1714 [1].

DE PAR LE ROY,

Monsieur le prevost de Paris ou Monsieur son lieutenant civil,

Sur ce qui nous a esté remontré par le procureur du roy, que les huissiers et sergens du Chastelet sont obligez de com-

---

1. Archives de l'Empire. — Collection Rondonneau.

paroistre par devant nous toutes les années, le lendemain de
la Trinité, pour répondre aux plaintes que l'on peut faire
contre eux; requeroit qu'il nous plût les en advertir par une
ordonnance publique, nous ordonnons que les huissiers fieffez, les huissiers priseurs-vendeurs de meubles, les sergens
de la douzaine, les huissiers à cheval et les huissiers-sergens
à verge du Chastelet seront tenus de se trouver le lundi
vingt-huitième may 1714, à une heure après-midy, au Chastelet, sous le guidon, à l'effet de faire la marche ordinaire,
pendant laquelle leur faisons défense de tirer aucunes armes
à feu. Les avons dispensez de porter d'autres armes que leurs
épées et leurs bastons. Après laquelle marche, les maistres de
chacune communauté feront un mémoire exact de ceux qui
n'y auront pas assisté, pour y estre par nous pourveu, sur les
conclusions du procureur du roy; et pour estre fait droit sur
les plaintes qui pourront estre faites contre lesdits huissiers
et sergens, ordonnons que, le lendemain mardy, vingt-neu-
vième jour du même mois de may, ils comparaîtront au Chastelet par devant nous, en la chambre civile, sçavoir les huissiers fieffez, et ensuite les huissiers-priseurs-vendeurs de
biens meubles, et ceux de la douzaine, et les huissiers à
cheval, dont il sera fait appel successivement, à sept heures
du matin; et le mesme jour, deux heures de relevée, les
huissiers sergens à verge seront aussi appelez en ladite chambre civile, où les parties intéressées pourront se trouver; et
sera pourveu, sur les conclusions du procureur du roy, et
sur-le-champ, aux plaintes qui seront faites contre eux; et
sera fait un estat de ceux qui auront esté interdits, pour estre
mis en un tableau qui sera attaché dans les bureaux des controlleurs des exploits et autres lieux publics.

Sera la présente ordonnance exécutée nonobstant oppositions ou appellations quelconques, et sans y préjudicier, leue,
publiée et affichée dans les carrefours et lieux publics de cette
ville de Paris. Ce fut fait et donné par messire Jérosme d'Ar-

gouges, chevalier, seigneur de Fleury et autres lieux, conseiller du roy en ses conseils, maistre des requestes ordinaire
de son hostel, lieutenant civil de la ville, prevosté et vicomté
de Paris, le vendredy onzième jour de may mil sept cent
quatorze.

D'ARGOUGES, MOREAU.

GAUDION, *greffier*.

Nature et étendue de la juridiction du grand prévôt
de l'hôtel :

4 *mars* 1716. — Arrest du conseil d'Estat, qui ordonne par
provision que le grand prévost de l'hostel connoîtra, exclusivement aux officiers du Chastelet, de tous crimes et délits
entre officiers et gens de la suite de la cour, et par prévention
de ceux qui arriveront entre les personnes susdites et les justiciables du Chastelet, et qu'il fera seul la police dans les maisons royales et places qui en dépendent. (Extrait des registres
du Conseil d'Etat [1].)

Sur ce qui a esté représenté au roy de la part du prévost de
l'hostel et grand prévost de France, qu'il appartenoit à sa
charge d'avoir inspection sur la foire Saint-Germain des Prez,
de faire seul, à l'exclusion de tous autres, la visite dans toutes
les maisons royales, des hostels des princes, des ambassadeurs, des seigneurs de la cour et autres lieux privilégiez,
pour empescher qu'on y vende de la viande pendant le caresme, à condition que les viandes saisies seront portées à
l'Hostel-Dieu et confisquées au profit des pauvres, d'établir un
étau dans la boucherie de l'hôpital des Quinze-Vingts, à condition de fournir la viande gratuitement audit hopital et à la
charité de la paroisse de Saint-Germain l'Auxerrois; qu'il
étoit pareillement en droit de connoître des délits et affaires

---

1. Archives de l'Empire. Collection Rondonneau.

criminelles qui arrivent dans l'enceinte du Louvre, mesme
dans toute l'étendue de la ville de Paris, lorsque ce sera entre
officiers de la maison du roy et gens à la suite de la cour; et
qu'enfin sa juridiction devoit s'étendre jusqu'à dix lieues autour du lieu où le roy fait son séjour, le tout suivant les ordonnances de François Ier, Louis XIII et du feu roy Louis XIV,
de glorieuse mémoire, qui estoient jointes aux requêtes dudit prévost de l'hostel et grand prévost de France; sur quoy
les officiers du Chastelet, ausquels lesdites requestes et pièces
ont esté communiquées par ordre de Sa Majesté, lui auroient
représenté qu'il y avait une instance pendante en son conseil
entre lui et ledit prévost de l'hostel pour le règlement général
de l'une ou l'autre juridiction; et que ledit sieur prévost de
l'hostel pouvoit s'y pourvoir pour y former dans les règles ordinaires les nouvelles demandes; que d'ailleurs, en ce qui concerne l'inspection sur la foire de Saint-Germain des Prez, cette
foire ne se tenant dans aucunes des maisons royales, et la police qui s'y observe ne regardant pas plus les officiers et les
commensaux de la maison du roy que le reste des citoyens, il
estoit difficile de comprendre sur quel fondement ledit sieur
prévost de l'hostel prétendoit avoir l'inspection, d'autant plus
que les deux ordonnances de Louis XIII dont il se sert, et
dont la dernière est de 1617, ne lui enjoignent que comme à
tous autres justiciers et officiers de tenir la main à ce qu'il n'y
arrive aucun désordre, et ne peuvent être regardées que
comme des ordres qui l'obligent de prester main-forte à la
justice; que pour ce qui regarde les visites que ledit sieur
prévost de l'hostel prétend estre en droit de faire pour empescher qu'on ne vende de la viande pendant le caresme, sa
prétention a esté réduite par l'ordonnance mesme de 1661,
qu'il rapporte, aux seules maisons royales; et qu'en effet l'ordonnance que leur roy faisoit expédier tous les ans pour ces
sortes de visites s'envoyoit au lieutenant général de police,
qui chargeoit les officiers qu'il jugeoit à propos de la faire

exécuter; et que, comme ces visites se faisoient en exécution
d'un ordre expédié au nom du Roy mesme, il n'y avait aucune distinction à faire à cet égard, le roy estant le maistre
d'adresser ses commissions à tels officiers qu'il lui plaist, que
la permission d'establir étau dans la boucherie de l'hospital
des Quinze-Vingts pendant le caresme étoit directement contraire au bien de la police générale et au privilége de l'Hostel-
Dieu, qu'elle priveroit indirectement d'un secours absolument
nécessaire aux pauvres malades, qui y sont actuellement au
nombre de trois mille; qu'enfin, pour ce qui est de la connoissance des crimes, soit par rapport aux lieux où ils seront
commis, soit par rapport à la personne des accusez, la matière
étoit d'une si grande importance qu'il n'y en avoit pas qui regardât plus directement le règlement général qu'il s'agit de
faire entre ledit sieur prévost de l'hostel et les officiers du
Chastelet dans l'instance pendante au conseil; que cependant,
si Sa Majesté vouloit y apporter quelqu'ordre par provision,
lesdits officiers du Chastelet la supplioient de vouloir bien au
moins donner les limites moins étendues au territoire dudit
sieur prévost de l'hostel, qui prétend y renfermer tout ce qui
est compris dans le grand dessein du Louvre; et à l'égard de
la jurisdiction personnelle, que Sa Majesté pouvoit y apporter
des tempéraments semblables à ce qui s'observe par rapport
au régiment des gardes, qui, excitant une louable émulation
entre les différentes jurisdictions, procureroient la punition
des crimes et seroient encore plus à affermir la sureté et la
tranquillité de la ville capitale du royaume, à laquelle on ne
doit pas appliquer des ordonnances qui n'ont esté faites que
pour le temps des voyages de la cour ou du séjour qu'elle a
fait dans des maisons de campagne et lieux où il n'y a point
d'officiers assez considérables pour partager avec ledit sieur
prévost de l'hostel le soin de la sureté publique; Sa Majesté
estant en son conseil, Monsieur le duc d'Orléans, régent, présent, a ordonné et ordonne que sur les demandes cy dessus

énoncées, le prévost de l'hostel et le grand prévost de France
et les officiers du Chastelet se pourvoiront en l'instance pendante entre eux au conseil, pour estre lesdites demandes réglées ainsi qu'il appartiendra; et cependant par provision et
sans préjudice du droit des parties au principal, ordonne que
ledit prévost de l'hostel fera seul la visite dans l'enceinte des
palais, cours et jardins du Louvre et Thuilleries et places au
devant du palais du Luxembourg, cours et jardins en dépen-
dans, de l'hostel des ambassadeurs extraordinaires, du Palais
Royal, de la maison des Gobelins, du jardin royal, de la maison et jardin de la Pepinière au Roulle, dans les chasteaux de
Vincennes, de Madrid et de la Muette, et généralement dans
toutes les autres maisons particulières appartenant au roy ou
louées par Sa Majesté pour le logement des officiers nécessaires pour son service pendant son séjour à Paris, pour empescher qu'on y vende de la viande pendant le caresme, à la
charge que les viandes saisies seront portées à l'Hostel-Dieu et
confisquées au profit des pauvres dudit hospital, et les contrevenans condamnez en telle amende et autres peines qu'il appartiendra; et à l'égard des autres maisons et lieux de la ville et fauxbourgs de Paris, la visite y sera faite en la manière ordinaire,
en vertu de l'ordonnance expédiée, conformément à celles des
années précédentes et envoyée au lieutenant général de police, pour tenir la main à ce qu'elle soit exécutée selon sa
forme et teneur. Fait Sa Majesté deffenses audit prévost de
l'hostel d'establir aucun étau dans la boucherie de l'hospital
des Quinze-Vingts ou ailleurs, pour y vendre de la viande pendant le caresme jusqu'à ce que l'instance de règlement soit jugée au conseil, en laquelle les directeurs et administrateurs de
l'hostel-Dieu interviendront, si bon leur semble; ordonne que
ledit prévost de l'hostel connoîtra de tous crimes et délits dans
l'enceinte des palais, cours et jardins du Louvre, des Thuilleries et places qui sont au devant, par quelques personnes
que ce puisse estre; veut en outre Sa Majesté que ledit grand

prévost connoisse de tous crimes et délits entre les officiers ou commensaux de la maison du roy, leurs domestiques ou autres gens attachez à la suite de la cour, en quelqu'endroit qu'ils soient commis dans la ville de Paris, pendant le séjour de Sa Majesté, sans néanmoins que ledit prévost de l'hostel puisse prendre connoissance des querelles qui arriveront entre un officier de la maison du roy et un bourgeois, si ce n'est par prévention, et concurremment avec les officiers de la justice ordinaire, ni qu'il puisse jamais connoître des combats suspects de duel, quand mesme ils se seraient passés dans l'enceinte des susdits lieux privilégiez, desquels néanmoins il pourra informer, dresser des procès-verbaux, mesme faire arrester les coupables pris en flagrant délit, pour estre ensuite les informations et autres procédures portées au greffe du parlement et y estre pourvû à la requeste du procureur général, ainsi qu'il appartiendra; et à l'égard de la prétention du grand prévost d'avoir inspection sur la foire Saint-Germain des Prez, Sa Majesté l'a débousté et débouste de sa demande, ordonne que les officiers du Chastelet continueront d'y faire la police en la manière ordinaire.

Fait au conseil d'Estat du Roy, Sa Majesté y estant, tenu à Paris le quatrième mars mil sept cent seize.

Signé : PHⱯLYPEAUX.

COMPTES DE LA PRÉVOTÉ DE PARIS.

ORDINAIRE DE PARIS. 1475.

Domaine non muable.

De Mᶜ Pierre Morin, conseiller du roi notre sire, auquel ledit seigneur par ses lettres patentes données à Sablé le 6ᵉ septembre 1473, a donné, cédé et transporté et délaissé pour lui, ses hoirs, successeurs et ayans-cause, certaine mazure, jardin,

avec le pourpris du lieu, ainsi qu'il se comporte et extend de
toute partie en long et en large, assis à Paris auprès de l'é-
glise St-Eustache, nommé le Séjour du roi, tenant pardevant
à la rue de Montmartre; d'un costé à l'hostel du Cigne-Rouge,
une ruelle entre-deux; et de l'autre costé sortissant à une
ruelle nomée la Plastrière, avec tous les droits, cens, rentes,
revenus, appartenances et appendances desdites masure et jardin, en quelque estimation qu'ils soient, audit seigneur appartenant à cause de son domaine : avec ce lui a cédé et transporté tout tel droit, nom, seigneurie, raison, et action qui lui
peut compéter et appartenir pour quelque cause et en quelque
manière que ce soit pour iceux lieux, à quelque valeur qu'ils
soient et à quelque somme qu'ils puissent monter, avoir, tenir, posséder, exploiter par ledit Me Pierre Morin, sesdits
hoirs, successeurs et ayans-cause, doresnavant, perpétuellement et à toujours, et autrement en faire et disposer comme
de leur propre chose et héritage; en payant les charges et faisant les droits et devoirs, s'anciens en sont pour ce deus, et
où, et ainsi qu'il appartiendra. Auxquelles lettres sont atta-
chées une lettre de nosseigneurs les gens des comptes et trésoriers dudit seigneur, données sous leurs signets le 1er jour
de février 1474, par lesquelles appert après ce que ès présence
des procureur et receveur ordinaire de Paris, ledit pourpris
anciennement appelé le Séjour du roi, a été veu, visité et me-
suré par les maistres maçons et charpentiers-jurés dudit seigneur, et prisé à la somme de seize livres treize sols quatre
deniers parisis de rente annuelle, rachetable au prix des ordonnances royaux ou deux cens livres parisis d'argent comptant
pour une fois, eu égard à la situation d'icelui lieu, à la ruine et
désolation en quoi il est dès piéçà, et aux grandes somptueuses
réparations qu'il y conviendrait faire pour le mettre en état et
valeur. Et aussi considéré que le roi notredit seigneur a, pour
l'expédition desdites lettres de don, escrit et mandé bien expressément par plusieurs fois, ont consenti l'entherinement d'icelles

lettres de don à la charge de rendre et payer à la recepte ordinaire de Paris chacun an perpétuellement et franchement aux termes d'icelles, également la somme de vingt sols parisis de rente par ledit Me Pierre Morin, sesdits hoirs successeurs et ayans-cause et pourvu que nonobstant ledit don, la justice et juridiction du grand-escuyer de France se tiendra et exercera dans ledit pourpris au lieu et ainsi qu'il est accoutumé, comme tout ce est plus a plein contenu esdites lettres du roi notre sire, et consentement de nosseigneurs des comptes et trésoriers, le *vidimus* desquels est cy-rendu à court, laquelle somme de vingt sols parisis se payera chacun an à cette recepte aux quatre termes à Paris accoustumés. Premier terme de payement commençant au jour de Pâque 1475, et deslors en avant d'an en an, sous les conditions dudit bail, etc.

Honorable homme Me Antoine Isome, notaire et secrétaire du roi.

Me Jehan de Grand'rue, clerc du roi en sa chambre des comptes.

Me Nicole de Sailly, clerc du roi en sa chambre des comptes.

Religieuse et honeste personne frère Jehan Folon, prieur de Jerusalem en l'Isle de Corbeil.

Jehan des Essars, escuyer, héritier de défunte mad^e de Amblainville.

Lambert Hotman, pour le vingt-quatrième change sur le pont aux Changeurs.

Rentes et revenus de la foire St-Ladre, qui commence chacun an le lendemain de la feste aux Morts et dure dix-sept jours entiers.

Exploits de la foire St-Germain-des-Prés, qui commence chacun an le lendemain de la quinzaine de Pâques et dure dix-huit jours entiers.

Fief appelé le fief d'Elbie, assis ès halles de Paris, où de présent a grenier et maison, appelé vulgairement les Dix-Greniers; c'est à sçavoir l'un haut, l'autre bas, que les eslus sur le fait de la marchandise du poisson de mer ont fait édifier, comme dit est au compte d'Ascension 1410, en la manière qui s'ensuit : Nicolas de Neufville pour un grenier, signé

Frère Jehan Cappet, prieur de St-Ladre lès Paris,

Eustache de Manteville, escuyer, seigneur d'Aulnoy.

Vente de cens.

Gilles Godin, notaire au Chastelet.

Maison scise rue St-Denys, tenant d'une part à la rue des Trois-Visages.

Maison scise en la rue qui est entre l'église St-Gervais et St-Jean en Greve, appelée la rue du Monceau-St-Gervais vendue par noble dame Guye des Moustiers, dame de Lambres et de Beaumont lès Douay, veuve de feu Mre Mathieu des Vertus, chevalier, seigneur desdits lieux.

Maison scise rue St-Denys outre l'ancienne porte, aboutissant et ayant issue en la rue du Lyon.

Mre Jehan le Damoisel, en son vivant chevalier.

Maison scise en la rue par laquelle on va du pavé de la place Maubert à la Tournelle des Bernardins, faisant le coin d'icelle rue du costé du pavé de ladite place Maubert, et aboutissant par derrière à la rivière de Seine.

Noble homme et saige Me Guillaume Allegrin, conseiller du roi en sa cour de parlement, et damoiselle Guillemette de Bonny, sa femme.

Guillaume le Carrelier, dit de St-Jehan, escuyer, seigneur de Couldray sur Seine lès Corbeil, tant en son nom que au nom et comme héritier par benefice d'inventaire de feu Jehan le Carrelier son père aussi en son vivant escuyer ; ledit Guillaume le Carrelier et Jehan Joigny, escuyer, au nom et comme procureurs de damoiselle Mahiette de Bougainville, veuve dudit deffunt Jehan le Carrelier.

Les maistres et gouverneurs de la confrairie du Père, du

Fils et du St-Esprit, et de la sainte procession que l'on fait tous les lundis de l'an au tour du cimetière des Sts-Innocents à Paris, aux marchands-freppiers de la ville de Paris.

Me Hugues Maillard, procureur du Roi au trésor.

Noble homme Me Artus de Cambrai, conseiller du roi en sa cour de parlement, héritier de feu Mre Adam de Cambrai en son vivant, et premier président en sa cour de parlement et dame Charlotte Alixandre sa femme, ses père et mère en son nom et comme se faisant fort en cette partie de ses frères et sœurs.

Maison scise rue St-Christople à l'opposite de ladite église St-Christophe, appartenant à vénérable et discrete personne Mre Girard Toussaints, prestre, curé de l'église Ste-Marine en la Cité de Paris, faisant le coin d'une petite ruelle qui va à Champrose.

Me Pierre Cherou prestre, maistre ès arts, et M. du college des Bons-Enfans.

Rachats, reliefs et quints deniers.

Pierre le Prince, controleur de la chambre-aux-deniers, acquiert les fiefs et seigneuries de la Bretonnière, Norville et le Couldray Liziart, mouvans de Montl'heri.

Me Pierre de Lailly, receveur général des finances, sur et deça les rivières de Seine et d'Yonne.

Maison scise rue au Maire tenant d'une part du costé par-devers l'eschelle St-Nicolas des Champs, à un hostel où pend l'escu de France, aboutissant par derrière aux murs St-Martin des Champs.

Dépense.

Me Guillaume Bourdin prestre, chapelain des aveugles de Paris, fondés par Mr St-Louis au grand-autel des Quinze-Vingts de Paris.

Mᵉ Jean Hoc de St-Audry des Arts.

Mʳᵉ Guillaume du Vivier chanoine en l'église Notre Dame de Poissy.

Mᵉ Eustache Milet, conseiller du roi en sa cour de parlement.

Marie la Gissarde veuve de Mᵉ Pierre des Essarts, chevalier, ayant le droit de Marie la Marcelle veuve de Mᵉ Pierre de Ruit, au lieu de Nicolas Marcel.

Gervais Larcher, vendeur de poisson de mer ès halles de Paris.

Mᵉ Pierre l'Orfevre, conseiller et maître des comptes.

Mᵉ Guillaume Daulge, docteur en médecine, chapelain de la chapelle de. . . . . . fondée en l'église de Maubuisson lès Pontoise par Marguerite de Beaumont.

Guillaume de Villetain, escuyer, seigneur de Gif, vicomte de Chasteaufort.

Mᵉ Nicole Chapelle, maistre et administrateur de la maladrerie St-Ladre de Corbeil, par an soixante livres parisis

La maladrerie de Gournay sur Marne, par an vingt livres parisis.

Bertrand de Pontachier, premier huissier de la cour de parlement.

Mᵉ Olivier le Dain, gruyer de la forest de Rouvray lès St-Cloud.

Noble homme Louis, seigneur de la Palu, maistre et enquesteur des eaux et forests du roi ès pays de France, Champagne et Brie.

Guillaume Bournel, escuyer, maistre d'hostel du roi et maistre de l'artillerie.

Mᵉ Olivier le Dain, concierge du bois de Vincennes.

Mᵉ Denys le Mercier, garde de la maison des Quinze-Vingts aveugles.

Jean Dubois, escuyer de cuisine du roi, garde du scel du Chastelet de Paris.

Me Philippes Harsant, au lieu dudit Me Jehan Dubois par lettres du roi données à   le   jour de 14   pour ses gages, depuis le 27 juillet 1474, jour de son institution.

Hugues Regnault à présent clerc civil du Chastelet de Paris, au lieu de Me Jehan le Cornu, par lettres données à Senlis le 11 février 1473.

Henri Perdrier, clerc criminel du greffe dudit Chastelet de Paris.

Mre Pierre Bureau, chevalier, seigneur de Montglat, trésorier de France, concierge de l'Hostel et Tour de Beauté-sur-Marne.

Henri de la Rivière, concierge de l'hostel des Losges en la forest de Laye.

Mr le comte de St-Pol, connestable de France, capitaine du chastel du Louvre.

Œuvres et réparations.

Pour trois carquans assis par autorité de justice, l'un en la place des Halles devant le pilori, l'autre en la place de Greve devant l'hostel de ville, et l'autre en la place Maubert où se vend le pain, servant à mettre et attacher par justice ceux qui jureront et maugreront le nom de Dieu, de la Vierge Marie et les saints de paradis.

Dépense commune.

Aux clercs et communauté du Chastelet de Paris la somme de dix livres parisis, qui ordonnée et tauxée leur a été par Mgr le prévost de Paris, en la présence du procureur du roi notre sire, pour leur aider à supporter les grans et somptueux frais qu'ils ont soutenu et souffert durant l'année de ce présent compte, pour les jeux qui par eux ont été joués sur l'eschafaud devant ledit Chastelet en icelle année, comme par ladite taxation, requeste et quittance de Pierre de Henault receveur de ladite communauté d'iceulx clercs, appert. Et à la marge est écrit :

« Legatur pars ad Burellum, quia non est solitum in Castelleto ludicra expensis Domini Regis facere. Visa taxatione transeat pro ista vice, sed non solvat de cætero similes Receptor, sub pœna radiationis, ordinatione Dominorum. »

A Guillaume Frete la somme de quatre livres quatre sols parisis pour ses peines et salaires d'avoir nourri et alimenté les couloms des deux coulombiers de l'hostel des Tournelles durant les mois de décembre, janvier et février de l'année de ce présent compte, et pour ce a donné sept sextiers d'orge.

A   pour avoir été par ordonnance du prévost de Paris ès villes de Tournant, etc., porter les mandemens touchant les nobles, et autre tenant fiefs et arrière-fiefs, pour iceux faire publier, à ce que en toute diligence ils paraissent pour aller servir le roi notredit seigneur au fait de sa guerre.

A Mary Bureau pour certain voyage qu'il a fait par ordonnance du roi, partant de cette ville de Paris aller en plusieurs villes des pays de Limosin, Poitou et Xaintonge, pour en icelles prendre et faire charger certain nombre d'artillerie, et la conduire jusqu'en la ville de Bordeaux, pour illec être mené en la ville de Baïonne pour la tuition et défense d'icelle ville.

A Adam Tenon, commis à la garde des sceaux de la prévosté de Paris, pour l'argent, façon et graveure desdits sceaux de la prévosté de Paris qui ont été faits neufs, pour ce que les autres précédents pour leur antiquité et caduqueté ne pouvoient plus bonnement servir, douze livres parisis.

En cette année ont été faits par ordonnance de justice à son de trompe par les carrefours de Paris, cinquante-six cris.

Extrait.

Me Jehan le Prévost, notaire et secrétaire du roi, auque

ledit seigneur par ses lettres données au pont de Samois le 4 octobre 1474, a donné la prévosté de Gonesse en récompense de 60 livres parisis, que damoiselle Marie Sohier sa femme prenoit sur la prévosté de Triel.

Damoiselle Marguerite veuve de Me Gilles Boulart, docteur en médecine, fille de feu Jehan de Marcognet, et damoiselle Jehanne Gencienne sa femme, à laquelle le roi, pour considération de sa viduité, et de la grant charge de onze petits enfants, a par ses lettres missives à nosseigneurs les trésoriers de France, données le 6 mars 1474, signées de sa main, octroyé de prendre sur cette recepte cent livres parisis en récompense de partie des arrerages à elle dus à cause de vingt une livres dix sols parisis qu'elle a droit de prendre chacun an sur ladite recepte.

Elle fait pareille mention qu'au compte de 1474 pour messire Jehan Dieu, chapellain de la Chapelle de St-Michel du Palais à Paris, pour deux muids de vin fondés par Louis XI.

Pierre le Breton, maistre-d'hostel du roi.

COMPTE DE LA VOIERIE.

Inventaire.

Yvon Allot, marchand saussissier.

Ambrois, Artur et Jerosmé de Cambray frères, pour une saillie à une maison à eux appartement, scise rue Pompée.

Maison scise rue du Mouton en descendant de l'hostel d'Anjou en Greve, où pend pour enseigne le Coq.

Maison scise rue St-Jacques, faisant le coin de la rue du Palais du Therme.

Nicolas de Hamel mercier, et Thomasse Corneille veuve de Me Pierre Chuart.

Les hoirs sire Milles Baillet jadis trésorier de France, pour le jardin de la Barre-du-Bec, approprié à l'hostel dudit trésorier, et à l'hostel feu Arnoul Bouchier en son vivant notaire et secretaire du roi et controleur de son audiance.

Veuve et héritiers de Mre Simon Charles, en son vivant chevalier et président des comptes.

Amendes de la prévosté de Paris.

Denys le Gay pour sa maistrise de Haut-Bannier, et mestier de pelletterie et freperie.

ORDINAIRE DE PARIS POUR L'ANNÉE FINIE A LA SAINT-JEAN-BAPTISTE 1502.

Isle en la rivière de Marne, donnée à héritage à Jean de Sens menestrel du roi, pour une paire de gands par an à la St-Remi.

Me François Ferrebourg, praticien en cour d'église et scribe de la cour de l'official de Paris.

Philippes Brunel, escuyer, seigneur de Grigny.

Jacques le Pitre, marchand orphevre.

Jehan Chevrin, maçon et garde de la voirie de Paris.

Hostels d'Artois, de l'Estoille et du Grand Lyon, desquels le roi a fait don.

Hostels du roi et de la reine, appelés l'hostel St-Pol, assis à Paris près l'église des Célestins, affermés à titre de louage à Me Jehan de Fontenay.

Jehan Hennequin, marchand bourgeois de Paris, demeurant en la rue des Arcis.

Regnaul Mauve, orphevre et Isabeau sa femme.

Mre Jehan Guyon, prestre curé de Gonesse.

Héritage de Poissy, tenant d'une part et d'un bout au chemin du Roi, d'autre part au long du cimetiere dudit lieu et à la Maladrerie.

Mre Jehan Bourre, prestre, trésorier du Vivier en Brie.

Guillaume Dolu, orphevre et affineur.

Mᵉ Jehan Bonnetz et Jehanne Lapetite sa femme, auparavant femme de feu Antoine Champin, fils dudit deffunt et de ladite Jehanne; Jehanne Guillemette Bonnetz, fille dudit Mᵉ Jehan Bonnetz, et de ladite Jehanne sa femme.

Nicolas Videme et Guillaume Buisson, qui comme étrangers ont été reçus maistres et créés nouveaux orphevres en cette ville de Paris.

Honorable homme Jehan l'escuyer, marchand drapier bourgeois de Paris pour une maison scise en la rue de la Feronnerie, aboutissant par derrière et ayant issue à la vieille place aux Pourceaux, où pend pour enseigne la Clef d'or, qu'il a acquis de Jehanne de Malleville, veuve de Nicolas Burault, pelletier.

Mᵉ Jehan de Longuejoue, advocat au parlement, pour le relief du fief du Breuil, à lui appartenant à cause de demoiselle Jehanne du Drac sa femme.

Mʳᵉ Simon Quentin, prestre, à présent chapellain de la chapelle St-Jehan, fondée en l'église de Paris, ainsi qu'il appert par ses lettres de collation, reçu le 6 aout 1501.

Mʳᵉ Jehan Marpellier, à présent chapellain de la chapelle des Bons-Enfans de la porte St-Victor.

Mʳᵉ Geoffroy le Barbier, prestre, a présent chapellain de la chapelle de St-Didier, fondée au Chastelet de Paris au lieu de Mʳᵉ Louis Drouet, décédé le   ; ledit le Barbier mis en possession de ladite Chapelle le 16 novembre 1501.

Mʳᵉ Guillaume Sauchart, à présent chapellain de la chapelle Notre-Dame, fondée en l'Hostel-Dieu de Poissy   ; ledit Sauchart mis en possession de ladite chapelle le 5 juillet 1501.

Mʳᵉ Pierre Beuse, prestre, a present chapellain de la chapelle fondée au Chastelet de Torcy, suivant les lettres de collation du 1 mars 1501, au lieu de Mᵉ Giraud du Tillay prestre.

Mʳᵉ Gilbert Foubert, au lieu de Mʳᵉ Pierre de Verneuil, prestre chapellain de la chapelle St-Michel, fondée au Palais-

Royal à Paris, pour Mre Charles, jadis roi de Sicile, duc d'Anjou et comte du Maine.

Mre Raoul de Launoy, chevalier, auquel le roi par ses lettres patentes données à Lion le 17 octobre 1501, a donné l'office de bailli et concierge du palais, que souloit tenir feu Mre Estienne de West, vacant par son trespas,, décédé le 6 octobre 1501. Et parce que ledit de Launoy étoit pour lors hors de ce royaume pour les affaires du roi, au moyen de quoi il n'eut pu faire le serment dudit office ni prendre possession d'icelui, le roi par ses lettres patentes l'en a relevé, voulant qu'il soit entièrement payé des gages dudit office, à commencer du jour qu'il en fit le don.

Me Jehan Pouillet, au lieu de Me Jacques Charmolue, procureur du roi en cour d'église.

Me Jehan Burdelot, procureur général du roi.

Huit grandes échelles neuves mises en la justice patibulaire de Montfaucon.

Un pilier et carcan posé près l'église St-Christophe en la Cité, où fut attaché Guillaume Dubois, valet boucher; le jour de Pasques dernier, pour blasphèmes de Dieu par lui faits et commis, et icelui gardé pendant qu'on disait la grand'messe depuis huit heures jusqu'à onze.

Deux échelles neuves mises au petit gibet.

Nourriture d'enfants exposés, donnés à nourrir à des nourrices par autorité de justice.

Mre Jehan de la Gruthuse, prêtre, seigneur de Marlon près Clermont en Beauvoisis.

Me Jehan Poucet, conseiller du roi en son Chastellet, pour avoir vaqué depuis le dix du présent mois jusqu'au 23 dudit mois à l'exercice de l'office de lieutenant criminel, à quoi il avait été commis par la promotion de l'office de conseiller en la cour de parlement, à quoi Me Jehan Papillon, nagueres lieutenant criminel, avoit été pourvu, suivant la quittance dudit Poucet le 22 décembre 1501.

Deffenses de chasser à arbalestres, rais ni autres engins, ni voler à quelque vol que ce fut, sur peine d'encourir l'indignation du roi et d'être puni par justice.

Robert Cousin, l'un des quatre maistres de la confrérie M^r St-Louis aux onze vingts sergens à verge, vingt livres parisis pour le disné du jour de caresme prenant au retour de la chevauchée.

Jacques Dulac, exécuteur des hautes œuvres de la ville, prévosté et viconté de Paris.

Jehan Robert, clerc au Chastelet, dix livres parisis pour subvenir aux frais du disné fait le jour St-Nicolas audit Chastelet où étoient plusieurs conseillers et officiers dudit Chastelet et aucuns des praticiens d'icelui Chastelet.

Jehan Chardon, pour avoir naguercs porté en diligence devers le roi étant en ville de Blois, les certifications des curés des paroisses de cette ville, touchant les malades de peste et de ceux qui étaient entachés de ladite maladie esdites paroisses, suivant les lettres missives dudit seigneur qu'il avoit envoyées à cet effet, cy quatre livres un sol.

Me Jehan Bochard, conseiller au parlement.

Pierre du Broullart, escuyer, seigneur de Montjay.

Me Jacques Disome, advocat au parlement et lieutenant général de M^r le grand maistre et général reformateur des eaux et forests du royaume de France.

A Jehan Marchand et Pierre Gringoire, compositeurs et charpentiers, qui ont fait et composé le mystère fait au Chastelet de Paris à l'entrée de M^r le légat, ordonné des personnages, iceux revestus et habillés ainsi que audit mystère étoit requis, et pareillement d'avoir fait les échafaults qui étoient à ce nécessaires, et pour ce faire, fourni le bois, cent livres.

Aux religieuses de l'Hostel-Dieu vingt livres parisis, pour avoir du linge pour leur accoustrement, et pour secourir plusieurs pauvres malades survenant de jour en jour audit Hostel-

Dieu, et aussi à la charge de prier Dieu pour le roi et pour la reine.

Feu Me Pierre Parent, trésorier de France, fit le 10e septembre 1502 et jour suivant, l'inventaire de tous les meubles étant au chastel du bois de Vincennes.

Aux religieuses des Filles-Dieu la somme de vingt livres, pour leur aider à faire construire et bâtir leur église et autres édifices nécessaires pour leur couvent, pour les loyers, à ce qu'elles soient plus enclines et attentives à prier Dieu pour la santé et prospérité du roi.

Me Pierre Bourcier, procureur du roi, sur le fait des eaux et forests.

Diminutions faites à plusieurs locataires du pont St-Michel pour cause de la refection ou réparation que l'on faisoit en icelui pont en 1501 pendant huit mois.

Me Gilles Maillart, à présent lieutenant criminel de la prévosté de Paris, au lieu de Me Jehan Papillou, par lettres patentes du roi données à Blois le 14 décembre 1501, reçu le 22 dudit mois.

A Jehan Marchand, charpentier de la grand'coignée et Pierre Gringoire, compositeurs, cent livres, pour avoir fait et composé le mystère fait au Chastelet de Paris à l'entrée de M. l'archiduc, ordonné des personnages, iceux revestus et habillés ainsi qu'au mystère étoit requis, et pareillement d'avoir fait des échafaux qui étoient à ce nécessaires.

A eux la somme de cinquante livres parisis, pour accomplir le mystère qui se devoit faire à l'entrée de la reine de France, lesquels ont fait et préparé la plus grande partie du mystère pour parfaire et accomplir, quand le bon plaisir sera à ladite dame faire ladite entrée; ainsi que lesdits Marchand et Gringoire se sont obligés pardevant deux notaires[1].

1. Sauval, *Histoire et Recherches des Antiquités de Paris*, t. III, p. 531 et suiv. — *Sur l'origine et la charge du prévôt de Paris*, par M. le chevalier de Bullion, m. f. 1724. (Archives imp., sect. hist.)

Hallage.

Melon Drouyn, chaussetier.

Boëte au poisson.

Pierre le Barbier, marchand épicier.

Estienne Boileau portait écu de gueules à la bordure d'argent, au chevron d'or, accompagné de trois molettes d'or à cinq pointes, deux en chef, une en pointe, et de deux bâtons de commandement, passés en sautoir derrière l'écu.

Len ha gardé ung encensoir et ses chesnes d'argent sus liquiex estoyt escript : « Donné par Hugues Aubryot, Prevot de Paris. MCCCLXVII. »

L'inscription suivante rappelait le supplice de Taperel et la piété de son fils :

Præpositus Parisiensis	Diligite	Filius Petrus
		Taperel primus
Henricus Taperel	justitiam	Castelleti capellanus
		structa in
nomine, judicibus à Rege	qui	penetralibus
		pæculari
delegatis damnatus	judicatis	monumento
		ibi flet et orat
pendet, anno MCCCXX.	terram.	per integrum annum.

V. *Recueil de pièces et mémoires touchant la charge du prévôt de Paris,* 1723-1724.

III

LE LIEUTENANT CIVIL

ET LE LIEUTENANT CRIMINEL.

Le lieutenant civil s'occupait du règlement des diverses professions, de la subsistance des habitants, des mesures à prendre contre la sédition, des moyens de combattre l'épidémie. (Arrêt du 30 avril 1563. — *Mémoires de Talon*, t. II, p. 3.)

Le lieutenant civil Jean Séguier sut ménager à Henri IV la reddition de Paris et assura la paix du royaume par le traité signé à Saint-Denis.

Plus tard, François Miron, lieutenant civil au Châtelet, représente cette compagnie dans l'assemblée des notables tenue à Rouen en 1596.

A la journée des barricades, le lieutenant civil sauve le chancelier Séguier, poursuivi par la fureur du peuple.

Le lieutenant civil, dit l'*Observateur anglais*[1], est un homme très-essentiel à Paris. C'est, à proprement parler, le premier magistrat du peuple. Après la retraite des magistrats du Châtelet, on les remplaça par des jeunes gens sortant des écoles,

. 1. A Londres, chez John Adamson, 1778.

qui, au lieu de siéger, jouaient au brelan ou au passe-dix dans la chambre du conseil[1].

M. le lieutenant civil connaît au parc civil de toutes actions personnelles, réelles et mixtes, de tous contrats, testaments, promesses, matières bénéficiales, ecclésiastiques, état des personnes, supposition de part, apposition et levée de scellés, confections d'inventaires, tutelles, curatelles, émancipations, séparations de biens et d'habitation, qualité d'héritiers, reddition de comptes de communauté et tutelle, action et partage, demandes pour sommes au delà de 1,200 livres.

M. le lieutenant civil est encore juge conservateur des priviléges des particuliers qui composent l'Université de Paris et le parlement, des priviléges qui regardent le corps de l'Université en général.

On fait aussi au parc civil les publications des donations, substitutions, testamens, artifications de criées, réquisitions et acceptations de gardes nobles et bourgeoises.

On y statue sur toutes matières sommaires n'excédant pas 1,000 livres, congés de maisons, paiements de loyers, salaires de domestiques, ouvriers, régens, maîtres d'école, médecins, chirurgiens, apoticaires, huissiers, sergens, louage et nourriture de chevaux, vente de marchandises par marchands forains, sans jour, sans terme, sans écrit.

M. le lieutenant civil ou un conseiller tenant le siége connaissent des *causes civiles au-dessus de vingt-cinq livres*, comme de marchand à marchand, et pour fait de marchandise vendue, louage de maison, réparation à faire en icelle, et autres choses qui gisent en police.

28 *août* 1465. — La ligue du bien public venait d'é-

---

1. Observations sur les officiers du Châtelet restés en place depuis l'édit de suppression de ce tribunal, enregistré au parlement, sans pairs, le 28 mai 1771.

clater et avait surpris le roi Louis XI à Rouen, où il reçut une députation demandant l'assemblée des Etats. De retour à Paris, le roi exila Jean Chouart, lieutenant civil au Châtelet, et Jean Luillier, curé de Saint-Germain l'Auxerrois, deux des députés.

1533. — Le lieutenant civil de police Morin se transporta au collége de Fortet, où Calvin demeurait, pour se saisir de lui ; mais le réformateur se sauva par la fenêtre et se réfugia en Saintonge, auprès de Louis du Tillet, chanoine d'Angoulême, frère de Jean du Tillet, greffier au parlement de Paris. La déclaration du 2 septembre 1563, relative à la licence des libraires et à la publication des libelles, fut confiée aux attributions du lieutenant civil, chargé de la faire exécuter.

1568. — A la mort de Guillaume Viole, le lieutenant civil somma le chapitre de l'église de Paris de procéder à l'élection d'un évêque.

En 1594, le premier soin de Jean Séguier, nommé lieutenant civil après la réduction de Paris, fut de faire venir en son logis tous les libraires et imprimeurs de la ville pour leur ordonner de supprimer les libelles injurieux publiés par la ligue contre le roi régnant ou contre son prédécesseur. Le lieutenant civil fut aidé dans cette tâche par Pierre Pithou et par Guillaume du Vair.

Le lieutenant de police, dont les fonctions étaient autrefois unies à celles du lieutenant civil, lui est devenu en quelque sorte supérieur[1]. M. La Reynie fut le premier lieutenant de police, en 1677. — Ce magistrat est

1. *L'Observateur anglais*, édit. de 1778.

l'instrument dont se sert l'administration contre le peuple; aussi est-ce à lui que s'en prennent les séditieux lorsque la fermentation est à son comble; comme en 1749, lorsque le peuple s'imagina qu'on voulait enlever ses enfants, il envahit l'hôtel de M. Berryer, obligé de s'enfuir par les derrières. La manutention de cette machine politique à Paris résulte du concours de la plus vile canaille, des citoyens les plus corrompus, des hommes les plus abominables. On reprochait un jour à M. d'Argenson d'employer des suppôts de pareille espèce : « Trouvez-moi, dit-il, d'honnêtes gens qui veulent faire « ce métier, et je les préfère. » Les lieux publics sont remplis d'espions, la société même en recèle. Ces derniers sont d'autant plus dangereux que vous ne pouvez vous en défendre ni vous en défier : c'est un médecin, c'est un avocat, c'est un chevalier de Saint-Louis, c'est votre ami, c'est votre maîtresse. Dans votre intérieur même, vous n'êtes pas à l'abri de délations; votre valet est encore gagé pour vous trahir; votre propre confidence peut vous être dangereuse; on intercepte vos secrets avant qu'ils soient arrivés à destination; on viole l'asile de vos pensées, car la police a toujours un homme affidé à la poste pour lire les lettres ou les intercepter au besoin. — En 1769, lors de son séjour à Paris, le roi de Danemark avait des conférences avec M. de Sartines, qui lui dévoila tous les mystères de sa police. »

M. le lieutenant criminel est juge de tous les crimes qui se commettent dans l'étendue de la ville et fauxbourgs de Paris, aux termes de l'ordonnance de 1670. Il juge, les mardis et vendredis, seul avec un de messieurs les avocats du roi, les matières criminelles où il s'agit d'injures, rixes et autres matières légères qui ne méritent pas d'instruction et où il n'échet que simples dommages-intérêts civils.

Le lieutenant criminel accompagnait les condamnés à mort jusqu'à l'échafaud, et ce magistrat était monté sur une mule.

M. le lieutenant criminel de robe courte connaît en dernier ressort, comme M. le lieutenant criminel, concurremment et par prévention entre eux, dans la ville et fauxbourgs de Paris, des cas mentionnés en l'art. 12 de l'ordonnance de 1670, en faisant préalablement juger la compétence.

M. le lieutenant de police connaît de tout ce qui regarde le bon ordre et la sûreté de la ville de Paris, de toutes les provisions nécessaires pour la subsistance de la ville, prix, taux, qualités, magasins et amas qui en sont faits; il règle les étaux des bouchers, les adjudications qui en sont faites; il a la visite des halles, foires, marchés, auberges, hôtelleries, berlans, tabacs, lieux mal famés; il connaît des différends qui surviennent entre les arts et métiers, de l'exécution de leurs statuts et règlements, des manufactures, de l'élection des maîtres et gardes des marchands, communautés d'artisans, brevets d'apprentissage, du fait de l'imprimerie, de livres et libelles défendus, de crimes commis en fait de police, en flagrant délit, et peut juger seul les coupables lorsqu'il n'échet pas de peine afflictive. Enfin il a l'exécution des ordonnances, arrêts et règlements. Les appellations de ses sentences se relèvent au parlement et s'exécutent provisoirement, nonobstant oppositions ou appellations en fait de police.

MM. les lieutenants particuliers connaissent au présidial des appellations des sentences et jugements des juges inférieurs qui ressortissent au Châtelet, des causes qui sont aux deux chefs de l'édit des présidiaux, des causes où il s'agit de matières personnelles, réelles et mixtes dont les demandes principale et incidente ne sont que de 1,200 livres et au-dessous, pourvu qu'elles ne soient pas de l'audience de la prévôté; ils connaissent des causes dont M. le lieutenant civil est obligé de s'abstenir.

Ils jugent encore les compétences d'entre M. le lieutenant criminel, celui de robe courte et le prévôt des maréchaux, au sujet de la prévention en fait de crimes.

Un arrêt de la cour du parlement, du 8 avril 1780, maintient les officiers du Châtelet de Paris, exclusivement à tous autres juges, dans l'exercice de la police dans les rues, places publiques et carrefours de la ville et fauxbourgs de Paris, notamment en ce qui concerne le nettoyement, l'enlèvement des immondices, le rangement des matériaux, tonnes, tonneaux et autres marchandises d'épicerie et denrées de toutes espèces, ensemble les échoppes, étalages et la liberté de la voie publique. Ordonne que les officiers du bureau des finances connaîtront de ce qui concerne les alignements et constructions des bâtiments et autres ouvrages saillants des maisons.

Ordonne en outre que le lieutenant général de police et les officiers du bureau des finances connaîtront concurremment et par prévention des périls imminents des maisons et bâtiments de la ville et fauxbourgs de Paris, en ce qui regarde les murs ayant face sur rue, et tout ce qui pourrait, par la chute desdites maisons et murs, nuire à la sûreté ou à la voie publique.

7 *avril* 1502. — Sur la plainte des officiers du Chatelet, la cour défendit au lieutenant civil de juger aucuns procès en sa maison, et fit rendre les épices d'un procès jugé en sa maison. (Reg. du parlement, t. XXVI, fol. 88-89.)

29 *août* 1552. — Les *lieutenants civil et criminel* ont été mandés et exhortés de pourvoir au danger de peste et d'élire des médecins et barbiers pour panser ceux qui seraient atteints du danger. (Reg. du parlement, t. XLI, fol. 333 v°.)

30 *avril* 1554. — Augmentation de 100 livres de gages au lieutenant civil.

1667. — Lettres de suppression de l'office de lieutenant civil et érection de deux offices de lieutenant du prévôt de Paris, l'un *lieutenant civil*, l'autre *lieutenant de police*, registrées le 15 mars 1667.

1540. — Commission du Roi au lieutenant criminel de Paris pour faire le procès à tous les faux monnoyeurs.

16 *juillet* 1572. — Pierre Séguier, reçu *lieutenant civil*, les grand'chambre et tournelle assemblées. (Reg. du parlement, t. LXIII, fol. 263.) Il résigne en faveur de son frère Antoine, qui fait sa profession de foy et serment d'argent non donné le 22 décembre 1580.

26 *juillet* 1586. — Jean Séguier, maître des requêtes, fut reçu *lieutenant civil*. (Reg. du parlement, t. XIII, fol. 317.)

9 *novembre* 1637. — Déclaration du roy portant que la charge de *lieutenant civil* s'exercera dorénavant pour *trois ans*, sauf à en prolonger ou diminuer le temps. (Reg. du parlement, t. XXIII, fol. 159.)

5 *juillet* 1460. — Le *lieutenant civil* ayant fait emprisonner un huissier envoyé par la cour pour empêcher une repré-

sentation dirigée contre les clercs des procureurs, la cour ordonne que le lieutenant criminel sera emprisonné en la Conciergerie et y demeurera un quart d'heure, et sera élargi jusques à lundy qu'il comparaîtra en personne. (Reg. du parlement, t. XXII, fol. 534 v°.)

1er *juin* 1549. — Le *lieutenant criminel* peut porter robe rouge ès entrées des rois.

4 *décembre* 1526. — Lettres de création d'un *lieutenant de robe courte* du prévôt de Paris et 20 archers, montrées aux gens du roy. (Reg. du parlement, t. XXX, fol. 218.).

10 *mai* 1618. — Antoine Ferraud fut reçu *lieutenant particulier au Chatelet, sans examen*, attendu qu'il étoit notoirement plaidant depuis plus de 20 ans. (Reg. du parlement, t. LXXXIX, fol. 84.)

13 *juillet* 1675. — M. le lieutenant civil ayant esté adverty qu'il y avoit arrest pour descendre la chasse de sainte Genevièsve, sceut de M. le premier président que M. de la Reynie pretendoit faire en cette occasion les fonctions qu'y avoient fait auparavant messieurs les lieutenans civils, et ensuite que M. de la Reynie consentoit que M. le lieutenant civil les fist.

Jean de Rotrou, contemporain de Corneille, l'un des créateurs du théâtre français, admirateur sincère de l'auteur du *Cid*, ne fut pas seulement un grand poëte, il fut un grand citoyen, un homme dans la digne acception du mot. En 1650, une maladie épidémique se déclara à Dreux, sa patrie. Lieutenant criminel et civil de cette cité, il était à Paris lorsqu'on lui apprit cette nouvelle. Malgré les exhortations qu'on lui adresse, il part, il accourt à Dreux où le rappelaient ses devoirs, et atteint lui-même de la contagion, il succombe trois jours après son arrivée à Dreux, le 21 juillet, à peine âge de quarante et un ans. Tout le monde connaît l'admirable lettre qu'il écrivit à son frère la veille de sa mort.

Le lieutenant général de police au Chatelet pourra faire visiter par les commissaires dudit Chatelet les cabarets et hostelleries des villages du Roule, des Porcherons et du petit Charonne. (Arrêt de la cour du parlement du 7 février 1705.)

LIEUTENANTS CIVILS DE M. LE PRÉVOT DE PARIS.

1323. Jean Pacot.

1330. Hangest.

1346. Michel Bricot.

1355. Jean Luillier.

1360. Pierre de la Neufville.

1366. Pierre de Gien.

1368. Jean de Chatou.

1371. Jean de Chatou.

1378. Pierre Claye.

1379. Jean du Drac.

1388. Jean Truquan.

1392. Simon Boson.

1397. Simon Boson.

1402. Jean Boson.

1407. Guillaume Quarroble.

1413. Jean Chouart

1413. Pierre Leroy.

1413. Raoul Auchier.

1421. Germain Rapine.

1433. Jean de Longueil.

1436 (6 novembre). Jean de Longueil, institué par lettres données à Issoudun.

1461. Jean Chouart.

1473. Pierre Lamy.

1473. Jean Levilain.

1474. Nicole Chapelle.

1483. Christophe de Caumont.

1490. Jean Luillier.

1496. Jean Alligrot.

1504. Jean de Reuil.

1511. René de Beaune.

1515. Louis Ruzé.

1526. Antoine Dubourg.

1531. Nicole Charmolue.

1532. Jean-Jacques de Mesmes.

1544. Jean Morin.

1548. Antoine Desessarts.

1551. Jacques Aubry.

LIEUTENANTS PARTICULIERS CIVILS ET CRIMINELS.

1544 (14 mai). Martin de Bragelongne, prévôt des marchands, institué lieutenant particulier, civil et criminel, et premier conseiller des chambres civile et criminelle du Chatelet de Paris.

1560. Jean de Bragelongne, reçu à survivance.

1571. Mathias de la Bruier.

1594. Antoine Ferraud.

1604 (29 novembre). Union de l'office d'assesseur civil à l'office de lieutenant particulier.

1618 (10 mai). Antoine Ferraud, au lieu de son père.

1638. Antoine Ferraud.

1675. Michel Ferraud, ci-devant conseiller au Chatelet.

1683 (14 août). François-Antoine Ferraud.

LIEUTENANTS CRIMINELS DE M. LE PRÉVOT DE PARIS DE ROBE COURTE.

1555. Jean Bernard.

— Thomas Desjardins.

1566. Jean Tanchon.

1585. Nicolas Rapin.

1589. Claude de la Morlière

— Nicolas Rapin, au lieu de son père.

1602. Jehan Defuntis.

1629. Louis Testu, chevalier du guet.

1630 (3 juin). Legrain (Jean-Baptiste).

1652. François Francini, sire de Grandmaison.

1681 (16 avril). M. René Chrysanthe Le Clerc.

LIEUTENANTS CRIMINELS DE M. LE PRÉVOT DE PARIS.

1374 (16 mars). Jean de Chatou.

1392. Dreux Dars.

1397. Simon Badelorge.

1402 (18 septembre). Robert de Tuillières.

1406. Jean Turquan; sa tombe est dans l'église Saint-Jacques-
la-Boucherie.

1413. Guillaume Cerveau.

1414. Pierre Lefour.

1416. Aymery Marchant.

1420. Jean Larcher.

1430. Jean de la Porte.

1436. Jean de la Porte.

1438. Jean Boson.

1454. Nicole Chapelle.

1455. Jean de la Porte.

1458. Martin de Bellefaye.

1461. Pierre de la Dehurs.

1466. Henry Mariette.

1470. Pierre de la Dehors.

1484. Jean de la Porte.

1498. Jean Papillon.

1501. Gilles Maillart.

1529. Jean Morin.

1544. Pierre Séguier.

1556. Jean Molinet.

1556. Jean Bertrand.

1565. Thomas de Bragelongne.

1568. Thomas de Bragelongne.

1571. Guillaume Gelée.

1586 (28 décembre). Thomas Gelée.

1597 (21 août). Pierre Lugolles.

1600 (21 avril). Gabriel Lallemant.

1619 (8 juillet). Antoine Aguesseau.

1624 (26 janvier). Michel Moreau.

1627. Benigne Blondeau de Bourdin.

1635. Jacques Tardieu, chanoine de la Sainte-Chapelle.

1666. Jacques Defita.

1556. Jean Molinet.

1558. Michel Veulart.

1559. Nicolas Luillier.

1568. Gabriel Myron.

1572. Pierre Séguier.

1580. Antoine Séguier.

1586. Jean Séguier.

1596. Francois Myron.

1609. Nicolas Lejay.

1613. Henri de Mesmes.

1621. Nicolas de Bailleul.

1627. Michel Moreau.

1637. Isaac de Laffemas, maître des requêtes, fils de Barthélemy de Laffemas, *seigneur de Beausemblant, tailleur d'habits qui entreprit les manufactures d'habits sous Henry IV.*

1643 (8 mai). Dreux Daubray, père de la Brinvilliers.

1667. Antoine Daubray, installé par Menardeau, doyen du parlement, après un discours très-éloquent de M. Pierre Bregallas, 1er advocat du roy, et lecture faite par M. Hierosme Boileau, commis au greffe civil de la grand'chambre du parlement.

1671. Jean Le Camus.

LIEUTENANT GÉNÉRAL DE POLICE.

Suppression des anciennes charges d'officiers de police dans toutes les villes du royaume, excepté Paris. Création pour toutes les villes d'un lieutenant général de police. Énumération de ses nombreuses attributions :

Octobre 1699.

Edit du roy concernant les lieutenants de police.

Donné à Fontainebleau au mois d'octobre 1699.

Vérifié en parlement[1].

Louis, par la grace de Dieu, roy de France et de Navarre, à tous présens et à venir, salut.

Par nostre édit du mois de mars 1667, nous avons créé et érigé en titre d'office un nostre conseiller lieutenant général de police en nostre bonne ville et fauxbourgs de Paris, pour y exercer la police séparément d'avec la charge de lieutenant civil en nostre Chastelet, suivant qui a esté réglé par ledit édit. L'avantage qu'ont receu les bourgois de nostre dite ville de Paris de cet établissement nous a paru si considérable que nous avons cru devoir le procurer à tous nos autres sujets, en établissant un semblable office en chacune des villes et lieux de nostre Royaume où l'établissement sera jugé nécessaire. Mais comme nous sommes informé qu'il a déjà esté créé par les roys nos prédécessurs de pareils offices dont les fonctions n'ont jamais esté bien réglées, et qui dans la pluspart des lieux se trouvent aujourd'hui réunis à d'autres offices dont les fonc-

1. Archives impériales. Collection Rondonneau.

tions sont seules capables d'occuper ceux qui en sont pourveus, en sorte que celles de la police sont entièrement négligées, au grand préjudice de nos sujets. Nous avons jugé à propos de les supprimer et de pourvoir au remboursement des finances qui auront esté payées, afin de rendre l'établissement desdits nouveaux offices uniforme dans toute l'étendüe de nostre royaume, pays, terres et seigneuries de nostre obéissance. A ces causes et autres à ce Nous mouvans, de nostre certaine science, pleine puissance et autorité royale, Nous avons par le présent édit perpétuel et irrévocable éteint et supprimé, éteignons et supprimons les estats et offices de nos conseillers lieutenans généraux de police cy devant créés dans toutes les villes de nostre royaume, à l'exception de nostre bonne ville de Paris, soit que lesdits offices soient possédez par des titulaires ou réunis à d'autres corps d'office ou aux hôtels de ville; Voulons que les propriétaires d'iceux rapportent incessamment en nostre conseil leurs titres de propriété, pour estre procédé à la liquidation de leur finance et pourveu à leur remboursement, et du mesme pouvoir et autorité que dessus, Nous avons créé et érigeons, en titre d'office formé et héréditaire, un nostre Conseiller lieutenant général de police dans chacune des villes et lieux de nostre royaume, pays, terres et seigneuries de nostre obéissance, où il y a parlement, cour des aydes, chambre des comptes, siéges présidiaux, baillages, séneschaussées, ou autres juridictions royales, pour en faire les fonctions ainsi que nostre lieutenant général de police créé pour nostre bonne ville de Paris par nostre édit du mois de mars 1667, à l'instar duquel Nous avons créé par le présent édit lesdits offices, dont les pourvus auront entrée, rang et scéances dans les bailliages et autres jurisdictions royales des lieux où ils seront establis, immédiatement après les lieutenans généraux ou autres premiers juges, et voix délibérative, ainsi que tous les autres officiers desdits siéges; et afin que leurs fonctions soient certaines et ne puissent leur estre contestées, Nous voulons et ordon-

nons que lesdits lieutenans généraux de police connaissent de
tout ce qui concernera la seureté des villes et lieux où ils seront establis, du port d'armes prohibé par nos ordonnances,
du nettoyement des rues et places publiques, et de l'entretenement des lanternes dans les villes où l'establissement en a
esté fait, circonstances et dépendances de toutes les provisions
nécessaires pour la subsistance desdites villes, des amas et
magasins qui en seront faits, du taux et prix des denrées, auront la visite des halles et marchez et foires, des hôtelleries,
auberges, maisons garnies, cabarets, caffez, tabacs et autres
lieux publics, auront la connaissance des assemblées illicites,
séditions, tumultes et désordres qui arriveront à l'occasion
d'icelles, des manufactures et dépendances d'icelles, des élections des maistres jurez de chacun corps de marchands et
mestiers, des brevets d'apprentissage et réception des maistres,
des raports et procès-verbaux de visite des jurez, et l'exécution des statuts et réglemens des arts et mestiers ; donneront
tous les ordres nécessaires dans les cas d'incendies ou inonda-
tions, feront l'étalonage des poids, balances et mesures des
marchands et artisans desdites villes et fauxbourgs d'icelles,
à l'exclusion de tous autres juges et connoistront de l'exécution de nostre déclaration du dernier aoust 1699 touchant le
trafic des bleds et autres grains, à l'exclusion de tous nos
autres juges, auxquels nous en interdisons la connoissance ;
connoistront aussi des contraventions commises à l'exécution
de nos ordonnances, statuts et réglemens faits pour le fait de
la librairie et de l'imprimerie ; seront tenus les prevost des
maréchaux, baillifs, leurs lieutenans, exempts et archers,
huissiers et sergens, d'exécuter les ordres et mandemens desdits lieutenans de police, comme aussi les bourgeois et habitans desdites villes de prester main forte à l'exécution de leurs
ordres et mandemens, toutes fois et quantes qu'ils en seront
requis ; assisteront à toutes les assemblées de ville et auront
voix délibérative, parapheront tous les buletins qui seront dé-

livrez par les jurats, capitouls, maires, consuls et eschevins pour les logemens des gens de guerre; et généralement appartiendra auxdits lieutenans généraux de police l'exécution de toutes les ordonnances, arrests et réglemens concernant le fait d'icelles, circonstances et dépendances, pour en faire les fonctions en la même forme et manière que fait le lieutenant général de police de nostre dite ville de Paris; auront lesdits lieutenans généraux de police leur siége ordinaire dans le palais ou auditoires de chacune ville, où ils tiendront leurs audiences aux jours et heures qu'ils trouveront plus convenables, et jouiront des mêmes honneurs, prérogatives, priviléges, droits et autres avantages dont jouissent les lieutenans généraux desdits présidiaux, bailliages et seneschaussées, mesme de l'exemption des tailles, subsides, logemens de gens de guerre, tutelles, curatelles, et nomination d'icelles, du service du ban et arrière-ban, et généralement de toutes charges publiques, du droit de *committimus*, et d'un franc-salé que nous avons fixé, sçavoir : pour ceux qui seront establis dans les villes où il y a parlement ou autres Cours supérieures, à un minot, et dans les autres villes et lieux, un demy minot, qui leur sont délivrez à la manière ordinaire. Leur avons en outre attribué et attribuons la somme de cent trente-trois mil trois cent trente-trois livres six sols huit deniers de gages effectifs à départir entre eux, suivant les rolles qui en seront arrestez en nostre conseil, à prendre sur les revenans bons tant des deniers patrimoniaux et d'octroi des villes et communautez où ils seront establis, que des fonds qui s'imposent en aucunes de nos provinces pour les gages des officiers desdites villes et communautez après les charges ordinaires acquittées; et au défaut desdits fonds, sur ceux qui seront par nous ordonnez, dont sera fait employ dans nos Etats; et le payement leur en sera fait par les receveurs généraux de nos finances.

10 octobre 1699.

Vente des offices de lieutenants généraux de police.

Arrest du conseil d'Etat du roy qui ordonne l'exécution de l'édit de création des lieutenants généraux de police; et en conséquence, que Charles de la Cour de Beauval, ses procureurs ou commis en recevront la finance en provenant, ensemble les deux sols pour livre; comme aussi que ledit de Beauval jouira des gages attribuez auxdits offices, du jour de son traité jusqu'à ce qu'ils ayent esté vendus, à l'exception de ceux dont le fonds sera pris sur les villes et communautez, et qu'en attendant la vente desdits offices, il sera commis à l'exercice d'iceux sur la nomination dudit de Beauval [1].

Du 10 octobre 1699.

Extrait des registres du conseil d'Etat.

Le Roy ayant, par résultat de son Conseil de cejourd'huy, chargé Charles de la Cour de Beauval, bourgeois de Paris, de la vente des offices de lieutenants généraux de police créez par édit du présent mois; et Sa Majesté désirant lui faciliter l'établissement et la vente desdits offices; Oui le rapport du sieur de Chamillart, conseiller ordinaire au conseil royal, contrôleur général des finances, Sa Majesté, en son conseil, a ordonné et ordonne Que l'édit du présent mois et le résultat de cejourd'huy seront exécutez selon leur forme et teneur, et en conséquence que ledit de Beauval, ses procureurs, commis ou préposez feront toutes les diligences nécessaires pour la vente et établissement desdits offices, et qu'ils recevront la finance qui en proviendra, sur les quittances du trésorier des revenus

1. Bibl. Mazarine. *Règlements sur la police et milice bourgeoise,* tome Ier.

casuels de Sa Majesté en exercice, lequel les luy délivrera sur les récépissez de deux de ses cautions, portant promesse de luy en fournir quittance du garde du trésor royal à sa décharge et les ampliations desdites quittances de finance. Ordonne Sa Majesté que les deux sols pour livre de la finance à laquelle lesdits offices seront taxés par les rolles qui en seront arrestez en Conseil seront reçus par ledit de Beauval sur ses quittances ou de ses procureurs ou commis, sans qu'il puisse estre tenu d'en compter au Conseil ny ailleurs ; Comme aussi ordonne Sa Majesté que ledit de Beauval jouira, du jour de son traité, des gages attribuez auxdits offices, jusqu'à ce qu'ils ayent esté vendus, à l'exception de ceux desdits gages dont le fonds sera pris sur les villes et communautés, et ce suivant l'employ qui en sera fait dans les Etats de Sa Majesté ; lesquels gages lui seront pareillement payez sur ses simples quittances, qui seront passées et allouez dans la dépense des comptes de ceux qui les auront payez, en rapportant le présent arrest et lesdites quittances, sans que ledit de Beauval et ses cautions, procureurs et commis puissent estre tenus d'en compter au Conseil ny ailleurs, sous quelque prétexte que ce puisse estre. Ordonne, en outre, Sa Majesté qu'en attendant la vente desdits offices, il sera commis à l'exercice d'iceux des personnes capables, auxquelles il sera expédié des commissions en grande chancellerie, sur la nomination dudit de Beauval ; et ledit de Beauval percevra les droits et émolumens desdits offices, sans qu'il puisse estre pareillement tenu d'en compter au Conseil ny ailleurs. Enjoint Sa Majesté aux sieurs intendants et commissaires départis pour l'exécution de ses ordres de tenir la main à l'exécution du présent arrest.

Fait au Conseil d'Etat du Roy, tenu à Fontainebleau, le dixième jour d'octobre mil six cent quatre-vingt-dix-neuf.

Collationné, signé DELAISTRE.

Louis, par la grâce de Dieu, Roy de France et de Navarre, Dauphin de Viennois, comte de Valentinois, Diois, Provence, Forcalquier et terres adjacentes, A nos amez et feaux conseillers en nos Conseils les sieurs intendans et commissaires départis pour l'exécution de nos ordres dans les provinces et généralitez de nostre royaume, salut.

Nous vous mandons et enjoignons de tenir la main chacun endroit soy à l'exécution de l'arrest dont l'extrait est cy attaché sous le contrescel de nostre chancellerie, cejourd'hui donné en nostre Conseil d'Etat, pour le recouvrement de la finance qui doit provenir de la vente et établissement des offices de lieutenans généraux de police créez par édit du présent mois dans nostre Royaume; Commandons au premier nostre huissier ou sergent sur ce requis de signifier ledit arrest à tous qu'il appartiendra, à ce qu'aucun n'en ignore, et de faire en outre pour l'entière exécution d'iceluy, à la requeste de Charles de la Cour de Beauval, par Nous chargé dudit recouvrement, ses procureurs, commis ou preposez, tous commandemens, sommations et autres actes et exploits nécessaires, sans autre permission, nonobstant clameur de haro, charte normande et lettres à ce contraires. Voulons qu'aux copies dudit Arrest et des présentes collationnées par l'un de nos amez et feaux conseillers-secrétaires, foy soit ajoutée, comme aux originaux; car tel est nostre plaisir.

Donné à Fontainebleau, le dixième jour d'octobre, l'an de grâce mil six cent quatre-vingt-dix-neuf, et de notre règne le cinquante-septième.

Par le roy, dauphin, comte de Provence, en son conseil.

Signé DELAISTRE, et scellé.

Collationné aux originaux par nous, conseiller secrétaire du Roy, maison, couronne de France et de ses finances.

En vue de la sûreté des habitants de Paris, Colbert fit

établir un conseil de police qui se tenait une fois la semaine chez le chancelier Séguier. Il était composé de
M. le chancelier, de M. Colbert, de plusieurs conseillers
d'Etat, des lieutenants civil et criminel du Châtelet et du
procureur du roi. Ce conseil pourvut à la dépense des
fontaines publiques, des chandelles et des lanternes, à
celle des brigades à cheval et à pied. Les commissaires de
quartier venaient une fois la semaine rendre compte à ce
conseil de police de tout ce qui se passait. Enfin en
mars 1667, le roi, démembrant la police de la charge de
lieutenant civil, créa une charge de lieutenant général
de police, dont il pourvut M. de la Reynie, et depuis, la
discussion des affaires de police a été portée à la chambre
de la police, où le lieutenant général préside.

Le roi a créé, en 1708, quarante charges d'inspecteurs
de police.

L'habit de cérémonie des lieutenants civil, de police,
criminel et particulier, des avocats et procureur du roi,
est la robe d'écarlate; celui des conseillers, la robe
noire.

Le lieutenant criminel de robe courte et le prévôt général de l'Isle-de-France sont aussi officiers du Châtelet
de Paris. Ils prêtent serment en la grand'chambre et
sont installés au Châtelet par le doyen du parlement. Le
chevalier du guet, pendant qu'il y en a eu un, était aussi
du corps du Châtelet, et il y avait séance et voix délibérative, ainsi que les deux autres, dans les faits de ses
captures.

Le lieutenant criminel de robe courte de la prévôté et
vicomté de Paris, et le prévôt de l'Ile-de-France, ont
aussi leurs officiers et leurs compagnies.

6 *avril* 1723. — Arrêt du conseil d'État qui renvoie par-devant M. d'Argenson, lieutenant général de police, la connaissance de toutes les saisies, procédures et demandes qui concernent les trésoriers, entrepreneurs et autres employés de police[1].

Dans son éloge du lieutenant général de police d'Argenson, d'Alembert s'exprime en ces termes :

« Les habitants d'une grande cité qui s'endorment le soir dans une sécurité complète, ne se rendent pas compte des veilles que le magistrat s'impose. Être l'âme toujours agissante et cachée de ce grand corps ! faire mouvoir à son gré une multitude immense; être ici, là, partout, dans le salon du riche comme dans la chambre du pauvre, tout cela exige une de ces aptitudes, de ces intelligences hors ligne. »

Un de nos anciens magistrats, Charles Trudaine, nommé à l'unanimité prévôt des marchands de la ville de Paris le 16 août 1716, avait l'habitude de dire :

« La meilleure administration est celle que les magistrats vont faire dans la rue, pour se mettre face à face avec les abus que les employés ne leur cachent que trop souvent. »

En 1755, M. l'archevêque de Paris, désirant empêcher le libertinage des ecclésiastiques, s'adressa au lieutenant de police. Il fut entendu qu'on serait averti dès qu'un prêtre ou moine, ou individu en portant l'habit, entrerait chez une fille, et que le procès-verbal, transmis au lieutenant de police, serait communiqué en copie à l'archevêque de Paris et à Versailles, pour égayer la Dubarry. Parmi ces procès-verbaux, trouvés en 1789

---

1. Archives de l'empire. Collection Rondonneau.

à la prise de la Bastille, nous remarquons ceux qui concernent :

François-Guillaume Champion, 35 ans, natif de Soissons, curé de la paroisse de Sainte-Croix au diocèse de Soissons, logé au Palais-Royal chez M. Petit, son oncle, médecin de Mgr le duc d'Orléans, trouvé le 10 avril 1755, huit heures du soir, chez la Mitronne, fille du monde, avec Marie-Louise Blaye, âgée de 19 ans.

André de Clermet, natif de Beauvais, chanoine de la même ville, trouvé, le 29 avril 1755, rue des Vieilles-Étuves Saint-Honoré, dans l'appartement de la Montpellier, femme du monde.

Jean Jolibert, prêtre de la cure de Bicêtre, 42 ans, surpris, chez la Jondé, femme du monde, avec Marie Dupont, 23 ans, native de Reims.

Le Père Jean-Baptiste Girard, religieux de l'ordre de Saint-François, âgé de 36 ans, surpris avec les filles de débauche Moulinard et Voitout, âgées de 16 ans, chez Aubry, marchand de vins, rue Fromenteau.

Un inspecteur de police était chargé des prostituées ; il disposait à son gré des personnes et de la liberté de ces femmes, dont il étendait le cercle à d'autres qui ne l'avaient pas encore franchi; il levait sur elles des impôts et contributions arbitraires, dont on se rachetait par des présents en argent ou en nature.

Parfois, l'inspecteur pratiquait de nuit l'enlèvement de quelques contrevenantes, par commission du roi ou du lieutenant de police. L'arrestation était opérée par des agents accompagnés de fiacres, escortés par quelques soldats de la garde de nuit. Les filles arrêtées étaient déposées à Saint-Martin, bientôt conduites au Châtelet[1], à l'audience du lieutenant de police, qui, sur le vu du procès-verbal, les condamnaient à l'hôpital pour un ou six mois, ou parfois les renvoyait. Les femmes étaient amenées dans une voiture couverte au bas de l'escalier du Châtelet, et de là conduites à l'audience. Pendant le trajet de Saint-Martin au Châtelet et leur entrée dans la salle, on les entendait crier, menacer les témoins : quelques-unes pleuraient, se déchiraient les habits; d'autres se découvraient avec indécence, bravant par leur attitude ou leurs propos la présence du magistrat. A ce spectacle assistaient les badauds, les libertins et des femmes perdues. Outre les filles enlevées ainsi, il en était d'autres que l'on ne pouvait arrêter, chez elles, que par ordre du roi; c'étaient celles qui étaient domiciliées dans leurs meubles. L'usage était de ne pas les conduire à l'audience : elles étaient dirigées sur le lieu désigné par ceux qui avaient obtenu des lettres de cachet et y restaient un an[2].

---

1. M. Vatel, avocat distingué du barreau de Versailles, historien de Charlotte Corday, possède un tableau du temps représentant cette audience du lieutenant de police au Châtelet.

2. Aujourd'hui encore la prostitution est, à Paris, soumise à un régime arbitraire, dont l'origine remonte aux prévôts et lieutenant de police. — Une détention, qui peut être de plusieurs mois, prononcée par voie administrative, renferme à Saint-Lazare les filles qui ont commis quelque contravention

IV

CONSEILLERS AU CHATELET

Ce sont les magistrats revêtus d'un office de conseiller du roi au Châtelet de Paris. D'abord élus par le prévôt de Paris et choisis d'ordinaire parmi les avocats au Châtelet, le roi s'en réserva plus tard la nomination.

Les uns assistaient à l'audience avec le prévôt, et on les appelait auditeurs de causes; les autres étaient commis pour l'instruction des causes, enquêteurs-examinateurs; les autres statuaient sur les rapports et on les nommait jugeurs.

On trouve, le vendredi 18 décembre 1311, conseillers du roi au Châtelet :

M. Henry de Béthune.
M. Jacques Bernier.
M. Vuny de Guingnac.
M. Evain le Breton.

(Archives de l'empire.)

1327. — Par l'ordonnance de 1327, le roi ordonna qu'il n'y aurait plus que *huit conseillers au Châtelet*, quatre clercs et quatre lais, aux gages de 40 livres parisis, élus par le chancelier, quatre conseillers au parlement et le prévôt de Paris.

11 janvier 1461. — Commission du roi pour informer des abus des offficiers du Chatelet et les suspendre s'il est nécessaire.

11 janvier 1462. — Le roi s'en allant à Bayonne pour faire une entrevue avec le roi de Castille, commit deux personnes pour pourveoir à ce qui surviendra à Paris et ès environs et s'informer des abus au Chatelet.

3 juin 1519. — Création de 12 conseillers au Chatelet.

Octobre 1567. — Erection de sept autres offices de conseillers, attendu la nécessité du temps.

10 septembre 1645. — Lettres que les deux offices de conseillers clercs au Chatelet, créés en décembre 1635, soient laïques. (Reg. du parlement, t. 99, fol. 471.)

1574. — Les conseillers du Chatelet étaient reçus après qu'examinés en la chambre des enquêtes, le président et un conseiller de ladite chambre avaient certifié leur capacité.

Le 15 septembre 1771, Louis XV, sur le compte à lui rendu que les officiers du Châtelet de Paris ne jouissaient pas de gages suffisans, eu égard à la finance de leurs offices et aux fonctions pénibles et laborieuses dont ils sont chargés, leur accorde *huit cens* livres de gages, par an.

Sur la liste des conseillers du roi au siége présidial du Châtelet de Paris, extraite des registres en parchemin étant en la chambre de M. le procureur du roi, signés Doulx Sire, f° 258, figurent :

Du *vendredy 18 décembre 1311.* — Jean Ploiebauch, garde de la prévosté; Simon de Bucy, procureur de nostre sire le roy; Henri de Béthune; Jacques Bernier; Vuny de Guingnac; Evain le Breton, tous du conseil du roy audit Chastelet. Vient ensuite la création de huit conseillers du roy audit Châtelet, quatre clers et quatre lais, par édit de Philippe le Bel du mois de février 1327, registré en la chambre des comptes au registre *de Temporalibus.*

25 *avril* 1552. — Déclaration du roi Henri II sur l'édit des présidiaux, par lequel Sa Majesté déclare n'avoir rien entendu faire contre les fonctions des conseillers du Chatelet, lesquels sont tenus, pour le fait de police de la ville et faulxbourgs de Paris, de constituer prisonniers ceux qui sont trouvez contrevenir aux lois, statuts et ordonnances du roy et aux arrests, règlements du parlement et du prévost de Paris, empeschans la tranquillité de ladite ville[1]. (*Col. Delamare,* vol. 168, fol. 40).

Le 15 novembre 1591, les Seize, irrités contre le parlement à cause de l'acquittement du procureur du roi Brigard, se saisirent de Barnabé Brisson, faisant fonction de premier président, et le conduisirent au petit Châtelet, avec Larcher, conseiller au parlement, et Tardif, conseiller au Châtelet. Ces trois magistrats, condamnés par Cromé, l'un des Seize, eurent à peine le temps de se confesser; ils furent pendus à une poutre de la chambre du conseil. Le lendemain, leurs cadavres furent attachés à trois potences en place de Grève, avec des écriteaux portant ces mots : *Traîtres à la patrie et fauteurs d'hérétiques.*

---

1. *V.* Registres de comptes d'épices distribués à MM. les conseillers du Châtelet par les sieurs Duval et Morel, greffiers. (*Archives impériales.*)

V

LE PROCUREUR DU ROI

AU CHATELET

M. le procureur du roi au Châtelet, substitut de M. le procureur général, y faisait toutes les fonctions des procureurs du roi des autres juridictions, et il réglait, en outre, tout ce qui concerne les corps des marchands, arts et métiers, maîtrises, réceptions de maîtres et jurandes; il donnait ses jugements, qu'il qualifiait d'avis, parce qu'ils n'étaient exécutoires qu'après avoir été confirmés par sentence de M. le lieutenant de police; il avait une chambre particulière au Châtelet; les greffiers de la chambre civile étaient ses greffiers : ils enregistraient au greffe et registraient de cette chambre les actes concernant la juridiction et les statuts et règlements des communautés lorsqu'il s'en faisaient de nouveaux; et il fallait ensuite faire confirmer ses avis par M. le lieutenant de police, qui les confirmait ou infirmait; mais s'il y avait appel d'un avis, il fallait relever l'appel au parlement.

MM. les avocats du roi ont la communication des causes où *le roi, le public, l'église, les mineurs* sont intéressés, et ils y prennent leurs conclusions.

Ils ont une chambre que l'on appelle parquet; leurs jugements s'appellent avis du parquet de messieurs les gens du roi au Châtelet; on leur renvoie quelquefois des causes pour être jugées sur leur avis, et ils règlent les difficultés entre les procureurs sur la qualité des parties, l'expédition des sentences et les contestations sur la compétence des différentes chambres du juge où les causes doivent être portées.

Le plus ancien, en l'absence de M. le procureur du roi, donne des conclusions dans les procès criminels et extraordinaires.

D'après l'art. 6 du titre 3 de l'ordonnance de 1670, les procureurs du roi ou des seigneurs doivent avoir un registre sur lequel ils feront faire les dénonciations, lesquels doivent être circonstanciées et signées par les dénonciateurs s'ils savent signer, sinon elles seront écrites en leur présence, par le greffier du siége qui en fait mention. Sur cette plainte, le procureur du roi fait son réquisitoire à M. lieutenant criminel qui permet d'informer, et sur le décret qui est lancé, on arrête le criminel.

14 juillet 1397. — Arrest du parlement concernant le procureur du roy au Chastelet de Paris. (Liv. Rouge, 3, fol. 92. Pr. de pol.)

Le procureur du roy au Chastelet connaît des jurandes, arts et métiers; l'advis dudit sire procureur du Roy est confirmé ou infirmé par M. le lieutenant civil, et s'il y a appel dudit advis ou de la sentence qui intervient sur iceluy il se relève au parlement.

Le 19 avril 1371, les *mestiers de Paris* faisaient leur chef-d'œuvre devant le procureur du roy au Chastelet de Paris.

En 1332, Miles de Remiremont est appelé substitut du roi au Châtelet et vicomté de Paris.

10 *juin* 1531. — Léttres par lesquelles le roi informé de l'indisposition et insuffisance du procureur du roi au Châtelet, on lui donne un coadjuteur et il sera interdit de sa charge, nonobstant oppositions ou appellations quelconques.

14 *janvier* 1569. — Charles de Villemontée, reçu procureur du roi au Châtelet, les chambres assemblées, après examen.

12 *juin* 1596. — François de Villemontée, conseiller au grand conseil, est autorisé à se faire recevoir et installer en l'office de substitut du procureur général au Châtelet, dont il est pourvu à condition de survivance.

30 *avril* 1602. — Nicolas le Jay reçu substitut du procureur général en la prévôté et vicomté de Paris.

24 *mai* 1607. — G. Thenin, reçu substitut du procureur général du roi.

8 *juillet* 1609. — Charles Leroy, ci-devant conseiller, est reçu substitut de la prévosté et vicomté de Paris.

20 *juillet* 1609. — Claude Paris, conseiller en Châtetet, est reçu procureur du roy sans examen et sans tirer à conséquence.

27 *novembre* 1631. — Michel Le Tellier, reçu procureur du roi au Châtelet.

22 *décembre* 1638. — Louis Chauvelin, conseiller au grand conseil, reçu procureur du roi, est installé au Châtelet par un conseiller, l'audience tenante.

8 *août* 1643. — Estienne Bonneau, reçu procureur du roi au Châtelet.

31 *décembre* 1647. — M. Charles Bonneau, conseiller en la cour, est reçu substitut du procureur général au Châtelet et

installé au parc civil, l'audience tenant et ès chambre civile et criminelle et parquet du Châtelet par un conseiller de la cour.

13 *novembre* 1657. — Jean-Armand de Riant, pourvu de l'office de substitut du procureur général au Châtelet de Paris à la charge de consigner préalablement la somme de 340,000 livres, prix dudit office, pour être distribuée aux créanciers de Bonneau, son prédécesseur.

14 *juillet* 1410.—Le procureur du roy du Châtelet est exempt d'impôts et contributions.

20 *mai* 1505.—Le procureur du roy en Châtelet étant nommé à l'audience procureur du roi, l'advocat du roy dit que le seul procureur général se nommait céans procureur du roy, tous les autres estoient ses substituts, et a requis défense de les nommer autrement que *substituts*.

1er *juin* 1549. — La cour défendit au procureur du roy du Châtelet de Paris de porter *robe rouge* à l'entrée du roy.

19 *juillet* 1661. — Le procureur du roy au Châtelet est premier juge et conservateur des *arts et métiers*, maîtrises et jurandes de la ville et fauxbourgs de Paris.

PROCUREUR DU ROI EN COUR D'ÉGLISE.

D'après l'ordonnance de 1425, le procureur du roy en cour d'église doit aller *tous les jours d'audience,* ès auditoires des évesques, archidiacre et chapitre de Paris, pour entendre les matières qu'on y traitera.

20 *mai* 1620. — L'advocat général Servin dict que le procureur du roy au Châtelet est procureur pour le roy en l'officialité.

3 *juin* 1661. — Lettres de *procureur du roi en cour d'église* au profit du sieur de Riant, procureur du roy au Châtelet de Paris et de ses successeurs en ladite charge.

4 février 1654. — Requeste de désistement de M. Bonneau, procureur du roy au Chastelet, déclarant qu'il n'a aucun intérêt au sujet du procès meu au parlement entre les greffiers de la chambre civile et Michel Chalagne, greffier de la chambre du substitut du procureur du roy audit Chastelet, sur le fait de l'exercice et fonctions du greffe des maîtrises et jurandes. (Coll. Delamare, t. CLXVIII, fol. 186, verso.)

23 *novembre* 1654. — Arrest du parlement ordonnant de compulser l'ordonnance de Louis XII de 1499, laquelle enjoignait au procureur du Roy au Chastelet de prendre un greffier du Chastelet pour escrire ce qui sera fait en sa chambre. (Coll. Delamare, t. CLXVIII, fol. 187.)

Juillet 1658. — Règlement sur les fonctions du procureur du roi au Châtelet de Paris, en vertu de lettres patentes de Louis XIV. (Coll. Lamoignon, t. XIII, p. 844.)

En août 1699, édit portant fixation de la finance de l'office de procureur du roi au Châtelet à 400,000 liv. (39e vol. Ord. parl., coté 5 A, fol. 372.) (Archives de l'empire.)

9 *février* 1732. — Arrest des commissaires députés par le roy pour la vente et revente de son domaine qui ordonne, sur la requeste à eux présentée par Michel Letellier, procureur de Sa Majesté au Chastelet de Paris, que l'enchère de 6,000 liv. et les deux sols pour livre parisis, faite sur greffe et controlle du parquet des gens du roy dudit Châtelet sur le fait des arts et mestiers, sera rayée et ostée des affiches mises et apposées à la porte du chasteau du Louvre. (Coll. Delamare, volume CLXVIII, fol. 187.)

Les réceptions des maîtres jurés écrivains de Paris étaient enregistrées en la chambre du procureur du roi. Devant ce magistrat, avait lieu l'élection des grands'gardes et gardes des six corps des marchands, des jurés des communautés, et des syndics et receveurs des emballeurs[1].

PROCUREURS DU ROY AU CHASTELET.

1311. Simon de Bucy, procureur de nostre sire le roy.

1321. Pierre de Villebrune.

1323. Robert de Condom, chevalier et procureur de la vicomté de Paris.

1339. Jean de Rueil.

1352. M. Pierre de Tuillières, procureur du roy en la cour de l'official.

1352. M. Jacques Dandric, procureur du roy au parlement.

1359. M. Jehan Gigot, procureur du roy.

1359. M. Guillaume de Savigny, advocat en parlement, institué procureur du roy en cour d'église au lieu de Pierre de Tuillières.

1361. Nicolas Fontis, procureur du roy.

1361. M. Jacques Dandric, procureur général.

1363. M. Jehan Dumur, procureur du roy.

1364. Jehan de Tuillières, procureur du roi en cour d'église.

1366. Guillaume de Saint-Germain, procureur général.

1368. Guillaume Poirel, procureur du roy.

1368. Jehan de Tuillières, le jeune.

1378. Estienne Charpentier.

1380. M. Jehan de Tuillières, procureur du roy en cour d'église.

1385. M. Jehan Aucher, procureur général.

1391. M. Audry le Preux, procureur du roy.

---

1. *Voir aussi :* Procès-verbal de dépôt des marques et empreintes dont doivent se servir les intéressés à la manufacture de métal blanc du faubourg Saint-Antoine (9 mars 1793), ensemble deux planches de cuivre sur lesquelles sont gravés lesdits poinçons. (Arch. imp., sect. jud.)

1391. M. Jehan de Tuillières, procureur du roy en cour d'église.

1394. Pierre le Cerf.

1397. Guillaume Cerveau, procureur du roy.

1400. Robert de Tuillières, procureur du roy en cour d'église.

1411. Regnault de Cramery, procureur du roy.

1412. Guillaume Lommoy, procureur du roy.

1412. Pierre Venaise, procureur du roy en cour d'église.

1412. M. Jehan de Tuillières.

1412. M. Denis de Mauroy, procureur du roy au parlement.

1412. M. Jehan Aguenin, procureur du roy au parlement.

1413. M. Guillaume Marescot, procureur du roy.

1416. M. Jehan Briant, procureur du roy.

1418. Jehan de la Haye, procureur du roy en cour d'église.

1420. Hugues Bousoulars, procureur du roy en cour d'église.

1420. Gautier Jayer, procureur du roy au parlement.

1421. Jehan le Roy, procureur du roy, estoit maistre des arts.

1424. Raoul Belon, procureur du roy en cour d'église.

1424. Guillaume Barthelemy, procureur général.

1430. Jehan Choart, procureur du roy, ci-devant bailli de Meaux.

1436. Jehan Beson, procureur du roi en cour d'église.

1437. M. Pierre Cousinot, procureur général au parlement.

1439. Jehan de Longuejour le jeune, procureur du roi en cour d'église.

1444. Jehan Dauvet, procureur général.

1445. Jean Catin, procureur du roi.

1448. Jehan de la Porte, procureur du roy en cour d'église.

1454. Henry de la Cloche, procureur du roy.

1456. Robert Fossier, procureur du roy en cour d'église.

1461. Jehan de Saint-Romain, procureur général.

1473. Robert Fossier, procureur du roy.

1473. Jacques Charmolue, procureur du roy en cour d'église.

1476. Pierre Quatre Livres, procureur du roy.

1485. Jean de Nanterre, procureur général.

1487. Christophe de Carmonne, procureur général.

1491. Jehan Poullet.

1496. Jean Luillier.

1497. Jean Luillier, procureur général.

1498. Jacques Charmolue, procureur du roy en cour d'église.

1498. Bureau Boucher, procureur du roy.

1498. Jean Burdelot, procureur général.

1502. Jean Poullet, procureur du roy en cour d'église.

1508. Guillaume Roger, procureur général.

1510. Nicole Charmolue, procureur du roy en cour d'église.

1511. Denis de Soulphour.

1518. Jacques Chambret, procureur du roy.

1522. François Roger, procureur général.

1524. Engelbert Clausse, conseiller et procureur du roy en cour d'église.

1528. Jean le Mestayer, procureur du roy au bailliage de Paris, nouvellement créé.

1534. Nicole Thibault, procureur général.

1538. Michel Bruillon, conseiller et procureur du roy en cour d'église.

1541. Noël Brulart, procureur général.

1542. Loys Martine, procureur du roy.

1545. Jean Martine succède à son père.

1547. Jean le Mestayer, procureur du roy au baillage.

1554. Pierre Rubentel, conseiller et procureur du roy en cour d'église.

1557. M. Gilles Bourdin, procureur général.

1558. Claude Tuddert, procureur du roy en cour d'église.

1563. Estienne de Nully, procureur du roy.

1569. Charles de Villemontée.

1569. Christophe-Hector de Marle, procureur du roy en cour d'église.

1569. Jacques Chasteau, conseiller et procureur du roy en cour d'église.

1575. Nicolas de Bragelongne, conseiller et procureur du roy en cour d'église.

1580. Jean de la Guesle, procureur général.

1580. Benjamin de Villecoq, conseiller et procureur du roy en cour d'église.

1583. Jacques de la Guesle, procureur général, succède à son père Jean.

1586. Jean Absolu.

1593. M. Omer Talon, procureur du roy à Saint-Denis pendant la Ligue.

1596. François de Villemontée.

1602. Nicolas Lejay, procureur du roy en cour d'église.

1613 (20 juillet). Claude de Paris, ci-devant conseiller au Chastelet et conseiller commissaire aux requestes du Palais, reçu procureur du roy au Chastelet.

1618. M. Guillaume de Lerat, procureur du roy.

1620. Claude Gobelin, procureur du roy.

1631. Michel le Tellier, procureur du roy, par lettres données à Château-Thierry, le 7 novembre 1631.

1638. Louis Chauvelin, procureur du roy.

1643. Estienne Bonneau.

1647. Charles Bonneau.

1659. Armand-Jean de Riant, procureur du roy.

ADVOCATS DU ROY AU CHASTELET.

1361. M. Vincent Drouart, advocat du roy.

1370. M. Jehan de Chatou.

1370. M. Martin Double, advocat du roy au Chastelet.

1392. Guillaume Drouart.

1395. Martin Double et Guillaume Drouart.

1413. Guillaume Drouart et Simon Boson.

1413. Thierry Tiphaine.

1416. Guillaume Drouart et Thierry Tiphaine, conseillers et
    advocats du roy au Chastelet.

1428. Guillaume de la Haye et Jean de Longuezoüs.

1450. Jean de Longuezoüs le jeune.

1451. Michel Piedefer.

1461. Jean de Longuezoüs et Michel Piedefer, advocats du roy.

1466. Yves de la Tillaye.

1470. Yves de la Tillaye et Michel Piedefer, M. Robert Fossier,
    advocats du roy extraordinaires.

1473. Yves de la Tillaye et Robert Piedefer, conseillers et
    advocats du roy.

1492. M. Yves de la Tillaye, conseiller et advocat du roy.

1492. François Goyet, advocat au Chastelet.

1494. Nicole Piedefer, advocat au Chastelet de Paris.

1529. Abel le Bourguignon, nommé advocat du roy au *bail-
    liage nouvellement créé.*

1531. M. François Goyet.

1538. Michel Piedefer.

1559. Augustin de Thou, reçu advocat du roy.

1567. Denis Du Mesnil.

1569. Bertrand Joly.

1570. Jean le Bourguignon.

1574. Nicolas Girard.

1586. Antoine Pigray.

1591. Pierre Boissel, pourvu pour l'absence d'Antoine Pigray,
    par lettres de Charles de Lorraine, duc de Mayenne,
    lieutenant général de l'Estat royal et couronne de
    France, données à Paris le 10 octobre 1591.

1603. Jehan Gueffier.

1608. Jacques le Picart, advocat du roy.

1612. Jean Robert.

1635. Estienne Chirat.

1644. Pierre Brigallier.

1650. Denis Talon, fils d'Omer Talon, advocat du roy.

1653. Lemazier, advocat du roy.

1656. Robert l'Eschassier.

1661. Michel Le Pelletier, advocat du roy.

1666. André Lefèvre d'Ormesson.

1671. François Chassepot, sieur de Beaumon..

1674. Jean Vigneron.

1679. Adrien Alexandre.

1681. Hierosme Bignon.

1684. M. Louis Lepelletier.

(Cœtera nomina desiderantur.)

VI

LES EXAMINATEURS

La multiplicité des affaires à juger après enquête
força le prévôt à confier l'exécution de ce mode de
preuve à des commissaires enquêteurs, examinateurs
de témoins, originairement nommés par le prévôt, plus
tard par le roi lui-même. Le nombre des examinateurs
fut fixé à seize par Philippe VI, le 27 avril 1338[1]; ra-
mené, en mars 1473, à ce chiffre, les titulaires furent
alors Gérard Colletier, Jehan Amyart, Guillaume Brinon,
Henry Lefèvre, Jehan Mantain, Guillaume Bouchiez,
Jehan Colletier, Jehan Bireau, Jehan Turquam, Jehan
Neveu, Jehan Terlereau, Jehan Polin, André de Liz,
Philippe Dufour, Pierre Renier, M. Henry de la Rivière[2].
Outre les seize examinateurs déjà existants, Louis XI en
crée deux autres au Châtelet de Paris en décembre 1477[3].

Pour entendre les témoins, chaque examinateur recevait, à Paris, 16 sols parisis par jour; hors Paris, 22 sols
parisis, autant pour l'aller et le retour. Les dépositions

1. Ordon. XI, p. 43.
2. Ordon. XVII, p. 621.
3. Ordon. XVIII, p. 318. — Louis XII, lettres de mai 1505 et édit
d'octobre 1507.

des témoins étaient reçues sur « des rôles de parchemin d'un pyé de lé sur deux pyés de long ; chaque rôle
était payé 4 sols ; les rôles des copies devaient être d'un
espace de lé et contenir cinquante lignes ; il devait y
avoir deux doigts de marge à l'original et un doigt aux
copies [1]. »

Les seize examinateurs furent successivement portés
au nombre de quarante-huit, à mesure que les enquêtes
devinrent plus nombreuses [2].

18 décembre 1311. — Lettres patentes concernant les examinateurs du Chatelet. Registres du Chatelet. (Doulx Sire,
f° 158, Arch. de la préfecture de police.)

Ordonn. du 18 décembre 1311. Mandement de Philippe IV,
par lequel il enjoint au prévôt de Paris d'empêcher les clercs
des auditeurs et les notaires du Chatelet de Paris d'examiner
les témoins, dans les causes pendantes audit Chatelet, au préjudice *des examinateurs, qui seuls en ont le droit.*

Vidimus des lettres ci-dessus. (Ordonn. roy. T. XI, p. 426,
24 décembre 1311. — Doulx Sire, f° 158.)

1320. — Les examinateurs du Chastelet au nombre de huit.
(Félibien, III, 630.)

1320. — D'abord au nombre de *huit,* les examinateurs au
Châtelet furent portés et maintenus à *seize.*

3 octobre 1334. — Lettres patentes concernant les examinateurs. (Reg. Doulx Sire, f° 158. P. de pol.)

---

1. Règlement de 1425, art. 37.
2. Les noms des enquêteurs étaient partagés en quatre sections,
d'après leur chambre de service. Ce service changeait tous les mois, de
manière que par l'effet du roulement chaque magistrat avait, en quatre
mois, parcouru toutes les chambres.

24 *avril* 1335. — Lettres patentes concernant les examinateurs du Chastelet. (Reg. Doulx Sire, f° 159. P. de pol.)

27 *avril* 1338. — Lettres patentes concernant les examinateurs. (*Id. — Id.*, f° 160.)

7 *mai* 1338.—Lettres patentes concernant les examinateurs.

1338 à Vincennes. — Mandement par lequel Philippe VI
enjoint au prévôt de Paris de publier de nouveau et faire observer l'ordonnance sur les examinateurs.

19 *mai* 1340. — Les examinateurs au Chatelet avaient anciennement un banc en l'auditoire du Chatelet; ils y furent
confirmés par lettres.

19 *mai* 1340. — Lettres patentes concernant les examinateurs du Chastelet. (Reg. Doulx Sire, f° 163. P. de pol.)

[*Vidimus* du 20 mai 1340.

1er *juin* 1353. — Lettres patentes concernant les examinateurs. (Reg. Doulx Sire, f° 164. P. de pol.)

8 *août* 1354. — Arrest du parlement concernant les notaires,
prévôts de Paris, auditeurs et examinateurs. (Reg. Doulx Sire,
f° 121. P. de pol.)

Janvier 1366. — Déclaration de Charles V portant confirmation de l'édit et des déclarations des 24 avril 1337, 7 mai
1338, 1er juin 1353, concernant les examinateurs du Chatelet
de Paris. (Donné à Paris, janvier 1366, coté N, f° 117. Arch.
de l'empire. Table des ordonn. Parlement I, vol. 39.)

Janvier 1366. — Lettres patentes concernant les examinateurs du Chatelet. (Reg. Doulx Sire, f° 166. P. de pol.)

Janvier 1380. — Lettres patentes concernant les examinateurs du Chatelet. (Reg. Doulx Sire, f° 168. P. de pol.)

Les 29 *novembre* 1382, 20 *juillet* 1384 et 4 *mars* 1390. —

Arrêts du parlement pour les notaires contre les examinateurs du Chatelet. (Reg. Doulx Sire, f° 132, 136, 139. P. de pol.)

14 juillet 1410. — Lettres patentes attribuant des priviléges aux seize commissaires et examinateurs du Chatelet, « pour ce qu'ils emploient la plus grande partie de leur temps et exposent leurs personnes, jour et nuit, tant à Paris que dehors, pour le bien et exaltation de la justice, à faire prendre les larrons, meurdriers, ravisseurs de femmes et autres malfaiteurs et délinquans criminels. » (Bibl. imp., coll. Delamare, f° 39.)

14 juillet 1410. — Leurs vins, grains, fruits par eux récoltés étaient vendus sans payer aucune imposition ou aide; ils étaient affranchis des logemens, garnison, guet, garde des portes, sentinelle, sauf le cas de péril imminent.

23 octobre 1425. — Règlement de Charles, roi de France et d'Angleterre, pour les officiers du Chatelet, ordonnant que dorénavant les « examinateurs qui auront fait amener aucuns prisonniers au Chatelet seront tenus de les faire mettre sur le registre, le jour de l'emprisonnement, et déclarer à la requeste et complainte de quelles gens ils ont fait amener lesdits prisonniers, sy ce n'estoit pour aucuns cas qu'il convient tenir secrets pour le bien de la justice. » (Coll. Delamare, vol. 168, f° 39.)

Janvier 1464. — Edit de Louis XI portant création d'offices de commissaires examinateurs au Chatelet.

Mars 1473, à Ermenonville. — Louis XI supprime plusieurs offices d'examinateurs au Châtelet de Paris. (Ord. r. Pastoret, XVII, 621.)

Juin 1474. — Edit de Louis XI portant création de quatre nouveaux offices d'examinateurs ordinaires au Chatelet de Paris.

14 juillet 1473. — Arrêt de la cour du parlement par lequel il est enjoint aux commissaires examinateurs du roy au Chastelet, « à chacun en son quartier, de s'enquérir et informer des malfaicts qui s'y commettent et de faire emprisonner les malfaicteurs, vacabons, gens sans aveu et soubsonnez de crimes, à cette fin enjoindre aux quarteniers, cinquanteniers, de les accompagner et leur obéir, faire en sorte que la force demeure au roy. » (Coll. Delamare, vol. 168, f° 39.)

Décembre 1477, à Plessis-les-Tours. — Création de deux examinateurs au Chatelet de Paris, outre les seize déjà existans. (Ord. des rois de France. Pastoret, t. XVIII, p. 318.)

Juin 1481, à Dreux. — Lettres de Louis XI concernant les examinateurs du Chatelet de Paris.

Octobre 1485. — Charles VIII à Bourges. Edit sur les fonctions et priviléges des examinateurs et des clercs civil et criminel de la prévôté de Paris. (Ord. des rois de France. Pastoret, XIX, p. 596.)

Mai 1505. — Louis XII à Blois. Déclaration portant règlement pour la police des examinateurs du Chatelet de Paris. (Ord. des rois de France. Pardessus, t. XXI, p. 234. Livre gris, f° 46. P. de pol.)

Déclaration portant règlement pour la police des seize examinateurs du Chatelet de Paris. (Louis XII à Blois. Mai 1505. Ord. XXI, p. 324.)

Edit portant confirmation des priviléges des examinateurs du Chatelet de Paris et du committimus de leurs causes, déclarant qu'à l'avenir toutes leurs causes en matières réelles, personnelles et possessoires, seront commises devant le prévôt de Paris si elles prennent leur origine dans son ressort, mais que dans le cas contraire il faudra qu'elles soient non-seulement pures, personnelles et possessoires, mais encore entières et non contestées. (Louis XII à Blois. Octobre 1507. Ord. XXI, p. 355.)

Edit d'avril 1510.—Louis XII à Troyes. Relatif aux priviléges des clercs-notaires du Chatelet de Paris. (Ord. XXI, p. 411.)

Lettres de garde gardienne pour le couvent des filles péni-tentes, établi à Paris, à qui le roi assigne pour gardiens le prévot de Paris et les sergents du Chatelet, ordonnant que leurs causes seront portées devant ledit prévot. (A Blois. No-vembre 1511. Ord. XXI, p. 453[1].)

14 juillet 1515. — Arrêt portant qu'aux seize examinateurs du Chatelet appartient la première intendance et connaissance des faultes, crimes et abus commis en leur quartier, qu'ils doibvent faire prendre et mener prisonniers les assassins, vacabons et autres qu'ils trouveront chargez et desquels il y aura suspicion de fuite; il leur est aussi permis que les per-sonnes qu'ils trouveront en présent meffaict ils pussent faire amener prisonniers, ès-prisons du Chatelet, eu égard à la qua-lité des persònnes et délits. (Coll. Delamare. B. imp., 168, f° 37 v°.)

Lettres patentes du roi données à Ecouen au mois de mars 1547, portant règlement pour les fonctions des enquesteurs examinateurs au Chatelet de Paris, lesquels « doivent tant avoir l'œil et regard aux fautes qui se commettent par les bou-langers de la bonne ville de Paris que sur les vagabonds, gens malvivans, fréquentant tavernes, cabarets, jeux de paume, dez et quartes, et qui font profession de jouer aux quilles et autres jeux en lieux suspects et dissolus, à jour de fête, durant le service divin, faire tenir les rues nettes, prendre et consti-tuer prisonniers ceux trouvés en flagrant délit. »

Edit du mois de mai 1583 portant règlement pour les fonc-tions des commissaires enquesteurs et examinateurs.

1. Archives du royaume. Section judiciaire. Vol. Z, fol. 224.

Lettres patentes du roi Henri III en faveur des quarante commissaires au Chatelet portant confirmation du droit de quatre deniers pour livres de toutes les adjudications de biens immeubles faites et à faire au Chatelet de Paris, données à Paris le 15 février 1588.

DES EXAMINATEURS DU CHATELET[1].

§ 1er. Nous avons ordonné et ordonnons que doresnavant aucun examinateur ne sera au reng du siége de nostre dit prévost, et ne sera advocat, notaire, pensionnaire ne procureur, et ne tiendra autre office, fors l'office d'examinateur.

§ 2. Les faicts et articles des parties seront baillez à nostre examinateur ottroyé à partie qui le requière; et si tost que les articles seront baillez à l'examinateur, et que les parties auront leurs tesmoings prests, l'examinateur examinera iceux tesmoings continuellement; et s'il advient que les tesmoings séjournent à Paris ou ailleurs par la faute des examinateurs, ce sera aux propres cousts et despens d'iceux examinateurs.

§ 3. Si aucun défaut est trouvé en leur examination au procez, si qu'iceluy procez ne se puisse juger, ils examineront de rechef les tesmoings et répareront leurs fautes à leurs propres cousts; et ceux qui seroyent trouvez coustumiers de faire telles fautes seront ostez de leurs offices.

§ 4. Que toutes les examinations, qui se feront par escrit et sur articles, seront faites par lesdits examinateurs, et tout ce qui enet en leurs offices, et non par autres; et seront nommez et donnez par le juge, et non par esleus des parties ou de leurs procureurs; et seront les copies des articles et autres escritures faites et signées par la main de ladite cour; autrement, n'en sera rien taxé; et ne mettront lesdits examinateurs

1. Edicts et Ordonnances des roys de France. — *Font.*, t. Ier, liv. II, page 217, § 1er. Edition Paris, 1611,

aucunes responses en copies d'articles, s'ils ne voyent qu'icelles copies soient issues et baillées de la cour.

§ 5. Nous avons ordonné et ordonnons que nostre dit prévost ou son lieutenant, pour la pauvreté des parties ou autre juste cause, et non autrement, pourra donner commissaire du pays aux parties, si elles le requièrent.

§ 6. Avons ordonné et ordonnons que doresnavant les parties ou leurs procureurs seront tenus en leurs personnes d'affirmer leurs articles et de respondre à ceux de leur partie adverse pardevant lesdits commissaires, lesquels ne recevront aucunes responses impertinentes ne par escrit.

§ 7. Avons enjoint et enjoignons ausdits commissaires que désormais ils facent le rapport des arrests des biens par eux scellez, et des sergens mis en garnison ès hostels des malfaicteurs et criminels, et d'autres trespassez sans hoirs, le lendemain après ce qu'ils les auront faits ; et qu'ils le facent enregistrer audit Chastelet en leur présence, ainsi qu'il appartiendra, sur peine de dix livres d'amende et de rendre dommages et interests aux parties.

§ 8. Ordonnons que doresnavant les examinateurs, qui auront amené ou fait amener aucuns prisonniers audit Chastelet, seront tenus de faire leur registre audit Chastelet le jour de l'emprisonnement, sur peine de dix livres d'amende et de restituer l'intérest à partie, si ce n'estoit pour aucun cas qu'il convint tenir secret pour le bien de justice, et sur la peine dessus dite, seront tenus de rapporter le lendemain l'information qu'ils auront faite sur ce ; et avec ce seront tenus de déclarer au registre dessus dit l'emprisonnement, à la complainte et requeste de quelles gens ils ont ou auront amené lesdits prisonniers.

§ 9. Ordonnons que, quand lesdits commissaires auront fait adjourner aucunes personnes à trois briefs jours au greffe criminel dudit Chastelet, ils seront tenus, sur peine de dix livres parisis d'amende, de rapporter audit greffe, audit registre, leurs exploits, le jour qu'ils seront faits, ou le lendemain, tellement qu'aux jours des adjournements nostre procureur puisse requérir et prendre le profit desdits exploits tel que de raison.

§ 10. Avons enjoint et enjoignons ausdits commissaires que tantost après l'an du trépas des testateurs, ils contraignent les exécuteurs d'iceux testateurs à rendre leur compte desdites exécutions, s'il n'y a empeschement ou cause raisonnable pour quoy faire ne le puissent; et en outre, s'ils apperçoivent aucun droit pour nous, qu'ils le dénoncent à nostre dit procureur, sur peine de le recouvrer sur eux et d'en estre punis.

§ 11. Avons défendu et défendons ausdits commissaires, sur peines des susdites, qu'ils n'emportent aucuns biens des hostels où ils les auront arrestez, jusqu'à ce qu'inventaire en soit fait.

§ 12. Avons défendu et défendons ausdits commissaires qu'ils ne copient doresnavant aucuns actes ou appointements ou autres lettres produites, pour mettre icelles copies en forme de preuve, si ce n'est que la partie les produisant le requierre, et que la partie adverse soit présente ou appelée à collationner icelles copies aux originaux.

§ 13. Ne prendront lesdits examinateurs aucunes taxations ne despens à faire, si ce n'est par les clercs ou clerc de l'auditoire, et que premièrement ils n'ayent leur commission toute signée; et leur taxation faite, bailleront et rendront à la cour, et non pas aux parties ou à leurs procureurs.

§ 14. Lesdits examinateurs mettront ès dites taxations, à chacun article, ce que taxé auront du contenu en iceluy, et sera ce mis en la marge d'icelles taxations, en droit ou à la fin d'un chacun article.

§ 15. Ordonnons que les déclarations des despens soyent faites le plus justement que l'on pourra et affirmées par serment, et aussi les diminutions, en deschargeant la cour, le mieux et le plus que pourra estre fait; et que si aucun salaire est demandé par advocats ou procureurs, rien n'en soit taxé, jusques à ce que le commissaire aura parlé à l'advocat ou procureur, ou qu'il luy apperra duëment de ce qu'il aura receu.

§ 16. Avons enjoint ausdits commissaires que desormais ils taxent escritures à compter trente lignes pour chacune feuille et septante lettres pour ligne, excepté que pour chacun espace d'entre deux articles sera descomptée une ligne.

§ 17. Quant au salaire desdits examinateurs, nous avons ordonné et ordonnons que, pour ouyr les responses des causes communes et les mettre en escrit au procès principal et ès copies de partie adverse, un examinateur aura huit sols parisis de chacune partie; s'ils sont deux examinateurs ensemble, ils auront chacun huit sols; et si la cause estait si grosse et pesante qu'en un jour les examinateurs ne peussent ouyr les responses, vingt sols, et au-dessouz selon la pauvreté des parties; et seront tenus lesdits examinateurs d'ouyr les responses en personne et les escrire ou faire escrire en leur présence et celle des parties.

§ 18. Pour examiner tesmoings et entendre diligemment un jour entier, sans ailleurs besongner à l'examen des tesmoings, chacun desdits examinateurs aura à Paris seize sols parisis par jour; s'ils vont hors Paris en commission, ils auront chacun trente-deux sols parisis pour chacun jour qu'ils vacqueront diligemment à examiner tesmoings, comme dit est; et pour chacun des jours d'aller et retourner de ladite commission, autant; mais ils ne compteront rien des minutes de leurs examens ne pour leurs clercs.

§ 19. Pour mettre les dépositions des tesmoings en parchemin, ils feront rooles d'un pied de lay et de deux de long, à tout le moins, et auront quatre sols parisis pour chacun roole, et y mettront tant de lettres qu'ils pourront bonnement, sans fraude. Et quant aux copies qu'ils feront, les rooles seront

d'un espace de lay et de tel long, qu'ils contiennent soixante
lignes, à compter l'espace d'entre deux articles ou tesmoings,
si aucuns en y a, pour une ligne, et en auront deux sols parisis, et aura deux doigts de marge en l'original, pour le
moins, et un doigt ès copies.

§ 20. Si un ou deux examinateurs ne vaquent journée entière pour besongner, ils seront payez de ce qu'ils y seront par
portion de temps qu'ils besongneront, et n'auront pas si grand
salaire comme dessus est dit; et seront tenus d'entrer en besongne, au jour qu'ils seront à tournée, à telle heure que l'on
a accoustumé d'entrer au siége, et y besongner continuellement tout le jour, jusques à tant qu'il soit temps de laisser
l'œuvre, à heure du soleil couchant, ou un peu après.

§ 21. Pareillement à faire informations, ouyr comptes, et
faire autres besongnes appartenans à leurs offices, et qui leur
seront commises, ils seront payez de leurs journées sur les
parties qui les mettront en besongne; mais s'ils font information pour nous et d'office, sans requeste de partie, ils ne prendront ne demanderont salaire à iceluy contre qui ils feront
l'information.

§ 22. Quant aux taxations des despens, dommages et interests, ils ne prendront que huit deniers tournois pour livre;
mais moins en pourront et devront prendre en menuës choses
et de pauvres gens et de petites causes, selon que le cas y
echerra; et s'il convient faire information sur les dommages
et interests, ou sur autres choses, où il y eschet information
à faire, ils en seront payez selon les journéee qu'ils y vacqueront, en regard au prix cy-dessus déclaré.

§ 23. Iceux examinateurs mettront en escrit les deniers
qu'ils recevront à cause des choses dessus dites, et en bailleront lettres sous leurs sceaux ou seings manuels aux parties
ou à leurs procureurs.

VII

LES AUDITEURS

Le tribunal du Châtelet était originairement formé de huit conseillers, présidés par le prévôt (février 1327), auxquels on adjoignait des auditeurs; les fonctions de ces derniers furent, par suite d'abus constatés, réglementés par Charles V. Les auditeurs étaient élus par le roi; ils devaient entrer à leur siège, en hiver, depuis la Saint-Remi jusqu'à Pâques, à neuf heures de l'horloge du Palais, lever l'audience à douze heures [1]. Leurs gages étaient de 60 livres parisis. Les auditeurs connaissaient des affaires mobilières qui n'excédaient pas 60 sols et se bornaient à instruire les autres.

Les auditeurs connaissent seulement des causes pures *personnelles* jusques à vingt-cinq livres tournois pour une fois payez, et ne peuvent juger les matières qui dépendent de *la réalité*. S'ils l'entreprenaient, on en pourrait appeler au présidial, où le tout serait mis à néant, à raison de l'incompétence desdits auditeurs en ces matières, pourvu que l'appellation soit relevée dans la quinzaine.

1. (Ordonn. de novembre 1302, art. 9. — Règlement de mai 1425.)

Le juge auditeur du Châtelet connaît définitivement et par provision des causes personnelles qui n'excèdent pas la somme de 50 livres, et les appellations de ses sentences vont au président du Chatelet.

1314. Un auditeur au Chatelet fut privé de sa charge pour avoir signé une fausse lettre, *sachant qu'elle l'était.*

14 *septembre* 1377. — Le roi veut que les offices d'auditeurs au Châtelet soient donnés *en garde à certains gages et profits.*

17 *février* 1424. — Les auditeurs doivent *siéger depuis dix jusqu'à douze heures*, et une cause commencée devant l'un ne s'expédiera devant l'autre.

28 *octobre* 1485. — Charles VIII régla la juridiction des auditeurs au Chatelet, qui doivent être élus et avoir 60 livres de gages.

2 *novembre* 1553. — Les sentences des auditeurs du Chatelet seront exécutoires nonobstant appel, jusqu'à 25 liv. et les dépens. (Ord. de 1629, art. 116.) Les auditeurs du Chatelet jugeront sans appel, jusqu'à 100 liv.

Par lettres patentes du roi données à Saint-Cloud le 1er septembre 1785, le pouvoir du juge auditeur au Chatelet de Paris est augmenté; il connaîtra jusqu'à concurrence de 90 liv. seulement de toutes les causes et matières à lui attribuées, et notamment par la déclaration du 6 juillet 1783. Le conseiller juge auditeur receva cinq sols pour chacune des sentences qu'il rendra dans les causes non excédant la somme de cinquante livres, et quant aux causes dont l'objet excédera ladite somme, il recevra dix sols pour chacune sentence sur l'étendue de la juridiction des auditeurs au Chastelet, en 1302. (*Voy.* Félibien, t. II.)

L'ordonnance de novembre 1302 défendit aux auditeurs

du Châtelet de terminer nul gros meffait; ils devaient se bor-
ner à instruire les procédures.

Leur compétence fut fixée par une ordonnance de 1313 à
soixante sols de capital; on appelait de leurs jugements au
prévôt par voie d'amende. La même ordonnance supprima les
examinateurs et les remplaça par les notaires du Chatelet, ou
à leur défaut par des prud'hommes au choix du prévôt et des
auditeurs. (*Voy.* Ord. du 18 décembre 1311.)

Lettres, sans date, concernant les auditeurs. (P. de police.
— Livre vert ancien, f° 158.)

Septembre 1377. — Lettres d'établissement de deux auditeurs au Chastelet. (Livre vert ancien, f° 157, v°. P. de police.)

10 *janvier* 1414. — Réglement du prévôt de Paris concernant les auditeurs du Chatelet. (Reg. Doulx Sire, f° 28, v°.
P. de Pol.)

Premièrement, nous avons ordonné et ordonnons que les
auditeurs de nostre Chastelet de Paris ne cognoistront d'aucune cause qui monte outre vingt livres parisis, ne de cause
d'héritage, et ne pourront donner aucun décret ne commission
signée, fors ès causes et jusques à la somme tant seulement
dont la connaissance leur est baillée.

§ 2. Dorennavant lesdits auditeurs de nostre Chastelet seront mis et instituez de par nous, par bonne élection et délibération, et auront pour gages chacun 60 livres parisis, et
avec ce seront nos conseillers audit Chastelet, et auront et
prendront chacun la pension accoutumée, et ne seront advocats, procureurs, pensionnaires ne conseillers d'autres que de
nous.

§ 3. Et seront tenus lesdits auditeurs d'estre et seoir en leurs
siéges et auditoires à huit heures du matin en temps d'été,
c'est à sçavoir depuis *Quasimodo* jusques aux vacations de ven-

danges, et à neuf heures, en temps d'hyver, c'est à sçavoir depuis lesdites vacations de vendanges jusques à *Quasimodo*; et si aucunes causes restent — au matin — à expédier par devant eux, ils seront tenus de les expédier après dîner, autant qu'ils en pourront expédier.

§ 4. Nous deffendons auxdits auditeurs qu'ils n'appointent en escritures aucunes parties plaidant devant eux, si ce n'est qu'il leur semble, en leur conscience, que la chose ne puisse estre autrement, profitablement estre expédiée, et que ce soit pour cause montant au dessus de 20 sols parisis et ne souffrent lesdits auditeurs, les clercs des procureurs des parties occuper par devant eux, ne signer par leurs tabellions, aucuns appointements prins avec lesdits clercs.

§ 5. Avons ordonné et ordonnons que, quand aucune partie demandera l'amendement au prévost du jugement d'iceux auditeurs, elle sera tenue de relever dedans quinze jours, sur peine de 20 sols parisis d'amende, et de perte de cause si elle ne renonce dedans huit jours, auquel cas elle paiera cinq sols seulement et sera recuïe de signifier à sa partie, ou à son procureur ladite renonciation, dedans trois jours, après ce qu'elle l'aura faicte.

§ 6. Si celuy qui aura demandé l'amendement en déchet, nous voulons qu'il paye 40 sols parisis d'amende ou plus, à la taxation de nostre dit prévost, selon la qualité de la cause de tel amendement d'amende, et lui enjoignons qu'aincy le face. (Edits et ordonnances des rois de France. — Fontanon, t. Ier, liv. 2, p. 217. Paris, édition de 1610.)

26 *juin* 1770, *mardy matin*. — La Cour, toutes les Chambres assemblées, les princes et les pairs y séans, délibérant à l'occasion d'un compte qui lui a été rendu par les gens du roy, le vendredy 22 du présent moy, a arresté que les officiers de police du Chastelet et les officiers du bureau de la ville seront

tenus de remettre entre les mains du procureur général du roi, dans un mois à compter de ce jour, savoir :

Les officiers de police du Chastelet un mémoire contenant : 1° Les lieux et les occasions différentes où la police de la ville de Paris s'exerce, de leur part, conjointement avec les officiers du bureau de la ville et la façon dont, dans ces cas, cette police combinée s'exerce; — 2° en outre, les observations qu'ils jugeront convenables sur les précautions qui peuvent être à prendre pour prévenir, soit journellement, soit dans les occasions de fêtes et de divertissements publics les malheurs qui y arrivent souvent, soit par la multitude des voitures, soit par toute autre cause.

Les officiers du bureau de la ville, un mémoire contenant : 1° La désignation des différentes parties de la ville et l'énonciation des différentes occasions où ils prétendent avoir droit de police pour la sûreté des citoyens, ensemble les titres sur lesquels ces différents droits peuvent être fondés; — 2° de quelle manière, dans les occasions où les officiers du bureau de la ville croyent être en droit d'exercer la police, ils établissent le concert qui doit régner entre eux et les officiers de police du Chastelet.

Pour, par le procureur du roy, estre rendu compte desdits mémoires, le vendredy 27 juillet, dix heures du matin, aux chambres assemblées.

Cet arrêt a été envoyé à M. le prévôt des marchands par une lettre de M. le procureur général, conçue en ces termes :

« Le 2 juillet 1770.

« J'ai l'honneur de vous envoyer, monsieur, la copie d'un arrêt du parlement du 26 juin dernier de la présente année. Je ne doute point que vous ne vous empressiez de vous y conformer, et je vous prie, en conséquence, de m'envoyer les mémoires dont il est question audit arrêté, afin que je sois en

état d'en rendre compte au parlement, le 27 de ce mois, ainsy
que je suis chargé de le faire par ledit arrêté. J'ai l'honneur
d'être, avec un respectueux attachement, monsieur, votre très-
humble et très-obéissant serviteur.

                              « JOLY DE FLEURY. »

Pour satisfaire à cette demande, M. le prévôt des marchands
envoya au procureur général deux mémoires en conséquence
de l'arrêt de la cour. (Arch. de l'empire. — H, 1873, f° 530.)

VIII

LES AVOCATS

Chaque année, le lendemain de la Quasimodo et le premier jour après vacation des vendanges, les avocats devaient renouveler leurs serments.

Après la première messe dite à Saint-Jacques la Boucherie, l'huissier du Châtelet sonnera la cloche, « par l'espace et heure de dire un des sept psaumes, après quoi l'audience ouverte, les advocats et procureurs viendront, pour délivrer leurs causes, chacun son tour, et qui ne sera trouvé à son rang, perdra l'audience, s'il n'est dispensé. » Un avocat ne pourra plaider plus de quatre causes par audience, sans l'autorisation du prévôt[1]. Dans les causes communes, les avocats auront 10 livres parisis, *dans les grosses et subtiles,* jusqu'à 16 livres parisis; ceux qui seront pensionnaires devront plaider sans autre salaire que leur pension. Il leur est interdit de signer les écritures sans les lire, sous peine d'une amende d'un marc d'argent. « Le juge étant sur son siége et eux en

---

1. Ordonn., t. VII, page 707.

l'auditoire, ils ne doivent jingler, parler ensemble, ne faire noise, ne destourbier le juge, sous peine d'amende arbitraire [1]. »

Le Châtelet avait ses avocats spéciaux; mais par suite, les avocats en parlement eurent accès au Châtelet et la réciprocité s'ensuivit [2].

La mission de l'avocat s'agrandit de jour en jour, et désormais, sans distinction de juridiction, il plaidera partout où il y a un droit à sauvegarder et à conquérir, une victime à défendre ou à consoler.

Le tarif du Châtelet passait 16 livres pour un plaidoyer aux avocats.

Lettres du roi Henri VI relatives au Châtelet de Paris; mai 1425.

Voir aux registres du parlement l'arrêt du 4 janvier 1535, où sont rappelées les ordonnances relatives aux avocats, aux procureurs et à la police des audiences.

---

1. Règlement de 1425, art. 50 et suivants.

2. Afin de ne pas répéter ici ce que nous avons dit, avec détail, ailleurs, sur les avocats, nous renvoyons à notre ouvrage : *Le Parlement de Paris*, page 230, 252, ch. xxxviii (2e édition).

IX

LES PROCUREURS AU CHATELET

Ceux qui voulaient devenir procureurs au Châtelet de Paris devaient produire au prévôt un certificat de capacité, délivré *par quatre advocats notables du parlement.* - Charles VI, 19 novembre 1393.) Leur élection était faite par le prévôt assisté de conseillers au parlement [1]. Les procureurs devaient se communiquer *loyaument* les pièces, sous peine de 10 sols parisis d'amende [2]. Pour les causes communes ils avaient droit à 4 livres parisis, et pour les grosses causes subtiles jusqu'à 8 livres. Ils ne pouvaient demander leurs salaires l'année expirée.

D'abord au nombre de quarante, les procureurs du Châtelet étaient, en 1789, au nombre de deux cent trente-sept.

1371. — Un procureur au Chatelet est appelé dans un arrêt : *In nostro Castelleto procurator generalis.*

1. Ordonn., t. VII, p. 332-354.
2. Règlement de 1425, art. 67.

Il leur est défendu de *recevoir des présents et de rien accep-ter, par avance, des plaideurs*, comme les avocats. (Lettres du roi, avril 1453, relatives à la réformation de la justice.)

16 *juillet* 1378. — Lettres patentes pour la réduction du nombre des procureurs au Chastelet. (*Reg. du Chastelet*, liv. rouge vieil, fol. 85. P. de pol.)

5 *avril* 1467. — En plaidant il est dit : que les offices de procureurs au Chatelet étaient vénaux.

14 *mars* 1474. — Il y en avait qui exerçaient leurs charges au Chatelet en l'auditoire d'en haut, et les autres en l'auditoire d'en bas.

10 *mars* 1475. — La cour permit au prévôt de Paris de recevoir deux procureurs au Châtelet, nonobstant toutes les défenses d'icelle. (Reg. du parlement.)

Juin 1475. — Un procureur au Chastelet ayant donné douze écus pour avoir sa charge, la cour lui a défendu d'exercer sa fonction et ordonne de redemander ses douze écus.

7 *mai* 1523. — Un procureur au Chatelet emprisonné pour avoir parlé avec irrévérence, en appela; la cause fut plaidée. (Reg. du parlement.)

Mai 1690. — Tarif des procureurs au Châtelet. (32ᵉ vol. des Ordonn. de Louis XIV, coté quatre P., fol. 239.)

Août 1716. — Edit du roi portant suppression des syndics des communautés des procureurs, huissiers et des commissaires au Châtelet. (Coll. Rondonneau. Archives imp.)

X

LES NOTAIRES DU CHATELET

Les notaires du Châtelet pouvaient rédiger leurs actes dans toute l'étendue du royaume. Défense leur était faite de mettre dans leurs actes « de longues escriptures superflues, avec grande multiplication de termes synonymes, et ils devaient écrire ès-brevets et lettres, tout ce qu'ils recevaient à cause de leurs salaires desservis pour la façon d'icelles lettres et brevets [1]. »

Le roi et les seigneurs dans leurs terres avaient le droit d'instituer des notaires. La formule du serment pour les notaires royaux était la suivante : Juro ego notarius quod ero fidelis domino meo Dei gratiâ rex Francorum, illustri et heredi suo regi Franciæ, personam, honorem, statum et jura ipsius et regni sui in iis quæ ad meam spectant officium, pro posse meo, diligenter observabo. (1304, Reg. XXXV du Trésor des chartes, fol. 78.) Les notaires ou tabellions inséraient dans leurs contrats la substance des actes consentis par les parties; s'ils n'étaient pas à

_____
1. Règlement de 1425, art. 89.

leur résidence ou s'ils n'avaient pas, avec eux, leur registre, ils rédigeaient la minute en présence des contractants et la transcrivaient ensuite dans leur répertoire. Les registres devaient être en bon papier, l'écriture lisible, sans abréviations, ni grandes marges; les notaires étaient tenus de transmettre à leurs successeurs les protocoles. Les noms et les signatures étaient enregistrés dans les tribunaux du roi, pour qu'on pût vérifier l'authenticité des actes [1]. Un article portait que les notaires ne pourraient être ni bouchers ni barbiers. — Les tabellionages s'achetaient [2]. L'usage de la ville et du comtat d'Avignon était *que les offices de notaire ne soient pas vénaux et qu'ils se donnent à la capacité, après avoir esté quatre ans clercs de notaire et trois ans maistres clercs.* (L'intendant de Bezons à Colbert. A Pézenas, le 24 décembre 1863.) Les fils de notaire succédaient à leur père, mais s'ils étaient incapables ou s'ils refusaient, ils touchaient la moitié du prix de vente de l'office. Dans les lieux où le roi était seul seigneur, les notaires seigneuriaux ne pouvaient instrumenter sous peine de faux [3].

Capitularium Karoli Magni de notariis à missis dominicis eligendis, ut missi nostri notarios per singula loca eligant, et eorum nomina, quandò reversi fuerint, secum scripta deferant.

Hoc fuit datum ad Aquis, quandò synodus ibi magna fuit, anno Christi DCCCIII.

Les pannonceaux des notaires sont non-seulement l'in-

---

1. E. Boutaric. *La France sous Philippe le Bel*, page 221.
2. Ordre aux sénéchaux de vendre au plus juste prix les offices de notaire. (Bibl. imp. *Doat*, t. CLV, page 293.)
3. Ordon., t. I, page 416.

dication de leur honorable profession, mais encore le signe du souverain dont ils portent les armes :

En signe de nostre sauvegarde especiale, nos pennonceaux royaux seront mis ès maisons de nos clercs et notaires au Chastellet de Paris. (Lettres de Charles VI, d'avril 1411 après Pasques.)

1270. — La chappelle et confrarie des nottaires est fondée au Chastellet en l'honneur de Diex et de Nostre-Dame Saincte Marie.

Li baston de la confrarie,

Jacques Auberti qui fu ung des LX notaires du Chastellet de Paris recogneuz par S. Loys li porta primement, li meisme, doyen deveneu, voult li porter encore quant len celebra, ens li monde chrestien, li premier jubilé que establyt le pape Boniface VIII. L'an MCCC. Le bâton est surmonté de l'image de la sainte Vierge portant l'enfant Jésus, avec la date MCCLXXI.

En après — le partement du Louvre — où len demoura 46 ans, le Chastelet estant réparé — la communauté des notaires — s'y assemble de nouveau — le 6 décembre 1506 — jour et feste de saint Nicolas.

Le Chatelet menaçant ruine de 1460 à 1506, la compagnie des notaires siégea au Louvre; de 1657 à 1659 aux Grands-Augustins et à l'hôtel Charny ; de 1806 à 1814 à l'hôtel des Fermes; après dix siècles d'existence, le Chatelet, inhabitable désormais, est cédé par la ville de Paris à la compagnie des notaires et démoli presque entièrement. La compagnie des notaires prend possession des bâtimens élevés sur les débris et avec des matériaux provenant de l'ancien Chatelet.

Les armoiries anciennes de la communauté des notaires au Chastelet de Paris. enregistrées en 1607, étaient de sable à trois besans d'or, deux et un, chargé en cœur, d'une main dextre d'argent tenant une plume.

Les notaires au Chatelet recevaient, pour leurs vacations, jusqu'à dix sous par jour. (Lettres du roi, avril 1411, relatives aux notaires du Chatelet.—Autres lettres de Henri VI, mai 1425.)

En 1300 fut établie la confrérie des notaires du Chatelet; elle fut confirmée en 1308 et amplifiée en 1557.

Janvier 1314. — Les notaires furent réduits à soixante.

1402. — Le roi permit aux notaires de s'assembler pour délibérer sur leurs affaires. (Reg. du parlement, 172.)

4 septembre 1423. — La cour a ordonné aux notaires d'écrire les contrats au long et de les lire après aux parties. (Reg. du parlement, t. 20, fol. 298.)

1465. — Les notaires paient un marc d'argent au roi à son nouvel advenement à la couronne.

1497. — Un notaire du Chatelet allant insinuer un appel à la faculté de théologie, elle le fit emprisonner. (Reg. du parlement, t. 168.)

Les notaires du Chastelet existent en 1320. (Félibien III, 630.)

Septembre 1330. — Lettres patentes concernant les notaires du Chastelet. (Reg. Doulx Sire, fol. III, arch. de la préfect. de pol.)

Août 1381. — Lettres patentes concernant les notaires du Chastelet. (Reg. Doulx Sire, fol. 116. P. de pol.)

8 juin 1397. — Arrêt du parlement pour les notaires du Chatelet contre l'évêque de Paris. (Reg. Doulx Sire, fol. 124. P. de pol.)

17 septembre 1471. — Louis XI confirme les priviléges des notaires du Chatelet. (Ord. roy. Pastoret, t. XV, p. 20.)

4 *août* 1506. — Des religieux français demandant une faveur au pape et ayant amené avec eux des notaires, le pape leur défendit d'instrumenter, sous peine d'excommunication. (Reg. du parlement, 170, fol. 267.)

Avril 1510. — Edit de Louis XII relatif aux priviléges des clercs-notaires du Chatelet de Paris. (Ord. des rois de France. Pardessus, t. XXI, p. 411.)

1er *mars* 1512. — Lettres que les notaires de Paris passeront tous contrats par tout le royaume, et auront leurs causes commises au Chatelet.

1539. — François Ier ordonna que les notaires du Chatelet de Paris tiendraient registres et protocoles de leurs actes, et qu'ils signeraient sans prendre plus grands salaires à cause du registre, et ne montreraient lesdits registres qu'aux contractans ou leurs héritiers, ou quand par justice sera ordonné, et ne pourraient délivrer une seconde grosse s'il n'était ordonné par justice.

Octobre 1673. — Lettres patentes concernant les notaires du Chastelet. (Reg. Doulx Sire, fol. 114. P. de pol.)

Le nombre des notaires, porté à cent par François Ier, sera réduit à soixante par voie d'extinction. (Edit du 9 février 1561, signé par Charles IX.)

25 *septembre* 1540. — Arrêt des grands jours qui défend à l'avenir, à tous seigneurs d'avoir en leurs maisons aucuns notaires domestiques. (Reg. du parlement, t. 177.)

1560. — L'ordonnance d'Orléans, art. 84, et de Blois, art. 165, enjoignait aux notaires de faire signer les parties et témoins en tous actes, à peine de nullité.

3 *juin* 1569. — La cour permet au suppliant d'occuper *le banc* de Barjot, notaire en la grand'salle du palais, à la charge d'en payer la recette ordinaire, 16 livres parisis par an.

16 *mai* 1576. — La cour a limité à quatre le nombre des garde-notes à Paris.

V. Catalogue des notaires du Chastelet de Paris, en 1557, recueilli par Guillaume Leveque, notaire au Chastelet, ancien syndic, et l'un des députés desdits notaires, Jean Demas, etant doyen, Eustache Corneille, Francon Ogier, Philippe Lemoyne, syndics, et Pierre Huart, greffier. (Arch. de l'empire, sect. hist.)

La confrerie des notaires fut establie en 1308, Guillaume Thibout étant prevot de Paris. Notaires : Pierre Lapie, Rogier du Greffe, Hue-le-Scelleur, Nicolas du Rosay, Henri de la Trinité, Nicolas-le-Porteur, Benoyst de Saint-Gervais, Gilbert d'Etampes, Simon Payen, Manessiez, Desfossez.

Décembre 1697. — Edit du roi portant union des vingt offices de notaires garde scel au Chatelet, aux cent treize notaires audit Chatelet. (Arch. de l'emp., reg. du parlement, X, 8681, fol. 17.)

XI

LE GREFFIER DU CHATELET

Au lieu de nommer un scribe pour chaque cause, comme le juge le faisait d'abord, on préféra désigner un employé chargé d'écrire et recevoir les jugements et d'en garder le dépôt.

Une ordonnance de 1327 appelle *registratores* les greffiers du Châtelet.

1320. — Le roi établit au Châtelet un *clerc pour garder les registres*. Il doit conserver le secret de la Cour. (Lettres du roi, avril 1453, relatives à la réformation de la justice.)

4 *janvier* 1538. — Création des *greffes du Châtelet* en titre d'office et vente d'iceux au sieur de Neufville, moyennant 30,000 liv.

12 *mai* 1579. — La Cour sur requeste permet à N..., *clerc au greffe* en la chambre des sentences du Châtelet de Paris, avoir un clerc pour minuter et grossoyer sous lui, attendu son vieil aage, long service et indisposition. (Reg. du parlement, t. LXVIII, f° 332.)

21 *mai* 1654. — Sentence de M. Daubray [1], lieutenant civil,

1. Père de la Brinvilliers.

par laquelle, au sujet de la réception de M. Estienne Henault, pourveu de la charge de l'un des quatre greffiers de la chambre civile, Tournelle et police du Chastellet,

Il y est dit, entre autres choses, que l'ancien greffier de la chambre civile tiendra un bon et fidelle registre de la réception des maistres, elections des gardes et jurez des arts et mestiers de la ville et faulxbourgs de Paris, avec défenses à toutes autres personnes qu'audit greffier de la chambre civile de s'immiscer ni entremettre d'expédier aucun acte de provision et réception ausdits mestiers et jurandes, ès peine de faux. (Coll. Delamare, V. 168, f° 85, v°.)

Les greffiers du Châtelet avaient pour légende :

Hic fundit oracula Themis,

et au revers une main tenant une plume, avec cette devise :

Fida et Velox.

GREFFIERS AU CHATELET,
avec le nombre des registres auxquels est joint leur nom :

Acart,	22	registres,	1693-1769.
Aubert,	3	—	1766-1791.
Chaillou,	3	—	1695-1736.
Colin,	2	—	1751-1791.
Delafontaine,	1	—	1775-1777.
Fabre,	2	—	1779-1791.
Gabé,	1	—	1784-1791.
Lair,	6	—	1718-1791.
Legras,	5	—	1736-1779.
Menard fils,	1	—	1753-1786.
Moreau,	17	—	1675-1791.
Morisset,	6	—	1729-1790.
Tauxier l'aîné,	4	—	1687-1782.
Vimont,	1	—	1749-1775.

GREFFIERS A LA PEAU AU CHATELET AU MOMENT DE SA SUPPRESSION.

Acart.
Army.
Baronneau.
Basset.
Benoît.
Bidault.
Bluteau.
Boitel.
Bourgeois.
Bourgoin.
Boutiller.
Cauré.
Chambaud.
Clos.
Coignart.
Colard.
Colas.
Cousin.
Coutonnier.
Daubenton.
Delabrosse.
Delamare.
Delamorinière.
De Pommereuil.

De Rieux.
De Sam.
Du Chastellier aîné.
Du Chastellier jeune.
Duchemin.
Duchesne.
Dufresne.
Durand.
Duval.
Fage.
Frémont.
Gaucher.
Gaudin.
Gayard.
Gicquel.
Gourbon.
Guyot.
Jacquotot.
Jacquotot de Changy.
Jobin.
Joly.
Jourdan.
Laversin.
Laurens.

Le Bouteux.
Lefébure.
Lemaire.
Le Roi.
Lespart.
Limbourg.
Mullard.
Marescot.
Marcon.
Menu.
Moussinot.
Mozard.
Orient.
Péron.
Poupein.
Richer aîné.
Richer jeune.
Roussel.
Sevenet.
Suyriau.
Tirlet d'Herbourg.
Tocquenne.
Troussart.

XII

LE CHEVALIER DU GUET

Dès le temps de saint Louis, le chevalier du guet était établi à Paris; il avait voix délibérative lorsqu'on jugeait les accusés faits prisonniers par sa compagnie. (Déclaration royale du 17 novembre 1643.) Un édit de septembre 1771 a supprimé cet office, remplacé par le titre de commandant du guet; il prête serment au Châtelet et reçoit celui de ceux qui composent sa compagnie. Les chevaliers du guet étaient décorés de l'ordre de l'Étoile, institué par le roi Jean en 1351. Il y avait des chevaliers du guet dans les grandes villes; ils ont été supprimés en 1669, excepté à Paris et à Lyon.

12 *février* 1359. Le chevalier du guet prête serment.

30 *mars* 1396. — La Cour manda au chevalier du guet d'emprisonner tous malfaiteurs et portant armes défendues qu'il trouvera en la ville de Paris, *depuis six heures sonnées jusqu'au lendemain soleil levant.*

Jehan de Harlay était chevalier du guet au Chastelet, eschevin, 1464.

En 1561, les calvinistes s'assemblaient en deux endroits,

proche Paris, l'un à Popincourt, au bout du faubourg Saint-Antoine ; l'autre en un lieu qu'on nomme les *Patriarches*, faubourg Saint-Marceau, près l'église Saint-Médard.

Le 27 décembre 1561, une sédition éclata dans le faubourg Saint-Marceau ; on envoya au curé de Saint-Médard un archer du prévôt de la maréchaussée, pour prier de ne pas faire sonner avec tant de bruit les vêpres. Le chevalier du guet, avec ses hommes, fit des arrestations dans l'église Saint-Médard et conduisit les prisonniers au Châtelet. Pour apaiser le peuple on fit pendre le chevalier du guet et un archer, dont les cadavres furent, par les mutins, jetés dans la rivière. Ces désordres motivèrent l'édit de janvier 1562.

17 *octobre* 1606. — Ordonné aux geôliers de recevoir les gens que le chevalier du guet mènera aux prisons. (Reg. du Parlement, t. 191, fol. 163.)

18 *novembre* 1631. — La Cour a ordonné que le *chevalier du guet* fera tous les jours ses *rapports à huit heures du matin en la chambre criminelle du Châtelet*. (Reg. du parlement, t. 92, fol. 136.)

12 *décembre* 1645. — Création de quatre *exempts* et de vingt *archers* en la compagnie du *chevalier du guet de Paris*.

Les armoiries des officiers du guet étaient écu d'azur parsemé de rosaces d'argent, à la première partie d'argent semée d'hermine, timbré d'une couronne de comte et accompagné des ordres de Saint-Louis et de Saint-Michel.

Sur leur médaille, on voyait Castor et Pollux ou les Dioscures ; au-dessus de la tête de chacun d'eux, une étoile, puis cette légende : *Almæ signa quietis*. (1711.)

XIII

LE CHIRURGIEN JURÉ

AU CHATELET

L'ordonnance de 1670, art. 1 du titre v, permet aux blessés de se faire visiter par des médecins et chirurgiens qui affirmeront leur rapport véritable. Indépendamment de cette visite, les juges peuvent en ordonner une seconde qui sera faite par médecins et chirurgiens qu'ils nomment d'office.

A Paris et autres villes du royaume il y a des médecins créés en titre d'office par édit du mois de février 1692, qui sont seuls en droit de faire les visites et rapports de leur profession ordonnés par justice. Au moyen de quoi, ces médecins et chirurgiens sont dispensés de prêter serment et d'affirmer leur rapport en justice à chaque visite, comme y sont tenus ceux qui ne sont pas créés en titre d'office.

Le rapport des médecins et chirurgiens doit contenir le nombre et la quantité des blessures, leur profondeur, longeur et largueur, si elles sont mortelles ou non, en quel endroit du corps elles sont, avec quelle sorte d'arme ou instrument elles ont été faites, si le blessé en sera estropié, s'il sera obligé de garder le lit ou la chambre et combien de temps, quelles sortes de remèdes lui sont propres, quel régime il doit suivre, et dans quel temps on pense qu'il pourra être guéri. Ce détail est très-nécessaire, parce qu'il détermine les juges à accorder les provisions plus ou moins fortes et à juger en définitif.

Les nominations d'expert, pour examiner les blessures, les instruments du crime, les poisons, étaient en usage au XIVe siècle comme aujourd'hui :

Fu fait venir, en sa présence, Richart de Bules, herbier, auquel les herbes saisies furent monstrées et lui commandé que icelles il regardât et advisât bien et duement, rapportast la vérité de ce qu'il en trouverait.

Jehan le Porchier, 22 juillet 1398. (Reg. cr. du Ch., page 313.)

Sur quoi oy maistre Jehan le Conte, cirurgien juré du roy, qui dist que la playe faite audit feu Criquetot, en la teste, fu d'une hache, si comme il croit en sa conscience.

Jehan de la Ramée, 14 septembre 1390. (Reg. cr. du Ch , p. 409.)

8 *octobre* 1577. — Suppression de l'office de *chirurgien juré au Chatelet.*

XIV

LES COMMISSAIRES

DU CHATELET

Les commissaires du Châtelet y avaient principalement l'exécution des règlements de police pour la sûreté
et netteté de la ville de Paris, et aussi la fonction d'ouïr
les comptes de tutelles, communautés, exécutions testa-
mentaires, partages entre héritiers, taxer les dépens, interroger sur faits et articles, apposer les scellés, recevoir
les plaintes, faire les informations, enquêtes, et d'exécuter les ordres de MM. les lieutenants civil, criminel et
de police.

30 *janvier* 1350. — Ordonnance sur les commissaires du
roi Jean, art. 252. (Coll. Lamoignon, t. II, p. 92.)

14 *juin* 1538. — Règlement sur les fonctions des commissaires. (Coll. Lamoignon, t. VI, p. 521.)

12 *décembre* 1551. — Règlement sur les commissaires au
Chatelet. (Coll. Lamoignon, t. VII, p. 365.)

12 *décembre* 1551. — Arrest de la Cour du Parlement as-
signant des circonscriptions pour la residence des commissaires du Chastellet de Paris : — 1. La Cité. — 2. La porte de
Paris. — 3. La Grève. — 4. Sainct-Merry et Saincte Avoye.

— 5. Sainct-Gervais et la Mortellerie. — 6. La Porte Baudoyer et Sainct-Anthoine. — 7. La Verrerie et Tyxeranderie. — 8. Le Temple et rue Sainct-Martin. — 9. Rue Sainct-Denis. — 10. Les Halles. — 11. Sainct-Eustache. — 12. Sainct-Honoré. — 13. Sainct-Germain de l'Aucerroy. — 14. Rue de la Harpe. — 15. Place Maubert. — 16. Université. (Coll. Rondonneau, c. 32.)

Les sergens doivent résider aux barrières et aller, par chacun jour, devers leurs commissaires.

27 février 1556. — Les commissaires sont tenus d'informer gratis. (Coll. Lamoignon.)

21 novembre 1577. — Règlement pour les commissaires au Chatelet. (Tit. A. XX, 4. 7. Coll. Lamoignon, t. IX, p. 79.)

27 janvier 1589. — Arrest de la Cour entre les commissaires du Chastelet demandeurs, et procureurs dudit Chastelet défendeurs, par lequel il est fait deffenses aux commissaires d'en eslargir les prisonniers desquels ils avoient fait les captures sur les permis portés par les arrests. (Coll. Delamare, fol. 41, v° 168, layette 2°.)

Juillet 1607. — Lettres patentes de Henri IV, portant confirmation des privillèges des commissaires au Chatelet, à eux octroyés par lettres patentes de Charles V, du 14 juillet 1410, et déja confirmées par lettres patentes de Charles VIII°, roi de France et d'Angleterre, du mois d'octobre 1485.

Dans l'exposé de ces lettres patentes données par Henri IV, il est fait mention que les commissaires doibvent poursuivre et apréhender toutes sortes de délinquans, se transporter de jour et de nuit, ès maisons qui servent de retraite aux gens malvivans, voleurs, homicides et faire faire ouverture d'icelles. (Coll. Delamare, vol. CLXVIII, fol. 39.)

Juillet 1610. — Lettres patentes de Louis XIII confirmant les lettres patentes de Henri IV, relatives aux privilèges des commissaires au Chatelet et aux arrestations et visites domiciliaires qu'ils doivent faire. (Coll. Delamare, vol. CLXXIII, fol. 39.)

6 *novembre* 1618. — Fonctions des commissaires sur le port au foin.

30 *mars* 1635. — Règlement sur les fonctions des commissaires au Chastelet. (Coll. Lamoignon, t. XV, p. 1072.)

20 *décembre* 1635. — Création de vingt-un *commissaires au Chatelet* par lettres registrées, le roi présent. (Reg. du Parlement, t. 230.)

22 *février* 1641. — Arrest de la Cour du Parlement défendant à tous commisssaires et sergens, de plus à l'advenir mettre garnison dans les maisons des bourgeois. Ils devront dorénavant confier la garde des choses qu'ils saisiront aux plus proches voisins. (Coll. Rondonneau, archives de l'empire.)

6 *Novembre* 1656. — Ordonnance de police qui deffend à tous autres que les commissaires du Chatelet d'entreprendre de faire exécuter la déclaration du roy du 26 octobre 1656, rendue contre le luxe. (Coll. Delamare, t. XIV, fol. 1037. Coll. Lamoignon, t. XIII, p. 635.)

11 *juillet* 1668. — Lettres qui donnent aux *commissaires du Chatelet* la qualité de conseillers du roi et des priviléges.

1670. — Ils recevront les plaintes, et les feront signer par les déclarans. (Voir l'exposé de l'affaire d'entre le tribunal du Chatelet de Paris et la communauté des commissaires.)

1er *Mai* 1688. — Précis des règlements des conseillers du roy, commissaires en son Chastelet de Paris :

IV

Tous les lundis à huit heures du matin, les commissaires de chacun quartier s'assembleront chez l'ancien, pour conférer ensemble sur les fautes et contraventions qu'ils auront découvertes la semaine précédente, et sur tout ce qui peut concerner le service du roy et l'utilité publique dans l'étendue de leur quartier.

V

Tous les quinze jours sera faite une visite générale dans chacun quartier par tous les commissaires du quartier ensemble, s'informeront s'il y a des mauvais lieux, académies de jeux, assemblées illicites.

VI

Outre ces visites, il en sera fait toutes les semaines, par six commissaires nommez pour la police générale de Paris, qui auront l'inspection dans l'étendue donnée à chacun d'eux. (Arch. de l'empire. Coll. Rond.)

Les commissaires au Chatelet, après avoir apposé les scellés à Paris, lors du décès d'un bourgeois, allaient les apposer par droit de suite, dans les châteaux, maisons de campagne du décédé, à telle distance de Paris que fussent situés ces immeubles.

Guyenet, commissaire au Chatelet de Paris, apposa, le 25 septembre 1671, les scellés sur les biens et effets du deffunt Mgr. Bonaventure Rousseau, évêque de Césarée.

22 *décembre* 1541.—Réglement sur le fait de la police, contenant le devoir des commissaires du Chastelet de Paris, des sergens à verge, des quarteniers, dizainiers et cinquanteniers [1].

La Cour, ayant eu cy devant infinies plaintes du désordre qui est de présent au fait de la police, et des abus, fautes, insolences, rébellions, blasphèmes, larrecins, voleries, meurtres

1. Font., t. Ier, liv. v, page 887. Edit. Paris, 1611.

et autres maux infinis, qui de jour à autre se commettent en ceste dite ville, fauxbourgs et ès environs d'icelle, par le peu de pouvoir et négligence d'aucuns officiers ayant la première intendance et cognoissance du fait de la police, et après avoir par ladite cour, par le commandement exprès du roy, fait rechercher et voir plusieurs ordonnances et arrests d'icelle cour concernant ladite police, l'ordre de laquelle a esté perverti et discontinué, et ouy sur ce le rapport fait en ladite cour par aucuns des présidens et conseillers d'icelle, à ce par elle cy devant députez, de certains articles concernans l'exécution et entretenement desdites ordonnances naguères délibérez et arrestez en la chambre civile du Chastelet de Paris, présens et appelez les lieutenans civil, criminel, particulier, advocat et procureur du roy audit Chastelet, a ordonné et ordonne, pour le bien et utilité de chose publique, repos et tranquillité des citoyens de ceste dite ville, et entretenement desdites ordonnances cy devant faites sur le fait de ladite police, les choses qui s'ensuyvent, par provision, et jusques à ce qu'autrement par la Cour en ait esté ordonné :

§ 1er. Que les trente-deux commissaires du Chastelet de Paris garderont et observeront estroitement le département et distribution de seize quartiers de cette dicte ville et fauxbourgs, à eux assignez et distribuez en la forme et selon l'augmentation et retranchement qui s'en suit, à sçavoir : le quartier de la Cité, à maistre Raoul le Feure seul ; le quartier de la Porte de Paris, à maistres Jean Bailly et Charles Poncet ; le quartier de la Grève, à maistres Germain Jauveau et Jean Janotin ; le quartier de Sainct-Merry et Saincte-Avoye, à maistres Jean Gobel et Jean Galiot ; le quartier de Sainct-Gervais et la Mortellerie, à maistre Jean Josselin, qui sera tenu de résider près le port au foin en ladite rue de la Mortellerie ; le quartier de la porte Baudoyer et Sainct-Anthoine, à maistres Jacques Hardy et Jean Voisin, lequel Voisin ira résider en la rue Sainct-Anthoine ; le quartier de la Verrerie et Tisseranderie,

à maistres Pierre Thiersaux et Guillaume du Chemin; le
quartier du Temple et rue Sainct-Martin, à maistres Nicolas
Aubert et Anthoine Faure; le quartier de la rue Sainct-Denis
et Sainct-Josse, à maistres Jean Louchart et Nicole de la
Croix; le quartier des Halles, à maistres Eustache de Saint-
Yon et Jean Bernard; le quartier Sainct-Eustache, à maistres
Didier Ramera et Léon Corbye; le quartier Sainct - Ho-
noré, à maistres Jacques-Tristand Cantien et Jean Bezanier,
et ira ledit Cantien résider en la rue Sainct-Honoré; le quartier Sainct-Germain de l'Auxerrois, à maistre Jacques de Sens,
seul; le quartier de la rue de la Harpe, à maistres Nicole
Martin, Loys Regot, Thomas de Villemard et Grégoire Bacot,
et ira ledit Regot résider en son quartier, ledit Bacot près de
Saint-Cosme, et ledit Villemard près de la porte Bussy ou celle
de Sainct-Germain-des-Prez; le quartier de la place Maubert,
à commencer à Petit-Pont, tirant contremont la rue Sainct-
Jacques, du costé de la place Maubert, compris les fauxbourgs
dudit Sainct-Jacques, Sainct-Marcel, Sainct-Victor, avec tout
le contenu dedans lesdits lieux, jusques à la rivière de Seine,
à maistres Jean Boulard, Jean Bouvot, Siméon Bruslé et
Jean Paulmier, au carrefour Saincte-Geneviefve tirant à la
porte Bordelle.

§ 2. A tous lesquels lesdits commissaires dudit Chastelet qui
ne sont de présent résidens ès dits quartiers à eux cy dessus
distribuez, enjoint ladite Cour d'y aller eux tenir et résider actuellement dedans le jour de Pasques prochainement venant,
pour tous délais. Autrement, à faute de ce avoir fait dedans le
temps, et iceluy passé, a ladite Cour déclaré et déclare leurs
dits offices vacants et impétrables.

§ 3. Et au surplus, leur a ladite Cour et à chacun d'eux deffendu et deffend de partir de ceste ville, à sçavoir : de quartiers ès quels il y en a quatre, plus de deux à la fois; et ceux
ès quels il y en a deux, plus d'un à la fois; et ès quartiers ès
quels il n'y a qu'un commissaire, il ne partira de ceste dite

ville pour aller aux champs, sans commettre sa charge au prochain commissaire de son dit quartier, dont, avant leur dit département, seront tenus lesdits commissaires en advertir le lieutenant criminel de la prevosté de Paris, qui en fera faire registre, et sur peine, quant auxdits commissaires, de suspension de leurs offices à tel temps que sera par ladite Cour arbitré.

§ 4. Et a ladite Cour ordonné et enjoint aux commissaires de police et à chacun d'eux que des meurtres, excez, batures et effusion de sang, larrecins et crimes publics, ils ayent incontinent et sans dissimulation à informer et rapporter l'information en grosse ou minute, par devers le lieutenant criminel dedans les vingt-quatre heures après ledit delict, sans attendre qu'il y ait aucune partie plaintive ou qu'ils soyent payez de leurs salaires, et sauf après à leur faire taxe, s'il y eschet, et qu'il se trouve partie civile, et ce sur peine de suspension pour la première faute et de privation de leurs dits offices pour la seconde.

§ 5. A néantmoins réservé et réserve ladite Cour ausdits commissaires, qui ont esté assignez et départis en autres quartiers que ceux ès quels ils sont de présent demeurans, de pouvoir bailler leur requeste à ladite Cour pour leur estre départi lieu commode ès lieux et endroits de leurs quartiers, à prix raisonnable envers les propriétaires des maisons.

§ 6. Et si ladite Cour enjoint ausdits lieutenans civil et criminel préférer en distribution des commissions occurrentes lesdits commissaires qui sont départis et distribuez en quartiers remots et lointains, en considération de leur mérite, travail et esloignement. Et fait inhibitions et défenses aux procureurs dudit Chastelet de passer ou accorder appointement au contraire, si non au cas contenu par l'arrest donné par ladite Cour, le premier jour de février, l'an mil cinq cent quarante-sept, et ce sur peine d'amende.

§ 7. Et néantmoins déclare ladite Cour que par la cession ou décez des deux premiers commissaires qui céderont ou décéderont, le choix sera déféré en premier lieu audit Bruslé, et pour le second audit Paumier, pour opter, si bon leur semble, les quartiers des deux premiers cédans ou décédans, à la charge par ceux qui seront pourveu ès lieux et offices desdits deux premiers cédans ou décédans, seront tenus faire résidence respectueusement ès deux quartiers de l'Université distribués ausdits Bruslé et Paumier.

§ 8. Et à ce que doresnavant plus facilement on puisse avoir recours aux sergens à verge de la prevosté de Paris, en cas urgent et de nécessité, ordonne ladite Cour qu'en l'Université de Paris, outre la barrière du Petit-Pont, seront dressées trois autres barrières, à sçavoir : une en place Maubert, joignant la Croix des Carmes ; la tierce au bout du pont Sainct-Michel, à la part de l'Université, et la quatriesme au carrefour de Sainct-Cosme ; en chacune desquelles seront deputez, ordonnez et destinez jusques au nombre de trente sergens, ainsi qu'il sera advisé par quatre des anciens commissaires dudit Chastelet, appellez avec eux les maistres de la confrairie des onze vingts sergens à verge.

§ 9. Et au quartier de la ville aura pareillement quatre barrières, à sçavoir : celle de la porte de Paris ; la seconde à la porte Baudoyer ainsi que de présent elles sont ; la troisième auprès et joignant l'église Sainct-Jacques de l'Hospital, et la quatrième, qui sera dressée au carrefour de l'église de Sainct-Honoré. En chacune desquelles susdites barrières seront aussi destinez et deputez vingt-cinq sergens, selon le roolle qui pareillement en sera dressé par lesdits commissaires anciens et maistres de la confrairie desdits onze vingts des sergens à verge. Tous lesquels sergens, et chacun en son regard et ordre, seront tenus faire résidence en chacune desdites barrières, pour y avoir accès et recours, quand besoin sera.

§ 10. Et à ce que lesdites barrières soient fournies, et que ceux qui y sont destinez ayent à y faire résidence plus continuelle, a ladite Cour fait inhibitions et défenses à tous lesdits onze vingts sergens à verge de plus eux retirer, tenir ou résider en la sale du Palais, ainsi qu'ils ont fait cy devant, ains leur enjoint eux retirer en leurs barrières, sur peine de tenir prison et d'amende arbitraire.

§ 11. Et néantmoins ordonne ladite Cour que lesdits sergens ainsi destinez que dessus, chacun desdits commissaires en son quartier aura sous luy tel nombre qui sera advisé par le lieutenant criminel de ladite prevosté de Paris, qui en fera le département, eu égard ès lieux et endroits èsquels il en sera plus ou moins requis pour suyvre ledit commissaire, à faire les visitations de leurs quartiers et captures des délinquans et autres exploits de police qui seront à faire.

§ 12. Chacun desdits sergens en son regard, et selon ledit département, se transportera une fois le jour par devant son commissaire, pour estre par luy employé, s'il y échet, et pour l'advertir des fautes et abus qui surviendront.

§ 13. Et enjoint ladite cour ausdits onze vingts sergens et tous autres en général et particulier d'obeyr ausdits commissaires, leur prester ayde et confort en ce qu'ils seront requis, sur peine de suspension de leurs offices. Et néantmoins pour le refus et désobéissance, information sommaire de ce faite, seront constituez prisonniers et condamnez en amende arbitraire et autrement, s'il y eschet.

§ 14. Et pour ce que nonobstant les ordonnances et edicts du roy et défenses cy devant publiées contre les blasphémateurs du nom de Dieu, plusieurs personnes de volonté et coustume damnée ne s'en sont chastiez, mais chacun jour continuent et perseverent en leurs detestables blasphèmes; pour à ce pourvoir et proceder à punition exemplaire, a ladite Cour ordonné et enjoint audit prevost de Paris et ses lieutenans de faire de rechef publier à son de trompe et cry public par les carrefours de ceste dite ville et fauxbourgs d'icelle, les edicts et ordonnances cy devant faictes contre lesdits blasphemateurs,

icelles garder, observer et entretenir, et contre ceux qui seront trouvez jurer, dépitans, maugréans et blasphemant detes-
tablement le doux nom de Dieu, sa très glorieuse mère et saincts
du paradis, ils ayent à procéder exemplairement selon les
mulctes et peines portées par lesdites ordonnances.

§ 15. Et pour obvier aux destroussemens et maléfices qui se
commettent de jour et de nuit par ceste dite ville, fauxbourgs
et ès environs d'icelle, a ladite Cour par provision, comme dit
est, fait inhibitions et défenses à toutes personnes, de quelque
estat ou condition qu'elles soient, demeurans en ceste dite ville
de Paris et fauxbourgs d'icelle, de porter dedans ladite ville
d'icelle et faubourgs aucunes espées, poignars, dagues ou autres batons invasifs, s'ils ne sont officiers de justice, auxquels
appartient de ce faire pour l'exécution d'icelle, sur peine de
punition corporelle.

§ 16. Et à ceste fin enjoint ladite Cour à tous gens de mestier mechaniques et artisans, demeurans en ceste dite ville et
faubourgs, leurs serviteurs locatifs ou demeurans en leurs
maisons, eux retirer incontinent qu'il commencera à ennuiter,
et de ne se trouver ès carrefours et autres lieux par la ville
et fauxbourgs ou ès environs d'icelle, sur la nuit. Et si pour
aucune nécessité il convenait qu'ils fussent envoyez par leurs
maistres en la ville, ils iront avec une chandelle allumée.

§ 17. Et si enjoint ladite Cour à tous sergens à cheval et à
verge et gens du guet, sur peine de privation de leurs estats
et offices, que tous ceux qu'ils trouveront faire contre les susdites défenses et injonctions, ils les constituent prisonniers
promptement et sans delay, pour en faire punition exemplaire.

§ 18. Et ordonne ladite Cour que les maistres des métiers
méchaniques et artisans de ceste dite ville et faubourgs res-
pondront quant à la representation d'iceux, de leur famille,
et demeurans en leurs maisons, en cas de contravention esdites ordonnances et injonctions

§ 19. Et si a ladite Cour inhibé et défendu à tous taverniers et cabaretiers de recevoir à table aucunes personnes, s'ils ne sont leurs domestiques, à heure de nuict, mais seulement de jour, sur peine de punition corporelle.

§ 20. Et pour tollir et oster tant de gens oiseux et vagabonds, qui ne servent que de nombre à la charge et offense des bons citoyens, enjoint ladite Cour aux quarteniers, dixeniers et cinquanteniers de ceste dite ville, respectivement et chacun à son regard, enquerir et sçavoir particulièrement en chacune maison de ceste ville et fauxbourgs d'icelle quels gens y sont demeurans, en quel nombre, de leur qualité, estat et moyen de vivre, et pour quelle cause ils demeurent en ceste dite ville. Et où ils seront trouvez oiseux et vagabonds et ne servans de rien que charge à ceste dite ville, leur enjoint ladite Cour de vuider ceste dite ville et fauxbourgs d'icelle, sur peine de la hart. Et à ceste fin enjoint ladite Cour aux prevost des marchands et eschevins de ceste ville commettre et establir cinquanteniers et dizainiers dans chacuns des fauxbourgs de ceste dite ville pour l'exécution du contenu en ce présent arrest.

§ 21. Et de ladite recherche et description que seront tenus de faire lesdicts quarteniers, dizainiers et cinquanteniers, de quinzaine en quinzaine, sur peine et privation de leurs estats et charges, en sera fait roolle, qui sera incontinent mis par devers le commissaire de chacun desdits quartiers, pour information sommaire sur ce faire contre les délinquans, y estre promptement pourveu par ledit prevost de Paris ou sesdits lieutenans, ausquels ladicte Cour enjoinct garder et faire garder estroitement ce present arrest, et ausdits commissaires d'y tenir la main, sur peine de suspension de leurs dicts estats.

§ 22. Et à ceste fin enjoint ladite Cour, sur peine de punition corporelle, à tous les demeurans et habitans de ceste dite ville et fauxbourgs d'icelle, de bailler sans delay et dissimulation ausdits quarteniers, cinquanteniers et dizeniers les noms et surnoms d'eux, leurs hostes locatifs et famille, et leur declarer leurs qualitez et moyen de vivre.

§ 23. Et à ce que l'on puisse promptement tirer la vérité de plusieurs delicts et destrousses qui se font occultement, a ladite Cour enjoint et enjoint à tous chirurgiens et barbiers de ceste dicte ville et fauxbourg et aux compagnons dudict mestier, non ayant boutiques, et néantmoins pratiquans en chambre, d'escrire les noms et surnoms des personnes qui seront blessées de jour et de nuict, et qui se retireront par devers eux, pour estre pansez et medicamentez de leurs playes. Et iceux noms et surnoms apporter incontinent par devers le lieutenant criminel de la prevosté de Paris ou le commissaire du quartier, qui le denoncera audit lieutenant criminel, sur peine d'estre puny corporellement, et de grosse amende.

§ 24. Et d'autant que la pluspart desdits malefices se commettent de nuict et à l'obscur, est enjoint à tous les propriétaires des maisons de ceste dite ville ou principaux locatifs d'icelle d'attacher par chacun soir, devant l'heure de six, durant les mois de novembre, décembre et janvier, et mestre en chacun hostel une lanterne au-dessous des fenestres du premier étage, en lieu commode et apparent, avec une chandelle ardente en icelle, pour donner lumière à la rue; et ce sur peine de vingt sols parisis d'amende qui sera levée sans déport sur chacun defaillant et pour chacune faute, dont le tiers sera appliqué au dénonciateur. A l'entretenement de laquelle ordonnance auront l'œil les dizeniers et cinquanteniers de ceste dicte ville, chacun en son endroit, à peine de s'en prendre à eux.

§ 25. Et pour ce qu'il se trouve que nonobstant les ordonnances et édicts du roy, exécutions d'iceux et les peines y contenues, plusieurs personnes de courage, desesperez, dépravez et de volonté donnée continuent en leurs malefices, commettant jour et nuict infinies destrousses et voleries sur le peuple, ordonne ladite Cour que l'edict [1] fait par le roy en l'année 1534, concernant la peine de mort sur la roue contre lesdits voleurs, sera derechef publié, gardé et exécuté estroitement par les juges de ce ressort.

§ 26. Et à ceste fin enjoint ladite Cour au prevost de Paris, ou ses lieutenans, et à tous ceux qui ont haute justice en ceste ville et fauxbourgs d'icelle, et à chacun d'eux en leur quartier, territoire et jurisdiction, sur peine de privation de leurs justice et jurisdiction, à leurs juges et officiers, de privation de leurs estats, et d'estre reputez et declarez inhabiles à tenir offices de judicature, que diligemment et soigneusement ils s'enquièrent et recherchent les lieux où se tiennent et retirent lesdits vagabonds et delinquans, gens sans adveu, oiseux, et non ayans maistres ne moyen honeste de vivre, et qui ne s'appliquent à gagner leur vie, et iceux leurs fauteurs et receptateurs, ils constituent et facent constituer prisonniers, et leur facent et parfacent leurs procez, toutes choses post posées, afin que ce soit exemple aux autres.

§ 27. Et au moyen de ce que l'usage de porter baston et armes offensives est parvenu en si grand'licence, et jusques aux laboureurs et gens rustiques, a ladite Cour inhibé et défendu à tous gens de labeur, paysans, vignerons, et demeurans ès champs et villages, de porter par leurs villages aucunes espées, poignards, dagues ou autres bastons invasifs, sous peine de confiscation d'iceux et punition corporelle ; et à tous seigneurs, hauts justiciers, leurs juges et officiers de non souffrir ne permettre leurs dits subjects en porter aucuns, soit ès festes publiques desdits villages ou autrement, sur peine de s'en prendre à eux.

§ 28. Et parce que ladite Cour a esté advertie qu'au lieu de déférer et accuser les délinquans, les saisir, apprehender et représenter à justice, aucuns sergens et gens du guet portent,

1. Voir le chap. Ier du titre LXXXIII, *Des voleurs*, liv. Ier. Fontanon.

favorisent et recèlent lesdits malfaiteurs et gens de mauvaise vie, hantent et frequentent avec eux, A la dicte Cour fait inhibitions et defenses à tous sergens du guet et ministres de communiquer, frequenter, boire ne manger en la compagnie desdits delinquans et gens de la qualité susdite, sur peine de privation de leurs offices, et d'estre punis comme fauteurs et complices desdits delinquans.

§ 29. Et pour oster et abolir le moyen et receptacle où se retirent les susdicts vagabonds, a ladicte Cour defendu et defend à toutes personnes demeurans tant en ceste ville que ès fauxbourgs d'icelle de tenir berlan en sa maison ou jardins et d'y souffrir jouer à jeux de dez, quartes, quilles et autres jeux prohibez et defendus; de tenir les jeux de paume ouvers ès jour de festes et heures defendues, sur peine de punition corporelle et amende arbitraire.

§ 30. Et en outre aussi a ladicte Cour fait inhibitions et defenses à toutes personnes, tant propriétaires que locatifs des maisons de ceste ville et fauxbourgs d'icelle, qui ont accoustumé de retirer, loger et recevoir de nuict pour un liard et au jour la journée les caymans valides et autres gens oisifs et de la qualité susdite, de plus en recevoir et retirer aucuns, sur peine, quant au propriétaire, de la confiscation de la propriété de sa maison, et quant aux locatifs, de confiscation des licts, couches et paillasses, et d'amende arbitraire et punition corporelles.

§ 31. Et à ce que ces dicte ville et fauxbourgs d'icelle, où afflue un peuple infiny et innombrable, soit entretenue et conservé en santé et décoration, purgée et nettoyée des immondices, A la dicte Cour ordonné et enjoint au prevost de Paris et ses lieutenans faire de rechef publier et attacher par les carrefours de ceste dicte ville et fauxbourgs l'edict et ordonnance [1] faite par le roy en l'an mil cinq cent trente-neuf,

1. Voir le chap. LXIX de ce titre.

sur le faict des boues, immondices, fosses à privez, et pavé de
ceste dicte ville, et icelles faire garder, observer et entretenir
estroitement, procéder et faire procéder soigneusement à la
punition et correction des contrevenans à icelles, et par les
contraintes et peines indictes et portées par sesdictes ordonnances.

§ 32. Et à ce que les rues ne soient infectes des immondices des fosses et privez, enjoinct ladicte Cour aux maistres
des basses œuvres et leurs gens, suyvant les anciennes ordonnances, que d'oresnavant, quant ils besongneront de leur
mestier, ils ayent à mettre et enfoncer lesdictes immondices en
tonneaux ou vaisseaux clos, de sorte qu'elles ne puissent
estre espandues par les rues, sur peine de confiscation des
chevaux et harnois et d'amende arbitraire et du fouët, permet-
tant à chacun des habitans de ceste dicte ville, audict cas, de
pouvoir appréhender et envoyer en prison les dicts contrevenans, pour estre procédé à l'encontre d'eux par telle peine
qu'il appartiendra.

§ 33. Et à ce qu'aucun ne puisse prétendre cause d'ignorance,
ordonne ladicte Cour que ce present arrest et reglement pro-
visionnal sera leu et publié au parc civil du Chastelet de Paris,
l'audience tenant, et à son de trompe et cry public, par les
carrefours de ceste dicte ville et fauxbourgs d'icelle.

Fait en Parlement, le 22 décembre 1541.

Signé : CAMUS.

Arrest de la Cour, 27 mars 1634. La Grand'Chambre, Tournelle et de l'Edit, assemblées sur les désordres des vols et
meurtres qui se commettent tant jour que nuit en cette ville
de Paris, ouï le lieutenant civil, lieutenant criminel du Chastelet, lieutenant criminel de robe courte, substitut du procureur general, Chevalier du guet et commissaire du Chastelet, ensemble le procureur général, ordonne qu'assemblée
des susnommés sera faite, jeudi prochain, au Chastelet, et à

l'hôtel de ville, le même jour, des prévost des marchands, échevins, conseillers de ville, colonels, capitaines, quarteniers, cinquanteniers, dixeniers et autres notables bourgeois de ladite ville, pour donner leur avis de ce qu'ils jugeront nécessaire pour empêcher les meurtres et voleries.

Après le rapport du lieutenant civil, le commissaire Thibeuf, doyen des commissaires, attribue aux soldats et aux domestiques les actes qui se commettent, dit que ceux qui protègent les femmes de mauvaise vie sont soldats des gardes, valets de chambre, lacquais sans condition, et que S. M. permette d'emprisonner lesdits soldats, les trouvant ès mauvais lieux, et enfin que le Chevalier du guet n'ayant assez d'archers, on doit lui bailler des bourgeois pour l'assister. (Arch. imp.)

Il y avait plusieurs sortes de commissaires. Mais quelle que fût la différence de rang, d'attributions et de fonctions, tous étaient établis dans le but d'assurer le bon ordre et la sécurité dans Paris. Le document suivant fait voir ces officiers dans leur organisation extérieure, c'est-à-dire dans leur service public, et dans leur organisation intérieure, dans leurs rapports entre eux et leur soumission aux règlements qui les régissent :

1er *mai* 1688. — Précis des règlements des conseillers du roy, commissaires en son Chastelet de Paris, du 1er mai 1688[1] :

Les commissaires du Chastelet assemblez en leur chambre pour délibérer sur les moyens de maintenir et conserver entre eux une bonne et solide discipline sur tous les points concernant l'honneur, les fonctions et les droits de leur compagnie, et principalement pour s'acquitter toujours de plus en plus de

---

1. Archives impériales. Collect. Rondonneau.

leurs devoirs, avec exactitude et application au service du roy
et au bien public, dans les soins de la police, dont ils ont
l'honneur d'être chargez; après avoir examiné pendant plusieurs jours les ordonnances, arrests et règlements concernant
leurs charges, et même les anciens et nouveaux concordats de
bourse commune de leurs émolumens, l'affaire mise en délibération, et toutes choses considérées, sont demeurez d'accord
et se sont obligez, suivant lesdits règlemens, de garder et observer inviolablement à l'avenir ce qui en suit :

ART. PREMIER.

Que chacun d'eux tiendra la main, dans l'étenlue de son
quartier ou département, avec exactitude et probité, à l'exécution des ordonnances, arrests et réglemens de police, pré-
férablement à toutes autres affaires et fonctions.

ART. II.

Les anciens des quartiers donneront à chacun de leurs confrères distribuez dans leur quartier, un département pour
exercer par chacun d'eux, dans l'étude qui luy sera donnée,
toutes les fonctions de police, et mesme pour la vérification
des livres de chambres garnies; à l'effet de quoy ils seront
tenus de se loger dans l'étendüe de leur département, sans
préjudice néanmoins à l'ancien de l'inspection générale dans
toute l'étendüe du quartier.

ART. III.

Les commissaires distribuéz dans les quartiers, donneront
avis incessamment à l'ancien du quartier des fautes et contraventions notables qui arriveront dans leur département, pour
prendre son avis et délibérer ensemble sur les moyens d'y
pourvoir.

ART. IV.

Tous les lundis, à huit heures du matin, les commissaires
de chacun quartier s'assembleront chez l'ancien, pour conférer

ensemble sur les fautes et contraventions qu'ils auront découvertes la semaine précédente, et sur tout ce qui peut concerner
le service du roy et l'utilité publique, dans l'étendue de leur
quartier.

ART. V.

Tous les quinze jours sera faite une visite générale dans
chacun quartier, par tous les commissaires du quartier ensemble, assistez de leurs huissiers, et dans cette visite, s'informeront des bourgeois s'il y a des mauvais lieux, académies
de jeux, assemblées illicites, ou autres contraventions aux réglemens de police, et s'en estant rendus certains, y pourvoiront sur-le-champ, si la matière y est disposée; sinon, feront
assigner de leurs ordonnances les contrevenans, pour en faire
rapport à la première police, sans préjudice des poïices et
visites particulières qu'ils feront les autres jours, suivant les
occasions.

ART. VI.

Outre ces polices faites par chacun des commissaires dans
son quartier, il y aura toutes les semaines, suivant l'ancien
usage, six commissaires nommez pour la police générale de
Paris, qui auront l'inspection dans l'étendüe qui sera donnée
à chacun d'eux, suivant l'ordre du tableau qui en sera fait tous
les ans, au mois de décembre, pour l'année suivante, par le
doyen et les syndics; l'original duquel tableau demeurera
entre les mains du doyen, et le double en celles de l'ancien
des syndics, et seront les commissaires distribuez avertis par
un billet cacheté dudit doyen, le vendredi précédant leur semaine, pendant laquelle ils seront tenus de faire au moins
trois visites, l'une le dimanche, et les deux autres le mercredy
et le samedy, pour tenir la main, dans l'étendüe qui leur sera
distribuée, à l'exécution des ordonnances et réglemens concernant l'exacte observation des dimanches et des festes, s'il
s'en trouve quelqu'une dans leur semaine de police, les assem-

blées illicites, tabacs, mauvais lieux, académies de jeux, port
d'armes ou bastons défendus, pistolets de poche et bayonnettes,
faux poids, regrats, monopoles et autres fautes qui se peuvent
commettre dans l'exposition et vente des vivres et autres
marchandises, périls éminens, saillies, étalage, nettoyement,
et généralement tout ce qui concerne la police de Paris, et de
toutes les contraventions qu'ils trouveront, en faire un rolle
exact et fidel, sans faveur ny acception de personnes, pour y
estre pourveu sur leurs rapports, au premier jour de police;
à l'effet de quoy ils feront sur-le-champ assigner verbalement
en leur présence les contrevenans par l'un des huissiers de
police dont ils seront assistez; et en cas que, dans leurs visites,
ils trouvent quelques contraventions qui méritent une plus
ample discution ou de plus grands soins, pour empescher le
progrès et les suites, ils en donneront avis dès le même jour,
à leur confrère ancien du quartier, pour y tenir la main de sa
part.

ART. VII.

Les commissaires nommez pour cette police générale, dans
l'espace des cinq mois et douze jours que la ville est éclairée
pendant la nuit, auront soin, au moins une fois pendant leur
semaine, de visiter les chandelles des lanternes publiques de
l'étendüe qui leur sera distribuée, et en cas qu'ils trouvent
quelque faute ou contravention, soit pour la qualité du suif,
poids des chandelles, ou devoir des commis, ils en avertiront
le commissaire du quartier où la contravention aura esté
trouvée, et en feront leur rapport au premier jour de police,
pour y estre pourveu.

ART. VIII.

Pendant ce même temps de l'hyver, outre les polices ordinaires, seront faites au moins quatre visites et polices extraordinaires et générales dans tous les quartiers de Paris, selon
les distributions qui en seront faites par les doyen et syndics,

tant pour le nettoyement des rues que pour la visite des chandelles destinées pour éclairer la ville pendant la nuit, sans préjudice du plus grand nombre de visites et polices, lorsqu'elles seront jugées nécessaires selon les temps et les occasions, dans toutes les saisons de l'année.

ART. IX.

Et comme il est important que tous les commissaires agissent dans leurs fonctions de police avec uniformité et par un mesme esprit, dans toute l'étendüe de Paris, la compagnie s'assemblera dans la chambre au Chastelet tous les premiers des mois, à neuf heures du matin, pour conférer ensemble sur les matières de police.

ART. X.

Et pour maintenir la mesme discipline entr'eux à l'égard de leurs autres fonctions, lorsqu'un commissaire aura esté requis et qu'il sera sur les lieux, l'affaire luy appartiendra par cette prévention, et s'il en survient quelques autres après luy, ils se retireront, si celuy qui a prévenu n'a besoin de leurs secours et ne les prie de demeurer.

ART. XI.

Et d'autant que l'empressement de quelques-uns des commissaires pour se procurer des appositions de scellez après les déceds, par des sollicitations et autres voyes indignes de leur caractère, a toujours esté l'un des principaux obstacles à l'union et discipline de leur compagnie, il a esté arresté qu'à l'avenir aucun commissaire ne se présentera pour faire un scellé, que la personne ne soit décédée, et qu'il n'en soit requis par un héritier ou autre personne ayant un droit ou titre légitime pour luy faire ce réquisitoire; et en cas que quelqu'un d'eux s'oublie tellement de son devoir et de l'honneur de sa charge que de contrevenir à cet article, et qu'il soit convaincu qu'il

est entré en la maison du malade ou demeuré en quelque
lieu, soit dedans ou proche ladite maison avant le déceds, pour
attendre le temps et l'occasion de sceller, il sera privé, pour
la première fois, de l'émolument du scellé, dont le total sera
rapporté à la bourse commune, et pour la seconde fois, privé
de l'émolument comme dessus, et de cent livres de peine à
prendre sur les partitions dans la bourse commune, et en cas
de rescidive, la peine de cent livres sera doublée à proportion
pour chacune des contraventions, et le contrevenant privé,
pendant six mois, de l'entrée de la chambre et de toutes voix
active et passive dans la compagnie.

ART. XII.

Que suivant les arrests et réglemens, les commissaires ne
se transporteront aux exécutions et contraintes faites par les
huissiers ou sergents, que chacun dans l'étendüe de son quartier, et seulement dans le cas oû leur présence est nécessaire,
sçavoir : rébellion à justice, contestations contre les titres
dont l'officier est porteur, ou refus par la partie présente d'ouvrir les portes ou de donner gardien.

ART. XIII.

Les ouvertures des portes pour absences et les assistances
aux visites des jurez des corps et métiers d'artisans seront
aussi faites par chacun des commissaires dans l'étendue de son
quartier; et en cas de contravention à ces deux articles, celuy
qui aura contrevenu sera, pour la première fois, privé de l'é-
molument de la fonction, dont le total sera rapporté à la
bourse commune, et payera pour la seconde fois et pour chacune des autres contraventions cinquante livres, qui seront
retenues sur la partition des quatre deniers pour livre.

ART. XIV.

Trois commissaires seront nommés, chacune semaine, pour

la taxe des dépens et se trouveront, chacun jour, au bureau destiné à cette fonction, depuis onze heures du matin jusqu'à une heure après midy, s'ils n'en sont empeschez par indisposition ou autres excuses légitimes qu'ils seront tenus de faire sçavoir aux syndics, pour en estre mis un autre à leur place.

ART. XV.

Quatre autre commissaires seront nommez, de deux en deux mois, pour taxer tous les frais ordinaires et extraordinaires de criées, frais d'ordre et autres frais qui en dépendent; et pour cet effet, se trouveront à la chambre tous les lundy et jeudy de chaque semaine, depuis huit heures du matin jusqu'à midy, pour entendre les procureurs, examiner leurs pièces et déclarations, et taxer lesdits dépens qui leur seront raportez par le commissaire commis à faire l'ordre; et pour faire laquelle taxe avec plus d'exactitude, le commissaire qui aura fait l'ordre fera lecture de la déclaration et écrira sur chacun des articles la taxe qui sera arrestée par le bureau, à la pluralité des voix, et le plus jeune tiendra un registre, où il écrira les noms des parties et des procureurs, la qualité des dépens et le montant de la déclaration.

ART. XVI.

Tous les dépens des procez par écrit, dont la déclaration montera à cent écus et au-dessus, ensemble toutes liquidations de frais et loyaux cousts, dépens, dommages et intérêts, seront aussi raportez à ce bureau, pour y estre taxez et liquidez sur le raport de l'un des commissaires qui sera de semaine pour la taxe des dépens.

ART. XVII.

Ne seront taxez aucuns dépens, frais, loyaux cousts, dommages et intérêts qu'en l'un ou l'autre de ces bureaux, chacun en ce qui le concerne, et qu'en la présence des procureurs ou eux duëment appellez, pour estre ouïs, et après avoir veu et examiné toutes les pièces. Les autres commissaires qui ne seront pas de taxe s'abstiendront de cette fonction, et même ceux qui seront commis à faire les ordres, de faire aucunes taxes en leur particulier, à peine, contre chacun d'eux, de cinquante livres, qui seront retenues sur leur partition des quatre deniers pour livre ou autres distributions pour chacune contravention.

ART. XVIII.

L'expérience de plusieurs années ayant fait connoître aux commissaires que, de tous les moyens qui ont esté mis en usage pour maintenir l'union et la discipline de leur compagnie, et les appliquer avec plus d'exactitude au service du roy et du bien public, il n'y en a point qui ayent produit un effet plus prompt et plus assuré, et qui ayent davantage contribué à conserver le crédit et l'honneur de leurs charges que les concordats de bourses communes qui ont esté faits entre eux, autorisez et homologuez par la cour, lorsque les dispositions de ces concordats ont esté suivies exactement; et qu'au contraire rien davantage n'a contribué aux désordres et divisions que l'on a veus naistre de temps en temps dans la discipline de leur compagnie, que l'inexécution de ces mêmes concordats, lorsqu'ils ont esté négligez; après avoir veu et examiné tous les concordats de bourse commune et en avoir tiré tout ce qui peut convenir à l'état présent de leur compagnie, a esté arresté que leur bourse commune sera exactement et inviolablement entretenue et observée entr'eux, à compter du premier janvier prochain présente année 1688, aux conditions et sous les peines contenues dans les articles suivants.

ART. XIX.

Les quatre deniers pour livres, salaires et vacations pour dresser les ordres et les exécuter seront receus aux consigna-

tions, suivant l'usage, par le receveur général de la compagnie, sur les mandemens des commissaires commis à faire les
ordres; lesquels mandemens des quatre deniers luy seront
mis entre les mains huit jours après la distribution au plus
tard; sinon, seront faits par le receveur mesme, qui les fera
signer aux commissaires commis; et à l'égard des mandemens pour les salaires d'ordres, luy seront mis entre les
mains huit jours après que l'ordre sera clos, à peine de demeurer par les commissaires commis garends desdits en leurs
noms envers la compagnie.

ART. XX.

Les droits de taxe des frais et dépens ordinaires et extraordinaires de criées, frais d'ordre et autres frais et dépens qui
en dépendent, seront receus aussi par le receveur général de
la compagnie, qui en tiendra un registre; et pour cet effet les
commissaires, après qu'ils auront taxé lesdits frais et dépens
avec leurs confrères au bureau, suivant l'art. 15 cy-dessus, ils
en dresseront le mandement, qu'ils mettront entre les mains
du receveur général, avec les déclarations; lequel receveur,
pendant son année d'exercice, se trouvera tous les mardy et
vendredy de chacune semaine, depuis onze heures du matin
jusqu'à une heure après midy, au bureau de la taxe, pour
délivrer lesdits mandemens aux procureurs et recevoir les
droits de la compagnie, lesquels ne pourront être receus par
les commissaires qui auront fait les ordres, ny autres que
ledit receveur, à peine de payer par les contrevenans trente
livres pour chacune des contraventions, et après le payement
des droits, seront les déclarations remises par le receveur
entre les mains des commissaires qui auront fait les ordres.

ART. XXI.

L'émolument desquels droits de quatre deniers pour livre,
salaires et vacations d'ordres, comptes de commission et frais

de taxes seront partagez tous les ans entre les commissaires, à la charge des préciputs de chacune des trois classes, suivant les réglemens et l'ancien usage.

ART. XXII.

Le receveur général recevra aussi les droits de beuvette, chauffage, gants, cire, et autres droits qui se payent à la compagnie, sur le domaine de Sa Majesté, lesquels droits, après la dépense déduite, seront partagez également tous les ans.

ART. XXIII.

Pour faire laquelle partition des quatre deniers, salaires d'ordres, frais de taxes et autres droits, le receveur général rendra son compte tous les ans, le premier lundy d'après la feste des Roys, en la présence des sieurs doyen, sous-doyen, syndics et deux députez de chacune des trois classes, et payera le lendemain en la chambre ce qu'il reviendra à chacun des commissaires, qui signeront son compte pour sa décharge, lequel compte il remettra, avec les pièces justificatives, dans le coffre de la compagnie.

ART. XXIV.

Les frais de la taxe des autres dépens seront receus par l'un des commissaires nommé tous les mois, à tour de rolle, suivant l'ordre de leur réception, lequel, pendant son mois d'exercice, se rendra assidu au bureau de la taxe tous les jours, depuis onze heures du matin jusqu'à une heure après midy, tiendra registre du délivré des exécutoires et des droits de taxe de chacune des déclarations; lesquels droits il recevra des procureurs; et dans le troisième jour au plus tard du mois suivant, seront partagez également entre tous les commissaires, qui signeront le registre de la partition pour sa décharge.

ART. XXV.

Les vacations, grosses et salaires des scellez, comptes, partages, contributions, enquestes, plaintes, informations, interrogatoires tant sur faits que sur charges, procès-verbaux et généralement toutes les autres fonctions tant civiles que criminelles, seront rapportées par moitié à la bourse commune, l'autre moitié demeurant à celuy qui aura travaillé pour son preciput, suivant le résultat du 27 avril 1656, homologué par arrest du 8 aoust de la même année, à l'exception toutes fois des premières vacations et procès-verbaux d'ouvertures de portes, coffres ou armoires, pour absences, qui appartiendront pour le total à celuy qui aura travaillé; et si, par suite de cette fonction, il arrivait un scellé, information d'absence ou autres fonctions, l'émolument en sera rapporté à la bourse commune, suivant la disposition cy-dessus; seront aussi exceptées les plaintes, interrogatoires, levées de corps morts, procès-verbaux et informations faites en flagrant délit, qui appartiendront pour le total à celuy qui aura travaillé; et si, dans la même affaire, il se fait un scellé, secondes informations ou autres actes, l'émolument en sera pareillement rapporté à la bourse commune.

ART. XXVI.

Laquelle recette sera faite, tous les mois, par l'un des commissaires, à tour de rolle, suivant leur réception, qui sera tenu, pendant son mois d'exercice, de se trouver à la chambre depuis le vingt jusqu'au dernier jour de chacun mois, à onze heures du matin, et d'y demeurer jusqu'à une heure après midy, pour écrire luy-mesme sur son registre le rapporté de ses confrères et en faire mention de sa main sur leurs minutes; lequel registre sera clos le huitième jour du mois suivant au plus tard, et deux jours après, le revenu de chacun mois partagé également entre tous les commissaires, à peine contre le receveur, en cas de négligence de sa part, de dix livres à prendre sur sa partition dans ledit mois.

ART. XXVII.

Les commissaires rapporteront fidèlement, chacun mois,
tout ce qu'ils auront receu de l'émolument de leurs charges,
qui doit entrer en ladite bourse commune, sans en retenir ou
réserver aucune chose, sous quelque prétexte que ce soit, ou
feront leurs déclarations, qu'ils signeront le registre, qu'ils
n'ont rien receu; et en cas de maladie ou autre légitime empeschement, ils feront faire lesdits rapports ou ladite déclaration par l'un de leurs confrères; et s'il s'en trouve d'assez né-
gligens pour n'avoir pas rapporté ou fait leurs déclarations
dans ledit jour huitième de chacun mois, ils ne seront point
compris dans la bourse et perdront leur partition entière dudit mois, et pour la seconde fois, outre la privation de leur
partition, ils payeront cinquante livres de peine, qui seront
retenues sur leurs partitions des autres mois. Et en cas de
rescidive, la peine de cinquante livres doublera pour chacune
contravention, outre la privation du mois, sans que lesdites
peines dispensent de rapporter, le mois suivant, tout ce qui
aura esté receu pendant le mois qu'on aura manqué de rapporter. Et pour connoître les contrevenans, tous les rapports
seront datez du véritable jour qu'ils auront esté faits, et le registre du receveur paraphé tous les jours, avant de sortir de
la chambre, par l'un des controlleurs établis par l'article suivant.

ART. XXVIII.

Il y aura trois controlleurs de la bourse commune, un de
chaque classe, qui auront chacun un registre, dont les feuillets
seront cottez et paraphez par le sieur doyen ou l'un des syndics, sur lesquels registres les controlleurs écriront de leur
main les déclarations, qui seront faites par chacun des commissaires au controlleur de sa classe, des scellez qu'ils appo-
seront, des comptes qui leur seront présentez, et des partages,

ordres et contributions qu'ils feront, au plus tard huit jours après l'apposition des scellez, la présentation des comptes, ou qu'ils auront délivré leur première ordonnance, pour parvenir aux partage, ordre et contribution, à peine contre le contrevenant, pour la première fois, d'estre privé de la contribution de la fonction omise, dont le total sera par lui rapporté ès mains du receveur général, pour estre employé dans son compte; la seconde fois, de rapporter le total de la fonction et de payer cinquante livres de peine; et en cas de rescidive, sera tenu des mesmes peines, et en outre, sera privé de sa partition dans la bourse des quatre deniers et salaires d'ordre et privé, pour six mois, de l'entrée de la chambre; comme aussi, sous les mêmes peines, déclareront auxdits controlleurs et sur lesdits registres ce qu'ils recevront des maistres et gardes, prévosts, syndics, jurez ou autres officiers ou chefs de communautez de cette ville de Paris, pour les assister dans leurs visites et en dresser les procès-verbaux; lesquelles déclarations faites dans le même temps de huit jours après lesdites fonctions finies.

ART. XXIX.

Seront faites aussi pareilles déclarations aux controlleurs de la fin et closture des scellez, comptes, partages, ordres et contributions, huit jours après que chacune desdites fonctions sera finie, dont lesdits controlleurs feront mention à la fin ou en marge des articles de la première déclaration.

ART. XXX.

Tous les trois mois, chacun des commissaires signera sur le registre du controlleur de sa classe les déclarations qu'il aura faites pendant ledit temps, et affirmera qu'ils sont véritables, et qu'il n'a fait d'autres fonctions sujettes audit controlle que celles par luy déclarées, et s'il s'en trouve quelque autre après cette affirmation, il sera tenu au double des peines portées par l'art. 29 cy-dessus.

ART. XXXI.

Auparavant que de rapporter à la bourse commune les scellez, comptes, partages et contributions, les commissaires en représenteront à leur controlleur les minuttes, et mesme autant des mémoires sur lesquels ils auront esté payez desdits scellez et partages; lesquels mémoires ils signeront et certifieront véritables, pour estre lesdites minuttes, grosses et mémoires examinez et controllez; et sera fait mention sur le registre du controlle, en marge de l'article et sur la minutte, de la somme qui doit estre rapportée à la bourse commune, laquelle minutte sera ensuite portée et représentée au receveur du mois, qui n'enregistrera aucune minutte qu'il n'ait veu ledit controlle, et ne pourra recevoir moins que la somme écrite par le controlleur sur ladite minutte.

ART. XXXII.

Le dixième jour de chaque mois, ou s'il est feste, le jour suivant, le receveur du mois précédent et les trois controlleurs s'assembleront en la chambre à neuf heures du matin, pour clore le registre de la recette, après néanmoins l'avoir vérifié et controllé, pourdécharger les registres des controlleurs des articles qui auront esté rapportez; et en cas qu'ils découvrent quelque infidélité ou contravention, ils en demanderont raison, le mesme jour, à leur confrère qui aura contrevenu, et en avertiront par escrit, les syndics, pour y pourvoir avec la compagnie.

ART. XXXIII.

Les controlleurs ne pourront se controller eux-mesmes ni écrire sur leurs registres leurs propres déclarations; mais celuy de la première classe recevra les déclarations et controllera les expéditions et minuttes des deux autres et sera luy-mesme controllé par le controlleur de la seconde classe.

ART. XXXIV.

Chacun des commissaires fera ses diligences pendant un an, pour estre payé de toutes les affaires qui luy sont deues de tout le temps passé, et rapportera à la compagnie la moitié qui doit entrer en bourse commune, dans chacun des mois qu'il en aura fait la recepte, et le huit may de l'année 1689, chacun des commissaires fera un mémoire exact et fidel, signé de luy, de toutes les affaires qui luy seront deues, qu'il mettra ledit jour huit may au plus tard, entre les mains du controlleur de sa classe et après serment, déclarera et affirmera que ledit mémoire est véritable, qu'il a rapporté fidèlement tout ce qu'il a receu, et qu'il ne luy reste entre les mains, de tout le temps passé, aucuns deniers appartenant à la compagnie, directement ni indirectement, et sous quelque prétexte que ce soit; desquelles déclarations et affirmations sera fait mention sur les registres des controlleurs, et seront signées par chacun desdits commissaires; et tous les ans, dans le huit janvier de chaque année, seront faites et signées pareilles déclarations et affirmations par lesdits commissaires pour l'année précédente; et si, après lesdites déclarations, il se découvre quelques affaires qui n'ayent pas été rapportées ou déclarées, ceux qui les auront faites ne seront plus receus à dire qu'ils n'en ont pas receu l'émolument, et seront tenus, pour la première fois, d'en rapporter le total à la compagnie, suivant la taxe qui en sera faite par le controlleur de la classe des contravenans, et la seconde fois, outre ladite peine, seront privez d'un mois de la bourse commune, et en cas de rescidive, seront privez, pendant trois mois, de l'entrée de la chambre et, pendant ce même temps, de leurs rétributions dans la bourse commune, sans néanmoins qu'ils puissent estre dispensez de rapporter les affaires qu'ils feront pendant ledit temps, sous les peines portées par les articles précédents.

ART. XXXV.

Les commissaires qui auront receu quelques sommes par
avance, sur des affaires commencées ou en déduction de celles
qui seront finies, seront tenus de le déclarer dans le même
mois au controlleur de leur classe et d'en rapporter à la compagnie la portion qui doit entrer en la bourse commune, sous
les peines établies cy-dessus contre ceux qui manqueront de
rapporter.

ART. XXXVI.

La portion qui a été accordée, dans la partition des bourses,
aux veuves et héritiers des commissaires décédez, pendant
l'année du décéds, pour leur donner le temps de vendre leurs
charges un prix raisonnable, demeurera fixée et réduite, à
l'avenir, à la somme de cent livres par mois, laquelle leur sera
payée par le receveur général de la compagnie, pendant ledit
temps d'un an ou jusqu'au jour de la vente de leur dite
charge, si elle est vendue avant ledit temps.

ART. XXXVII.

Ne pourront les commissaires faire gratis remise ou libéra-
lité d'aucuns de leurs droits, pour la portion qu'ils en doivent
rapporter à la bourse commune, sans le consentement de la
compagnie, dont sera fait mention sur le registre du controlle,
signé de l'un des syndics et du controlleur ; pourront seulement, de leur mouvement et propre volonté, faire cette remise
par charité en faveur des pauvres.

ART. XXXVIII.

Tous les ans, le lendemain de la Saint-Martin, sera fait une
assemblée générale pour l'eslection des syndics ; et dans la
même assemblée, seront eslus à la pluralité des voix les autres officiers de la compagnie, sçavoir : le greffier, le receveur

général et les trois controlleurs; lesquels controlleurs seront
pris et choisis l'un de chacune des trois classes, sauf néanmoins à continuer lesdits officiers une ou plusieurs années,
selon que la compagnie le jugera à propos.

ART. XXXIX.

Et s'il arrive qu'aucun desdits commissaires commette
quelqu'une des fautes cy dessus ou quelques autres fautes,
dans les fonctions ou discipline de sa charge ou fasse quelques actions dans la chambre, qui méritent réprimande ou
peine, la compagnie s'est dès à présent soumise aux doyen,
sous-doyen, syndics et douze autres commissaires, qui seront
choisis et nommez tous les ans, le lendemain de la Saint-Martin, six de la première classe, quatre de la seconde et deux de
la troisième, qui s'assembleront en leur chambre au Chastelet,
tous les premiers et troisièmes lundys des mois, depuis neuf
heures du matin jusqu'à midy, pour prendre connaissance
desdites fautes et contraventions, entendre ceux qu'il sera nécessaire pour la vérification du fait ; et surtout, la compagnie
consent et leur donne pouvoir qu'ils puissent mulcter les délinquans de telle peine jusqu'à la somme de trois cents livres,
qu'ils jugeront à propos, et mesme les priver de l'entrée de la
chambre ou des assemblées, dans les cas et pour les temps cy
dessus mentionnés, dont il sera fait délibération qui sera écrite
par le greffier sur le registre de la compagnie et exécutée, sans
qu'aucun d'eux se puisse pourvoir, par quelque voye et sous
quelque prétexte que ce soit, contre ce qui aura esté arresté,
estant de la police et de la discipline de la compagnie ; et seront les peines ainsi arrestées retenues sur les premiers deniers des bourses, sur les ordonnances desdits commissaires
députez, pourveu que l'arresté soit signé de dix au moins, et
en payant par les receveurs, ils en demeureront déchargez.
Et à l'égard de ceux qui auront esté privez de l'entrée de la
chambre ou des assemblées, seront tenus d'observer le temps

qui aura esté réglé, à peine de dix livres pour chacune des contraventions, et pendant ce temps, ils prieront l'un de leurs confrères de faire leur rapport à la bourse et leurs déclarations au controlleur, sous les peines portées dans les articles cy dessus, dont ils ne seront pas dispensez, sous prétexte de ne pouvoir entrer en la chambre.

ART. XL.

Et pour donner plus de force et de vertu au présent résultat, il en sera demandé l'homologation par devant Nos Seigneurs du parlement, et tous les ans, il en sera fait lecture en la chambre, le lendemain de la Saint-Martin, par le greffier de la compagnie, et chacun des commissaires fera de nouveau serment, ledit jour, entre les mains du sieur doyen, d'exécuter ledit résultat, de point en point, selon sa forme et teneur, sous les peines y contenues, dont sera fait mention sur le registre.

Fait et arresté en ladite chambre, où la compagnie a été entièrement convoquée, le samedy premier jour de may 1688.

Et le premier juin de l'année mil six cent quatre-vingtonze, la compagnie desdits commissaires, assemblée en leur chambre, en la manière accoutumée, au sujet de l'exécution du susdit résultat, pour l'entretien de leur bourse commune, a arresté que les grosses et expéditions des scellez, comptes, partages et contributions seront veues et controllées en ladite chambre avant que d'être délivrées aux parties, et que par l'un desdits commissaires commis à cet effet, il sera pris tous les mois un état et grosse des procès civils, criminels et de police, des procès-verbaux et informations qui y auront esté portez, afin de voir si les actes cy dessus auront esté rapportez sur le registre de leur dite bourse commune.

NOMS DES COMMISSAIRES AU CHATELET EN EXERCICE AU MOMENT DE SA SUPPRESSION.

Alix.

Baudet de Larry.

Beauvallet.

Berton.

Boin.

Carré.

Chenon père.

Chenon fils.

Chenu.

Convers Desormaux.

Danzel.

Dassonvillez.

Defresne.

Delaporte.

Dorival.

Dubois.

Duchauffour.

Duchesne.

Dupuy.

Ferrand.

Fontaine.

Foucart.

Grandin.

Grutter des Rosiers.

Gueulette.

Guyot.

Hiltebrand de Villiers.

Hubert.

Joron.

Landelle.

Lebas.

Leblond.

Léger.

Lerat.

Leroux.

Le Seigneur.

Lucotte.

Michel.

Mouricault.

Odent.

Picard des Marets.

Pierre.

Prestat.

Serreau.

Simonneau.

Sirebeau.

Thibert.

Vanglenne.

En exécution de la loi du 5 germinal an v, les 48 commissaires du Châtelet de Paris ont déposé leurs minutes et répertoires aux archives judiciaires.

(Voir : *Attributions des conseillers du roi commissaires au Châtelet,* par Percheron, avocat au parlement, ancien commissaire audit Châtelet. In-fol. manuscrit. (1775.)

Les utiles ouvrages de Delamare ne furent pas activement encouragés à leur apparition. En effet, Delamare, commissaire au Châtelet, reçut la dépêche suivante de M. le chancelier de Pontchartrain :

Le 26 septembre 1710.

J'ai lu, avec plaisir, le mémoire que vous m'avez envoié et qui contient un état de ce qui vous reste à imprimer de ce que vous avés fait, concernant la police du royaume. Rien ne me paraît plus utile ; je ne doute pas que le public ne reçoive aussi favorablement la suite de votre ouvrage et je n'ay pas moins d'impatience que vous de voir le tout imprimé...

Après cet éloge, le chancelier repousse les deux moyens proposés par l'auteur, l'un consistant à mettre un exemplaire de son ouvrage dans chaque juridiction du royaume, aux frais des officiers des provinces; l'autre à prendre le prix du livre sur la part des amendes qui sera adjugée aux dénonciateurs pendant le cours d'une année en chaque juridiction. Ce ne fut qu'en 1715 que le roi songea à l'auteur de l'utile et vaste *Traité de la police*[1] ; encore la mort empêcha-t-elle la signature de l'ordonnance, expédiée seulement en 1716 par le régent. Elle porte que :

Sur le droit du neuvième des recettes des spectacles alloué à l'Hôtel-Dieu, cet établissement donnerait une somme convenable à M. de la Mare, pour récompense de ses longs services, pour le dédommager des avances qu'il avait faites pour la composition et l'impression de son Traité de la police, et pour le mettre en état d'achever un ouvrage si utile au public.

Cette part fut réglée authentiquement à 300,000 livres;

1. *Corr. adm. sous Louis XIV*, t. II.

mais le pauvre Delamare ne la toucha jamais ; on la convertit en une rente qui le mit seulement en état de satisfaire aux engagements qu'il avait pris. Il mourut en 1773 dans sa quatre-vingt-quatrième année, obscur et méconnu ; la postérité a consolé sa mémoire en appréciant et en sauvant de l'oubli l'œuvre si complète du commissaire au Châtelet.

XV

LES SERGENTS

DU CHATELET

Au xve siècle, le sergent n'était pas l'huissier ; au xviie siècle, ces mots devinrent synonymes. Le mot de sergent de justice disparaît au xixe siècle. (Styles et ordonnances.)

Les sergents du Châtelet furent établis pour faire le service auprès de cette juridiction et pour exploiter dans son étendue. Les sergents à pied gardaient la ville, tandis que les sergents à cheval avaient pour mission de tenir la campagne sûre et d'exploiter, dans l'étendue de la prévôté et vicomté, mais hors la banlieue, qui forme les limites du district des sergents à pied ou à verge.

Les sergents du Châtelet furent d'abord réglementés par les art. 54, 55, 56 de l'ord. de 1499. (Ord. de Fontanon, t. I, fol. 224.)

Août 1287. — Philippe IV. — Preceptum fuit preposito Parisienci ut effrenatam multitudinem servientium suorum reducat ad certum numerum, videlicet pedites ad sexaginta decem, et equites ad triginta quinque [1].

1. *Olim*, t. II, p. 272.

Après enquête, le parlement de Paris condamne Jean Blondel, prévot de Montlhery, ayant négligé d'arrêter Jean Fournier, son sergent, qui aurait blessé Denis le Goulu, lequel s'était rendu avec ses armes, à ce sergent, — en 200 sols parisis d'amende, à tenir prison fermée pendant deux mois au Chatelet, et à payer 15 sols parisis pour dépenses des auditeurs et des témoins produits à l'enquête [1].

Lundi après moitié de la Quadragésime. — 1301.

Le métier de sergent avait parfois ses périls, en certaines communes. En 1310, sous Philippe IV, le bailli de Senlis procède d'office contre le maïeur et les jurés de Compiègne, à cause des violences injurieuses dirigées contre Jean de Fécamp, sergent royal, exerçant habituellement cet office, portant une verge peinte de fleurs de lis. Le sergent avait été incarcéré près de la porte de la prison, placé dans les timonsd'un tombere au à fumier, dans lequel était un mannequin représentant une femme, et avait été contraint de le traîner, comme un cheval, jusqu'à un endroit hors de la ville, où par la ruse ou la faute du sergent, une femme condamnée se serait échappée de leurs mains. A raison de ce fait, le maïeur, les jurés et la commune de Compiègne furent condamnés par la cour, à payer à Jean de Fécamp 100 livres tournois, et 100 livres tournois d'amende. Ces sommes seront, dit l'arrêt, recouvrées par le bailli de Senlis, sur ceux qui ont pris la part la plus coupable dans les faits signalés [2].

Le lundi après l'Annonciation de Notre Seigneur.

1. *Olim*, t. III, p. 101.
2. *Olim*, t. III, p. 541.

En 1312, les sergents du guet Hurtault, Gilles de Compiègne, Philippot de Taverny, Thomas Lhuillier, Raoul Durdos et Jean Martin ayant, sans cause, arrêté rue Michel le Comte, Richard, Valet et Gilbert, clercs de Godefroy de Brienzçon, trésorier du roi, et les ayant conduits au Châtelet après les avoir frappés et garrottés, comme on fait aux meurtriers et voleurs, la cour, après enquête, prive à toujours Hurtault, Gilles de Compiègne et Philippot de Taverny de leurs offices, et suspend, pendant un an, Thomas Lhuillier, Raoul Durdos et Jean Martin.

Le vendredi après Saint-Vincent [1].

En juin 1321, il fut ordonné que le prévôt ne nommerait pas les sergents, mais le roi.

En 1354, un sergent du Châtelet fut exécuté, pour ce qu'ayant été corrompu il laissa sortir N., arrêté pour crime de lèse-majesté.

SERGENTS DE LA DOUZAINE AU CHATELET.

Les sergents de la douzaine sont douze personnes qui sont comme domestiques du prévôt de Paris, et sont pourvus par le roy, à la nomination dudit prévôt ; ils peuvent exploiter dans la ville, faubourgs et banlieue de Paris.

SERGENTS A VERGE OU A PIED.

1327. — Réduits à cent vingt, qui devaient être lais.

1517. — Portés plus tard à deux cent vingt.

SERGENTS FIEFFÉS.

Les quatre sergents fieffés du Châtelet exploitaient, sans commission.

1. *Olim*, t. III, p. 748, xxx.

SERGENTS A CHEVAL DU CHATELET.

1302. — Ordonnance portant qu'il n'y aurait que quatre-vingt sergens à cheval.

12 *juin* 1309. — Lettre homologative d'un règlement du prévôt de Paris sur le nombre et les devoirs des sergens. Il n'y aura que soixante sergens à cheval et quatre-vingt-dix à pied dans la ville de Paris. Toutes les fois que l'on criera à la justice du roi, les sergens devront courir sans délai, à moins de maladie ou de dispense du prévôt de Paris. Quand le roi viendra à Paris, ils iront recevoir les ordres du prévôt. Les sergents à pied ou à verge signifiaient encore les mandements de justice, et étaient chargés de la police sous les commissaires du Châtelet. Ils prisèrent et vendirent aussi les meubles jusqu'à l'institution des commissaires-priseurs, en 1690.

1321. — Ils furent réduits à quatre-vingt-dix-huit, en 1327 à quatre-vingts, qui devaient tous être lais, et plus tard réduits à deux cent vingt.

Juin 1321. — A Poitiers, ordonnance de Philippe V le Long, réduisant le nombre des sergents du Châtelet de Paris, savoir, ceux à cheval à quatre-vingt-dix-huit, et à pied à cent trente-trois, et se réservant de pourvoir, à l'avenir, auxdites sergenteries, sans que le prévôt de Paris s'en puisse mesler, voulant que l'ancien établissement s'observe par lequel les sergents à cheval ne peuvent fréquenter dans la banlieue de Paris, si ce n'est au cas de nécessité. (Arch. de l'empire, iuvent. du Trésor des Chartes, 33-586, vol. VII, fol. 188. — Coll. du Louvre, t. I, p. 751. — Coll. Isambert, t. III, p. 283.)

16 *mars* 1374. — Ordonnance de police concernant les devoirs des sergents sur la sûreté publique, le nettoyement, la liberté de la voie publique, les halles. (Coll. Delamare, vol. XIII,

fol. 59, 7° livre vert ancien, fol. 155. Extrait du fol. 94 du livre blanc petit. Ce manuscrit est aujourd'hui perdu.)

Paris, 26 *juillet* 1392. — Lettres de Charles VI portant que les sergents à cheval du Châtelet de Paris seront obligés de résider en cette ville. (Ord. roy., t. VII, p. 479. Liv. vieil, fol. 141 v°. P. de pol. — Coll. du Louvre, 469.)

21 *septembre* 1392. — Cri concernant les sergens à cheval. (Reg. livre rouge vieil, fol. 97. P. de pol.)

Charles VI, *mai* 1399. — Lettres par lesquelles il est ordonné au prévôt de Paris de régler les salaires des sergens à verge du Châtelet.

Paris, juin 1405. — Lettres de Charles VI, qui permettent aux sergens à verge du Châtelet de Paris de s'assembler, pour élire un certain nombre d'entr'eux chargés du soin des affaires communes. (Ord. roy., t. IX, p. 75. Liv. rouge vieil, fol. 225. P. de p.)

18 *septembre* 1405. — Les sergents, *à l'exception des huit sergents d'armes du roi*, seront justiciables des juges ordinaires et non du connétable. (Coll. du Louvre. Coll. Isambert, t. IX, p. 92 ; VII, p. 100.)

3 *juillet* 1406. — Arrêt du parlement portant règlement entre les sergens à cheval et les sergens à verge. (Liv. rouge vieil, fol. 229.)

7 *août* 1406. — Lettres de Charles VI, portant que les sergens à verge du Chatelet de Paris et les sergens à la douzaine s'ils en ont le droit, pourront seuls exploiter dans la ville, fauxbourgs et banlieue de Paris, tant dans les cas qui regardent la justice ordinaire que dans ceux qui concernent les aydes à l'exclusion des sergents à cheval du Chatelet de Paris et de tous autres sergens et commissaires, et que néanmoins, les sergens de la prevoté des marchands de Paris pourront

faire, dans cette ville, les exploits qui concerneront la juridiction de cette prévoté. (Ord roy., t. IX, p. 124.)

Mai 1407. — Lettres patentes concernant les sergens à cheval. (Liv. des métiers de la Chambre des comptes, fol. 26 *bis*. P. de pol.)

4 *juin* 1407. — Règlement pour la communauté des sergens à cheval du Chatelet de Paris, par Charles VI. (Ord. roy., t. IX, p. 238.)

Septembre 1420. — Charles VI à Paris. Lettres par lesquelles le roi confirme les priviléges des sergens d'armes.

11 *mai* 1423. — Sur la plainte des sergens, la Cour défend au prévôt de Paris de prendre rien desdits sergens à cause de l'émolument de leurs offices.

2 *septembre* 1426. — Ordonnance portant que les sergens clercs se marieront, et deviendront *lais, dedans la Chandeleur*; autrement seront privés de leurs offices.

24 *août* 1439. — Charles VII à Orléans. Lettres de Charles VII concernant la résidence et la réduction du nombre des sergens à cheval, ainsi que l'exercice de leurs fonctions. (Ord. roy., t. XIII, p. 300. Coll. du Louvre.)

27 *juillet* 1440. — Charles VII à Paris. Lettres ordonnant que les sergens à cheval au Chatelet de Paris, demeurant en Poitou et Saintonge, feront leur résidence à Paris et ne pourront exercer leurs offices qu'après en avoir fait voir le titre au prévôt de Paris. (Ord. roy., t. XIII, p. 315.)

19 *octobre* 1459. — Charles VII confirme les priviléges ci-dessus. (Ord. roy., t. XIV, p. 481.)

5 *janvier* 1469. — A Paris. Ordonnance de Louis XI concernant la communauté des deux cent vingt sergens à cheval du Chatelet. (Ord. roy., Pastoret, t. XVII, p. 279.)

13 *février* 1493. — Édit de Charles VIII portant réduction

des sergens à cheval au Chatelet de Paris, avec attribution de la connaissance de leurs causes et procès au parlement de Paris.

Juin 1514. — Louis XII à Vincennes confirme le pouvoir accordé par les lettres du 8 juin 1369, 7 août 1406 aux sergens à verge du Chatelet de Paris de faire toutes exécutions, ajournemens et autres actes qui appartiennent aux offices de sergens royaux. (Ord. des rois de France, Pardessus, t. XXI p. 540.

4 *mars* 1523. — Arrêt de la Cour, par lequel il est permis aux commissaires de faire emprisonner, par personne privée, les sergens qui ne leur obéiront pas, et feront refus d'exécuter leur ordonnance. (Delamare, vol. CLXIII, fol. 40.)

10 *janvier* 1544. — Les sergens du Chastelet sont tenus d'exécuter les règlements contre la mendicité. (Coll. Lamoignon, IV.)

21 *août* 1544. — Édict du roy pour la création et establissement des soixante huissiers sergens à cheval du Chatellet de Paris. (Arch. impériales, coll. Rondonneau.)

1545. — La Cour enjoint aux sergens de faire, en leurs exploits , mention *des réponses* qui leur seront faites.

20 *juillet* 1546. — Arrêt qui enjoint à tous sergens au Châtelet de mettre leurs *salaires, au pied des exploits.*

20 *juillet* 1546. — Défense aux sergens d'exécuter au Palais et dans les murs d'iceluy.

20 *juillet* 1546. — Règlement au sujet des sergens du Chatelet. (Coll. Lamoignon, t. VI, p. 490.)

18 *février* 1558. — La *monstre* des sergens qui avait accoutumé estre faite, *le jour de carême prenant*, pour qu'ils répon-

dent aux plaintes dirigées contr'eux, est remise et transmuée au *lendemain de la Trinité.*

1er *août* 1560. — La Cour fait défense à tous sergens de garder les meubles ou deniers des emprisonnés ou exécutés à mort, vingt-quatre heures après l'emprisonnement ou exécution.

8 *février* 1608. — Arrest du parlement contre les sergens, leur ordonnant d'aller trouver les commissaires à leur premier mandement, et les assistant, leur obéir et faire ce qui leur sera de par eulx ordonné, soit par le fait de capture, contrainte, emprisonnement, qu'autres choses nécessaires aux affaires susdites, à la charge néantmoins, en cas que par l'ordonnance des conseillers et sergens, fassent quelques captures et emprisonnemens les commissaires seront tenus, pour leur descharge, de bailler ordonnance signée d'eux. (Coll. Delamare, t. CLXVIII, fol. 41, Layette 3.)

Le 15 *août* 1673. — La communauté des sergens à verge achète à Jacques Robbe, marchand orfèvre, demeurant à Paris, sur le pont au Change, à l'enseigne de la Justice, pour la somme de trois cent quatre-vingt-neuf livres dix sols, un bénistier et gouspillon d'argent, pesant ensemble dix marcs deux onces, à raison de trente-huit livres le marc, ledit bénistier ciselé de M. Saint-Louis d'un costé, dans un cartouche, et de l'autre, de bastons royaux et semé de fleurs de lis, au long et allentour du corps. (La quittance se trouve aux Arch. de l'emp., Sec. hist.)

Le 8 février 1682, les chanoines de Sainte-Croix de la Bretonnerie autorisent la communauté des sergens à verge à faire à ses frais, diverses réparations, dans la salle de ses assemblées.

INSUBORDINATION D'UN OFFICIER DE POLICE.

24 *janvier* 1676. — Sentence de police contre Mottet, sergent. (Extr. des reg. de la police du Chastelet de Paris[1].)

Sur le rapport fait en jugement devant nous par maistre Jean Menyer, conseiller du roy, commissaire enquesteur examinateur en cette Cour, allencontre d'Antoine Mottet, sergent à verge audit Chastelet, de ce que, le huit du présent mois, estant nécessaire à luy et à maistre François Denys, aussi commissaire en cette Cour, d'estre assistez d'officiers pour entrer en une maison mal famée, ruë Fremenenteau, chez le nommé Masson, qui donnoit chez luy retraite à plusieurs soldats pour y prendre du tabacq, et ayant passé au devant de la barrière Saint-Honoré, où estoient lesdits Mottet et Rothier, lesdits commissaires leur ayant dit de les accompagner et assister, à l'égard dudit Rothier, il auroit satisfait à son devoir; mais à l'égard dudit Mottet, il auroit dit n'avoir pas le loisir, et nonobstant l'injonction à luy faite, il auroit méprisé le service et n'auroit point obéy, persistant à dire qu'il avoit à faire; pourquoi ils luy ont enjoint de comparoir à ce jour, pour répondre à leur rapport.

Sur quoy, nous, ouy sur ce maistre Pierre Brigallier, advocat du roy, en ses conclusions, pour la faute commise par ledit Mottet, l'avons condamné en vingt livres d'amende, luy enjoignons et à tous autres sergens de rendre le service qu'ils doivent, et d'obéir aux commissaires, sous les peines portées par les ordonnances, ce qui sera exécuté nonobstant oppositions ou appellations quelconques, et sans préjudice d'icelles,

1. Archives impériales. Collect. Rondonneau.

pour lesquelles ne sera différé. Ce fut fait et donné par messire Gabriel-Nicolas de la Reynie, conseiller du rôy en ses conseils, maistre des requestes ordinaires de son hostel, tenant le siége, les jour et an que dessus. Signé : GODEFROY, avec paraphe.)

Colbert écrit à Robert, procureur du roi au Châtelet :

Le 25 juillet 1677.

Je vous escrivis, le 17 du courant, pour vous faire scavoir que le roi souhaittait que la coutumace instruite contre deux mousquetaires, complices du crime commis en la personne de Louis Fournier, huissier au Chastelet, par le nommé Dugard, fût incessamment jugée ; mais Sa Majesté ayant changé de sentiment, elle m'a ordonné de vous dire que vous ayez à la faire surseoir, nonobstant les ordres qu'elle avait ci-devant donnés pour le faire juger [1].

21 *février* 1693. — Lettres patentes du roy concernant les fonctions des huissiers à cheval et sergens à verge au Chastelet et de Paris, du 21 février 1693, registrées au Parlement le 6 juin 1693 [2] :

Louis, par la grâce de Dieu, roy de France et de Navarre, à tous ceux qui ces présentes verront, salut.

Par l'arrest rendu en nostre Conseil, du trentième juin mil six cent quatre-vingt-douze, et nos lettres patentes données en conséquence le vingt-deuxième juillet en suivant, Nous aurions ordonné que les sergens à verge au Chastelet de Paris, non réservez en exécution de nostre édit du mois de février mil six cent quatre-vingt-onze, composeroient une communauté, séparée de celle des huissiers-priseurs et vendeurs dudit Chastelet, nommeroient leurs officiers et feroient

1. Corr. adm. sous Louis XIV.
Archives impériales. Collect. Rondonneau.

le service près le lieutenant criminel, nostre procureur, et à la police avec les commissaires du Chastelet, ainsi qu'il se pratique, duquel service Nous aurions déchargé lesdits huissiers priseurs et vendeurs, attribué ausdits sergens à verge non reservez le droit et le pouvoir d'exploiter et mettre le scel du Chastelet de Paris à exécution, dans tout nostre royaume, concurremment avec les huissiers à cheval audit Chastelet, et de leur consentement, à l'exclusion de tous autres huissiers, sergens et archers; confirmé lesdits sergens non reservez dans le droit de barrière, et d'assister les jurez des arts et métiers en leur visite et de la police, concurremment avec les huissiers priseurs, et permis aux huissiers à cheval de résider dans nostre ville et fauxbourgs de Paris jusques au nombre de cent trente, lesquels, suivant leurs offres, feroient la police conjointement avec les sergens à verge non reservez, et jouiroient du droit de barrière; et ayant Esté informé que les sergens à verge non reservez, pour s'exempter du service de la police auquel ils sont sujets, tant par leur establissement que par nosdits arrest et lettres, ne nomment pas d'officiers avec lesquels on puisse arrester les rolles de ceux qui doivent faire le service près des magistrats, et avec les commissaires à la police, ainsy qu'il s'est toujours pratiqué, au moyen de quoy le service de la police est cessé, et que les huissiers à cheval substituez au lieu et place des huissiers priseurs dechargez du service de la police ont nommez des officiers et sont prests de la faire conformément ausdits arrest et lettres, Nous aurions, par arrest rendu en nostre Conseil le vingt-septième janvier dernier, cy attaché sous le contre-scel de nostre chancellerie, estably l'ordre que nous voulons estre observé par les sergens à verge et huissiers à cheval du Chastelet, dans le service qu'ils sont obligez de rendre près les magistrats et à la police avec les commissaires audit Chastelet; et désirant qu'il soit exécuté selon sa forme et teneur, et qu'il ne s'y rencontre aucune difficulté; Pour ces causes et autres à ce

nous mouvans, et de nostre certaine science, pleine puissance
et autorité royale, Nous avons dit et statué et ordonné, disons,
statuons et ordonnons, par ces présentes signées de nostre
main, que conformément à l'arrest de nostre Conseil dudit
jour vingt-septième janvier dernier, celuy du trentième juin
mil six cent quatre-vingt-douze, et nos lettres patentes du vingt-
deuxième juillet audit an, seront executez selon leur forme et
teneur; ce faisant, que les deux cent trente-six sergens à verge
du Chastelet non reservez, en exécution de notre édit du mois
de février mil six cent quatre-vingt-onze, composeront une
communauté séparée, nommeront incessamment des officiers et
feront par chacun an, au nombre de cent quatre-vingts, le
service près les magistrats et avec les commissaires du Chastelet pour la police, suivant les rolles qui en seront arrestez
en la manière accoustumée, comme aussi que des cent trente
huissiers à cheval ausquels nous avons permis de résider dans
la ville de Paris et ses fauxbourgs, il en sera pris par chacun
an quatre-vingts pour le service de la police avec les commissaires, suivant les rolles qui en seront arrestez de la mesme
manière que ceux des sergens à verge, et dans les quartiers
qui leur seront assignez séparément desdits sergens; ne pourront lesdits sergens à verge et huissiers à cheval, dans leur
année de service, s'absenter de la ville et fauxbourgs de Paris
que durant deux mois, après en avoir préalablement averty
les commissaires près desquels ils serviront, et leur avoir
présenté un confrère pour faire le service en leur lieu et
place ; faisons défenses ausdits sergens et huissiers de s'absenter plus longtemps, et de le faire qu'aux conditions cy-
dessus, à peine de deux cens livres d'amende; et voulant favorablement traiter lesdits sergens à verge et huissiers à cheval du Chastelet, en considération du service actuel qu'ils sont
tenus de rendre près les magistrats et à la police avec les
commissaires, Nous avons ordonné et ordonnons qu'à l'avenir,
ils assisteront seuls les jurez des communautez des arts et

métiers en leurs visites et de police, et feront seuls tous les exploits pour raison de la police, privativement à tous autres huissiers, sergens et archers, mesme aux huissiers priseurs, nonobstant la clause portée par nosdits arrest et lettres patentes, à laquelle nous avons derogé et derogeons par ces présentes, à cet égard. Si donnons en mandement à nos amez et féaux les gens tenans nostre Cour de parlement à Paris, prévost dudit lieu, ou ses lieutenans et gens tenans le siége du Chastelet, et autres nos officiers à qui il appartiendra, que ces présentes, ensemble ledit arrest, ils ayent à enregistrer et le contenu en iceux faire entretenir, garder et observer, sans permettre qu'il y soit contrevenu en quelque sorte et manière que ce soit; car tel est nostre plaisir. En temoin de quoy, Nous avons fait mettre nostre scel à ces présentes. Signé : Louis.

Et sur le reply : Par le roy, PHELYPEAUX. Et scellé du grand sceau de cire jaune.

Registrées, ouy et ce requérant le procureur général du roy, pour estre exécutées en leur forme et teneur, et copies collationnées envoyées au siége du Chastelet de Paris, pour y estre leues, publiées et enregistrées ; enjoint au substitut du procureur général du roy audit Chastelet d'y tenir la main et d'en certifier la Cour, dans huitaine, suivant l'arrest de ce jour.

A Paris, en parlement, le sixième juin mil six cent quatre-vingt-treize. Signé : Du TILLET.

DES SERGENS [1].

§ 1. Nous avons ordonné et ordonnons qu'aucun ne soit receu à l'office de sergent, s'il n'est pas lay ou marié, non portant tonsure, ou continuellement portant habit rayé ou parti.

---

1. Font., tome Ier, liv. II, page 224. Edit. Paris, 1611. — *Edits et ord. des rois de France.*

§ 2. Aucun ne soit receu à l'office de sergent à cheval, s'il ne sçait lire et escrire; et enjoignons à iceux sergens à cheval qu'ils signent de leurs seings manuels toutes les relations des exploits qu'ils feront.

§ 3. Tous les sergens, estant en l'ordonnance, seront tenus d'estre residens en la banlieue de Paris, exceptez les gardiens deputez de par nous à garder le temporel de l'evesque et du chapitre de Meaux, et le deputé gardien de Laigny sur Marne ; et si aucun estait trouvé demeurant hors ladite banlieue, il luy sera commandé de venir demeurer à Paris; et s'il n'y venait dans le mois après le commandement, il sera du tout mis hors l'ordonnance, et y sera mis un autre en son lieu, ainsi que si l'office vaquast par sa mort.

§ 4. Ordonnons qu'aucun sergent à verge ne puisse sergenter hors la banlieue de Paris.

§ 5. Doresnavant les sergens seront tenus de déclarer aux parties, en les adjournant en Chastelet, les lieux et auditoire civil et criminel, et par devant quel auditeur ils feront les adjournemens, à peine de cinq sols parisis d'amende et interest de partie ; et de ce et de tous les autres exploits seront tenus d'en faire leurs rapports devers justice, dedans trois jours au plus tard; autrement leur exploit sera déclaré nul.

§ 6. Ordonnons que d'oresnavant, quand aucun sergent voudra entrer en un hostel pour faire exécution, il sera tenu d'appeler aucun des voisins pour voir faire ladite exécution et faire inventaire des biens qu'il prendra, avant que les emporter ; et baillera le double d'iceluy inventaire à la partie, si avoir le veust, et sera tenu iceluy sergent de mettre iceux biens au plus prochain lieu de l'hostel où sera faite exécution, sur peine de soixante sols parisis d'amende.

§ 7. Ordonnons que les sergens d'oresnavant, quand ils ameneront prisonniers audit Chastelet, seront tenus, avant qu'ils se partent de la géolle, de faire leur registre contenant les causes au vray pour lesquelles ils auront amené lesdits prisonniers, ou par quel commandement, sur peine de dix sols parisis d'amende à payer à nous, et de restituer l'interest à la partie.

§ 8. Deffendons auxdits sergens que d'oresnavant ils ne facent nuls rapports des navreures, s'il n'y a playes et sang ou rompure ou bature énorme, et leur enjoignons qu'ils facent leurs rapports certains et véritables, le plus qu'ils pourront.

§ 9. Deffendons auxdits sergens que d'oresnavant ils ne facent adjournemens à trois briefs jours, ne mettent aucun au greffe ou en prison, et aussi ne se mettent en garnison en aucun hostel, s'il n'y a commandement du juge, ou qu'ils ayent esté présens au délict, qui de soy soit cas criminel.

§ 10. Deffendons auxdits sergens que d'oresnavant, de leur authorité, sans le commandement de nostre chancelier ou de la Cour de nostre dit parlement, ou dudit prevost de Paris, ou d'autres ayans à ce puissance, ils ne mènent aucuns prisonniers qu'au grand Chastelet de Paris, où sont les prisons ordinaires, sur peine de soixante sols parisis d'amende et de rendre l'interest à partie.

§ 11. Deffendons auxdits sergens que d'oresnavant ne facent pour nous aucuns arrests, gagemens, adjournemens ou exploits, sans authorité du juge, ou sans la requeste de nostre procureur, auquel ils rapporteront incontinent leur exploit, sur peine de soixante sols parisis d'amende et de restitution des dommages et interest de la partie.

§ 12. Deffendons auxdits sergens que d'oresnavant ils ne soient priseurs de biens et ne s'entremettent de faire appréciation de biens arretez et pris par exécution.

§ 13. Ordonnons, quant aux salaires d'iceux sergens, que pour faire un adjournement simple en la ville de Paris, jusques aux fossez de la fermeture d'icelle, de quelque personne que ce soit, séculier ou d'église, où il ne convient pas adjourner chapitre, les sergens auront pour leur salaire quatre deniers ; et si l'adjournement est fait en ladite ville de Paris, à gens d'église, où il convienne assembler chapitre, ils en auront douze deniers.

§ 14. Pour faire un adjournement hors de la ville de Paris et dedans demie lieue de ladite ville, comme Saint-Germain des Prez, Nostre-Dame des Champs, Saint-Marcel, Compeaux, Saint-Victor, les Tuileries vers le Louvre, la Grange Batelière, ès Marests Saint-Ladre ; Saint-Laurent, ès courtilles hors du Temple ; les pressoirs d'entour l'abbaye Saint-Antoine, hors Paris, et l'hostel de Roilly qui est auprès, lesdits sergens auront douze deniers parisis, et si plus loin vont faire adjournemens, comme d'une lieue loin de Paris, dedans la banlieuë, ils auront deux sols parisis ; et s'ils vont outre une lieuë, jusques à la fin de ladite banlieuë, ils auront trois sols parisis.

§ 15. Pour faire aucun adjournement en cas d'appel, où il convienne adjourner le prevost de Paris et intimer à partie en la ville de Paris, ils auront pour ce douze deniers parisis, et si l'adjournement est fait audit cas d'appel contre églises, où il convienne assembler chapitre, ils auront pour ce douze deniers de l'adjournement, en cas d'appel venant des cours sujettes en ladite ville de Paris.

§ 16. Et s'il advient qu'audit cas d'appel, convienne intimer plusieurs personnes en ladicte ville de Paris, lesdits sergens, avec les douze deniers parisis compris en une desdites parties intimées, pour chacune desdites autres personnes, auront quatre deniers parisis ; et s'il convient faire lesdits adjournemens et intimation en cas d'appel, hors de ladite ville de Paris, et dedans la banlieuë, lesdits sergens seront payez de leurs salaires selon l'ordonnance dessus declarée et la limitation des lieux dessus declarez.

§ 17. Et si lesdits sergens font adjournement, en cas de saisine et de nouvelleté en la ville de Paris, à comparoir sur un lieu estant dans la ville de Paris et devant le sergent, ce sergent, qui fera l'adjournement, aura pour son salaire de faire ledit adjournement et ouir la complainte cinq sols parisis, et si sera payé de l'escriture de la relation qu'il fera sous son scel, selon ce qu'elle contiendra, à la discrétion du juge, et si ledit sergent fait l'adjournement, en cas de nouvelleté, en la ville de Paris, à comparoir par devant autre commis que par devant luy, il aura quatre deniers parisis.

§ 18. Et si lesdits adjournemens sont faits hors la ville de Paris, à comparoir à Paris, ou hors Paris, dedans la banlieuë, ils seront payez selon la limitation et taxation devant dire.

§ 19. Si un sergent signifie une sauvegarde donnée du roy nostre sire ou signifie sauve-garde du commandement du prevost de Paris, de ses lieutenans ou des auditeurs, à une personne en la ville de Paris, il aura douze deniers; et si la signification est faite hors de Paris, et dedans la banlieuë, il en sera payé selon le taux dessusdit, eu égard aux limitations cy dessus declarées.

§ 20. Si un sergent est présent à faire une veue dans Paris, il aura pour ce douze deniers parisis, et s'il l'a fait hors des fossez de Paris, dedans la banlieuë, il sera payé, selon taux dessus declaré; et au cas que de plusieurs lieux et héritages il conviendrait faire veue, et que ledit sergent y vaqueroit par plusieurs journées entières, il aura pour chacune journée cinq sols parisis, soit à Paris, soit hors.

§ 21. Si un sergent à verge fait exécution en la ville de Paris, par vertu de lettres obligatoires ou par sentence, par vertu de debitis, et il vaque en faisant icelle exécution, par un jour entier, il aura par jour cinq sols parisis; et si plus ou moins il vaque, il sera payé selon le temps qu'il vaquera, au prix de cinq sols parisis par jour.

§ 22. Et si une exécution est faite hors la ville de Paris, et dedans la banlieuë, lesdits sergens en seront payez, selon le taux declaré au précédent article et la limitation et distance des lieux dessus declarez.

§ 23. Si un arrest est fait en la ville de Paris, du commandement du juge, ou sans commandement, à la réqueste de partie, ou par privilége, aux bourgeois, il aura pour son salaire douze deniers; et si un sergent est présent, en la ville de Paris, à la gagerie que fera un bourgeois ou autre personne pour sa rente, et que le sergent adjourne la partie gagée à voir vendre son gage, il aura pour son salaire quatre deniers.

§ 24. Et si ledit sergent fait hors de la ville de Paris, et dedans la banlieuë, aucuns arrests, ou est présent à gager et adjourner la partie gagée à voir vendre, il sera payé de son salaire selon le taux declaré au précédent article, et selon la limitation et distance des lieux cy dessus declarez.

§ 25. Et s'il consent que lesdits sergens facent relation, sous leurs scels, des exécutions ou arrests que ils feront, ils seront payez de l'escriture de leur relation selon ce qu'elles contiendront d'escriture, et que le juge arbitrera sur ce; mais s'ils rapportent de bouche leurs exploits par devers la Cour, et que par la Cour ils soient redigez par escrit, ils n'auront pas de salaire pour ce faire.

§ 26. Si un sergent est présent à accompagner aucun sergent ou commissaire venant d'autre Cour que la Cour du Chastelet, pour faire aucun exploit en la ville de Paris, ou dehors icelle, et en la banlieuë, il aura pour son salaire douze deniers; et hors de la ville jusqu'à demie lieue, il aura deux sols parisis, et s'il va outre demie lieue, il aura trois sols parisis.

§ 27. Si un sergent mène un prisonnier de la Cour du Chastelet en la Cour du parlement, et que ce soit à la requeste dudit prisonnier ou pour l'expédition de sa cause, il aura deux sols, et s'il y a plusieurs sergens, chacun aura deux sols.

§ 28. Si un sergent, à la requeste d'un prisonnier ou de ses amis, va, par le commandement du prevost de Paris ou son lieutenant, quérir iceluy prisonnier ès prisons d'aucuns seigneurs ou justiciers estant à Paris, pour amener audit Chastelet, ledit sergent aura pour son salaire deux sols; et si ledit sergent va, pour ce faire, à Sainct-Germain des Prez ou à Nostre-Dame des Champs, à Sainct-Marcel, à Sainct-Victor, à Sainct-Ladre ou à Sainct-Laurent, il aura pour son salaire trois sols parisis.

§ 29. Si un sergent va, pour ce faire, plus loin que les lieux dernièrement declarez, et dedans la banlieuë, il aura pour son salaire cinq sols parisis.

§ 30. Si un sergent mène des prisons du Chastelet un prisonnier au parquet où l'on plaide, ou en la chambre du greffier criminel audit Chastelet, par le commandement du prevost de Paris ou son lieutenant, pour l'examiner sur le cas de son emprisonnement, ou pour autre cas qui toucherait une tierce ou sa personne, il n'en aura rien.

§ 31. Et si un sergent va sceller en l'hostel d'un délinquant ou d'un trespassé en la ville de Paris, il aura pour son salaire douze deniers; et s'il va hors de Paris pour ce faire, à sçavoir : à Sainct-Germain des Prez, à Nostre-Dame des Champs, à Sainct-Marcel, à Sainct-Victor, au moulin de Compeaux, aux Tuilleries vers le Louvre, à la Grange-Batellière, à Sainct-Laurent, à Sainct-Ladre, ès marests de Paris, à Sainct-Anthoine hors Paris, et ès lieux semblables, dessus declarez, il aura pour son salaire deux sols, et s'il va plus loin à demie lieue, il aura trois sols; et s'il va outre demie lieue de Paris, et dedans la banlieuë, il aura quatre sols parisis.

§ 32. Si un sergent est mis en garnison en un hostel à Paris, il aura pour son salaire par jour quatre sols parisis et n'aura aucuns despens, mais se nourrira, et sera tenu de vaquer à ce continuellement, sans faire autre chose; mais s'il advient que, luy estant en garnison, il voise et vienne en la ville pour faire ses besongnes, ou ce que bon luy semblera, et n'ira ou viendra en l'hostel où il sera en garnison, fors une fois ou deux le jour; si, comme il est souvent advenu, iceluy sergent aura seulement pour son salaire deux sols, et si ledit sergent est envoyé en garnison hors Paris, c'est à sçavoir, à Sainct-Germain des Prez et ès lieux dessus dits estans près

Paris, il aura pour son salaire trois sols, et s'il est envoyé
plus loin qu'ès lieux dessus dits, c'est à sçavoir, à demy lieue
hors de Paris, il aura pour son salaire, par chacun jour de
garnison, quatre sols, et s'il est en garnison plus loin que demy
lieue et dedans la banlieuë, il aura par chacun jour cinq sols,
et si sera tenu de vaquer tout le jour en ladite garnison ; autrement s'il s'employoit à vaquer à autre besongne, il luy sera
deduit et défalqué sur son salaire.

§ 33. Un sergent aura pour son salaire, pour prendre et
emprisonner une personne en la ville de Paris pour delict
et à la requeste de partie, douze deniers, et s'il le fait sans
requeste de partie, pour justice, ou pour office, il n'en aura
rien.

§ 34. Nous ordonnons que d'oresnavant aucuns sergens ne
prendront ou pourront prendre argent ny deniers, sur ceux
sur qui les exécutions seront par eux faites ou requises estre
faites, sur peine de privation de leurs offices, si ainsi n'est
que premièrement, et avant ce qu'ils en recevroient aucune
chose, la debte principale, dont l'exécution sera requise, soit
premièrement payée entièrement, et ce qu'ils recevront à
cause de leur salaire leur soit baillé amiablement, sans aucune
contrainte et exécution de celuy ou ceux qui auront esté et
seront exécutez ; et ordonnons que ce qu'ils en auront receu,
ils l'escrivent en leur relation.

18 *aoùt* 1734. — Arrest du Parlement qui porte que les
sergens à verge, qui ont été ou seront élus sergens de bandes
dans la communauté, jouiront de l'exception du service de la
police, auprès des commissaires et à la chambre criminelle.
(Coll. Delamarre, t. XV, fol. 141. Code de la police. Reg. du
juré crieur. 1733. Fol. 312.)

18 *aoùt* 1734. — Règlement sur le service des sergens à
verge à la police et au criminel. (Coll. Lamoignon, t. XXXI,
p. 134.)

FORME D'UNE SAISIE AU XVe SIÈCLE.

11 *octobre* 1432. — Symon Morhier, g. de la prevoté de
Paris.... Comme procès feust naguères meu et encommancé
en jugement, devant nous au Chastellet de Paris entre les escoliers de Rousselot du diocèse de Sainct-Malou fondez en
Université de Paris, demandeurs en cas de exécucion et ladite
Université avecques eulx adjointe d'une part, et noble homme
et saige Mgr. Jehan Leclerc chevalier, conseiller du roy, notre
Seigneur deffendeur, et requerant l'enterinement de certaines
lettres royaulx par lui impetrées d'autre part, sur ce que lesdits
demandeurs disaient et maintenaient que pour faire exécucion
de la somme de 18 liv. 4 s. parisis deubz de reste des arré-
raiges escheuz au terme de sieur Jehan Baptiste mil ccccxxxj
à cause de xl liv. parisis de rente deue, par chascun an ausd.
demandeurs et en quoy par sentence ou condempnation donnée
de nous, ledit deffendeur avait été condempné.... certain sergent à verge du roy N. Seign. aud. Chastellet le lundi premier
jour du mois d'octobre l'an dessus dit 1431 s'estait transporté,
en l'hostel dudit deffendeur, assis en la rue de la Voirrerie à
Paris, et illecques en delfault de payement avait puni, saisy,
arresté et mis en la main du roy n. seigneur une escuelle
d'estain aud. deffendeur, appartenant et signée à ses armes
q. ledit deffendeur lui avait fait bailler. A quoi s'estait opposé
ung nommé Pierre Constantin, boulanger, demourant en lad.
rue, lequel a la requeste dudit deffendeur es présences de plusieurs personnes declarées au rapport de ce fait, avait icelle
escuelle mise à prix et achetée lad. somme de xviij liv. iiij s.
par. et comme telle retenue en sa garde et possession, et
icelle somme promis pour fournir et faire valoir. Or disaient
lesd. demandeurs q. led. exploit ainsi fait, led. sergent ès présence que dessus avait adjourné led. deffendeur à sa personne
à estre et comparoir par devant nous, pour lad. ecuelle ou

gaige ainsi sais que dit est, veoir vendre et faire valoir et procéder en oultre selon raison. Ledit deffendeur disoit et main-
tenoit qu'il ne vouloit pas dényer que lad. maison à lui appartenant située et assise en la rue de la Voirrerie, ne feust
chargée envers eulx de xl liv. par. de rente, mais il disoit
qu'il n'estait tenu de payer toute lad. rente entierement et que
diminucion et moderacion lui devait estre faite d'icelle pour
les causes cy après déclairées [1]. Pour lesquelles monstres
disoit led. deffendeur que de raison et bonne équité, quant aucuns héritaiges sont chargéez de rentes, et que par fortune des
guerres ou aultrement lesd. héritaiges venoient en ruyne ou
en non valoir, et tellement qu'ils ne valoient pas les rentes
dont ils estoient chargez, les rentes se devoient diminuer et
modérer raisonnablement durant lesd. guerres, et la raison y
estoit bonne, pour ce que quant guerres survenoient en ung
pays icelles guerres estoient cause et occasion de la dépopulation dud. pays et par conséquent de la ruyne et désolacion
des heritaiges et qu'ils ne pouvoient estre labourez ne habitez
par le fait d'icelles guerres, mesmement que guerres survenues en ung pays estoit cas de fortune à quoy nul n'avoit
peu pourvoir ne preveoir ne les habitans du pays d'iceulx cas
peu estre tenus raisonnablement; au moins se tenus y estoient,
se devroient ils estre communs et supportez en communaulté,
aussi par les ungs comme par les autres et se ne devoient pas
de raison et bonne equité estre aussi du tout inutile les propriétaires des maisons ou héritaiges aux seigneurs propriétaires et détenteurs d'aucuns héritaiges, mesmement quant la
ruyne et désolation d'iceulx héritaiges venoit et procedoit par
fait de guerre ou outre cas de fortune, les bailleurs et rentiers
d'iceulx devoient modérer et diminuer lesd. rentes. Or estoit-il

---

1. Introduction en jugement de la question de savoir si les rentiers
doivent participer à la perte résultant de la guerre et autres cas de
force majeure, en consentant à la diminution de leurs rentes, ou si
tous les risques sont à la charge du locataire.

ainsi que lad. maison appartenant aud. deffendeur laquelle
estoit chargée de xl liv. par. de rente prétendue par lesd. demandeurs d'une part et de lx sous par. d'autre rente envers
autres censeurs ou rentiers d'autre part au temps passé, avoit
esté de belle et notable revenue, parce que en icelle avoit plusieurs maisons et habitacions lesq. l'on avait accoustumé de
louer pour le temps de lors et par avant lesd. guerres de présent estant en ce pays de France iiijxx liv. ou environ et lesd.
maisons ou louages très bien soustenues et maintenues par les
propriétaires [1] d'icelles, ce que l'on ne pourroit faire à présent,
obstant lesd. guerres qui, depuis 3 ou 4 ans en ça, estoient
survenues aud. pays de France par quoy la ville de Paris
estoit devenue grandement depopulée et en tel estat que pour
2 ou 3 ans en ça l'on ne trouvait à qui louer les maisons
d'icelle ville, car les maisons de Paris que, 3 ou 4 ans a,
se soulaient louer xx liv. par. de louage par an en ça dé-
mourées wides et vagues parce que l'on ne trouvoit personne
à qui l'on les peust louer et si l'on vouloit aujourd'huy louer
une maison qui, le temps passé, avoit valu xx liv. de louage
par an, il la fauldroit donner pour 100 sols ou pour vj liv. ou
autrement elle demourrait wide et vague pour la depopulation
seurvenue en lad. ville depuis led. temps de 3 ou 4 ans en ça.
Or est-il vray que le louage de la maison dud. deffendeur qui,
par chascun an par avant lesd. guerres lui avoit valu comme
dit est iiijxx liv. par an environ ; depuis 2 ans en ça par le
fait desdites guerres auxquelles il ne sauroit rémédier ne
pourveoir et mesmement depuis l'an 1429, estoient devenues
wides et vagues et en tel estat qu'il ne trouvoit personne à qui
louer la plus grant partie d'iceulx et se ne lui avaient valu
iceulx louages depuis 2 ans en ça que xij ou xvj liv. par an,
et encores eulx à que lesd. louages avoient esté faits et baillez
dep. led. temps s'en estoient allez et alloient chascun jour sans

1. C'est-à-dire les détenteurs ou locataires.

rien payer et mettoient les clefs des soubz l'uys sans dire a dieu
à leur hoste. Et si, estoit vray que en lad. maison et louages
d'icelle obligez à lad. rente desd. demandeurs avoit plusieurs
et grands ediffices de tres grans fraiz à soustenir par chascun
an, et plusieurs et grandes repparacions necessaires à faire
pour lesquels soustenir la revenue desd. louages ne pourroit
souffire... et si estoient lesd. xl liv. par. de rente dont estoit
chargée lad. maison une charge très excessive, veue la revenue et valeur d'icelle maison et a proprement parler une
charge et rente qui aujourduy devroit souffire pour prendre
la comté de Dampmartin ou une autre grande seignourie, attendu le temps de présent par quoy veues lesd. guerres, il
apparoit clerement que moderacion devoit estre faicte aud.
deffendeur de ladite rente au moins jusques à 3 ou 4 ans, ou
autrement la propriété de lad. maison lui seroit inutile et ne
pourroit bonnement icelle soustenir, ja soit ce toutes voyes
qu'il ait tous jours à son povoir fait bien et notablement retenir et soustenir et si leur avoit tous jours offert que eulx
mesmes preinssent lesd. louaiges de lad. maison, offrant aussi
avecques iceulx louages belle somme de deniers qu'il appar-
tiendroit... »

Le défendeur ayant adressé à ce sujet une requête au roi
dans laquelle il a exposé ces considérations, et ayant impetré
lettres royaulx qui accordent la diminution et modération de
la rente, sauf leur enterinement préalableau Chastelet, si la ré-
clamation est jugée juste et raisonnable, il requiert l'enterinement...

... « Savoir faisons [dit le prevôt] que Nous, veu le procès
devant dit avecques lesd. lettres royaulx, et tout veu et considéré... et sur ce conseil à sages, Nous disons et déclarons
que l'exécution faite à la requête d'iceulx demandeurs sur
les biens dud. deffendeur, est bonne et valable, et faite à
bonne et juste cause, nonobstant lesd. lettres royaulx et
dispensacion d'icelui deffendeur, ne chose par lui proposée au

contraire dont nous le déboutons, et si le condempnons ès despens...»

1433, 11 juillet, arrêt du parlement de Paris, rendu au nom de Henricus, Dei gracia Francorum et Angliæ rex, par lequel Jean Le Clerc, appelant de la sentence du Chastelet ci-dessus, est de nouveau débouté et condamné aux dépens.

De nombreuses autres pièces de l'époque confirment la dépopulation de Paris; on trouve même assez fréquemment des *maisons sans propriétaire et wides*. Voir entre autres, carton 20, pièce de 1443, 5 mai. (Arch. de l'assistance publique.)

(Communication due à la bienveillance de M. Stanislas Prioux, historien de Saint-Yved de Braine, correspondant du ministère de l'instruction publique.)

HUISSIERS ET MARÉCHAUSSÉE

Il y avait au Châtelet de Paris cinq sortes d'huissiers : les huissiers audienciers, les huissiers à cheval, les huissiers à verge, les huissiers fieffés et les sergents de la douzaine.

La déclaration du 8 juin 1369 et les édits d'août 1492 et de mai 1582 attribuaient aux huissiers à cheval du Châtelet le droit de mettre à exécution, partout le royaume, les actes passés sous le scel du Châtelet de Paris.

Septembre 1353. — Charte du roi Jean [1] concernant l'établissement d'une confrairie des huissiers et la fondation de trois messes par semaine : une le lundy pour les deffunts; une

---

1. Archives de l'Empire. Sect. historique.

le lundy du Saint-Esprit et une le samedi en l'honneur de la glorieuse Vierge Marie, mère de Dieu. .

2 *décembre* 1407. — Sentence de publication de l'arrêt de la cour des aides, qui confirme les priviléges des huissiers à cheval et règle ceux des huissiers à verge. (Ord. sur parchemin.)

24 *août* 1577. — Soumission de payer, chaque année, quatre sous parisis pour le droit de confrérie, consentie par les huissiers à verge.

1er *septembre* 1660. — Les huissiers audienciers au Châtelet peuvent seuls faire toutes les significations concernant les procès pendans au Châtelet. Ne prendront lesdits huissiers plus de cinq sols, pour les significations faites aux domiciles des procureurs.

14 *avril* 1674. — Convention entre les huissiers, sergens à verge et les religieux du couvent Sainte-Croix de la Bretonnerie pour des messes perpétuelles, le jour de la Saint-Louis.

Le guidon des huissiers à cheval, en 1762, représentait l'aigle planant au-dessus de la France, les ailes éployées, avec cette devise : *Solis infensus iniquis.*

Janvier 1695. — Lettres-patentes portant règlement pour la perception des droits des premiers huissiers, et la communauté des huissiers audienciers au Châtelet de Paris, données à Versailles et registrées au parlement, le 16 janvier 1695. (Archives de l'empire. — Coll. Rond.)

21 *janvier* 1719. — Arrest du conseil d'Estat du roy, qui maintient les huissiers à cheval au Chastelet de Paris, dans le privilége de leurs causes commises, en matière criminelle, audit Chastelet. (Arch. de l'empire. — Coll. Rondonneau.)

Arrêt du conseil d'Etat du 26 mai 1727, qui interdit Siou et Filloque, huissiers au Châtelet, pour avoir arrêté avec scandale, et écroué dans les prisons de Saint-Martin, pour dettes légères, un maître des requêtes, et ordonne que l'écrou sera rayé et biffé par un huissier du conseil.

26 *septembre* 1727. — Sur le rapport à nous fait à l'audience de la grande police, par maistre Jehan de Lespinay, conseiller du roy, commissaire en cette cour, qu'au préjudice des arrests, sentences et règlemens de police les huissiers à cheval qui sont obligez d'accompagner luy commissaire et ses confrères dans les fonctions de police, s'absentoient et refusoient de se rendre à leur devoir; — que notamment, dimanche quatorze du présent mois, luy commissaire estant distribué de police, en la manière accoustumée dans les quartiers Saint-Denys, Saint-Martin, Sainte-Avoye et le Marais, où devait l'accompagner le nommé Charles Touchard, huissier à cheval, lequel ne s'étant pas rendu, chez luy, à l'heure marquée, il a esté obligé de faire la police avec les nommez Guillon et Blanchard, huissiers à verge, sur quoy, nous, après avoir entendu ledit commissaire de Lespinay, en son rapport, et noble homme Me Chauvelin, avocat du roy, en ses conclusions, disons que les arrests, sentences et règlements de police qui enjoignent aux huissiers à cheval et à verge d'accompagner les commissaires, dans leurs fonctions de police, seront exécutez selon leur forme et teneur, et en conséquence, ordonnons, que lesdits huissiers seront, à l'avenir, exacts à accompagner lesdits commissaires, et à cet effet devront se trouver chez eux, aux heures marquées, à peine de cent livres d'amende et d'interdiction.

Et pour la contravention commise par ledit Charles Touchard, l'avons condamné en trente livres d'amende, jusqu'au payement de laquelle il demeurera interdit. Mandons aux commissaires de tenir la main à l'exécution de nostre présente sentence qui sera lüe, publiée et affichée ès carrefours de cette ville et lieux accoustumez, signifiée aux maistres de la com-

munauté desdits huissiers à cheval et affichée à la porte de
leur bureau, afin qu'ils n'en prétendent cause d'ignorance, ce
qui sera exécuté nonobstant oppositions ou appellationsquel-
conques et sans préjudice d'icelles.

Ce fut faict et donné par nous, René Hérault, chevalier, seigneur de Fontaine-l'Abbé, conseiller du roy en ses conseils
d'Estat et privé, conseiller d'honneur en son grand conseil,
maistre des requestes ordinaire de son hostel et lieutenant général de police de la ville, prévosté et vicomté de Paris, tenant
le siége de la chambre de police, le 26 septembre mil septant
vingt-sept.

Signé : HÉRAULT.

(Archives de l'empire. — Coll. Rondonneau.)

Les huissiers devaient être vêtus, les uns d'un hoqueton
rouge ou de couleur, les autres d'une robe noire. (Style des
huissiers de Paris, chez Sercy, 1694. — Des monstres et ca-
valcades.) — Ils devaient donner deux chapons au prévôt de
Paris. — (Arrêts du parlement du 25 janvier 1422 et du
10 mars 1496, relatifs aux onze vingts sergents du Châtelet de
Paris.) — En juillet 1692, règlement pour les huissiers au
Châtelet, 39e vol. *Ord. parlement,* p. 444.

Voyez *Liste des huissiers à cheval, à verge et de police au Châtelet de Paris,* 1786, in-8°, à Paris.

Les huissiers à cheval[1] au Châtelet de Paris ne peuvent être traduits, pour quelque cause que ce soit, ail-

---

1. Jamais les huissiers au Châtelet n'ont compté, dans leurs rangs,
Maillard le septembriseur. Cette erreur, répandue par les divers écrivains qui ont traité de la Révolution française, vient d'être enfin
réfutée, preuves en main, dans un intéressant volume publié par
M. Al. Sorel, avocat à la Cour impériale de Paris *.

* *Stanislas Maillard* (2 septembre 1792). Notice historique sur sa
vie, par Alexandre Sorel. 1862, Aubry, éditeur. M. Sorel achève, en ce
moment, avec des documents inédits, une histoire du couvent des
Carmes pendant la Terreur. Didier et Ce, éditeurs.

leurs que par-devant M. le prévôt de Paris et MM. les lieutenants civil et criminel du Châtelet de Paris, leurs juges naturels, et par appel au parlement de Paris. (Arrêt du parlement de Paris du 29 août 1729.)

Un arrêt du parlement de Paris, rendu sur les conclusions de M. de Fleury, avocat général, le 17 août 1740, ordonne que les huissiers à cheval continueront de plaider devant la juridiction consulaire, tant pour eux que pour les parties.

La résistance envers les huissiers était très-sévèrement réprimée, si nous en jugeons par la sentence rendue au parlement de Paris, le 1er août 1763, sur l'appel *à minima* du procureur général du roi :

« La Cour, émendant pour les cas résultans du procès, condamne [1] Pierre Renoir, François Renoir, Macé Renoir, Marie Renoir, veuve de Pierre Lebas, et Catherine Renoir, à faire amende honorable, nuds en chemise, la corde au col, tenant chacun une torche de cire ardente du poids de deux livres, et ayant écriteaux devant et derrière, portant ces mots : « Rébellionnaires à l'exécution des ordonnances et mandemens de justice, » au-devant de la principale porte du Palais-Royal de la ville de Bourges, où ils seront conduits dans un tombereau, par l'exécuteur de la haute justice; là, tête nue et à

---

[1]. En 1664, l'huissier à verge Loyal avait donc bien raison de dire à Orgon :

> .... Monsieur, je sais que, pour un million,
> Vous ne voudriez pas faire rébellion,
> Et que vous souffrirez, en honnête personne,
> Que j'exécute ici les ordres qu'on me donne.
>
> <div align="right">(<i>Tartuffe</i>, acte V, scène IV.)</div>

L'exacte observation de *la langue du droit, dans le théâtre de Molière*, vient d'être ingénieusement étudiée par notre érudit collègue, Eug. Paringault, procureur impérial à Beauvais. (1 br. in-8°, chez Durand. Paris, 1862.)

genoux, déclarer à haute et intelligible voix par chacun d'eux,
que méchamment et comme mal intentionnés, ils ont commis
la rébellion mentionnée au procès, dont ils se repentent, en
demandent pardon à Dieu, au roi et à justice; ce fait, conduits
en la place publique du marché de ladite ville de Bourges, et lesdits Pierre Renoir, François Renoir, Macé Renoir, Marie Renoir
et Catherine Renoir, seront pendus et étranglés jusqu'à ce que
mort s'ensuive, par ledit exécuteur de la haute justice, aux
potences qui seront, à cet effet, plantées en ladite place, les
condamne solidairement en 20 liv. d'amende envers le roi, et
pour l'exécution de l'arrêt, renvoie les inculpés prisonniers
par-devant le lieutenant criminel du bailliage de Bourges.

« Fait en parlement, le 1er août 1763. »

Les huissiers à cheval sont avertis, par arrêt du parlement, que, hors les limites de la banlieue de Paris [1],
ils peuvent faire prisées et ventes avec les huissiers priseurs, par conséquent partout le royaume.

En 1788, on comptait trois cent cinquante huissiers à
cheval du Châtelet de Paris, tant dans Paris que dans

---

1. La banlieue de Paris, en 1793, comprenait: Vaugirard, Issy, le
Moulin des Chartreux et la première maison de Clamart, Venves, Mont-
Rouge, Châtillon, Bagneux, jusqu'au ruisseau du Bourg-la-Reine ;
Gentilly, Charonne, Baignollet, Romainville, jusqu'au grand chemin de
Noisy-le-Secq; Pantin et les Prés-Saint-Gervais, Patrouville, dit Belle-
ville; les Ostes Saint-Merri, l'Hôtel de Savi, dit l'Hôtel Saint-Martin ;
le Port de Neully, le Roulle, la Villette, la Chapelle de Saint-Denis,
Aubervillers, jusqu'au ruisseau de la Cour neuve ; Saint-Ouen, Saint-
Denis, jusqu'au Gris; la Maison de Seine, Montmartre, Clichy-la-Ga-
renne, Villiers-la-Garenne, Arcueil et Cachant, jusqu'à la rue de Lay,
dont il y a quatre ou cinq maisons audit village de Lay qui en sont;
Villejuifve, jusqu'au chemin du Moulin à Vent; Ivry, le Pont de Cha-
renton, Saint-Mandé, Conflans, Auteuil, Passy, Menus les Saint-Cloud,
Boulogne, jusqu'au Pont de Saint-Cloud et jusqu'à la Croix dudit Pont;
Chailleau, la Villelevêque, Vitry, jusqu'à la Fontaine; la Pissote, jusqu'à la planche du ruisseau; Montreuil, jusqu'à la première rue venant
à Paris, du côté du bois de Vincennes. Aujourd'hui, presque toutes ces
localités sont, par suite de l'annexion, incorporées dans Paris.

les autres villes du royaume [1]. Parmi eux figurent, le 23 août 1751, Marie-François Trousselle, à Noyon ; Nicolas Brinquant, à Soissons; le 28 novembre 1749, Jean-Charles-François Dupuis, à Bohain en Picardie; le 26 octobre 1758, Étienne-Joseph Chevillotte, à Avallon en Bourgogne ; le 21 juin 1787, Joseph Bénard, à Beauvais; le 23 janvier 1770 et le 27 juillet 1778, Michel-Antoine Menessier, à Vailly, près Soissons.

Il y avait, en outre, quarante payeurs de rentes de l'hôtel de ville de Paris, au nombre desquels nous remarquons MM. de Broë, rue du Mail, 4; Cauchy, rue Montmartre, près celle de la Jussienne ; Denis de Seneville, rue de Thorigny.

Il y avait aussi trois payeurs des rentes sur l'hôtel de ville, assignées au clergé; un trésorier payeur général des dépenses du département de la guerre ; un trésorier général de l'artillerie et du génie; un trésorier payeur général des dépenses de la maison du roi et de la reine; un trésorier général de l'école militaire ; un trésorier général de la maréchaussée de France ; un trésorier général des invalides de la marine; un trésorier général du clergé; un trésorier des économats, M. Brière de Mondétour; un trésorier des dépenses du département de la marine ; deux receveurs des consignations ; un trésorier des dépenses diverses de la police et payeur des arts et métiers; un receveur des décimes du clergé; quatre trésoriers généraux des pays d'État, savoir : Bourgogne, Languedoc, Bretagne, Artois; un commissaire aux saisies réelles.

1. Liste des huissiers à cheval du Châtelet de Paris. Imprimé en 1788. Chardon, rue de la Harpe, vis-à-vis celle Poupée, 9.

Paris comptait alors cent vingt banquiers; parmi eux :
Delessert et compagnie, rue Coquéron, n° 58; Fulchiron,
Grivel et Germain, rue de Richelieu, 40; Jarry de Wi-
terheim et compagnie, rue des Grands-Augustins;
Montessuy, rue des Jeûneurs; Perregaux, rue du Sentier;
Rougemont, Hottinguer et compagnie, rue Croix des Pe-
tits-Champs, hôtel de Beaupréaux.

Les caissiers des spectacles étaient : pour l'Opéra,
M. Prieur, rue Saint-Nicaise; pour la Comédie-Française,
M. Belot, rue des Fossés Saint-Germain des Prés; et pour
la Comédie-Italienne, M. Durozoir, rue Royale, place
Louis XV.

Nos grands souverains et nos grands ministres s'occupèrent de doter Paris de la sûreté la plus profonde et des
embellissements les mieux entendus.

Dès novembre 1666, nous apprend Olivier d'Ormesson, on
commence à tenir des conseils pour la police de Paris[1] chez
M. le chancelier, où toute la discussion va chez M. Pussort;
on croit que c'est pour le mettre en possession de la charge
de lieutenant civil par celle de la police. Il y a des conseillers
d'État commis; MM. Poncet, Boucherat, la Marquerie, et les
commissaires font nettoyer les rues, oster toutes les pierres
anciennes pour monter devant les portes, les boutiques des
savetiers, ravaudeuses, fruitières, et toutes les avances. Cela
fait murmurer le petit peuple. Le conseil s'occupa aussi de la
distribution des eaux et supprima les fontaines particulières,
malgré les plaintes de personnages puissans. Aux réclamations
du chancelier Séguier, Colbert répondit qu'il devait l'exemple

---

1. V. *Journal d'Olivier d'Ormesson*, t. II, pages 475, 476, 481, et introduction, cxxviii. Collection des *Documents inédits sur l'histoire
de France*, publiés par les soins de M. Rouland, ministre de l'instruction publique. Imprimerie impériale, 1861.

et passa outre; en effet, cette fontaine lui fut ostée et à M. le Prince; mais depuis, de quinze pouces qui estoient distribués aux particuliers, on en rendit quatre : un à M. le Prince, et les trois autres à plusieurs, à raison de quatre lignes seulement. Ce fut en procédant avec cette fermeté que Colbert parvint à transformer Paris. « Rien ne marque davantage, écrivait-il à Louis XIV, la grandeur et l'esprit des princes que les bastiments, et toujours la postérité les mesure à l'aune de ces superbes machines qu'ils ont élevées pendant leur vie. »

Colbert, secondé par la Reynie, pour lequel fut établie, en 1667, la charge de lieutenant général de police (*Anc. lois françaises*, t. XVIII, p. 100), réalisa des améliorations d'une haute importance.

La ville de Paris fut éclairée *par cinq mille lanternes*[1], et bientôt cette innovation s'étendit aux cités importantes de France.

« De tous les establissemens qui ont esté faits dans nostre bonne ville de Paris, dit le préambule d'une des ordonnances[2], il n'y en a aucun dont l'utilité soit plus sensible et mieux reconnue que celuy des lanternes qui éclairent toutes les rues, et comme nous ne nous croyons pas moins obligé de pourvoir à la seureté et commodité des autres villes de nostre royaume qu'à celle de la capitale, nous avons résolu d'y faire le mesme établissement, et de leur fournir les moyens de le soutenir à perpétuité. »

Toutes les rues de Paris furent pavées et leur propreté

---

1. Paris emploie aujourd'hui, pour son service public d'éclairage, 15,160 becs de gaz et 437 becs alimentés par l'huile; la banlieue annexée a 2,943 becs de gaz et 1,683 becs à l'huile. L'éclairage privé emploie, dans Paris, 302,000 becs de gaz et 56,000 dans la zone annexée. (*Annuaire du département de la Seine*, par Louis Lacour, 1860, page 720.)

2. *Anciennes lois françaises*, t. XX, page 295.

entretenue [1]. De nouveaux quais furent construits, les anciens réparés, et un guet à pied et à cheval veilla constamment à la sûreté de la ville, dont les approvi-. sionnements étaient facilités par des coches établis sur la Seine [2].

Outre les sergents et les soldats du guet, chargés d'assurer la tranquillité de Paris [3], il y avait, par toute la France, la maréchaussée.

Les huit cent soixante-dix-huit brigades de la maréchaussée, composée de deux mille six cent trente-quatre

1. *Anciennes lois françaises*, t. XVIII, page 93. — De la Mare, *Traité de la police*, t. I, p. 144.

2. *Anciennes lois françaises*, t. XIX, page 187.

3. Il existe aujourd'hui, dans Paris, un corps de 3,600 sergents de ville pour desservir les vingt arrrondissements ; ce service se fait de la manière suivante :

Quatre commissaires de police par arrondissement, un par quartier, à l'exception des nouveaux arrondissements, où certains commissaires de police surveillent provisoirement deux quartiers.

Un officier de paix, par arrondissement, commande une brigade de sergents de ville. Les brigades sont, selon la localité, de 100 à 250 hommes.

Il existe, par quartier, un poste de police où viennent se réunir à certaines heures les sergents de ville faisant le service par îlots. Ce poste est commandé par un sous-brigadier, qui a toujours avec lui des hommes de réserve, pour les besoins urgents. Cette réserve est plus forte dans les postes où il y a des *violons*, parce qu'il faut conduire chez les commissaires de police les individus arrêtés.

Le tiers des hommes est toujours sur la voie publique, la nuit comme le jour. La nuit, deux hommes se réunissent et parcourent deux îlots ; de sorte que, déduction faite des sous-brigadiers et hommes de réserve, il y a toujours 1,000 sergents de ville en patrouille.

L'officier de paix a ses bureaux dans l'un des quatre postes de l'arrondissement ; on l'appelle poste central.

Placé sous les ordres du chef de la police municipale, l'officier de paix a sous sa direction trois brigadiers qui l'aident à surveiller l'ensemble du service. Les ordres lui sont transmis par les inspecteurs spéciaux. Il y a quatre inspecteurs spéciaux à cheval, qui commandent chacun cinq arrondissements.

soldats à cheval, comprenant, en 1782, trente-trois prévôts généraux, cent onze procureurs du roi et greffiers,
étaient surtout préposées pour garantir la sûreté des
routes, pour observer les troupes en marche dans le
pays, surveiller les foires, réunions, empêcher ou réprimer les tumultes, séditions, pour faciliter la circula-
tion des grains.

Les délits étaient réprimés par les prévôts des maréchaux.

La maréchaussée comprenait six divisions, comman-
dées chacune par un inspecteur général. — La première
division embrassait les compagnies suivantes : Généralité
de Paris, voyages et chasses du roi, Soissonnois, Picardie, Flandre, Hainault. — La seconde division : Champagne, Évêchés, Alsace, Lorraine, Franche-Comté. —
La troisième division : Orléanois, Bourbonnois, Berry,
Lyonnois, Bourgogne. — La quatrième division : Touraine, Rouen, Caen, Alençon, Bretagne.—La cinquième
division : Poitou, Limousin, Aunis, Guyenne, Béarn. —
La sixième division : Auvergne, Montauban, Dauphiné,
Languedoc, Provence, Roussillon, Corse.

La compagnie de Picardie, commandée par M. Re-
nouard, prévôt général à Amiens, comptait trois lieute-
nances : Boulogne, Abbeville, Amiens. — A Amiens : le
lieutenant était M. Gounion de Saint-Léger; assesseur,
M. d'Emery; le procureur du roi, M. Boistel; le greffier,
M. Dollée; deux sous-lieutenants à Saint-Quentin,
MM. Lefèvre et Asseline; deux maréchaux des logis à
Amiens, Fortin et Dorville; un maréchal des logis à
Péronne, Lenoir; les brigadiers Frenet, à Amiens;
Humbert, à Saint-Quentin; Lemoyne, à Montdidier; Du-

petit, à Albert; Hangard, à Breteuil; Herbet, au Câtelet; Lefèvre, à Roye.

La compagnie du Soissonnois était commandée par M. le prévot général de Noirfosse, à Soissons; lieutenant, M. Beffroy, à Soissons; assesseur, M. Carrier, à Soissons; procureur du roi, M. Quinquet, à Soissons; greffier, M. Blin, à Soissons; deux sous-lieutenants: MM. Beffroy et Léger, à Château-Thierry; deux maréchaux des logis à Soissons et Villers-Cotterets; brigadiers : Guyard, à Soissons; Leroux, à Château-Thierry; Muiron, à Montmirail; Estevée, à Crespy; Pierrotin, à Oulchy le Château; Carron, à Coucy; Ducarme, à Braine; Gagny, à Attichy.

A Laon: M. Capitain, lieutenant; M. de Vismes, assesseur; procureur du roi, M. Lorrin ; greffier, M. Lebrun; sous-lieutenant à Marle, M. Beauvais; brigadiers : MM. Levaque, à Laon; Linguet de la Louvière, à La Fère; Legros, à Guise; Cuvelette, à Marle; Morot, à Hirson; Laujol de la Fage, à Corbeny; Evrard, à Montcornet; Ozanne, à Liesse.

A Clermont en Beauvoisis : M. Duguey, lieutenant; M. Lhoier, assesseur ; M. Bosquillon, procureur du roi; M. Huvey, greffier; sous-lieutenant, M. Petit, à Noyon ; M. Petit, maréchal des logis à Clermont en Beauvoisis, et Aubry du Martray, à Noyon ; brigadiers : Tarlay, à Gournay, et Brouet, à Ham.

XVI

L'AUDIENCIER DU CHATELET

On appelait ainsi l'huissier qui était de service à l'audience.

Nous ordonnons que l'audiencier dudit Chastelet et son compagnon seront tenus de venir, à sept heures du matin, et d'estre et assister continuellement devant le prévost, tant comme l'on plaidera, pour exercer leurs offices, tant pour garder le guichet, comme à faire faire la paix, sans en partir hors, si ce n'est par le congié du juge, ou qu'ils aient autre et juste loyale exoine, sur peine de dix sols, par chacun, pour la première fois, et pour la seconde, vingt sols parisis ou autre à l'ordonnance du juge.

Item, que ledit audiencier et son compagnon soient pareillement de relevée audit lieu, à l'heure que le prévost sied, pour faire leurs dits offices, comme dessus, et sur la peine dessus dite.

Item, que l'audience du greffe dudit Chastelet sera criée à la dixième heure de l'horloge du palais et non plus.

(*Ord. des rois de France*, Fontanon, t. I, l. II, p. 226.)

XVII

LE SCEAU DU CHATELET

Les ordonnances rendues au parlement de Paris étaient scellées du sceau royal, ou du sceau ordonné en l'absence du grand, ou même du sceau du Châtelet. Un texte, cité par les Bénédictins, prouve que cette cour souveraine avait un signet ou cachet particulier, sous le règne de Philippe de Valois ; mais ce petit sceau n'avait pas la même authenticité que le sceau du Châtelet, auquel il servait quelquefois de contre-scel. C'est ce qu'on peut justifier par une commission de Philippe de Valois adressée à Pierre Hangest et à Foulques Bardouil, pours celler, en l'absence du sceau du Châtelet et contre-sceller du signet du parlement, les lettres qui leur sont envoyées. Cette commission est du 4 janvier 1348. Le parlement de Paris, outre le grand sceau servant à sceller les arrêts, avait aussi un *petit sceau ou signet, qui était quelquefois employé comme contre-sceau du scel du Châtelet.* Ordinairement, le président s'en servait pour sceller les actes d'hôtel, les dépêches ; vers 1300, il portait une fleur de lis dans un encadrement gothique, avec cette légende : *Secretum camere*[1]. Ce fut seulement à la fin du xve siècle qu'on établit une chancellerie particulière près le parlement de Paris, qui se servit alors d'un petit sceau représentant les armes de France.

Le Châtelet a été une des premières juridictions qui ait eu un sceau aux armes du roi; dès 1238, ce sceau portait déjà la fleur de lis royale.

Les actes royaux étaient scellés du sceau du Châtelet en l'absence du grand. (*V.* Ord. de 1311-1348, Delamare, I, p. 102.) La légende porte : *S. in absentiâ magni ordinatum.* Le sceau du Châtelet avait le champ occupé par une fleur de lis épanouie; à dextre une étoile, à senestre un croissant tourné. Le croissant a été plus tard remplacé par un châtelet. La légende porte : *S. Prepositure Parisiensis.* Le contre-sceau porte ordinairement un écu à trois fleurs de lis posées deux et une, et pour légende : † QTRA S. PPOITVRE. PARIS. (*Contra sigillum prepositure Parisiensis*[2].)

Li grant scel li roys faillant, li seau dou Chastellet est celluy de l'Estat, ensi fu en l'absentation du roy Jehan.

Le sceau du Châtelet consistait en :

Une fleur de lis fleuronnée, à gauche un écu parti aux armes de France et de Champagne, à droite le Châtelet.

Légende : *Sigillum prepositure Parisiensis*[3].

Le sceau du Châtelet était attributif de juridiction; il

---

1. M. Edgard Boutaric, *Recherches archéologiques sur le Palais de Justice.*

2. De Wailly. *Eléments de paléographie*, tome II, p. 196.

3. Ed. Dupont, *Revue archéologiques*, 1852. Didier, éditeur.

attirait, à l'exclusion de tout autre juge, toutes les contestations qui naissaient dans le royaume sur les actes scellés par lui. On trouve la formule suivante à la fin d'un grand nombre de chartes passées devant les prévôts de Paris :

Et quant à ce tenir ferme et establi, ils obligèrent ensemble et chacun de eus pour le tout, sans division demander, eus et leurs hers et tous leurs biens présens et à venir, à justicier par le prévôt de Paris, et renuncièrent à convention de lieu et de juge, à ce que ils ne puissent dire que autre chose soit faicte ou escripte.

Nous voyons, en 1313, le vendredi avant la Chandeleur, le parlement confirmer, malgré l'appel de Simon, chapelain de la chapelle royale de Saint-Germain en Laye, la décision du prévôt de Paris qui avait retenu la cause de Simon, poursuivi par action hypothécaire, en vertu de lettre du Châtelet. L'appelant demandait, comme prêtre, son renvoi devant la justice ecclésiastique [1].

En la même année, le vendredi, avant la Chaire de saint Pierre, le parlement renvoie devant le prévôt de Paris la connaissance du procès agité entre Jean Droicy, prêtre, et Geneviève la Gencienne. Droicy demandait à cette veuve une certaine somme, due en vertu d'une obligation scellée du sceau du Châtelet [2].

Le jeudi après les Brandons, même année, le parlement infirme une décision du prévôt de Paris rendue contre Bertrand de Balastre, poursuivi en payement de

1. Olim, t. III, p. 842.
2. Olim, t. III, p. 846.

355 livres 10 sols paris., en vertu de lettres scellées du sceau du Châtelet[1].

Pour profiter de cette attribution de juridiction, on falsifiait parfois le sceau du Châtelet; ainsi, une enquête faite par le parlement, à la demande de Jehan de Sennevières, de Pierre Chaulant, de Jean de Gondreville, bourgeois de Nanteuil, démontre que Benoît de Saint-Gervais, auditeur au Châtelet, leur a, en leur absence, sous leur nom, sciemment attribué une fausse obligation, en date à Paris, du mercredi après la fête de l'Ascension du Seigneur (1310). Les demandeurs ayant établi, pendant toute cette journée, leur présence à Nanteuil, distant de Paris de onze lieues, la cour condamne Benoît à 500 livres d'amende et le prive à toujours de son office. Mars avant l'Ascension (1313)[2].

Le sceau du Châtelet était attributif de juridiction partout le royaume (ordonn. de Charles VII du 7 décembre 1437. — Art. 173 et 112 de la Coutume de Paris), non par un privilége du Châtelet, mais par une émanation du droit de Sa Majesté attaché au scel du Châtelet, reconnu partout le royaume, puisque plusieurs ordonnances se terminent ainsi : *Sub sigillo nostri Castelleti, absente nostro sigillo.* (Ordonn. de mars 1356.)

Février 1320. — Le roi règle l'exercice de la charge de scelleur du Châtelet. (Registres de la chambre des comptes.)

1356. — Le prévôt de Paris est le seul juge du scel du Châtelet.

13 *décembre* 1552. — Arrêt qui oblige le scelleur du Châtelet à y résider, et règle ses fonctions et droits.

1. Olim, t. III, p. 854.
2. Olim, t. III, p. 912.

Un arrêt de la cour du parlement du 26 juillet 1762 confirme le droit d'attribution de juridiction, appartenant au scel du Châtelet d'Orléans.

31 *décembre* 1319. — Arrêt du parlement concernant le scel du Châtelet. (Reg. du Châtelet, livre blanc petit, f° 217.)

8 *février* 1367. — Lettres concernant le scel du Châtelet. (Liv. rouge vieil, f° 44 v°. P. de pol.)

22 *avril* **1673.** — Arrest pour l'establissement et règlement de la chancellerie du Chastelet de Paris.

Extrait des registres du Conseil d'État [1].

Le roy s'estant fait représenter en son Conseil ses édits des mois de décembre 1557 et février 1575, la déclaration du 16 mars 1576, vérifiez au parlement, les arrests du Conseil des 27 may 1587, 5 avril 1667, 11 juin 1668, 21 avril, 23 may, 23 septembre et 7 novembre 1670, 3 et 17 février et 3 juillet 1671, et la déclaration du 23 avril 1672 donnée en conséquence de l'édit dudit mois, vérifiée au parlement de Paris et ailleurs où besoin a esté, le tout intervenu sur le fait des chancelleries présidiales du royaume; et voulant Sa Majesté qu'ils soient exécutez selon leur forme et teneur au présidial du Chastelet de Paris, comme dans tous les autres présidiaux du royaume, conformément ausdits edits, déclarations, arrests et réglemens intervenus en conséquence; ouy le rapport du sieur Colbert, conseiller ordinaire au Conseil royal, controlleur général des fiances, Sa Majesté, estant en son Conseil, a ordonné et ordonne que tous les reliefs d'appel, anticipations, désertions, conversions d'appel en oppositions, désistemens, acquiescemens, compulsoires, et autres lettres de justice en matière civile et criminelle pour l'instruction et jugement des

1. Coll. Delamare, vol. CLXXIX, fol. 60.

procez qui se jugeront audit siége présidial du Chastelet de
Paris, ès-cas des edits de la présidialité et exécution d'iceux,
tant en première instance que par appel de tous les ressorts et
justices ressortissantes en iceluy, soient intitulez du nom de
Sa Majesté, dressez, signez et expédiez par ses secrétaires et
scellez du sceau de la chancellerie estant près le parlement de
Paris ; que toutes sentences et jugemens provisoires, interlocutoires et deffinitifs au premier ou second chef des edits de
la présidialité donnez à l'audience ou en procez, par écrit ou
par acquiescement accordez entre advocats, procureurs et
leurs parties audit siége présidial, soit pour principal, dom
mages et interests ou dépens, soit par appel de tous lesdits
ressorts et justices ressortissantes en iceluy en toutes matières dont la jurisdiction en dernier ressort et provisoire est
attribuée aux présidiaux par les edits de présidialité et ampliation d'iceux, seront intitulez *les gens tenans le siége prési-*
dial du Chastelet de Paris et scellez pareillement du sceau de
ladite chancellerie, ensemble les exécutoires de dépens émanez
desdites sentences ; pour le scel desquelles lettres, jugemens
et sentences, sera payé conformément au tarif des droits du
sceau et des taxes des lettres qui se scellent ès-chancelleries
présidiales, attaché sous le contre-scel de ladite déclaration
du 24 avril 1672. Fait Sa Majesté deffenses ausdits officiers de
recevoir sur requeste aucunes parties appellantes, les tenir
pour bien relevées à renoncer à se désister ou acquiescer à
leurs appellations, pour anticiper ou ajourner en désertion sur
icelles ès-matières ressortissantes au présidial dudit Chastelet,
ès-cas des edits de la présidialité et exécution d'iceux, ny ordonner que les sentences et jugemens dudit Chastelet, aux cas
présidiaux, seront exécutez sur et en vertu de l'extrait ; et
aux greffiers civils et criminels et ordinaires dudit Chastelet,
leurs clercs et commis, signer et expédier et délivrer aux
parties lesdites expéditions en autre forme et sous l'intitulé
des gens tenans ledit siége présidial dudit Chastelet, à peine

d'estre responsables, en leurs propres et privez noms, des droits du sceau desdits actes, à peine d'interdiction, trois cens livres d'amende et restitution du quadruple des droits du sceau par chacune contravention; à quoy faire ils seront contraints, ainsi qu'il est accoustumé pour les affaires de Sa Majesté, en vertu du présent arrest, sans qu'il en soit besoin d'autre; et aux procureurs dudit Chastelet d'occuper pour les parties sur les assignations et autres exploits qui leur seront donnez audit présidial pour les cas ès-quels on doit prendre lettres, comme reliefs d'appel, anticipations, et autres lettres cy dessus rapportées, en matières dont la jurisdiction en dernier ressort et provisoire luy est attribuée, si les exploits n'ont esté faits en vertu de lettres scellées en la dite chancellerie, ny de présenter requeste tant pour venir procéder ou anticiper sur l'appel des sentences et jugemens procédans desdits ressorts, que pour l'exécution desdits jugemens rendus sur lesdits appels, sans que lesdites sentences et jugemens ayant esté scellez de ladite chancellerie; et à tous huissiers, sergens et archers de donner assignation audit siége présidial du Chastelet, signifier ny mettre à exécution aucunes sentences et jugemens et exécutoires dudit siége, sans que lesdites expéditions soient scellées en ladite chancellerie, ny de signifier et exécuter lesdits jugemens et sentences par extraits, sur les mesmes peines de restitution de droits, interdiction et amende payable comme dessus, sans que lesdites peines puissent estre reputées comminatoires, ny icelles modérées et surcises, sous quelque prétexte que ce soit; et sera le présent arrest leu, publié et enregistré audit siége présidial du Chastelet, et publié et affiché où besoin sera, à ce qu'aucun n'en ignore, et exécuté nonobstant oppositions ou appellations quelconques, dont, si aucunes interviennent, Sa Majesté s'en est réservé la connoissance en son Conseil, et icelle interdite à toutes ses autres Cours et juges.

Fait au Conseil d'Estat du Roy, Sa Majesté y estant, tenu à

Saint-Germain en Laye, le vingt-deuxième jour d'avril mil six cent soixante-treize.

Signé, COLBERT.

LOUIS, par la grâce de Dieu, Roy de France et de Navarre, à nos amez et féaux les gens tenant le siége présidial de nostre Chastelet de Paris, salut.

Nous vous mandons et ordonnons, par ces présentes signées de nostre main, de tenir la main à l'exécution de l'arrest, dont l'extrait est cy attaché sous le contre-scel de nostre chancellerie, cejourd'huy donné en nostre Conseil d'Estat, Nous y estant, en forme de règlement pour nostre chancellerie dudit Chastelet; commandons au premier des huissiers de nos Conseils, autre nostre huissier ou sergent sur ce requis, de signifier ledit arrest à tous qu'il appartiendra, à ce qu'ils n'en prétendent cause d'ignorance; et faire pour son entière exécution tous commandemens, sommations, deffenses portées par les voyes y déclarées, contraintes, comme pour nos deniers et affaires, et autres actes et exploits requis et nécessaires, sans autre permission, nonobstant oppositions ou appellations quelconques, dont si aucunes interviennent, nous nous en réservons la connoissance et à nostre Conseil, et icelle interdisons à toutes nos cours et juges; Voulons que ledit arrest soit leu, publié et registré audit siége présidial du Chastelet, publié et affiché partout où besoin sera, à ce qu'aucun n'en ignore; et qu'aux copies d'iceluy et des présentes, collationnées par l'un de nos amez et féaux conseillers et secrétaires, foy soit ajoutée, comme aux originaux; car tel est nostre plaisir.

Donné à Saint-Germain en Laye, le vingt-deuxième jour d'avril, l'an de grâce mil six cent soixante-treize, et de nostre règne le trentième.

Signé : LOUIS.

Et plus bas, par le roy, COLBERT ; et scellé.

Tarif des droits du sceau et des taxes des lettres qui se scellent és-chancelleries présidiales :

Lettres simples civiles, comme reliefs d'appel, anticipations, désertions, désistemens, conversion d'appel en opposition, sentences interlocutoires, exécutoires de dépens, et autres lettres simples, par chacun impétrant, quinze sols.

Sentences deffinitives ou provisoires, portant condamnation de sommes au-dessous de cinquante livres, payeront, par chacun impétrant, quinze sols.

Simples criminelles, par chacun impétrant, dix-sept sols six deniers.

Lettres doubles, comme sentences deffinitives ou provisoires, portant condamnation de sommes de cinquante livres ou au-dessus, ès-cas des edits de la présidialité, pour chacun impétrant, trois livres huit sols neuf deniers.

Outre lesdits droits, sera levé le droit de contre-scel, à raison d'un sol trois deniers, pour chacun impétrant, des lettres où il y aura contre-scel.

Nous soussignez, grands audienciers de France et controlleurs généraux de la grande chancellerie, certifions que les taxes contenues au présent tarif sont conformes aux ordonnances et réglemens faits par le roy pour les chancelleries établies dans tous les présidiaux du royaume.

Fait à Paris, le vingtième avril mil six cent soixante-douze.

Signé : BERAUD, MARGERET, DE RAGAREU, LE COMTE, LE GROS, DE FAYE, et BENOIST.

Collationné aux originaux par nous, conseiller secrétaire du roy, maison, couronne de France, et de ses finances.

Février 1737. — Edit du roy portant suppression de la charge de garde des sceaux de France.

Donné à Versailles, au mois de février 1737. Enregistré au parlement le 8 mars 1737 [1].

28 *octobre* 1674. — Arrest du conseil portant réglement pour la chancellerie présidiale du Chastelet de Paris :

Extrait des registres du Conseil d'État [2].

Le roy, s'estant fait représenter en son Conseil ses edits des mois de décembre 1557 et février 1575, la déclaration du 16 mars 1576, veriffiez au parlement, les arrests du Conseil des 17 may 1587, 15 avril 1667, 11 juin 1668, 21 avril et 23 septembre 1669, 7 mai 1670, 3 et 17 février et 3 juillet 1671, et la déclaration du 23 avril 1672 donnée en conséquence de l'édit dudit mois, veriffiée au parlement de Paris et ailleurs où besoin a esté, le tout intervenu sur le fait des chancelleries présidiales du royaume et voulant Sa Majesté qu'ils soient exécutés, selon leur forme et teneur, au présidial du Chastelet de Paris, comme dans tous les autres présidiaux du royaume, conformément ausdits déclarations, arrests et réglemens intervenus en conséquence, ouy le rapport dudit sieur Colbert, controlleur général des finances, Sa Majesté, estant en son Conseil, a ordonné et ordonne que tous les reliefs d'appel, anticipations, désertions, conversions d'appel en oppositions, désistemens, acquiescemens, compulsoires et autres lettres de justice, en matière civile et criminelle, pour l'instruction et jugement des procès qui se jugeront audit siége présidial du Chastelet de Paris, ès-cas des edits de la présidialité et exécution d'iceux, tant en première instance que par appel de tous les ressorts et justices ressortissantes en iceluy, soient intitulez du nom de Sa Majesté, dressez, signez et expédiez par

1. Coll. Delamare, vol. CLXXIX, fol. 17.
2. *Ibid.*, fol. 61.

ses secretaires et scellez du sceau de la chancellerie estant
près le parlement de Paris, que toutes sentences et jugemens,
provisions, interlocutoires et deffinitifs au premier ou second
chef des edits de la présidialité donnez à l'audience, soit en
procès par écrit ou par acquiescemens accordez entre advocats, procureurs et leurs parties audit siége présidial, soit
pour principal, dommages et intérets ou despens, soit par appel de tous lesdits ressorts et justices ressortissantes en iceluy, en toutes matières dont la jurisdiction en dernier ressort
au provisoire est attribuée aux présidiaux par les édits de
présidialité et ampliation d'iceux, seront intitulez *les gens tenans le siége présidial du Chastelet de Paris*, et scellez pareillement du sceau de ladite chancellerie, ensemble les exécutoires
de despens emanez desdites sentences pour le scel desquelles
lettres, jugemens et sentences sera payé conformément au tarif des droits du sceau et des taxes des lettres qui se scellent
ès-chancelleries présidiales attaché sous le contre-scel de ladite
déclaration du vingt-quatre avril mil six cent soixante et
douze. Fait Sa Majesté deffenses auxdits officiers de recevoir
sur acqueste aucunes parties appellantes, pour anticiper ou
adjourner en desertion sur icelles ès-matières ressortissantes
au présidial dudit Chastelet ès-cas des edits de la présidialité
et exécution d'iceux, ni ordonner que les sentences et jugemens dudit Chastelet aux cas présidiaux seront exécutez sur
et en vertu de l'extrait et aux greffiers civils, criminels et
ordinaires dudit Chastelet, leurs clercs et commis, signer et
expédier et délivrer aux parties lesdites expéditions en autre
forme et sous l'intitulé *des gens tenans ledit siége présidial dudit Chastelet*, à peine d'estre responsables, en leurs propres et
privez noms, des droits du sceau desdits actes, à peine d'interdiction, trois cens livres d'amende et restitution du quadruple
des droits du sceau pour chacune contravention ; à quoy faire
ils seront contraints, ainsi qu'il est accoustumé pour les affaires de Sa Majesté, en vertu du présent arrest, sans qu'il en

soit besoin d'autre, et aux procureurs dudit Chastelet d'occuper pour les parties sur assignations et autres exploits qui leur seront donnez audit présidial pour les cas ès-quels on doit prendre lettres comme reliefs d'appel, anticipations et autres lettres cy dessus rapportées et matières dont la juridiction en dernier ressort et provisoire luy est attribuée, si les exploits n'ont esté faits en vertu de lettres scellées en ladite chancellerie, ni de presenter requeste tant pour venir procéder ou anticiper sur l'appel des sentences et jugemens procedans desdits ressorts, que pour l'exécution desdits jugemens rendus sur lesdits appels, sans que lesdites sentences et jugemens ayent esté scellez de ladite chancellerie, et à tous huissiers, sergens et archers de donner assignation audit siége présidial du Chastelet, signifier ny mettre à exécution aucunes sentences et jugemens et exécutoires dudit siége ès-cas des edits, sans que lesdites expéditions soient scellées en ladite chancellerie, ny de signifier et exécuter lesdits jugemens et sentences par extrait, sur les mêmes peines de restitution de droits, interdiction et amende comme dessus, sans que lesdites peines puissent estre réputées comminatoires, ny icelles modérées et surcises, sous quelque prétexte que ce soit. Et sera le present arrest leu, publié et enregistré audit siége présidial du Chastelet et publié et affiché où besoin sera, à ce qu'aucun n'en ignore, et exécuté nonobstant oppositions ou appellations quelconques, dont si aucunes interviennent, Sa Majesté s'en est réservé la connaissance en son Conseil, et icelle interdite à toutes ses autres Cours et juges. Fait en Conseil d'Estat du roy, Sa Majesté y estant, tenu à Sainct-Germain en Laye, le vingt-deuxième jour d'avril mil six cent soixante-treize.

Signé : COLBERT, et scellé.

Louis, par la grâce de Dieu, roy de France et de Navarre, à nos amez et féaux conseillers, les gens tenans le siége présidial de nostre Chastelet de Paris, salut. Nous vous mandons et ordonnons, par ces présentes signées de nostre main, de tenir la main à l'exécution de l'arrest dont l'extrait est cy attaché sur le contre scel de notre chancellerie, ce jourd'huy donnné en nostre Conseil d'Estat, nous y estant, en forme de réglement pour nostre chancellerie dudit Chastelet ; Commandons au premier des huissiers de nos conseils, autre nostre huissier ou sergent sur ce requis de signifier ledit arrest à tous qu'il appartiendra, à ce qu'ils n'en prétendent cause d'ignorance, et faire pour son entière exécution tous commandemens, sommations, deffenses y portées par les voyes y declarées, contraintes comme pour nos deniers et affaires et autres actes et exploits requis et nécessaires, sans autre permission, nonobstant oppositions ou appellations quelconques, dont si aucunes interviennent, nous nous en réservons la connoissance et à nostre Conseil, et icelle interdisons à toutes nos Cours et juges. Voulons que ledit arrest soit leu, publié et registré audit siége présidial du Chastelet, publié et affiché partout où besoin sera, à ce qu'aucun n'en ignore, et qu'aux copies d'iceluy et des présentes collationnées par un de nos amez et féux conseillers et secrétaires foy soit adjoutée, comme aux originaux ; car tel est nostre plaisir. Donné à Sainct-Germain en Laye, le vingt-deuxième jour d'avril, l'an de grâce mil six cent soixante-treize, et de nostre règne le trentième. *Signé*, Louis.

Et plus bas, *par le roy* : COLBERT.

Extrait des registres du Conseil d'Estat.

Veu au Conseil du roy l'arrest rendu en iceluy, Sa Majesté y estant, le vingt-deuxième d'avril 1673, par lequel, pour les causes et motif y contenus, il est ordonné que les edits, arrests et réglemens sur le fait des chancelleries présidiales, et entre autres celuy porté par la déclaration du 24 avril 1672, seront exécutés et observez selon leur forme et teneur au présidial du Chastelet de Paris, comme dans tous les autres présidiaux du royaume, depuis lequel temps Sa Majesté, par son édit du mois de février dernier, aurait créé un autre siége présidial, prevosté et vicomté et Chastelet dans ladite ville de Paris, dans lequel les mesmes réglemens doivent estre exécutez et observez suivant ledit arrest du vingt-deuxième avril 1673 ; ouy le rapport du sieur Colbert, conseiller ordinaire au Conseil royal, controlleur général des finances, Sa Majesté, estant en son Conseil, a ordonné et ordonne que tous les reliefs d'appel, anticipations, désertions, conversions d'appel en oppositions, désistemens, acquiescemens, compulsoires, et autres lettres de justice en matière civile et criminelle, pour l'instruction et jugement des procès qui se jugeront audit nouveau siége présidial du Chastelet de Paris créé par ledit edit du mois de février dernier, ès-cas des édits de la présidialité et exécution d'iceux, tant en première instance que par appel de tous les ressorts et justices ressortissantes en iceluy, soient intitulez du nom de Sa Majesté, dressez, signez et expédiez par ses secrétaires, et scellez du sceau de la chancellerie estant près le parlement de Paris ; que toutes sentences et jugemens provisoires, interlocutoires et définitifs, au premier ou second chef des edits de la présidialité donnez à l'audience ou en procès par écrit, ou par acquiescemens accordez entre advocats, procureurs, et leurs parties audit siége présidial, soit pour principal, dommages et intérêts ou despens, soit par appel de tous lesdits ressorts et justices ressortissantes en iceluy, en toutes matières dont la jurisdiction en dernier ressort ou provisoire est attribuée aux présidiaux par les edits de la présidialité et ampliation d'iceux, seront intitulez *les gens tenans le siége présidial du nouveau Chastelet de Paris*, à la distinction des expéditions de l'autre Chastelet, où il sera employé de l'ancien, et scellés pareillement du sceau de ladite chancellerie ; ensemble les exécutoires de dépens émanés desdites sentences, pour le sceau desquelles lettres, jugemens et sentences, sera payé conformément au tarif des droits du sceau et des taxes des lettres qui se scellent ès-chancelleries présidiales, attaché sous le contre-scel de ladite déclaration du vingt-quatrième avril mil six cent soixante-douze. Fait Sa Majesté deffenses auxdits officiers de recevoir sur requeste aucunes parties appellantes, et tenir pour bien relevez à renoncer à se désister, ou acquiescer à leurs appellations, pour anticiper ou ajourner en désertion sur icelles ès-matières ressortissantes au présidial dudit Chastelet, ès-cas desdits edits de la présidialité et exécution d'iceux, ny ordonner que les sentences et jugemens dudit Chastelet, aux cas présidiaux, seront exécutés sur et en vertu de l'extrait; Et aux greffiers civils, criminels et ordinaires dudit Chastelet, leurs clercs et commis, signer et expédier et délivrer aux parties lesdites expéditions en autre forme, et sous l'intitulé des *gens tenans ledit siége présidial dudit Chastelet*, à peine d'estre responsables, en leurs propres et privez noms, des droits du sceau desdits actes, à peine d'interdiction, trois cens livres d'amende et restitution du quadruple des droits du sceau pour chacune contravention ; A quoy faire ils seront contraints, ainsi qu'il est accoustumé pour les affaires de Sa Majesté, en vertu du présent arrest, sans qu'il en soit besoin d'autre ; et aux procureurs dudit Chastelet d'occuper pour les parties sur les assignations et autres exploits donnez audit présidial pour les cas ès-quels on doit prendre lettres comme reliefs d'appel, anticipations et autres lettres ci-dessus rapportées en matières dont la jurisdiction en dernier ressort luy est attribuée, si les exploits n'ont été faits en vertu de lettres scellées en ladite chancellerie, ny de presenter requeste, tant pour venir proceder ou anticiper sur l'appel des sentences et jugemens procedans desdits ressorts, que pour l'exécution desdits jugemens rendus sur lesdits appels, sans que lesdites sentences et jugemens ayent été scellés de ladite chancellerie ; et à tous huissiers, sergens et archers de donner assignation audit siége présidial du Chastelet, signifier ny mettre à exécution aucunes sentences et jugemens et exécutoires dudit siége, ès-cas des edits, sans que lesdites expéditions soient scellées en ladite chancellerie, ny de signifier et exécuter lesdits jugemens et sentences par extrait, sur les mêmes peines de restitution de droits, interdiction et amende payablé comme dessus, sans que lesdites peines puissent estre reputées comminatoires, ny icelles modérées et surcises, sous quelque pretexte que ce soit Et sera le present arrest leu, publié et registré audit siége présidial du Chastelet, et publié et affiché où besoin sera, à ce qu'aucun n'en ignore, et exécuté nonobstant oppositions ou appellations quelconques, dont, si aucunes interviennent, Sa Majesté s'est réservé la connoissance en son Conseil, et icelle interdite à tous ses autres Cours et juges. Fait au Conseil d'Estat du roy, Sa Majesté y estant, tenu au camp devant Besançon, le quinzième de may 1674.

Signé : COLBERT.

LOUIS, par la grâce de Dieu, roy de France et de Navarre, au premier des huissiers de nos sergens ou autre premier huissier ou sergent sur ce requis. Nous te mandons et commandons, par ces présentes signées de nostre main, que l'arrest dont l'extrait est cy attaché sous le contre-scel de nostre chancellerie, cejourd'huy donné en nostre Conseil d'Estat, Nous y estant, en forme de réglement pour la chancellerie du nouveau Chastelet, tu signifies à tous qu'ils appartiendra, à ce qu'ils n'en prétendent cause d'ignorance, et faits pour l'exécution dudit arrest que nous voulons estre publié et registré au siége présidial dudit Chastelet, et affiché où besoin sera, à ce qu'aucun n'en ignore, tous commandemens, sommations, deffenses y portées, contraintes par les voyes y déclarées, et autres actes et exploits requis et nécessaires, sans autre permission, nonobstant oppositions ou appellations quelconques, dont, si aucunes interviennent, nous nous en réservons la connoissance en nostre dit Conseil, et icelle interdisons à toutes nos autres Cours et juges ; et sera adjousté foy aux coppies dudit arrest et des présentes collationnées par un de nos amez et feaux conseillers secrétaires ; car tel est nostre plaisir. Donné au camp devant Besançon, le quinzième jour de may, l'an de grâce mil six cent soixante et quatorze, et de nostre règne le trente-deux.

Signé : LOUIS.

Et plus bas. Par le roy, COLBERT. Et scellé.

Extrait des registres du Conseil d'Estat.

Veu au Conseil du roy l'edit du mois d'aoust 1674, par lequel Sa Majesté auroit, pour les causes et motifs y contenus, créé, entre autres choses, en tittre d'offices deux conseillers garde-scels des chancelleries présidiales pour l'ancien et nouveau Chastelet de la prevosté et vicomté de Paris, quatre commis aux audiences desdites chancelleries, et huit huissiers, sçavoir : un conseiller garde-scel, deux commis à l'audience et quatre huissiers en chacune chancellerie, pour exercer lesdites offices de mesme que font les pourveus de semblables offices aux autres chancelleries présidiales du royaume, ledit edit vérifié au parlement, pour estre exécuté selon sa forme et teneur, le 27 dudit mois. Autre arrest du Conseil d'Estat rendu, Sa Majesté y estant, le 22 avril 1673 portant que les edicts, arrests et réglemens sur le fait des chancelleries presidiales, particulièrement la déclaration du 24 avril 1672, seront exécutez et observez au Chastelet de Paris, de mesme que dans tous les autres présidiaux du royaume. Autre arrest dudit Conseil, du 15 may dernier, par lequel Sa Majesté a expliqué et déclaré toutes les expéditions qu'elle veut estre sujettes au sceau, les droits qui en sont deubs, et les peines qui sont encourues par ceux qui y contreviendront ; et d'autant que lesdites expéditions devoient lors estre scellées en la chancellerie du parlement de Paris, attendu qu'il n'y avoit pas encore d'officiers créez et establis, comme il y a eu depuis, en conséquence dudit edict du mois d'aoust dernier, pour exercer les chancelleries desdits siéges présidiaux, il est nécessaire d'en ordonner à présent l'exécution dans lesdites deux chancelleries, mesme de pourvoir au surplus dudit establissement, pour prévenir toutes les difficultez qui en pourroient naistre; ouy le rapport du sieur Colbert, conseiller ordinaire au Conseil royal, controlleur général des finances, Sa Majesté, estant en son Conseil, a ordonné et ordonne que l'arrest dudit jour quinze may dernier sera exécuté dans les chancelleries desdits deux siéges présidiaux de la prevosté et vicomté de Paris, pour toutes les expéditions y énoncées, en la forme prescrite par iceluy, aux peines y contenues contre ceux qui y contreviendront; et en conséquence que le sceau[1] sera tenu dans la chambre qui sera, à cet effet, destinée en chacun desdits siéges tous les jours de lundy, jeudy et samedy de chacune semaine, depuis huit heures du matin jusqu'à dix; Que dans ladite chambre le sceau sera déposé dans un coffre à deux clefs, dont l'une demeurera entre les mains du conseiller garde-scel et l'autre en celles de l'un des conseillers secrétaires de Sa Majesté à ce député, ou de leur fermier des droits du sceau; auxquels lieu, jour et heures seront tenus d'assister ledit conseiller garde-scel et deux secrétaires de Sa Majesté, l'un desquels fera le rapport des lettres et expéditions sujettes au sceau; et l'autre mettra sur lesdites lettres et expéditions le jour du scellé avec son paraphe, lesquelles lettres et expéditions seront taxées et scellées par les commis à l'audience desdites chancelleries, dont sera tenu registre et populo après le sceau levé, ainsi qu'il se pratique dans les autres chancelleries,

---

1. Le sceau aux armes de Pierre Séguier, lieutenant criminel au Châtelet de Paris et échevin, en 1543, a été offert à la compagnie des notaires de Paris par Mᶜ Potron. Il est enrichi, autour de la poignée, de deux tercets de Dante. (Voir le Discours de rentrée prononcé devant la cour de Paris, en 1861, par M. Sapey. Éloge des Séguier.)

pour estre ensuite délivrées par lesdits commis de l'audience, qui en recevront les émolumens dont ils tiendront compte à qui il appartiendra, sans qu'il y puisse estre contrevenu, pour quelque cause et prétexte que ce soit ; Et sera le present arrest, ensemble celuy du quinze may dernier, leus, publiez et registrez auxdits siéges présidiaux, mesme affichez où besoin sera, à ce qu'aucun n'en ignore, et exécutez nonobstant oppositions ou appellations quelconques, dônt, si aucunes interviennent, Sa Majesté s'est réservé la connoissance en son Conseil, et icelle interdite à toutes ses Cours et juges. Fait au Conseil d'Estat du roy, Sa Majesté y estant, tenu à Saint-Germain en Laye, le vingt-huitième jour d'octobre mil six cent soixante et quatorze.

Signé, COLBERT.

Louis, par la grâce de Dieu, roy de France et de Navarre, au premier des huissiers de nos Conseils, ou autre nostre huissier ou sergent sur ce requis. Nous te mandons et commandons, par ces présentes signées de nostre main, que l'arrest dont l'extrait est cy attaché sous le contre-scel de nostre chancellerie, cejourd'hui donné en nostre Conseil d'Estat, Nous y estant, en forme de réglement pour les chancelleries des deux siéges présidiaux de nostre prevosté et vicomté de Paris, Tu signifies à tous qu'il appartiendra, à ce qu'ils n'en prétendent cause d'ignorance, et faits pour l'entière exécution d'iceluy et d'autre arrest de nostre dit Conseil du 15 may dernier et y enoncé, tous commandemens, sommations et autres actes et exploits requis et nécessaires, sans autre permission. Voulons que lesdits arrests soient leus, publiez et registrez auxdits siéges présidiaux, mesme affichez où besoin sera, et qu'aux copies d'iceux collationnées par l'un de nos amez et feaux conseillers secrétaires, foy soit adjoutée, comme aux originaux, ensemble aux coppies des presentes, nonobstant oppositions ou appellations quelconques, dont, si aucunes

interviennent, nous nous reservons la connoissance en nostre
Conseil, et icelle interdisons à toutes nos Cours et juges ; car
tel est nostre bon plaisir. Donné à Saint-Germain en Laye,
le 28 octobre 1674, de nostre règne le 32e.

Signé, Louis.

Et plus bas : *Par le roy* : Colbert, et scellé.

XVIII

LES CHAMBRES DU CHATELET

Les affaires étaient distribuées entre les diverses sections : il y avait d'abord la chambre de la prévôté, appelée le plus souvent Parc civil, où se plaidaient les affaires civiles ; la chambre du conseil, où se jugeaient les affaires de rapport et où l'on délibérait des affaires qui concernaient la compagnie [1]; la chambre criminelle ; la justice présidiale ; la chambre de police, où se débattaient les causes relatives aux injures, querelles, voies de fait, et où se recevaient les rapports des sergents sur l'état des esprits, les événements et les règlements à faire ou à maintenir.

En dehors de ces grandes divisions, il y en avait encore de moins importantes. Ainsi : 1° la chambre civile, où le juge civil, assisté d'un avocat du roi, décidait seul les affaires sommaires, contestations sur les ventes mobilières, locations verbales, payement des avocats, médecins, apothicaires, ouvriers ; 2° la chambre du

---

1. Ferrière, *Dictionnaire de droit pratique.*

juge auditeur. Ce magistrat connaissait de toutes les causes personnelles dont la valeur ne dépassait pas cinquante livres. D'abord, plusieurs procureurs furent créés près cette chambre; on les nommait procureurs d'en-bas, parce que la salle des audiences était située à l'étage inférieur; plus tard, procureurs et avocats cessèrent d'y avoir accès. Les parties exposaient là elles-mêmes leurs causes, ou les remettaient à un clerc de procureur. L'instruction était sommaire, les témoins étaient entendus et la sentence rendue, séance tenante, au vu des pièces mises sur le bureau. Le juge auditeur ne pouvait prendre aucun casuel, mais seulement cinq sols par jugement définitif; 3° l'audience de l'ordinaire, où se débattaient les affaires touchant plus à la forme qu'au fond; par exemple, la reconnaissance des sous-seings privés, les refus de communiquer des pièces, la délation de serment; 4° l'audience des criées, où l'on vérifiait et constatait l'observation des formalités, délais, dont l'accomplissement était justifié à deux fonctionnaires nommés certificateurs de criées.

Ainsi, le Parc civil était la prévôté proprement dite, et outre les actes faits par le lieutenant civil en son hôtel, il y avait au Châtelet : la chambre civile, le présidial, la chambre du conseil, le greffe civil, la chambre de police, la chambre du procureur du roi, la chambre de l'auditeur, la chambre criminelle, le greffe criminel, les commissaires au Châtelet, la prévôté de l'Ile-de-France.

Le lieutenant civil, en son hôtel, tenait les référés, réglait les avis des parents, les tutelles, curatelles, envois en possession.

La chambre de police était tenue par le prévôt *seul*;

on y portait toutes les causes concernant les corps de métiers de Paris, les délits n'entraînant pas peine afflictive, les contraventions aux alignements, à la salubrité, au roulage; on y rendait des sentences contre les parents qui ne payaient pas les mois de nourrice de leurs enfants, contre les fabricants de faux tabacs, de fausses cartes à jouer, des faux billets de loterie, et les mendians.

L'auditeur connaissait seul en première instance des causes dont l'objet n'excédait pas 50 livres; on appelait de ses sentences au président.

Les principales chambres du Châtelet étaient donc :

La *chambre civile*, où le lieutenant civil tient seul l'audience du mercredi et samedi jusqu'à trois ou quatre heures. Un des avocats du roi y assiste. On y porte les affaires sommaires, telles que les demandes en congé de maison, payement de loyers, lorsqu'il n'y a pas eu de bail par écrit, ventes de meubles et opposition, demandes en payement de frais et salaires de procureurs, médecins, chirurgiens, apothicaires, maçons et autres ouvriers, où il n'y a pas de titres, et qui n'excèdent pas la somme de 1,000 livres. Les assignations s'y donnent à trois jours; on n'y instruit pas de procédure; la cause est portée à l'audience sur un simple exploit et un avenir. Les défauts s'obtenaient à l'audience et non aux ordonnances; les dépens se liquident, par sentence, à quatre livres en demandant, et trois livres en défendant, non compris le coût de la sentence.

La *chambre criminelle* était présidée par le lieutenant criminel; il y jugeait seul, avec un des avocats du roi, les matières de petit criminel, où il ne s'agit que d'injures, rixes et autres matières légères qui ne méritent

pas d'instruction. A l'égard des procès du grand criminel, il les juge assisté des conseillers du Châtelet, qui
sont de la colonne du criminel, service qu'ils font quatre
mois de l'année, un mois dans chaque trimestre, les colonnes étant renouvelées chaque mois.

La *chambre du procureur du roi* était une chambre
distincte du parquet des avocats du roi. Le procureur du
roi y donnait des conclusions dans les instances appoin-
tées et dans les affaires criminelles, y recevait les dénonciations, connaissait en outre de tout ce qui concerne les
corps de marchands, arts et métiers, maîtrises, réceptions de maîtres et jurandes; il y rendait ses jugements,
nommés avis, et les soumettait ensuite au lieutenant général de police, qui les confirmait ou les infirmait.

Jovrs avxquels on ne plaide point au Chastelet de Paris, dans les diverses chambres :

Ovtre les dimanches de l'année et festes celebrées en l'ar-
cheuesché de Paris, on ne plaide point les *lundis*, parce qu'anciennement la police se tenait, le matin, à semblable iour.

Le *treizième januier*, iour de sainct Hilaire, éuesque de
Poictiers.

Le *vingt-deux*, sainct Vincent, l'vn des patrons de l'église
Sainct-Germain de l'Auxerrois, parroisse du Chastelet.

Le *vingt-huit dudit mois*, sainct Charlemagne, roy de France.

Vn iour pour la foire Sainct-Germain, qui est choisi par M. le
lieutenant civil.

Le *jeudy* et *mardy gras, mercredy des Cendres* et *jeudy de la
Mi-Caresme*.

Le *vingt-deuxième mars*, à cause qu'à pareil iour 1594, la
ville de Paris fut réduite à l'obéissance d'Henry le Grand,

d'heureuse mémoire, et pour remercier Dieu de cette grâce, on fait vne procession générale, à laquelle assistent MM. de la cour de parlement, de la chambre des comptes, de la cour des Aydes, le preuost des marchands et escheuins.

Toute la quinzaine de *Pasques*, excepté le *mardy* et *mercredy* de la semaine sainte, et le *samedy* deuant *Quasimoao*.

Le lendemain de *Quasimodo* se font les sermens au Chastelet.

Le *deuxième de may*, sainct Gatian, archeuesque de Tours.

Le *neuf*, translation sainct Nicolas, auquel iour les clercs font faire le seruice diuin dans le Chastelet, et le lendemain dixième dudit mois, vn seruice pour les âmes de ceux qui sont décédez clercs.

Le *dix-neuf*, sainct Iues, patron des aduocats et procureurs.

Vigile de la Pentecoste, et le *mercredy* en suivant.

Un iour pour la foire du Landy.

Le *trente-vn iuillet*, sainct Germain de l'Auxerrois.

Les vacations commencent le neuviéme septembre, et durant la première quinzaine, on plaide les mercredis et samedis, en exécution d'obligations et sentences ; et sur les baux judiciaires et adjudications par décret, et on prononce les sentences données au conseil et deffauts jugez, et le reste desdites vacations, on plaide seulement les vendredis et samedis.

Le lundy précédant immédiatement la feste de sainct Simon sainct Iude, les aduocats et procureurs réiterent le serment qu'ils ont fait le lendemain de Quasimodo.

On ne plaide point les Vigiles de la Toussaint et de Noël.

Messieurs de la cour tiennent séance au Chastelet, quatre fois l'année, sçauoir le mardy de la semaine sainte, le vendredy de deuant la feste de Pentecoste, la veille de la feste sainct Simon sainct Iude, et la surueille de Noël.

Voir : *Le Vrai style pour procéder au Chastelet de Paris, tant*

15.

en matières civiles que criminelles, divisé en deux livres, par le sieur J. Gavret. Paris, 1658. (Livre II, page 720 et suivantes.)

Au Châtelet, entre deux salles d'audience, était une tapisserie ornée des armoiries de Christophe Colomb. On y lisait ces vers de la *Médée*, de Sénèque :

> Venient annis
> Sæcula quibus oceanus
> Vincula rerum laxet, et ingens
> Pateat tellus, Typhis que novos
> Detegat orbes, nec sit terris
> Ultima Thule.

XIX

LES ORDONNANCES DU CHATELET

Comme les autres cours et juridictions, le Châtelet devait tenir la main à la publication et à l'exécution des ordonnances royales. Nous donnons ici, par leur texte ou leur titre, les principales :

Novembre 1302 (Toussaint). — Ordonnance de Philippe le Bel portant règlement pour les officiers du Châtelet. (Collect. du Louvre, t. I, p. 352. — Registre Doulx Sire, fo 122.)

Février 1320. — Lettres concernant la juridiction du Chastelet. (Reg. du Châtelet. — Livre blanc, 211. P. de police. — Ord. de Philippe V, le Long. — Felibien, t, III, p. 627.)
Police du Chastelet et du Parloir aux bourgeois.

13 *juin* 1320. — Remembrance pour le prouffit du roy et de l'utilité publique sur l'estat du Chastelet de Paris et du Parlouer aux borjeois.

Projet de règlement en 24 articles. — Philippe V à Pontoise. (Reg. Doulx Sire, fo 104 vo. — Collect. du Louvre, t. I, p. 744. — Note *b*, Collect. Isambert, t. III, p. 245.)

17 *janvier* 1367. — Lettres patentes portant règlement pour le Châtelet de Paris. (Reg. Doulx Sire, fo 1 *bis*. P. de police.)

En 1305, Philippe le Bel fit proclamer dans Paris, défense à toutes personnes d'aucun état, métier ou condition, de se réunir au delà de cinq, soit le jour, soit la nuit publiquement ou en secret. Les délinquans devaient être internés au Châtelet et n'être relâchés que sur l'ordre du roi. (Mercredi après la *Quasimodo*. — *Ord.*, t. I, p. 28.)

Le cri des monnoies fait le samedi, jour de feste saint Vincent, l'an 1306. Come plusieurs fois a esté crié et deffendu par notre royaume, sur peine de cors et dauoir, que nulz ne preist ne meist nulles monnoies, dehors du royaume, dor ne dargent, blanches ne noires... et len a prins lesdites monnoies contre notre deffense, en grant dommage à nous et à notre peuple, nous voulons que le cri et les deffenses desdites monnoies soit renouvelés, et commandons et deffendons que nuls, sur paine de cors et davoir, de quels condicion qu'il soit, que il proyne ne moite nulles des monnoies deffendues fors que un billon. Et queconque les aura si sen delivre dedens les brandons, et les porte en nos monnoies ou au change car du terme dessudit en avant qui les aura et les tendra soit en huches, en bourses ou en quelque lieu que elles pourront estre trouvées, si elles ne sont pacés, elles seront forfaites et acquises à nous, et leurs corps et leurs avoirs demoureront en notre merci. — Et soit renouvellée encore que nuls, sur ladite paine, ne puisse changer fors que aus change establi, a ce. — Et voulons et commandons à tous nos justiciers que nulle personne de quelle condition que elle soit de or en avant sien déportent. — (Vers 1300.)

13 *juin* 1320. — Remembrance faite au roi Philippe V le Long, pour parvenir à la réformation des abus qui s'étaient introduits dans la jurisdiction du Chastelet de Paris et du parloir aux bourgeois. (V. XVII, p. 308.) Ce rapport, tiré du mémoire Pater, de la Chambre des Comptes de Paris, feuillet 102, est en note dans le tome Ier des *Ordonnances des rois de France*, par Laurière, 1723.

Février 1320. — Ordonnance du roi Philippe V, dit le Long, fixant à huit le nombre des examinateurs pour interroger les témoins. (V. XVII, p. 323. *Ordonnances des rois de France*, par Laurière, 1723.)

Février 1327. — Ordonnance de Philippe, comte de Valois et Anjou, régent du royaume, fixant à douze le nombre des examinateurs du Chastelet. (V. XVII, p. 224.)

25 *mai* 1325. — Lettres patentes du roy Charles IV, dit le Bel, données à Fontainebleau, commission pour la réformation des abus et désordres introduits dans la jurisdiction du Châtelet de Paris (V. XVII, p. 223), adressées à Philippe de Messe, clerc, et à Guillaume de Marsilly, prévost de Paris :

... Notariorum dicti Castelleti qui, plerùmque sicut accepimus, in salariis exigendis metas rationis excedunt, advocatorum, quorum nonulli per imperitiam suscepta causarum negotia dubiis eventibus obtinent et obvolvunt, et de quota parte litis paciscuntur, procuratorum qui sub effrenata multitudine et numero, quam plurium excessive fraudibus exquisitis, expedienda per eos in impedimenta retorquent, quorum illicitas exactiones parit venditio excessiva, servientium qui frequenter sub tuitionis prætextu et officii velamine, deprædationes et alia turpia committere non verentur, examinatorum, quorum aliqui circa testium depositiones aliud scripsisse quam audisse dicuntur, geolariorum qui a prisonariis commissis eorum custodiæ quicquid possunt, capiunt et extorquent, registratorum quorum favores non serias punitiones et jura plurimum suffocant et absorbent.....

Nous donnons ici la nomenclature des ordonnances rendues par Hugues Aubriot pendant sa prévôté, et des actes principaux qui le concernent :

Pour l'intelligence des indications jointes à cette nomenclature, il est bon de se rappeler que les anciens registres du

Châtelet, dont le nombre exact ne nous est connu qu'imparfaitement, étaient désignés, soit par les couleurs de la reliure, soit par les premiers mots du texte que ces registres renfermaient. Sur seize registres, dont une copie, exécutée dans la première moitié du xviiie siècle, est conservée aux archives de la préfecture de police, onze se retrouvent en originaux, cinq à la Bibliothèque impériale, six aux archives de l'empire.

A la Bibliothèque on a : 1° Livre rouge vieil, fonds des Cartulaires, n° 8 ; — 2° livre gris, cart. n° 9 ; — 3° livre vert neuf, cart. n° 10 ; — 4° livre rouge troisième, fonds français, n° 4273 ; — 5° livre Doulx Sire, fonds français, n° 4274.

Aux archives de l'empire, on a : 1° Le livre jaune petit ; — 2° le livre jaune grand ; — 3° le livre rouge neuf ; — 4° le livre vieil deuxième ; — 5° le livre bleu ; — 6° le livre noir neuf. Voir le travail de M. H. Bordier, sur les *Archives de France*. — Quant à l'ouvrage cité sous le titre de : *Recueil ms. de M. Joly de Fleury*, c'est la copie des anciens registres du Châtelet, conservée aux archives de la police à Paris. Cette collection comprend aussi les registres-bannières du Châtelet, ainsi nommés à cause de la nature des actes qu'ils renfermaient, et qui tous avaient été proclamés à son de trompe. — *Voy*. Ducange, V° Bannière.

9 *septembre* 1367. — Ordonnance de police concernant le port d'armes. (Livre blanc petit, f° 83.)

9 *septembre* 1367. — Ordonnance de police concernant les oiseux fainéans. (Livre blanc petit, f° 83.)

Ordonnance de police qui enjoint aux oiseux et fainéans de s'occuper.

A esté cryé, de par le roy notre sire, que toutes les manieres de gens oyseux qui ont puissance d'ouvrer es fossés de sa bonne ville de Paris, ou ailleurs où on les voudra embesogner, pour sallaire competent, qui ne veulent ou ne voudront ouvrer es dits lieux, et par la maniere que dist est, soient prins et menez en Chastelet par les sergens à ce ordonnez, pour iceulx oyseulx battre ou chastier, ainsy qu'il appartiendra. Fait le 9e jour de septembre mil trois cent soixante et sept.

18 *septembre* 1367. — Cri concernant les femmes publiques. (Livre blanc petit, f° 83 ; Sauval, t. III, p. 652.)

25 *septembre* 1367. — Cri concernant les jeux et les poulaillers. (Livre blanc petit, f° 83.)

18 *octobre* 1367. — Cri et ordonnance de police concernant les filles de joie. (Livre vert ancien, f° 147.)

4 *décembre* 1367. — Commission pour faire cesser la levée des péages. (Livre rouge vieil, f° 44. Ordonn. du Louvre, t. V, p. 89.)

16 *décembre* 1367. — Ordonnance des généraux sur le fait de la boëte au vin. (Livre noir, f° 270.)

17 *janvier* 1367. — Lettres patentes portant règlement pour le Châtelet de Paris. (Doulx Sire, f° 1 *bis*.)

8 *février* 1367. — Lettres concernant le scel du Châtelet. (Livre rouge vieil, f° 44 v°. Ord. du Louvre, t. V, p. 95.)
Lettres qui ordonnent que le prévôt de Paris, privativement à tout autre juge, connoistra de l'exécution des actes scellez du scel du Chastelet de Paris.

12 *février* 1367. — Cri concernant les hotelliers. (Livre blanc petit, f° 83 ; *Traité de la police*, t. III, p. 728.)

Mars 1367. — Confirmation pour les pauvres femmes fripières et revendresses. (Livre jaune petit, f° 146. Ord. du Louvre, t. V, p. 106.)

22 *avril* 1368. — Arrêt du parlement en faveur des couteliers contre les merciers. (Livre des métiers, ms. de la Chambre des comptes, f° 305, du Recueil ms. de M. Joly de Fleury.)

5 *mai* 1368. — Lettres de garde gardienne pour les reli-

gieuses de Poissy. (Livre rouge, f° 67 v°, et 192. Ord. du Louvre, t. V, p. 115.)

22 *mai* 1368. — Arrêt du parlement concernant le grand chambrier de France et les pelletiers. (Livre rouge vieil, f° 66 v°.)

8 *juillet* 1368. — Arrêt du parlement concernant la juridiction du Châtelet et celle des requêtes du Palais. (Livre rouge vieil, f° 56.)

16 *juillet* 1368. — Vidimus d'un arrêt du parlement rendu sur les merciers et les fèvres-couteliers, du 22 avril précédent, et d'une sentence du Châtelet concernant les emmancheurs de couteaux du 6 avril, après *Judica me*, 1366. (Livre des métiers, ms. de M. Joly de Fleury, f° 19; livre vert ancien, f° 89.)

8 *mai* 1368. — Cri concernant la sûreté publique. (Livre blanc petit, f° 83; livre vert ancien, f° 147 v°.)

A esté cryé que nul tavernier ne soit si hardy de tenir ne asseoir beuveux en taverne, après l'heure du couvre-feu sonnée, à peine de soixante sols parisis d'amende.

Item a esté cryé que nul ne soyt si hardy de vendre ne prester à escoliers espées, ne cousteaux, ne autres harnois de guerre, sans le congié du prévost de Paris, sous peine d'amende arbitraire.

Item a esté cryé que, pour ce que aucunes gens donnent petite obeyssance aux sergents du roy, par quoy ils font souventes fois que lesdits sergens crieront ayde au roy, que ung chacun leur donne ayde et confort; et qui fera le contraire, il encherra en la peine dessus dite.

13 *août* 1368. — Cri concernant le port d'armes. (Livre blanc petit, f° 83; livre vert ancien, f° 147 v°.)

20 *août* 1368. — Lettres de garde gardienne pour les chartreux. (Livre rouge vieil, f° 56 v°. Ord. du Louvre, t. V, p. 128.)

29 *août* 1368. — Mandement du roi au prévôt de Paris, concernant les *coulons* (pigeons). (Livre vert ancien, f° 151; livre rouge, 3, f° 99. Ord. du Louvre, t. VI, p. 497.)

Lettres qui deffendent à ceux qui n'ont pas le droit d'avoir des colombiers, de nourrir dans les maisons de Paris et de la banlieue des pigeons, dans des volets, et qui deffendent aussi de tendre des rets pour prendre ces pigeons.

13 *septembre* 1368. — Transaction entre l'université de Paris, l'abbé et les religieux de Saint-Germain des Prés, pour le patronage de Saint-Germain le Vieux. (Félibien, t. III, p. 18.)

24 *septembre* 1368. — Sentence de Hugues Aubriot au sujet de la fondation du collége de Cambrai. (Sauval, t. III, p. 122.)

10 *octobre* 1368. — Cri concernant les chaussures à la poulaine. (Livre blanc petit, f° 84; livre vert ancien, f° 148.)

13 *octobre* 1368. — Lettres patentes concernant les halles. (Livre rouge vieil, f° 46. Ord. du Louvre, t. V, p. 147.)

20 *novembre* 1368. — Statuts des chaudronniers, imparfaits. (Livre vert ancien, f° 85.)

15 *janvier* 1368. — Accord entre les fèvres-couteliers et les couteliers-emmancheurs. (Ms. de M. Joly de Fleury, f° 25; livre vert ancien, f° 93.)

3 *février* 1368. — Lettres patentes concernant les filles de joie. (Livre rouge vieil, f° 47 v°. Ord. du Louvre, t. V, p. 164.)

5 *février* 1368. — Arrêt du parlement rendu entre un sergent et un particulier. (Livre blanc petit, f° 221; ms. Saint-Victor, f° 259 v°. Doulx Sire, f° 1.)

2 *mars* 1368. — Arrêt du parlement concernant la juridiction du grand chambellan de France sur les pelletiers, vidimé le 27. (Livre rouge vieil, f° 130 v°.)

26 *mars* 1368. — Lettres patentes concernant les halles.

(Livre rouge vieil, f° 47 v°; *item*, f° 352. Ord. du Louvre, t. V, p. 148.)

27 *mars* 1368. — Vidimus d'arrêt du 2 de ce mois, concernant la juridiction du grand chambellan de France sur les pelletiers. (Livre rouge vieil, f° 130 v°.)

Vers 1368. — Cri concernant la sûreté publique. (Livre blanc petit, f° 83; ms. Saint-Victor, f° 197.)

Vers 1368-1369. — Cri concernant les taverniers. (Livre blanc petit, f° 84; ms. Saint-Victor, f° 198 v°.)

Cri concernant le verjus. (*Id.*)

1369 à 1371. — Travaux et fortifications de la ville de Paris, exécutés par les soins de Hugues Aubriot. (Sauval, t. III, p. 124, 125, 126.)

3 *avril* 1369. — Lettres concernant les jeux de dés et autres. (Livre vert ancien, f° 151; livre rouge vieil, f° 76. Ord. du Louvre, t. V, p. 172.)

6 *avril* 1369. — Lettres patentes concernant les bouchers. (Livre noir, f° 29.)

23 *mai* 1369. — Lettres patentes concernant les jeux. (Ord. du Louvre, t. V, p. 172.)

Lettres concernant la juridiction du prévôt de Paris. (*Id.*, t. V, p. 170.)

Lettres qui portent que les chambellans et autres officiers des princes du sang et autres seigneurs n'auront aucune juridiction criminelle, dans la ville de Paris, sur ceux de la maison de ces princes, lesquelz seront jugez par le prévost de Paris.

8 *juin* 1369. — Lettres patentes portant réduction des sergens à cheval. (Ord., t. V, p. 194.)

9 *juin* 1369. — Arrêt du parlement concernant la juridiction ecclésiastique. (Livre rouge 3, f° 59 v°.)

19 *juin* 1369. — Cri concernant les halles. (Livre blanc petit, f° 84.)

20 *juin* 1369. — Lettres patentes concernant les marchands de poissons de mer. (Ord. du Louvre, t. V, p. 199.)

21 *juin* 1369. — Taxe concernant la halle aux merciers. (Livre vert ancien, f° 96 v°.)

12 *juillet* 1369. — Sentence du Châtelet portant règlement pour l'approvisionnement de Paris.

Rolle des métiers qui doivent aller aux halles, le vendredy et le samedy. (Livre rouge neuf, f° 89; livre rouge vieil, f° 72.)

13 *juillet* 1369. — Sentence du Châtelet portant règlement sur le fait du commerce de la laine. (Livre vert ancien, f° 97.)

Octobre 1369. — Lettres de sauvegarde pour les Célestins de Paris. (Ord. du Louvre, t. V, p. 233.)

22 *décembre* 1369. — Sentence du Châtelet concernant la justice de Bagnolet, confirmée par arrêt du 10 may 1371. (Livre vert neuf, f° 28.)

Vers 1369. Rolle des métiers qui doivent aller vendre aux halles. (Livre vert ancien, f° 97 v°.)

16 *mars* 1369. — Lettres patentes concernant les bouchers. (Livre noir, f° 29.)

22 *mai* 1370. — Arrêt du parlement concernant les hérésies. (Livre blanc petit, f° 184.)

Mai 1370. — Lettres de garde gardienne pour les religieux de Joyenval. (Ord. du Louvre, t. V, p. 296.)

Idem pour les Chartreux. (*Id.*, p. 298.)

25 *juin* 1370. — Règlements pour les selliers et les malletiers. (Livre vert ancien, f° 76 v°.)

21 *juillet* 1370. — Lettres concernant l'exercice de la chirurgie dans Paris. (Ord. du Louvre, t. VI, p. 322.)

Il est ordonné aux chirurgiens de faire connaître au Châtelet les habitants qu'ils ont soignés de blessures, soit à Paris, soit dans la vicomté.

20 *août* 1370. — Commission pour lever les aides. (Ord. du Louvre, t. IV, p. 445.)

Août 1370. — Lettres concernant le ressort de Puisaux, appartenant à l'abbaye de Saint-Victor. (Ord. du Louvre, t. V, p. 325.)

Garde gardienne pour l'abbaye de Longchamps. (*Id.*, p. 347.)

29 *janvier* 1370. — Acte par lequel le chapitre de l'Eglise de Paris est mis en possession du fief de Viry, par lui acquis.

19 *février.* — Quittance de lots et vente de l'acquisition de Viry faite par le chapitre de l'Eglise de Paris.

Mars. — Aveu et dénombrement du fief de Viry. Amortissement dudit fief. (Livre rouge vieil, f° 266.)

1371, *samedi après Pâques.* — Sentence concernant la corporation des cordiers. (Livre des métiers, dans le ms. de M. Joly de Fleury, f° 81, 82.)

21 *avril* 1371. — Lettres du duc d'Orléans accordées au chapitre de l'Eglise de Paris, pour l'exécution de l'amortissement par lui fait du fief de Viry.

23 *avril.* — Vidimus des lettres du duc d'Orléans. (Livre rouge vieil, f° 267.)

10 *mai* 1371. — Arrêt confirmatif d'une sentence du Châtelet du 22 décembre 1369, concernant la justice de Bagnolet. (Livre vert neuf, f° 38 v°.)

17 *juin* 1371. —Lettres patentes concernant les péages. (Ord. du Louvre, t. V, p. 403.)

23 *juin* 1371. — Ordonnances de police concernant les halles et les merciers. (Livre vert ancien, f° 152.)

24 *juin* 1371. — Cri pour prévenir les vols, etc. (Livre blanc petit, f° 88.)

11, 12 *juillet* 1371. — Cri concernant la santé. (Livre blanc petit, f° 88; livre vert ancien, f° 153; *Traité de la police*, t. IV, p. 151.)

13 *août* 1371. — Taxe faite sur les étuveurs. (Livre vert ancien, f° 69; livre des métiers, ms. de la Chambre des comptes, f° 289, cité dans le ms. de Joly de Fleury, f° 103.)

Statuts des étuveurs. (Livre vert ancien, f° 69.)

Août 1372. Instruction de la geole du Châtelet de Paris, faite par Hugues Aubriot. (Leber, *Collect. des Dissertations relatives à l'historie de France*, t. XIX, p. 169.)

1372. Lettres patentes du 25 septembre, aux termes desquelles la police et la visite des métiers, vivres et marchandises, à Paris et dans les banlieues, doivent être faites par le prévôt et ses délégués. (Archives des commiss. au Châtelet, aux archives de l'empire, section judiciaire.)

15-18 *mars* 1373. — Lettres touchant l'établissement des boucheries du faubourg Saint-Germain. (Félibien, t. III, p. 487.)

13 *avril* 1374. — Procès entre les religieux de Saint-Denis et le prévôt, qui leur avait enlevé le bac du pont de Nully, parce que le grand pont était rompu. (Félibien, t. IV, p. 531.)

27 *avril* 1375. — Arrêt de la Cour qui oblige lesdits religieux à laisser leur bac jusqu'à Pâques, auquel terme ledit prévôt sera obligé de leur rendre leur bac, et de payer le dom-

mage qu'ils ont encouru, et qui sera déterminé par des commissaires. (Félibien, t. IV, p. 502.)

23 *mai* 1375. — Ordonnance du prévôt, portant que les commissaires au Châtelet doivent signer leurs informations, les remettre au greffe, et ne pas prendre de salaire pour celles qu'ils font d'office.

30 *août* 1378. — Prestation de serment, entre les mains de Hugues Aubriot[1], de Gaucher Beliart, libraire à Paris, comme libraire de l'Université. (Du Boulay, *Histoire de l'Université*, t. IV, p. 462. Actes concernant le pouvoir et la direction de l'Université de Paris sur les escrivains des livres et les imprimeurs, etc., comme aussi sur les libraires, relieurs et enlumineurs, in-4°, p. 16.)

Avril 1380. — Lettres patentes portant confirmation de la fixation, au nombre de seize, des commissaires au Châtelet. (Archives des commiss. au Châtelet.)

8 *février* 1367. — Lettres patentes de Charles V données pour faire cesser les prétentions des juges royaux et seigneuriaux, contre les droits et prérogatives du Châtelet de Paris. — Dans le même but, lettres patentes de Charles VII et de Louis XI (6 octobre 1447, 25 juin 1473).

— Arrêts du Conseil des 1er juin 1672, 3 juillet 1673, 12 mai 1684.

Nous citons ici : les ordonnances et instructions faictes par feus de bonne mémoire les roys Charles septieme, Loys unzieme, Charles huytiesme, Loys douzieme et Francois premier du nom, extraictes et collationnées aux registres de la souveraine court de parlement à Paris, ensemble plusieurs autres ordonnances, statuz, edicts et déclarations faites par plusieurs

---

1. Voir *Bibliothèque des Chartes*, 5e série, t. III, 3e livraison, janvier-février 1862, p. 207, 214, le beau travail de M. Leroux de Lincy.

autres roys. Adjousté en la fin dicelles, oultre les précédentes impressions, plusieurs ordonnances faictes jusques en lan mil cinq cens trente trois, ainsi que lon pourra veoir en tournant le feuillet[1].

23 *octobre* 1425. — Ce sont les ordonnances royaulx du Chastellet de Paris qui ont esté faictes par grande et meure délibération du conseil, en lan mil quatre cens quatre vingts et cinq, lesquelles doivent estre leues, chascun an, le lendemain de Quasimodo, et le premier jour plaidoyable d'après vaccations de vendenges, et les promettront et jureront garder et observer les gens dudit Chastellet chascun pourtant que a luy peult et pourra toucher.

ART. 1. Le prevost ou garde de la prevosté de Paris, sera désormais tenu, *en tout temps, de venir et estre audit Chastellet, pour y besongnier et entendre au fait de son office, à sept heures du matin.*

ART. 2. Ledit prevost et les autres officiers ou praticiens dudit Chastellet, seront tenus d'aller et estre audit Chastellet, tous les jours que nos conseillers du parlement seront en icelluy parlement, excepté les jours et festes de Sainct-Denis, Saincte-Catherine, Sainct-Nicolas en yver, Sainct-Germainl'Auxerrois et les vaccations d'aoust et de vendenges.

ART. 3. Enjoignons audit prevost qu'il visite ou face visiter par son lieuxtenant, *chascun jour*, les tableaux registres des emprisonnez *le jour précédent*. Et que *chascun lundy*, ledit prevost ou son lieutenant visite les prisonniers dudit Chastellet, pour veoir leur estat, ou les face venir, devant luy, sur les carreaulx, pour scavoir si aucuns griefs ou oppressions leur ont esté faictes, par les geoliers ou autres.

1. On les vend à Paris, en la grant salle du palais, au premier pilier, en la boutique de Gailliot Dupré, marchant libraire juré en l'Université. (Mil. D. xxxiij.)

ART. 4. Que ledit prévost ou sondit lieutenant facent tenir les prisons nettes.

ART. 5. Deffendons à icelluy prevost que désormais il ne exige directement ou indirectement des sergens ou autres officiers dudit Chastellet, chappons, or, argent ou autre chose, à cause de leurs institutions.

ART. 6. Que doresenavant il ne prengne ou applique à son prouffit, les ceinctures, joyaulx, habits, vetemens, ou autres paremens deffendus aux fillettes et femmes amoureuses ou dissolues.

ART. 7. Enjoignons audit prevost, sous peine de privation de son office, qu'il pourvoye à l'office de clerc criminel, de bonne personne ydoine et suffisant.

ART. 8. Ordonnons que ledit prevost, son lieutenant et les auditeurs dudit Chastellet, ne pourront faire aucuns renvoys de cause par devant autres justiciers, ne faire reddition de prisonniers, ne tauxer salaires ou despens sur nous, sans appeler nostre procureur, et voulons que les tauxations qui seront faictes sur nous, soient signées par celluy ou ceulx qui les feront et par le clerc.

DES AUDITEURS DU CHASTELET.

ART. 1er. Ils ne cognoistront d'aucune cause qui monte oultre vingt livres parisis, ne de cause de héritage.

ART. 2. Ils seront instituez de par nous, par bonne élection ou délibération, et auront pour gages, chacun, soixante livres parisis.

ART. 3. Ils seront tenuz d'estre et seoir en leurs places et auditoires, à huyt heures du matin au temps d'esté, c'est assavoir de Quasimodo jusques aux vacations de vendenges, et à neuf heures en temps d'yver; c'est assavoir depuis lesdites vaccations de vendenges jusques à Quasimodo. Et si aucunes causes restent au matin, à expédier par devant eux, ils seront tenuz de les expédier, après dîner, autant qu'ils en pourront expédier.

DU PROCUREUR DU ROI EN COURT D'ÉGLISE.

Art. 1er. Et afin que les officiers de la court ecclésiastique n'entrepregnent sur la jurisdiction temporelle, nous enjoignons à notre procureur en court d'Église, qu'il aille, par chascune sepmaine, ès jours de mercredy et samedy et autres plaidoyables, ès auditoires des évesque, archidiacre et chappitre de Paris, et facent dilligence de ouyr, durant les plaidoyers, les matières dont len y traitera.

Art. 2. Que les procez de nostredit Chastellet soyent si secretement baillez de par nostredit prevost, à visiter aux conseillers dillec, que les parties ne puissent scavoir à qui le procès sera donné à visiter.... Et ne recevront lesdits conseillers actes, lettres, ne aultres choses de la partie, pour joindre au procès, mais y sera joinct ce qu'il y fauldra, par la main dudit prevost ou de ses clercs de prevosté.

Art. 3. Iceulx conseillers seront tenus de eulx assembler, avec le prevost, par chascune semaine, le vendredy, pour expédier les procèz.

DES EXAMINATEURS DUDIT CHASTELLET.

Art. 1. Doresnavant, aucun examinateur ne se serra au rang du siège de nostredict prevost.

Art. 5. Que nostredict prevost ou son lieutenant, *pour la povreté des parties, ou autre juste cause et non autrement*, pourra donner commissaires du pays aux parties, se elles le requièrent.

Art. 17. Que désormais les examinateurs tauxent escriptures à compter trente lignes, pour chascune feuille, et septante lettres pour ligne, excepté que, pour chascune espace d'entre deux articles, sera descompté une ligne et non mie, selon le nombre des feuilletz.

ART. 18. Les examinateurs auront, pour ouyr les réponses des causes communes et les mettre en écrit, *huyt solz*, et si la cause est si grosse et pesante que en ung jours ne puissent ouyr les réponses, ils auront *seize solz parisis pour toute la cause*. En petites causes auront quatre solz parisis et au dessoubz, selon la povreté des parties, et seront tenus de ouyr les réponses *en personnes*, et les escrire ou faire escrire, *en la présence des parties*.

ART. 19. Pour examiner tesmoings à Paris, chaque examinateur aura *seize solz parisis pour jour*, et s'ils vont hors Paris en commission, xxxii solz parisisis pour jour. Pour mettre les dépositions des tesmoings en parchemin, ils feront roolles dung pied de lé et de deux de long à tout le moins, et auront quatre solz parisis, pour chascun roolle, et y mettront tant de lettres qu'ilz pourront bonnement, sans fraude. Les roolles des copies seront dung espace de lé et de tel long qu'ils contiennent ix lignes, à compter lespace dentre deux articles ou tesmoings, pour une ligne, et en auront deux solz parisis, et aura deux doidz de marge en original, sur le moins, et un doid es copies.

ART. 22. Quant aux tauxations des despens, dommages et interests, ils ne prendront que *huyt deniers pour livre*, mais moins ils pourront et devront prendre en menues choses, *de povres gens et de petites causes*.

DES ADVOCATZ ET PROCUREURS.

ART. 2. Les advocatz et procureurs viendront à la court du Chastellet, à heure de sept heures au matin, en tout temps, soit dyver ou desté, pour délivrer leurs causes.

Art. 3. Que lesditz advocatz ne sortiront pas du Chastellet, sans licence du prevost.

Art. 6. Que chascun advocat aura ou pourra avoir, par jour, quatre causes à son audience et non plus, se le prevost, en la fin de son audience, ne lui en veult aucune donner, oultre le nombre desdictes causes.

Art. 8. Les advocatz pourront, pour *plaider cause commune*, *prendre jusques à* x *livres parisis* et non plus ; pour *grosses causes*, *jusques à* xvi *livres parisis*, et sil y a *petites causes et gens povres*, *ilz sen payeront moderement et courtoisement*.

Art. 30. Que procureur ne soit si hardy haultement ne desordonnement plaider en jugement à son advocat ou au procureur de sa partie adverse, mais si aucune chose veult dire à son advocat, luy dye en l'oreille, ordonnement et ne soyt si hardy de estriver au juge, sur peine destre mis en prison, telle que le cas le requerra.

Art. 31. ... Si le procureur n'est trouvé présent en jugement pour delivrer la cause, *il payera cinq sols d'amende, s'il n'a juste et loyal exoine*.

Art. 36. Les procureurs auront, pour salaire d'une cause commune, *jusques à quatre livres parisis* et non plus, et des grosses causes et subtiles *jusques à huit livres parisis*, et s'ils sont *pensionnaires*, ils se tiendront contens de leur pension.

DES NOTAIRES DU CHATELET.

Art. 3. Défense d'insérer, sur peine d'amende arbitraire, des clauses inutiles et longues escriptures superflues, avec grand multiplication de termes sinonimes.

Art. 5. Seront tenuz d'écrire ès brevets et lettres tout ce qu'ils recevront, pour cause de leurs salaires.

Art. 7. Enjoignons aux notaires, après qu'ils auront rédigé

plainement et escript les contracts, qu'ils les lisent au long, en la présence des parties, avant qu'ils signent ne baillent les lettres d'iceux contracts.

DES CLERCS CIVIL ET CRIMINEL ET DES AUDITEURS.

ART. 2. Enjoignons aux clercs civil et criminel dudit Chastellet et aussi desdits auditeurs, que désormais ils facent leurs sentences et proces par escript, sans superfluité de langage et le plus brief qu'ilz pourront, sans incorporer esdictes sentences, actes, ne aultres lettres non nécessaires, et qu'ilz ne exigent, pour ce, salaires excessifs ne oultre, la somme de seize sols parisis pour l'escripture d'une peau de parchemin commune, et de la moytie d'une peau de parchemin, huyt solz parisis. Et de plus plus, et de moins moins, escriront en la marge desdits exploits combien en auront receu.

ART. 6. Les roolles de copies auront trois espans de long et ung espant d'escripture de lé, esquelz espans les marges ne seront point comprises et contiendront du moins soixante lignes et en auront deux solz six deniers.

DES AUDIENCES.

ART. 2. Enjoignons ausditz clercs civil et criminel qu'ils ayent leurs principaux clercs bons et suffisans, sachant lire et *entendre latin, affin que par leur ignorance ou insuffisance, esclandres ou inconvéniens n'adviennent.*

ART. 5. Nous ordonnons que ledit clerc criminel sera tenu de bailler, chascun lundy par roolles, tous les deffaulx des eslargis dudit Chastellet, au receveur de Paris ou au fermier d'iceulx deffaulx.

DU SCELLEUR.

ART. 1er. Les scelleurs et chauffe-cire dudit Chastellet qui ont gages ordinaires de nous, ne pourront prendre que deux solz parisis, tant seulement pour la nouvelle institution de quelqu'office que ce soit.

ART. 2. Le scelleur était à son siège de huit à onze heures, et de trois à cinq heures; il devait bailler, du jour au lendemain au fermier dudit scel, ce qu'il en avait reçu.

DES SERGENS.

ART. 1er. Que aucun ne soit receu à office de sergent *s'il nest pur lay ou marye, non portant tonsure ou continuellement portant habit raye ou party.*

ART. 2. Que aucun ne soit receu à office de sergent à cheval, *sil ne scet lyre et escripre,* enjoignons à iceulx sergens à cheval, qu'ilz *signent de leurs seings manuelz* toutes les relations des exploits qu'ils feront.

ART. 4. Que aucun sergent à verge ne puisse *sergenter, hors la banlieue de Paris.* Les sergens seront payés de leurs *escriptures;* mais se ils *rapportent de bouche leurs exploicts,* par devers la court, et que par la court, ilz soyent redigez par escript, ilz ne auront point de salaire pour ce faire.

ART. 30. Se ung sergent *meine des prisons du Chastellet ung prisonnier au parquet où len plaide, ou en la chambre du greffier criminel audit Chastellet,* par le commandement du prevost de Paris, pour le examiner sur le cas de son emprisonnement, ou pour autre cas qui toucheroit une tierce ou sa personne, il nen aura rien.

ART. 31. Et se ung sergent va sceller en lhostel dung delinquant ou dung trespassé en la ville de Paris, il aura pour son salaire douze deniers, et sil va hors de Paris, cest assavoir à Sainct-Germain des Prez, à Notre-Dame des Champs, à Sainct-Marcel, à Sainct-Victor, au moulin de Coppeaulx, aux Tuilleries vers le Louvre, à la Granche-Batelliere, à Sainct-Laurens, à Sainct-Ladre, es marestz de Paris, à Sainct-Antoine hors de Paris, il aura pour son salaire deux solz; s'il va à demye lieue de Paris, il aura trois solz; s'il va oultre demye lieue de Paris et dedans la banlieue, quatre solz parisis.

Art. 33. Pour capture à Paris pour delict et à la requete de partie, douze deniers; pour justice ou office, il nen aura rien.

DE L'AUDIENCIER.

Art. 1er. L'audiencier du Chastellet et son compagnon seront tenus de venir à sept heures au matin, et destre et assister continuellement devant le prevost, tant comme len plaidera, pour garder le guichet, comme a faire faire la paix, sans en partir, hors se ce n'estoit par le congé du juge, sur peine de dix solz parisis chascun pour la premiere fois, et pour la seconde vingt solz parisis, ou autre à lordonnance du juge.

Art. 3. L'audience du greffe du Chastellet de Paris sera cryée à la dixieme heure de lorloge du palais, et non plus tot.

DU CLERC DE LA GEOLE ET GEOLIER.

Art. 10. Quaucun prisonnier nait escriptoire, encre, ne papier, et sera tenu le geolier de bien sen prendre garde. — Quaucun prisonnier ne face ou face faire ne escripre lettres closes ne autres, en la geolle, se ce nest par congé, et quelles soient montrées au prevost.

Art. 34. Le geolier fera tenir pleine d'eau la grant pierre qui est sur les carreaux, afin que les prisonniers en puissent avoir sans dangier.

Art. 35. Le geollier sera tenu d'avoir litz suffisans de deux lez, et quil nen puisse mettre ne prendre ne profit dung lict que deux personnes, ou trois au plus. — Défense aux prisonniers de jouer aux dez; cependant, les détenus pour dettes pourront jouer aux tables ou aux eschetz.

Art. xi. Le pain apporté ou envoyé au Chastellet, par les jurés des boulangiers, et par celui qui fait la requete par la ville pour les prisonniers, leur sera distribué par le plus notable prisonnier qui sera sur les carreaux [1].

Extrait du Stille de Chastellet touchant la massonnerie :

11 *septembre* 1426. — Murs mytoyens.

LES DROITS DE L'EXÉCUTEUR DE HAULTE JUSTICE :

Toutes personnes qui ameinent fruict nouvel es halles, luy doivent chacune personne ung denier, excepté les frans, et ne dure que environ deux mois.

ORDONNANCE DE FRANÇOIS Ier SUR L'ABBRÉVIATION DES PROCÈS.
(3 janvier 1528.)

Art. 9. Enjoignons auxdits advocats plaidans en nostre dicte court de parlement de ne faire longues et prolixes plaidoyeries, et de réciter sommairement leur faict et l'appointement dont est appel.

Art. 13. Que les procureurs au parlement seront tenuz faire résidence en notre dicte court, selon lordonnance, et silz sont malades ou absens, seront tenuz laisser substitutz, sur peine de cent solz parisis d'amende, et nommer au greffe des présentations leurs substitutz.

16 *octobre* 1684. — Arret du conseil d'État portant reglement pour le service des officiers du Chatelet, en execution

---

1. Dans le cours de cet ouvrage, nous avons souvent cité les registres du Châtelet déposés aux archives de la préfecture de police, ainsi que le recueil de documents manuscrits (en quarante et un volumes in-folio conservés dans le même dépôt), colligé par les ordres du président de Lamoignon, et contenant la législation de la police en France, depuis Philippe-Auguste jusqu'en 1762. Ces sources sont par nous indiquées ainsi : (P. de Pol.) — (Coll. Lamoignon.)

de l'edit de suppression du nouveau siège du mois de septembre 1684. (Arch. de l'Empire, coll. Rond.)

Avril 1685. — Edict du roy qui supprime les chancelleries présidiales du Chastellet de Paris. Donné à Versailles. (Coll. Delamare, vol. 179, fol. 62.)

Charles VII. Ordonnance de 1425, reglant les scellés en matière criminelle, en cas de deshérence (V. 17, 339), la taxe des dépens, dommages et interets; les droits et salaires attribués aux examinateurs du Chastelet de Paris, aux ajournements à trois briefs jours, interrogatoires sur faits et articles pertinens, aux examinations et auditions de témoins; droit de suite du Chastelet de Paris pour faire les instructions hors le ressort et par tout le royaume, flagrants délits, emprisonnement.

Ordonnance de mai 1425. — Ordonnance de Henri, roi de France et d'Angleterre, en 204 articles, portant réglement pour les officiers du Châtelet. (Ms. de la Bibliothèque impériale Ms. Livre blanc ou Doulx Sire, 9, 350. A. 39, V. 17, 334.)

20 *juillet* 1546. — Arret du parlement, contenant reglement des droits et fonctions attribués aux commissaires examinateurs du Chatelet de Paris.

6 *octobre* 1606. — Brevet d'Henri IV, réservant aux veuves, enfans ou heritiers, les offices des magistrats du Châtelet de Paris, exerçant la police, qui décéderont pendant la contagion.

Février 1674. — Édit du roi portant reunion au Châtelet de Paris des justices seigneuriales situées dans la ville de Paris.

Février 1674. — Édit portant création de dix-neuf commissaires, enqueteurs examinateurs au Châtelet de Paris.

Février 1674. — Creation d'un nouveau Châtelet en la ville de Paris.

Août 1674. — Declaration du roy Louis XIV, partageant par le cours de la Seine la juridiction des deux Châtelets de Paris.

Septembre 1684. — Réunion des deux Châtelets de Paris.

Une ordonnance de police du Châtelet de Paris (30 mars 1635) porte que les mesureurs de grains seront tenus d'assister à l'ouverture des marchés, faire ouvrir les sacs, à huit heures précises du matin, recueillir fidèlement et sans connivence, le prix de la vente de tous les grains pour, par eux, en être fait rapport ès registres des appréciations, à peine d'amende.

16 *octobre* 1684. — Arrêt du conseil d'Etat réglant le service des officiers du Châtelet de Paris.

Janvier 1685. — Édit de Louis XIV portant règlement pour l'administration de la justice au Châtelet de Paris.

Janvier 1691. — Édit du roi portant règlement entre le lieutenant criminel du Châtelet de Paris et le lieutenant criminel de robe courte. (Archives de l'Empire. Sect. hist.)

16 *décembre* 1699. — Déclaration du roy portant règlement pour l'âge des officiers de police. Donnée à Versailles et registrée en parlement.

Louis, par nos édits des mois d'octobre et novembre dernier nous avons créé et érigé dans toutes les villes et lieux où la justice nous appartient, tous les officiers nécessaires pour l'exercice de la police; et nous avons depuis été informé par ceux que nous avons chargé de la vente desdits offices, qu'il serait nécessaire qu'il nous plût expliquer notre intention sur l'âge que les acquéreurs desdits offices doivent avoir pour en estre pourveus et en faire les fonctions; à ces causes et autres à ce nous mouvans et de nostre certaine science, pleine puissance et autorité royale, nous avons par ces présentes signées de notre main, dit et ordonné, disons et ordonnons, voulons et nous plaise que toutes provisions nécessaires soient expédiées aux acquéreurs des offices créez par nosdits edits, pourveu qu'ils aient atteint l'âge, savoir : pour les offices de lieutenans généraux de police ou de nos procureurs, vingt-cinq ans, et pour ceux de commissaires, greffiers et huissiers, vingt ans.

Si donnons en mandement à nos amez et féaux conseillers, les gens tenant nostre cour de parlement à Paris que ces presentes ils ayent à faire lire, publier et enregistrer, et le contenu en icelles exécuter selon leur forme et teneur, nonobstant tous éditz, declarations et autres choses à ce contraires, auquel nous avons dérogé et dérogeons par ces présentes. Aux copies desquelles collationnées par l'un de nos amez et féaux conseillers et secrétaires, voulons que foy soit ajoustée comme en l'original; car tel est nostre plaisir. En témoin de quoy nous avons fait mettre nostre scel à cesdites présentes.

Donné à Versailles le vingt-deuxième jour de décembre 1699 et de nostre règne le cinquante-septième.

Signé, Louis.

Et sur le reply : Par le roi, PHELIPPEAUX, et scellée du grand sceau de cire jaune.

Registrée, ouy et ce requérant le procureur général du roy.

Signé, DONGOIS [1].

Octobre 1712. — Édit du roy servant de règlement entre les officiers du Châtelet de Paris et ceux du bailliage du Palais.

Janvier 1716. — Édit du roi portant restablissement d'offices de greffier au Chastelet et règlement pour les greffes des jurisdictions consulaires.

21 *juillet* 1769. — Sentence du Châtelet de Paris relative à

1. Archives impériales. Collection Rondonneau.

l'instruction des causes pendantes au Châtelet et à la taxe des dépens. (Vol. XVII, p. 607.)

Mai 1771. Édit du roy portant suppression d'offices dans le Châtelet de Paris. — Cet édit a été révoqué par celui de décembre 1774.

15 septembre 1771. — Déclaration du roi attribuant 800 livres de gages à chaque office de conseiller au Châtelet.

Un gentilhomme ne déroge pas à sa noblesse par la charge de notaire au Chastelet de Paris. Messire Jehan de Vailly, premier président du parlement de Paris, était fils de Richard de Vailly, notaire au Chastelet. (*Hist. des présidents à mortier*, par Blanchard.)

Création d'un lieutenant particulier et premier conseiller au bailliage (26 octobre 1523).

Août 1523. — Translation du bailliage de Paris du lieu de Nesle au Petit Chastelet. (Ordonnances de François Ier.)

Création de cinq conseillers au Chastelet, à Joinville (29 mars 1552).

Création de sept conseillers au Chastelet (octobre 1567).

Création d'un conseiller clerc au Chastelet (édit d'août 1573).

Création de deux conseillers au Chastelet (1586).

Création de deux charges de conseillers au Chastelet (1622).

Quatre charges de conseillers au Chastelet, deux clercs et deux laïques (1635).

Création de la charge de conseiller du roi et garde-scel de la chancellerie du Chastelet (juin 1568).

Édit de juin 1645 portant création de quatre offices d'exempts et vingt archers.

Février et août 1674. — Création du Châtelet de la rive gauche et déclaration du roi Louis XIV, pour le partage de la juridiction des deux Châtelets. (Collection Isambert, t. XIX, p. 129-140.)

Officiers du bailliage créé au mois de février 1522 au Chastelet de Paris.

18 *mars* 1522. — Messire Jehan de la Barre, chevalier, bailly institué par lettres données à Saint-Germain.

12 *juillet* 1523. — Jehan Morin, lieutenant général du bailliage.

26 *octobre* 1523. — François Boylone, lieutenant particulier et premier conseiller audit bailliage.

16 *mars* 1528. — Abelle Bourguignon, advocat du roy au bailliage.

9 *septembre* 1528. — Jehan le Mestayer, procureur du roi au bailliage.

1544. — Bertrand Joly, lieutenant général.

18 *janvier* 1545. — Michel Vialart, lieutenant général.

24 *aoust* 1553. — Par lettres données au camp près Amiens, est nommé Nicolas Luillier lieutenant général de la conservation des priviléges royaux de l'université de Paris.

17 *août* 1559. — Pierre Rubentel, lieutenant général.

Voir les *Coutumes tenues toutes notoires et jugées au Chastelet de Paris*, par Brodeau. Ces actes de notoriété, au nombre de cent quatre-vingt-six, concernent les principales difficultés qui s'étaient élevées sur les usages de la prévôté et vicomté de Paris, et qui avaient été décidées par les sentences des prévôts depuis 1300 jusqu'en 1387. La rédaction des *Coutumes notoires* a été précédée de l'avis des lieutenans, conseillers, avocats, examinateurs, procureurs, gentilshommes, marchands, bourgeois, suivant la forme observée à cette époque, pour la preuve et vérification des coustumes, non encore rédigées par escript, d'authorité publique et royale. Selon

Brodeau, ce serait la vive source des cahiers présentés en 1510, pour la rédaction des Coutumes. Quand une Coutume était constante pour tous, la cédule portait : *Notissima* ou *contestata per partem.* Si elle était contestée, il y avait lieu de procéder à une enquête, et sur la suscription étaient ces mots : *Probata per quatuordecim testes;* ou bien : *Probata in turbâ prædicti viginti esse verum.*

Anciennes Constitutions du Châtelet de Paris. Cette collection a été conservée par de Laurière, qui l'a fait imprimer dans le troisième volume de son *Commentaire sur la Coutume de Paris.*

Le Miroir du Châtelet ou Vraies fonctions des tabellions françois, ouvrage composé au XVe siècle par le notaire Hugues de la Heaumerie.

15 *mai* 1315. — Livre blanc. Articles extraits de certaines ordonnances faites par le roy Louis, sur la complainte que lui firent les nobles des bailliages d'Amiens et de Vermandois, disant que les officiers du roi les avaient moult grevés indument, et défaisaient, de jour en jour, leurs anciennes coutumes et usaiges.

22 *juin* 1523. — Livre rouge neuf. Permission pour les poulaillers de la rue du Vertbois de nourrir oisons.

16 *septembre* 1523. — (Livre rouge neuf.) Arrêt qui fait mention des Suisses que le roy entretenait à ses dépens, dans l'Université.

17 *septembre* 1523. — (Livre rouge neuf). Cri pour faire livrer au roy le duc de Bourbon, connétable de France.

14 *août* 1527. — (2e vol. des Bannières.) Lettres de deffenses d'envoyer de l'argent à Rome, à cause de la détention du pape, et lettres de cachet pour l'exécution desdites lettres, du 16 dudit.

29 *décembre* 1530. — (Livre rouge neuf.) Arrest du parlement qui infirme une sentence du lieutenant criminel au Chatelet de Paris, laquelle avait renvoyé par-devant le maître de l'artillerie au Chatelet du Louvre le procès criminel d'un canonnier.

14 *janvier* 1533. — (Grand Livre jaune.) Avis du procureur du roy en faveur des épiciers, contre un mercier qui vendait du safran.

28 *décembre* 1537. — (3e vol. des Bannières.) Lettres concernant les imprimeurs et la librairie ou bibliothèque du roy.

28 *novembre* 1540. — (3e vol. des Bannières [1]). Lettres concernant la provision du salpêtre ordonnée à la ville.

Janvier 1559. — (11e vol. des Bannières.) Lettres patentes par lesquelles les archers, arquebusiers, arbalestriers de cette ville de Paris ont leurs causes commises au Chatelet de Paris.

3 *septembre* 1562. — (6e vol. des Bannières.) Statuts des armuriers.

11 *août* 1564. — (6e vol. des Bannières.) Lettres concernant les amendes de fol appel.

18 *février* 1565. — (7e vol. des Bannières.) Arrest concernant la police des imprimeries.

11 *août* 1568. — (2e cahier neuf.) Sentence qui condamne un mercier en l'amende, pour avoir été trouvé travaillant à un chapeau.

17 *novembre* 1568. — (2e cahier neuf.) Sentence du Chatelet portant deffenses aux merciers d'étaler plus de six chapeaux de feutre.

---

1. Archives de la préfecture de police, dont le conservateur, M. Labat, se distingue par une bienveillance égale à son savoir.

Septembre 1617. — (11e vol. des Bannières.) Lettres de na-
turalité obtenues par Vincent Franquèz de L'Ange, natif de Pe-
sinises, terre de la Vaul, pays d'Italie, maître en faict d'armes,
à Paris.

27 *décembre* 1627. — (11e vol. des Bannières.) Lettres patentes par lesquelles il est deffendu d'imprimer ou faire imprimer aucuns livres,sans la permission du roy, scellée du grand
sceau, et enjoint aux imprimeurs de mettre leur nom et celui
de l'auteur et le lieu de sa demeure.

20 *janvier* 1628. — (11e vol. des Bannières.) Lettres patentes
défendant d'imprimer et composer des almanachs contre l'ordonnance de Blois, 36e art.

30 *juin* 1629. — (12e vol. des Bannières.) Lettres à Charles
Manceau, pour l'office de controlleur de la recette des consignations.

27 *avril* 1632. — (12e vol. des Bannières.) Lettres pour M. le
cardinal de Richelieu pour faire construire une barrière devant
son hostel, rue Saint-Honoré.

3 *août* 1645. — (12e vol. des Bannières.) Lettres pour Claude
de Thou et Charles Galliot pour le combat des ours, taureaux
et autres animaux. Les mêmes sont autorisés à faire enlever
et escorcher chevaux hors la ville de Paris.

9 *mars* 1646. — Lettres pour le sieur Toqueville pour garder
les bains et estuves dans toutes les maisons royales.

4 *juin* 1650. — Lettres pour les sieurs Tortebat et Dorigny,
graveurs en burin et à l'eau-forte.

Mars 1653. — (12e vol. des Bannières.) Lettres d'establissement des boëtes pour mettre les lettres à porter dans la ville
et fauxbourgs de Paris.

Nous donnons ici quelques ordonnances concernant les métiers de Paris [1] :

Mercredy après les Wictièves de Pasques.

1305. — Lettres patentes concernant les boulangers.

21 *avril* 1372. — Commission du roy concernant la police du pain.

Juillet 1372. — *Idem.*

22 *janvier* 1406, 23 *décembre* 1411. — Arrest du parlement concernant la juridiction du pannetier de France sur les boulangers.

17 *septembre* 1373-1439, 13 *février* 1419. — Lettres patentes concernant les meuniers du Grand-Pont, boulangers, blatiers, mesureurs de bled.

Mercredi avant la Saint-Clément (1303). Reglement concernant les jaugeurs de vin.

Veille de la Toussaint (1320). — Statuts des filandiers.

24 *may* 1420. — Statuts des teinturiers de fil.

31 *mars* 1412. — Statuts des fruitiers.

Dimanche, jour dés Brandons (1421). — Ajustement des poids.

8 *octobre* 1415. — Sentence du Chatelet concernant les statuts des patiniers, faiseurs de galoches.

8 *mars* 1409. — Statuts des natiers.

7 *juin* 1415. — Statuts des heaumiers et des haubergers.

Lundy après la Saint-Nicolas d'hyver (1290). — Statuts des fourbisseurs.

Août 1355. — Lettres patentes concernant les orfèvres.

1. *Livre des mestiers de Paris.* — Archives de la préfecture de police.

Mercredi avant la Chandeleur (1303). — Sentence du Chatelet concernant les potiers d'étain.

26 *juin* 1392. — Sentence du Châtelet concernant les chandeliers de suif.

16 *juin* 1412. — Lettres confirmant les statuts des buvetiers, du 22 mars 1411.

Samedy après Pasques (1371). — Sentence concernant les cordiers, les cardeurs (3 août 1377), les éguilletiers (15 juillet 1380 et 7 février 1421).

1291. — Sentence du Chatelet concernant les statuts des fourreurs de robbes de vair.

16 *juillet* 1344. — Lettres patentes confirmatives des statuts des potiers de terre.

Avril 1270. — Sentence concernant les statuts des tisserands de drap.

1320. — Statuts des harangers.

22 *avril* 1368. — Arrest du parlement concernant les couteliers fèvres et les couteliers faiseurs de manches.

18 *mars* 1398. — Statuts des serruriers.

22 *janvier* 1331. — Sentence concernant les cristalliers.

4 *janvier* 1403. — Sentence concernant les frangiers.

7 *septembre* 1435. — Ordonnance du mestier de tissus de soye.

Lundy après la Saint-Nicolas d'hyver (1290). — Statuts des fourbisseurs d'espées.

Mars 1299. — Statuts des ouvrières d'aulmonières ou bourses sarrazinoises.

Juillet 1277. — Statuts des tapissiers sarrazinois.

Aoust 1285. — Lettres de l'abbé de Saint-Denis concernant les teinturiers.

Lundy après les Brandons (1293). — Statuts des tailleurs et couturiers de robbes.

Dimanche avant les Brandons (1291). — Sentence du Châtelet portant reglement entre les teinturiers et tisserands.

Mercredy avant Saint-Luc (1293). 4 mars 1395. —Statuts des canevaciers.

12 *août* 1391. — Sentence du Chatelet concernant les imagiers, tailleurs de crucifix et de manches à couteaux, peintres.

Lundy après la mi-août (1301). — Règlement concernant les barbiers cirurgiens.

19 *octobre* 1364. — Lettres patentes concernant l'exercice de la cirurgie.

Août 1353. — Lettres concernant les ventes qui doivent être faites chez les apoticaires.

28 *septembre* 1381. — Lettres de privilége pour les médecins.

20 *août* 1410. — Lettres patentes concernant les médecins et les cirurgiens.

Avril 1352. — Lettres patentes concernant les cirurgiens.

Saint-Michel, 29 *septembre* 1292. —Établissement d'un garde de l'eau le Roy, pour les pescheurs à verge.

Décembre 1358. — (Livre rouge vieil.) Lettres de grâce accordées au sieur Raoul d'Ailly, accusé d'estre partisan du roy de Navarre et de l'évesque de Laon.

23 *novembre* 1396. — Cri et ordonnance de police concernant la chasse et la conservation des plaisirs du roy.

14 *septembre* 1395. — Ordonnance de police défendant à tous faiseurs de chansons et à autres menestrels de bouche et re-

cordeurs, que ils ne facent, dient ne chantent en place ne ailleurs, aucuns ditz, rimes ne chansons qui facent mention du
pape, du roy nostre sire, de nosseigneurs de France.

La préfecture de police contient, dans ses archives, les
manuscrits suivants (copie du xviiie siècle), relatifs au
Châtelet (chacun d'eux forme un volume relié) :

Livres de couleur. — Livre rouge vieil; Livre rouge
neuf; Livre rouge 3e; Livre vert neuf; Livre vert ancien;
Livre vert vieil; Livre vert 2e vieil; Livre bleu; Livre
gris; Livre noir; Livre jaune petit; Grand livre jaune;
Livre Doulx Sire; cahier neuf.

Bannières[1] 1re (1461-1514); 2e (1402-1531); 3e (1486-
1542); 5e (1511-1537); 6e (1464-1565); 7e (1564-1571);
9e (1383-1600); 10e (1609-1619); 11e (1620-1629);
12e (1629-1664).

Livre des métiers de Paris. (Répertoire général.) On y
trouve aussi les audiences du lieutenant général du Châtelet et commissions (1725-1788), les registres d'écrou du
grand Châtelet (1651-1792), les registres d'écrou de la
Tour Saint-Bernard, de Saint-Éloi du Temple (prison
d'État). Ravaillac figure ainsi sur le registre de la Conciergerie, où il est écroué, le samedi xve mai 1610 :
« François Ravaillac, praticien, natif d'Angoulesme,
amené prisonnier par messire J. de Bellangreville, seigneur de Neuvy, prévost de l'hôtel du roy, grand prévost de France, par le commandement du roy, pour l'in-
humain parricide par luy commis sur la personne du
roy Henri IVe. » (En marge est l'ordre du supplice.)

---

1. Les volumes 4, 8, 13 des *Bannières* manquent, suivant l'indication de la table *de ce qui est contenu dans les registres des Bannières
du Chastelet de Paris,* depuis 1461 jusqu'en 1703.

XX

LE STYLE DU CHATELET

Lorsque les Francs eurent, à leur tour, conquis les Gaules sur les Romains, il se fit un mélange de la pratique romaine avec celle des Barbares.

Les Établissements de saint Louis (1270) prescrivirent les premières règles pour l'ordre de la procédure. Les principales ordonnances qui ont été faites depuis, sur le même objet, sont celles de 149ɔ. de 1535, 1536, 1539, 1560, 1563, 1566, 1573, 1667, 1669, 1670, 1673 et les ordonnances de 1737 sur les évocations et le faux [1].

La procédure, grossière chez les Francs, prit des formes régulières au contact du droit canonique ; elle variait [2] selon que la juridiction était laïque ou ecclésiastique [3]. L'ordonnance de Moulins (février 1566) qui,

---

1. Le Code de procédure civile a été promulgué le 24 avril 1806 ; la plupart de ses dispositions ont été empruntées aux anciennes ordonnances, commentées par Imbert, Papon, Ayrault, Masuër, Gastier, Lange, Gavret, Ferrière.

2. Minier, *Histoire du Droit français*.

3. C'est dans le *Droit canonique* qu'il faut chercher l'origine de plusieurs institutions de notre procédure civile, telles que l'appel des jugements interlocutoires, l'interrogatoire sur faits et articles. (Voir le *Droit ecclésiastique dans ses rapports avec le Droit civil*, par F. le Ruste, avocat. Paris, 1862.)

selon Pasquier, *dépassa d'un long entreject ce que l'on
avait vu jusque-là en France*, visa à l'unité de juridiction
et de procédure civile.

Les formes de la procédure civile servirent d'abord
pour les informations criminelles ; plus tard, chaque procédure fut régie par des règles particulières ; en matière
civile l'ajournement était notifié par un huissier ou sergent qui, d'après l'ordonnance de 1667 (art. 2, tit. II),
devait être accompagné de deux témoins ou recors ; mais
l'édit du mois d'août 1669 supprima l'intervention des
deux témoins, dont le concours ne fut plus exigé par la
déclaration du 21 mars 1671 que pour les exploits des
saisies féodales et saisies réelles, les criées et appositions d'affiches. (Notre Code de procédure civile, titre
des Saisies-exécutions, porte, art. 585 : « L'huissier sera
assisté de deux témoins français majeurs, non parents ni
alliés des parties ou de l'huissier jusqu'au degré de cousin
issu de germain inclusivement, ni leurs domestiques ;
il énoncera sur le procès-verbal leurs nom, profession
et demeure ; les témoins signeront l'original et les copies.») La remise de l'exploit à personne ou à domicile,
en autant de copies qu'il y avait de parties assignées, la
signature du voisin qui recevait la copie destinée au
défendeur absent de son domicile, les délais variables de
l'assignation étaient autant de points réglés par l'ordonnance de 1667, Tit. II, art. 3, et que notre Code de procédure civile a reproduits dans son article 68 : « Tous
exploits seront faits à personne ou domicile ; mais si
l'huissier ne trouve au domicile ni la partie, ni aucun de
ses parents ou serviteurs, il remettra la copie à un voisin qui signera l'original. »

Le défendeur, excepté dans certaines juridictions particulières, devait constituer un procureur pour le représenter ; des défenses et des réponses écrites étaient signées, de part et d'autre ; après la présentation des exceptions dilatoires et péremptoires, ainsi que des déclinatoires, venaient les revendications de cause et les récusation de juges ; puis, l'instruction étant achevée, la partie la plus diligente poursuivait l'audience sur un simple acte appelé avenir ; l'affaire se plaidait, et si elle ne présentait pas de difficultés sérieuses, le tribunal prononçait immédiatement. Lorsque la cause présentait des complications, l'instruction variait suivant les circonstances ; le juge pouvait ordonner *une vérification d'écriture, un compulsoire, une visite par experts ou une descente de juges, un interrogatoire sur faits et articles, une preuve par enquête* ; ce jugement s'appelait *appointement à vérifier.* Quoique l'ordonnance du 11 février 1519 eût ordonné de juger, de suite, les affaires qui pouvaient se décider à l'audience, quand les juges n'étaient pas suffisamment éclairés, ils ordonnaient le dépôt des pièces, en engageant les parties à donner sommairement leurs moyens de droit ; ce préalable se nommait *appointement en droit,* ou bien ils commettaient l'un d'eux aux mains duquel les parties remettaient leurs pièces et observations, c'était *l'appointement à mettre.* Ces appointements ne pouvaient jamais avoir lieu en certaines matières, comme dans les *déclinatoires, récusations de juges* ; ils étaient prononcés à l'audience, sauf dans les cas de redditions de compte, liquidations, où ils étaient pris au greffe. Si le procès ne méritait pas un examen aussi minutieux, le juge se bornait à ordonner *un appointement de délibéré sur le bureau*, et le tribunal statuait, sur le rapport d'un juge, sans instruction par écrit. La mort ou le changement d'état des parties donnait lieu à reprise d'instance, de même qu'il fallait aussi une constitution de nouveau procureur, d'après l'ordonnance de 1667, titre XXVI, art. 2 et 3, si celui qui occupait était décédé. C'est là ce qui est réglé aujourd'hui par les articles 342, 344, 345 du Code de procédure civile.

Un sursis pouvait être accordé par des *lettres d'État ou de surséance*, données par le roi, au profit de certaines personnes, tels que les officiers de service. Un règlement du 23 décembre 1702 voulut que ces lettres fussent signées par le secrétaire d'État, *du très-exprès commandement du roi*.

L'instance s'éteignait par la discontinuation de poursuites, pendant trois ans; cette extinction de la procédure, appelée *péremption*, avait été déjà réglementée par les ordonnances de 1539 (Villers-Cotterets), de 1563 (Roussillon), et principalement par l'arrêt du 28 mars 1692, qui fixa la jurisprudence. Les règles tracées par ces ordonnances ont été presque littéralement reproduites par les articles 397 et 398 du Code de procédure civile, tit. XXII, *de la Péremption*.

La péremption n'atteignait pas les instances intéressant *le domaine du roi*, *l'État* ni les *appels comme d'abus*. L'article 120 de l'ordonnance de 1539 ne faisait d'exception pour aucuns plaideurs; cependant la jurisprudence, s'appuyant sur deux arrêts (13 avril 1518 et 23 décembre 1630), admit que *la péremption ne courait pas contre les églises*, dans les cas où elle tendrait à les dépouiller de leur propriété.

L'ordonnance de Louis XII (1498) et l'édit de Henri II
(février 1549) décidèrent qu'un juge serait appelé pour
vider un partage, au lieu de renvoyer les parties devant
un autre siége ou devant une autre chambre. Cependant, si tous les magistrats avaient connu de l'affaire, il
y avait nécessité de saisir un autre tribunal, les avocats
ne pouvant être départiteurs. (Arrêt du 15 juillet 1587.)

L'art. 61 de l'ordonnance de Blois permettait aux tribunaux d'accorder des délais au débiteur pour faciliter
sa libération, et défendait formellement d'exiger, dans ce
but, des lettres de chancellerie ; mais l'ordonnance de
1669 revint à l'ancien usage, en interdisant aux juges et
aux Cours d'accorder des délais, *sans lettres de répit ou
surséance, dites quinquennelles*, parce qu'elles étaient
accordées pour cinq ans. (Ordonn. de 1673, titre IX,
art. 5.)

Le jugement, une fois prononcé, était rédigé par le
greffier et signé par le président, dans le jour. L'ordonnance de 1667, titre XXVI, art. 5, a été reproduite par
l'art. 138 du Code de procédure civile. Les jugements
étaient contradictoires ou par défaut, soit faute de plaider, soit faute de comparaître. La durée de la procédure
variait, suivant que le procès était *ordinaire* ou *sommaire;* pour ces derniers, le ministère des avocats et
procureurs n'était pas exigé, excepté devant les Cours et
les présidiaux. Les actions possessoires, jugées dans la
forme ordinaire, s'intentaient *dans l'année du trouble,*
pour les immeubles et les universalités de meubles; il
était expressément défendu de *cumuler le possessoire et
le pétitoire.* Cette disposition de l'ordonnance de 1667,
tit. XVIII, art. 5, se trouve reproduite dans les art. 23 et

25 du Code de procédure civile. L'ordonnance, respectant une ancienne pratique, reconnaissait deux voies ordinaires de recours contre les jugements : *l'appel et l'opposition*. L'ordonnance du 28 mars 1692 attribua à la péremption en appel l'effet de confirmer la sentence des premiers juges et de rendre un nouvel appel impossible. L'art. 469 du Code de procédure civile a reproduit cette disposition : *Le péremption en cause d'appel aura l'effet de donner au jugement dont est appel la force de chose jugée.* Les voies extraordinaires de recours étaient : la *tierce opposition et la requête civile*, soumise à l'obtention de lettres de chancellerie, sur la consultation de deux avocats. Le *pourvoi en cassation au Conseil du roi* était autorisé pour violation des *coutumes, ordonnances, édits, déclaration*. La procédure était tracée par les règlements du Conseil de 1738 et de 1774. La prise à partie des juges fut consacrée par l'ordonnance de Blois, pour les cas de dol, fraude, concussion ; l'ordonnance d'Orléans l'étendit aux procureurs du roi. L'ordonnance de 1667 traitait de l'exécution des jugements, c'est-à-dire de la contrainte par corps, des saisies, des ventes, des criées, des adjudications. Celui qui voulait se rendre adjudicataire d'un héritage saisi, devait employer le ministère d'un procureur, et celui-ci faisait sa déclaration au greffe dans la huitaine, sous peine d'être responsable personnellement, comme s'il se fût rendu adjudicataire pour une personne notoirement insolvable. C'est encore le système général de notre Code de procédure civile ; seulement les délais diffèrent. V. art. 705-707 et suivants.

La procédure, successivement coordonnée depuis le XIVe siècle, par les arrêts et les monuments législatifs, a été codifiée par l'ordonnance de 1667 et complétée par l'édit de 1673. Sans doute il y a encore des abus dans les détails, dans les salaires des procureurs et les épices des magistrats; mais à part ces vices inhérents à l'époque, l'ordonnance renferme un système complet et tellement approprié aux besoins de la pratique, qu'elle a servi de type à notre Code de procédure civile. La conférence des articles aujourd'hui encore en vigueur, avec les dispositions de l'ancien droit, montrerait combien notre législation civile a emprunté au passé. La procédure criminelle est loin d'avoir laissé les mêmes traces dans notre législation.

La chambre du conseil [1], dont les attributions sont si nombreuses, existait au Châtelet de Paris. Ferrière dit : « La chambre du conseil est celle où se jugent les affaires de rapport et où on délibère les affaires concernant la compagnie. Il y en a dans presque toutes les juridictions. »

Le style du Châtelet réglait les matières suivantes : Des actions, — des exceptions, — des matières sommaires, — des assignations, défauts et congés, — reconnaissance de promesse, — des saisies et arrests, — demande d'une somme deue de reste, — des requestes civiles, — des visitations et rapports d'experts, — instance de stipulation, — de l'exécution testamentaire et procédure pour avoir délivrance du legs, — en exécution d'un transport, — pour avoir mainlevée d'une saisie faite sur un tiers, — de la contribution, — en révocation d'assignation, — pour faire vendre des gages, — pour faire

---

1. Bertin, *Chambre du Conseil*, t. I, p. 6.

vuider un sous-locataire quand il n'y a point de bail, — complainte prophane, — complainte bénéficiale, — réintégrande, — action réelle et pétitoire, — action hipothéquaire, — instance de sommation de la poursuite originaire, — instance pour faire déclarer exécutoire une sentence ou obligation sur une veuve ou héritiers, — en reprise d'instance, — inscription de faux, — manière de faire ouïr et interroger sur faits en matière civile, — retraict lignager, — des rescisions, — du répit, — du bénéfice de cession, — de la séparation de biens d'entre mari et femme, — du don mutuel, — manière de procéder à l'eslection d'un tuteur à des mineurs, — procédure de la veuve qui a renoncé pour la répétition de ses conventions matrimoniales, — pour faire apposer et lever les scellez, — action de partage, — licitation, des redditions de comptes, — action pour avoir payement du reliquat de compte, — pour procéder à la confection d'un papier terrier, — poursuites du commissaire aux saisies réelles en la commission des immeubles auxquels il a esté estably, — des criées, — manière de faire créer curateur à un absent, — des appellations verbales, — des appellations par écrit, — des dépens.

Voir : Le Stille de Chastellet pour monstrer à ung chacun quelle ordre est en court laye, de procéder en la ville et vicomté de Paris, par la coustume notoirement gardée, pour droit et comme aucun pourra estre procureur, et après advocat.

Instruction pour agir en matière criminelle, pour avoir réparation d'injures, manière d'obtenir décrets au criminel et l'ordre de procéder en exécution, — de la provision, — de l'exoine, — procédures de contumace contre l'accusé appréhendé, pour faire advancer le complaignant negligent [1].

Le praticien du Châtelet de Paris et de toutes les jurisdictions ordinaires du royaume. Paris, Desaint, 1773, in-4.

Traité des droits, priviléges et fonctions des notaires au Chastelet de Paris, avec le recueil de leurs chartres et titres, par S. Fr. Lengloix, notaire. Paris, 1738, in-4.

Traité des fonctions, droits et priviléges des commissaires enqueteurs, examinateurs, par Jousse. Paris, 1759, in-12. (Imprimé à Paris, par Guillaume Nyvière.)

Manuscrit du xvᵉ siècle, appartenant à M. de Rozière, inspecteur général des archives, à qui la science est redevable des formules usitées chez les Francs, du vᵉ au xᵉ siècle.

---

1. *Le vray style pour procéder au Châtelet de Paris, tant en matières civiles que criminelles*, par J. Gavret. Paris, 1658.

XXI

REGISTRES

Les jugements de la prévôté de Paris ne sont pas venus tous jusqu'à nous; les registres du Châtelet qu'on trouve, à Paris, aux archives et à la Bibliothèque impériale, sous la dénomination de *Livres de couleur* ou [1] de *Bannières*, ne contiennent que des ordonnances, lettres patentes et autres actes de l'autorité royale, et des règlements sur le commerce et les corporations [2].

Le *Style du Châtelet* et les *Constitutions du Châtelet* [3] montrent que la procédure suivie devant cette juridiction fut, malgré les réformes tentées par nos rois, hérissée de formalité longues et ruineuses. — Nous empruntons au savant et consciencieux travail [4] de

1. Archives, section judiciaire, Y, 6, et Fonds Saint-Germain-Harlay, n° 415.

2. Pardessus, Organisation judiciaire.

3. Fonds Saint-Germain-Harlay, 415. Suppl. franç., 325. Fonds-Saint-Germain-Gesvres, 151.

4. *Les Archives de la France*, par Henri Bordier. — Paris, Dumoulin, éditeur, 1855.

M. H. Bordier les désignations suivantes relatives aux registres du Châtelet :

Y, 1-16 : *Anciens registres du Châtelet.* — La première partie des anciens registres du Châtelet, désignée sous le nom de *Livres de couleur*, formait une collection assez considérable, car telle qu'on la connaît aujourd'hui (et elle n'est peut-être pas complète), elle se compose de seize volumes. Six d'entre eux seulement se trouvent aux archives, sous les cotes Y 1 à Y 6 ; il y en a quatre à la Bibliothèque impériale ; le reste paraît avoir été égaré, sinon entièrement détruit.

Il existe heureusement aux Archives de la préfecture de police une copie des seize registres, exécutée dans la première moitié du xviiie siècle, et accompagnée d'une table chronologique, dressée en 1752. Je donnerai donc la liste des registres compris dans cette copie, en indiquant ceux d'entre eux dont les originaux existent, soit à la Bibliothèque impériale, soit aux Archives, et en ajoutant quelques brefs détails sur ces derniers.

1. Livre Doulx Sire. — Original à la Bibl. imp.

2. Cahier neuf.

3. Livre blanc [1].

4. Livre jaulne petit. — (Original aux Archives, Y 4.) L'écriture du volume et les actes qu'il contient sont de la seconde moitié du xve siècle ; 189 feuillets.

5. Livre jaune grand. — (*Id.*, Y 5.) Les actes contenus dans ce volume sont de la seconde moitié du xvie siècle ; écriture du temps ; 162 feuillets.

6. Livre rouge neuf. — (*Id.*, Y 1.) Actes des xive, xve et xvie siècles ; écriture du xvie ; 177 feuillets.

---

1. Entre le cahier neuf et le livre blanc, la copie de la préfecture de police place le livre des métiers de Paris.

7. Livre rouge vieil. — Original à la Bibl. imp.

8. Livre rouge troisième.

9. Livre vert neuf. — Original à la Bibl. imp.

10. Livre vert ancien.

11. Livre vert vieil.

12. Livre vert deuxième. — (Original aux Archives, Y 2.) Actes du XIIIe au XVIe siècle ; écriture généralement du XVe ; 156 feuillets.

13. Livre bleu. — (*Id.* Y 3.) Actes du XIIIe au XVIe siècle ; écriture généralement du XVe ; 181 feuillets.

14. Livre gris. — Original à la Bibl. imp.

15. Livre noir vieil.

16. Livre noir neuf. — (Original aux Archives, Y 6.) Actes du XVe siècle à 1604 ; écriture du XVIe ; 330 feuillets.

Ces désignations de couleurs proviennent des reliures anciennes que les registres portaient et qui n'existent plus aujourd'hui ; on a rappelé autant que possible les mêmes couleurs dans les reliures modernes. Les pièces contenues dans les registres du Châtelet sont principalement des statuts et autres actes concernant les corporations d'arts et métiers de la ville de Paris.

Y, 7-17 : Onze registres dits *Bannières du Châtelet*. Ils sont cotés 1 à 13, le quatrième et le huitième perdus depuis un temps immémorial ; ils manquent de même dans la copie qui existe également pour cette série, aux archives de la préfecture de police. Voici la date des actes qu'ils renferment :

1 (Y, 7), 1467-1514 ; 2 (Y, 8), 1514-31 ; 3 (Y, 9), 1531-42 ; 4 manque ; 5 (Y, 10), 1548-56 ; 6 (Y, 11), 1557-64 ; 7 (Y, 12), 1564-71 ; 8 manque ; 9 (Y, 13), 1601-9 ; 10 (Y, 14), 1609-20 ; 11 (Y, 15), 1620-29 ; 12 (Y, 16), 1629-64 ; 13 (Y, 17), 1664-1703.

Le nom de *Bannières* donné à ces registres vient de *bannire*, *bannum*, ordre, mandement, avis publié par la police ; ils contiennent à peu près les mêmes pièces que les livres de couleur : ce sont des sauvegardes pour les monastères des environs de Paris, des priviléges accordés aux corporations d'arts et métiers, aux confréries instituées dans les paroisses, des actes relatifs aux priviléges des bourgeois de Paris tenant fiefs, aux sergents du parloir aux bourgeois, au guet, aux différentes branches de l'édilité parisienne. Au XVIe siècle se présentent des publications de paix, trêves et autres traités conclus avec les puissances étrangères. Parmi ces documents se trouvent des vidimus de pièces remontant à l'année 1330.

18-80 : *Publications d'ordonnances* et autres actes au Châtelet, 1594-1791. — 81-84 : Convocations de ban et arrière-ban, Louis XI, Henri II. —85 : *Deuxième cahier neuf* ou registre des dons du roi, ordonnances, édits, arrêts, déclarations, statuts des communautés et métiers de Paris, 1543-86.—86-494 : Registres d'insinuations, de donations et autres actes, 1539-1791.

Parc civil, 450-1838 : 450 liasses de minutes de sentences rendues à l'audience du parc civil, 1633-1791 ; réceptions d'officiers au Châtelet, 1623-99 ; réceptions de juges, 1653-1790 ; dispositifs de délibérés; défrichements, 1766-89; provisions de juges et d'officiers, 1772-86; soumissions de cautions, 1747-91 ; vérifications d'écritures et traductions de pièces, 1753-90; affirmations de créances, 1716-91; rapports d'experts, 1712-91. — 1839-2789 : Registres d'audiences du parc civil, 1589-1791. — 2790-2961 : Adjudications sur licitations. — 2962-3370 : Adjudications et décrets forcés. — 3371-3878 : Saisies réelles et criées.

Avis de parents et tutelles. — 3879-5208 : Minutes d'avis de parents et de sentences de tutelles rendues par le lieutenant civil, 1584-1791 ; minutes de lettres de bénéfice d'inventaire, 1713-55; affaires non suivies ; requêtes et procurations pour avis de parents ; traités d'offices de procureur au Châtelet, 1734-90.—5209-5219 : Déclarations de scellés et clôtures d'inventaires. — 5220-5339 : 76 registres de clôtures d'inventaires rangés par ordre alphabétiques de noms des greffiers de la chambre civile du Châtelet, 1693-1775, etc.

Défauts aux ordonnances. — 5340-6261 : Minutes de sentences rendues sur défauts, 1601-1791; entablement desdits défauts, 1597-1790; 8 liasses de recettes et comptes d'épices distribués aux conseillers au Châtelet par deux greffiers.

Dépens. — 6262-6576 : Minutes de déclarations de dépens du Châtelet, 1757-91.

Communauté des procureurs au Châtelet. — 6577-6612 : Registres de délibérations, 1658-1783; comptes-rendus par les procureurs syndics de la communauté.

Présidial du Châtelet. — 6613-7177 : 356 registres d'audience, 1673-1791; 464 liasses de minutes de sentences d'audience, 1639-1791; dispositifs de délibérés; enregistrement de commissions du Conseil adressées au présidial, 1735-59.

Chambre civile du Châtelet. — 7178-7978 : 255 registres d'audience, 1609-1791; 422 liasses de minutes de sentences, 1650-1791; rôles d'appels des huissiers à cheval et à verge du Châtelet, 1696-1790.

Référés. — 7979-8247 : 333 liasses de procès-verbaux dressés et ordonnances rendues sur référé par le lieutenant civil du Châtelet, 1681-1790; procès-verbaux de référés non suivis d'ordonnances; pièces jointes à l'appui des procès-verbaux de référés; brouillons de référés contradictoires, 1777-91; brouillons de référés par défaut, 1772-70; expédients, délibérés et autres actes du présidial, du parc civil et de la chambre civile.

Chambre des auditeurs. — 8248-8545 : 139 liasses de minutes de sentences rendus tant à l'audience que sur rapports, 1691-1791; 92 registres de feuilles d'audience; 20 registres d'affirmations de voyages, présentations et autres actes reçus au greffe de la juridiction des auditeurs, 1700-91.

Chambre du Conseil. — 8546-9305 : 285 liasses de minutes de sentences de séparation et autres, 1596-1791 ; sentences de forclusions ; pièces produites dans les demandes en sépara-tion ; répertoire de sentences sur productions ; produits, 1703-91 ; interrogatoires de prisonniers, 1695-1759 ; registres de distributions de procès, d'appointements, de dépôts d'infor-mations, de récépissés ; 156 registres des sentences baillées à expédier au greffe civil du Châtelet, 1632-1791.

Chambre du procureur du roi. — 9306-9396 : 23 registres de jurandes et maîtrises des métiers de la ville et faubourgs de Paris, 1585-1789 ; ordonnance de la chambre du procureur du roi, 1667-1781 ; 69 liasses de minutes d'avis du procureur du roi et bons de maîtrise, 1681-1790 ; réceptions de maîtres ju-rés écrivains de Paris, 1673-1775 ; communauté des mégis-siers, 1679 ; élections des grands gardes et gardes des six corps de marchands, 1724-89.

Chambre de police. — 9397-9648 : 96 liasses de minutes de sentences et ordonnances, 1680-1789 ; feuilles d'audience, 1699-1789 ; minutes d'ordonnances de police, 1685-1788 ; copies d'autres ordonnances de police, 1634 et 1635 ; avis du lieutenant de police et du procureur du roi, 1750-89 ; baux d'étaux des boucheries de Paris, 1629-1789 ; procès-verbaux d'alignement et encoignures des rues, 1723-89 ; ad-judications de maisons et terrains appartenant aux corps et métiers ou communautés de Paris, 1776 ; empreintes, planches de cuivre ou poinçons pour la marque des toiles, draps, mer-cerie, bonneterie, et pour la manufacture de métal blanc, 1773 et 1776 ; empreinte des cuirs, 1785 ; déclarations concer-nant le courtage du roulage et entrepôt des marchandises, 1784 ; sentences relatives aux nourrices, 1723-72 ; faux ta-bacs, 1771-74 ; mendicité, 1724-84 ; fausses cartes à jouer, 1745-85 ; faux billets de loterie, 1752-89 ; 101 registres d'au-diences et enregistrements d'édits, déclarations et règlements de police, 1638-1789 ; dépôts, 1693-1774 ; enregistrement des commissions extraordinaires du Conseil, 1757-76 ; déclarations d'actes de société concernant le commerce des grains, 1771.

Petit criminel. — 9649-10,017 : 369 liasses d'informations faites tant à la requête des parties civiles qu'à la requête du ministère public, 1723-91.

Grand criminel. — 10,018-10,667 : 486 liasses de minutes de sentences définitives et de minutes d'instructions, 1686-1791 ; 21 registres appelés cédules de la chambre criminelle du Châtelet, 1674-1790 ; registres d'audiences, 1737-91 ; 4 liasses de sentences, 1655-1775 ; réceptions d'huissiers priseurs près la chambre criminelle, 1744-89 ; d'huissiers à verge, 1743-90 ; de greffiers du For-l'Évêque et du guet, 1747-77 ; de jurés crieurs, 1783 et 85 ; de chirurgiens, 1780-89 ; de médecins, 1776 et 1787 ; de gardes du commerce, 1778 et 86 ; de sages-femmes, 1763 et 66 ; 2 registres immatricules des officiers du Châtelet, 1731-42 et 1767-90 ; ordonnances de mises en liberté : 30 registres d'informations ou dépôts, 1671-1791 ; distributions, 1727-91 ; comparutions, 1729-91 ; répertoire, 1706-91 ; 16 registres de rapports du guet, 1768-91 ; procès-verbaux de ventes d'effets déposés au greffe criminel du Châtelet, 1754-66 ; visites d'accusés et rapports de médecins, 1673-1791 ; procès divers.

Pièces déposées. — 10,668-10,718 : Registres, cartons et boîtes renfermant des pièces déposées au greffe criminel du Châtelet, et ayant servi à conviction dans les différents procès instruits devant cette juridiction, rangés par ordre chonologique, de 1687 à 1790 ; autres semblables pièces sans mention de la date de leur dépôt ; productions faites au Conseil par d'anciens avocats ou procureurs.

Commissaires au Châtelet. — 10,719-16,022 : 5,685 pièces, minutes, répertoires déposés en exécution de la loi du 5 ger-

minal, an v, par les 48 commissaires de police, dits commissaires au Châtelet.

Chambres des commissaires. — 16,023-17,623 : 1515 registres intitulés : Recueils d'édits, déclarations, lettres patentes,
arrêts, sentences, ordonnances, etc., relatifs à la police de Paris
et autres titres concernant l'établissement et les fonctions des
commissaires au Châtelet, le tout déposé par ordre de matières,
et embrasssant l'intervalle des années 1301 à 1775.

Greffiers à la peau. — 17,624-18,602 : 880 registres de dépôts de pièces, tenus par les greffiers à la peau du Châtelet,
c'est-à-dire écrivant sur le parchemin; ces registres, pour la
plupart du xviiiᵉ siècle, sont rangés suivant l'ordre alphabétique des noms de greffiers, au nombre de 71 registres. Autres
registres, au nombre de 23, tenus par des greffiers dont on
ignore les noms ; pièces, délibérations et renseignements concernant les greffiers du Châtelet ; 40 liasses de pièces civiles
et registres déposés aux greffiers ; 47 liasses de bilans de
banqueroute et de faillite ; informations, 1663-1764 ; testaments
olographes, 1701-75 ; procès-verbaux faits par des conseillers,
1667-1782 ; actes reçus au greffe du Châtelet, 1666-1789 ; procès-verbaux de descriptions d'effets, 1740-90 ; minutes de
procès-verbaux du Conseil secret et de la chambre du Châtelet, 1765-80 ; arrêtés de la chambre du Conseil, 1752-78 ;
procurations, 1713-90 ; sentences rendues sur rapports à l'extraordinaire ou sur requêtes; réquisitions du procureur du
roi, 1659-1790 ; curatelles, 1755-91 ; minutes d'actes de notoriété, 1698-1790 ; procédures extraordinaires et informations
1696-1790 ; commissions du Conseil.

Prévôté de l'Ile. — 18,603-18,799 : 177 liasses et 7 registres
de procès-verbaux, dressés par les soldats de la maréchaussée
contre différents inculpés, 1723-91.

Étienne Boileau, prévôt de Paris, établit au Châtelet

des registres pour y inscrire les règles pratiquées pour les maîtrises des artisans, les tarifs prélevés au nom du roi sur l'entrée des denrées et marchandises, puis les priviléges des seigneurs et abbés. Les jurés des corporations comparurent au Châtelet, et déclarèrent les us et coutumes de leur communauté. Un clerc tenait la plume et enregistrait, sous les yeux du prévôt, leurs dépositions.

Boileau donna donc un corps à ces règlements qui n'avaient jamais été ni recueillis, ni écrits [1] :

« Règlements, dit Charles Régent (Ord. de l'an 1358), en gregnieur partie plus fais en faveur et prouffit des personnes que chascun mestier que pour le bien commun. »

Le manuscrit de la Bibl. imp. Ms. fr. 4,274, commence ainsi :

Je suis appelé le Livre Doulx Sire, — il renferme : des règles pour les clers du greffe et les sergens. — Les noms des prévots de Paris depuis 1325. — Une charte ou vidimus de Louis, roi . de France, — donnée à Vincennes l'an 1305. — 10 décembre. — Ainsi signé sur marge par J. du Temple, collation faite à l'original nac R. Doulz Sire.

Table de ce présent livre appellé le Livre Doulx Sire, qui par long temps a esté clerc de la prevosté de Paris : Lettre faisant mention des priviléges et libertés de l'Église octroyées par le roi Louis le Hutin. — Ord. faites par le roi Charles le Quint sur le fait du Chastelet et du stile di celuy. — Autres ordonnances faites sur les estas du dudit Chastelet. — Lettres et ordonnances de la correction du stile dudit Chastellet. — Déclaration des droiz de souveraineté et de ressort. — Ordonnances touchant tous les estas dudit Chastellet. — Plu-

---

1. Depping. *Règlement sur les arts et métiers de Paris au treizième siècle.*

sieurs lettres touchant les stille et ordonnances de justice dudit Chastellet et de la juridiction des auditeurs.

Arrest de la Cour et ordonnances touchant les salaires des greffiers civil et criminel de la prevosté de Paris. — Ordonnances sur le rachat des rentes et revenus de la ville de Paris. — Ordonnances faites sur tous les estats, ressorts dudit Chastellet. — Autres ordonnances faites par Simon Mohier, lors prévost de Paris. — Ordonnance faite sur les estats dudit Chastellet. — Ordonnance touchant les sergens à verge dudit Chastellet. — L'ordonnance de la geole du Chastellet de Paris. — Privilége des notaires du Chastellet. — Certains advertissemens pour le bien de justice. — Ordonnances touchant les scelleurs et chauffecires dudit, ordonnance faite sur le fait du style du Chastellet. — Confrontation ordinaire de procéder. — Finis. — Je prie a Dieu qu'il vous en souviengne. *Dud orovi. Viâ prosperé procedam*, 4e *die novembris* 1556. I. Ch.

Ordonnance de Charles, par la grâce de Dieu roy de France. — Art. 1 que chascun au lendemain de Quasimodo et le premier jour plaidoiable après vacations de vendanges, les advocas et procureurs feront et renouvelleront leurs sermens de biens et loyalement patrociner. L'advocat qui ne sera trouvé à son tour il perdra son audience, se ainsi soit que il soit hors du Chastelet, par le commandement de la Court. (Janvier 1367.)

Aubryot. — Les clercs de procureurs ne doibvent être si hardys de entrer au parquet de notre auditoire tant comme len y plaidera, se ce nest par le congé de la Court mais se tiendront tous dehors le parquet, comme anciennement soulaient estre sur peine d'estre mis en prison. — *Item.* Pour avoir meilleur silence et ordonnance en nostre auditoire ordinaire, ordonnons que quant ung advocat aura son audience, tous les autres advocats se sierront en leurs places pour escouter les plaidoiries. Les auditeurs seront tenus d'entrer en leurs sièges à neuf heures de l'orloge du Palais, et d'y rester jusqu'à douze heures depuis la Saint-Remy jusques à Paques, et depuis Pasques jusques à la Saint-Remy entreront en siège à huit heures, et y demoureront jusqu'à onze heures.

Ordonnance de 1425 par Henri, roi de France et d'Angleterre, sur le prevost et lieutenant du Chastellet, audicteurs, procureur du roy en cour d'église, conseillers, examinateurs, advocas, notaires, clercs civil et criminel, scelleur, sergens, l'audiencier et son compagnon, le clerc de la geôle, et le geôlier[1]. Nul sergent à verge ne pourra sergenter hors la banlieue de Paris. Nous voulons que les advocas viengnent audit Chastellet après le soleille levant, tantot l'espace qu'ils puissent avoir oy messe courte.

Le livre rouge vieil du Chastellet de Paris (Mss., Bib. impériale), contient :

Des gabelles et impôts. — Des monnoyes. — Des prinses. — De non contraindre le peuple à prester argent. — Des juridictions des maisons d'ostel, connestable, marechaux. — Des eaux et des forêts. — Des garennes. — Des sergens. — Que les officiers du roy ne marchandent. — Des monnoyers.

Pour ce que par porter le billon hors du royaume, ledit royaumes et li peuple dicelluy ont esté et sont moult dommagiez, nous avons ordonné et deffendu sur paine de perdre tout le billon, et d'estre autrement gresvement punis, que doresnavant aucuns ne portent ou envoient aucun billon hors du royaume, et afin que cette ordonnance quant à ce soit nottoire à tous, nous ordenons et commandons que ceste ordenance soit criée publiquement à Paris et aux autres cités, chasteaulx et bonnes villes du royaume. (Ord. de Charles aîné, fils du roy de France Jean et son lieutenant, duc de Normandie et dauphin de Vienne, mars 1356.) Garde pour la sainte Chapelle du Palais. (Ord. de Jehan, roi de France, février 1380.)

Les Juifs devront porter grant touelle partie de rouge et de

---

1. Ces statuts de la geôle se trouvent reproduits dans le registre manuscrit.

blanc, et telle que l'on puisse bien apercevoir, au vestement
dessus, soit mantel ou autre habit en tel lieu qu'il ne la puissent musser. (Ord. de Jehan, roi de France, octobre 1363.)

Guet de Paris et ordonnance de Jehan, roi de France, pour la garde et sureté tant de notre bonne ville de Paris, des saintes reliques de notre Sainte-Chapelle, des corps et personnes de nos prédécesseurs, des prisonniers estant en notre Chastellet de Paris, afin de pourveoir aux périls, inconvéniens, maulx qui toutes les nuits pouvoient ou pourroient survenir en ladite ville, tant par fortune de feu que d'aventure ou autrement, se pouvoit prendre ou estre boutez par aucuns malfaiteurs en aucune partie de cette ville, des roberies, meurtres et larrecins, efforcement des femmes.

Le volume du Livre rouge finit le 10 juillet 1346.

Le Livre rouge neuf (manuscrit aux archives ide l'empire) commence par : La table de ce livre appelé le Livre rouge neuf des maistrises, des métiers et aultres ordonnances ci-après en·registrées.

On y trouve l'ordonnance des merciers de la ville de Paris, des mégissiers. — Rémission pour dains achaptez par ung rotisseur qui avoyent esté mal prins au boys de Vincennes. — Privilleige des sergents à verge. — Cry pour les frippiers. — Ordonnances des balanciers touchant les aprentiz et compaignons. — Ordonnance que tous marchands forains qui apporteront en la ville de Paris, aucunes marchandises et denrées pour vendre, les porteront pour vendre ès halles et marchiez publiques. (XII juillet mil trois cent soixante-neuf.) — Ordonnances royaux sur l'abreviation des procès (François Ier, 1519). — Cry des poulailliers de la ville de Paris. — Ordonnance touchant les marchands de marchandises de boys de chauffage, chartiers, crocheteurs, desbardeurs, et autres gagne-deniers. — Commission faite par la ville touchant le charbon (novembre 1522). — Merciers, orfèvres. — Confirmation des ordonnances relatives aux porteurs des halles. — Ordonnances des courtiers de chevaux (septembre 1514). — Vendeurs de poissons de mer. — Touchant les francs fiefs et les nouveaulx acquets, commission des francs fiefs contre les ecclésiastiques, communautez et gens de main-morte. — Touchant le greffe du Châtelet, arrets du parlement contre les bouchers, contre les boullengers (1521). — Addicion à l'ordonnance des chappeliers, des arbalestriers et couleuvriniers (5 avril 1521 avant Pasques). — Création des seize examinateurs nouvellement creez et establiz (3 juin 1522). — Pour les boulengiers de Paris contre les boulengiers forains (26 janvier 1522). — Les dix-sept mestiers qui donnent le guet ordinaire à Paris. — Ordonnance du prevot de Paris (12 décembre 1523). — Cri des monnoies (1526). — Traité de paix entre la France, l'Angleterre et l'Espagne, fait à Cambrai, le 9 août. — Ordonnance aresté par deliberation de conseil, que l'ordre cy-après declarée sera tenue à l'entrée de la royne en tant que touche le corps du Chastelet de Paris, et en la présence de M. le prevost (1er mars 1530). — Arret de parlement, à Paris (9 mars 1531.) (*Archives de l'empire*, Y. 1.)

Le Livre gris (Mss., Bib. impériale) : C'est la table du Livre gris estant en la chambre.... Il contient des extraits des registres du parlement, des reglements sur les metiers, termine par une ordonnance qui deffen aux marchans de soie de ne vendre draps dor, dargent et soie qu'aux églises et aux princes du sang.

Le Livre vert vieil (manuscrit, Archives de l'empire) commence par une ordonnance du roi François Ier du 5 août 1531. Suivent des lettres de Charles données à Poitiers en 1435, publiées en l'église Nostre-Dame de Paris. — Des monnoies. — Pour les religieux Célestins de la province de France. — Confirmation des priviléges octroyez par le roy Charles aux connestables, maistres et confrères de la confrairie des arbalestriers de la ville de Paris (12 août 1440). — Confirmation des privileges octroyez par le roy Charles aux connestables des archives de la ville de Paris (13 février 1431). — Touchant les drappiers et tixerants de la ville de Paris (14 mars 1434). — Touchant les blasphemateurs du nom de Dieu, de sa benoiste mère et de ses benois saincts et sainctes (3 avril 1431). — Touchant les barbiers (Poitiers, juin 1427). — Ordonnance touchant les meusniers, boulengiers, fariniers et blatiers (19 septembre 1439). — Confrerie des boulengiers de la ville et faulxbourgs de Paris. — Touchant les sergens à cheval (26 juillet 1440). — Touchant les potiers de la ville de Paris (3 novembre 1440). — Garde pour les religieux du couvent de Saint-Maur les Fossez (octobre 1442).

Le Livre noir neuf (Archives de l'empire, Y, 6) commence ainsi : C'est la table du Livre noir neuf estant en la chambre du procureur du roy du Chastellet de Paris. Après la table viennent : les ordonnances nouvelles des maistres bourcyers, colletiers, faiseurs de gibecyères et escarcelles de drap d'or, d'argent, velours, cuyr noir et blanc et autres estoffes. — Mariage du roy de Navarre avecq Madame Marguerite, sœur du roy (septembre 1572). — Ordonnance pour les chaussetiers, les fondeurs, mouleurs en sable, les bimbelotiers, les tissutiers rubanniers, les freippiers (décembre 1547), les courtiers, les toilliers, lingiers (janvier 1573). — Sentence pour les pasticiers touchant la vente du pain d'espice (8 novembre 1570). — État par estimation des frais de justice et menus frais faits par chacun an, au Chastellet de Paris. — La buvette des officiers du Chatelet, 50 livres. — Pour le chauffage du 1er octobre au 1er mars environ, deux bûches, deux fagots par jour, environ 50 livres. — La chandelle posée autour du Chatelet, 40 livres. — Le médecin juré, 30 livres. — Le barbier juré, cent sols parisis. — Pour exploits, commandemens, 200 livres. — Pour frais d'exécution capitale, 100 livres par an. — Pour les torches des amendes honorables, 20 livres par an. — Potences, echaffault, 200 livres. — Crieur et trompette, à chacun d'eux 15 livres parisis. — Pour curer et nettoyer les chambres du Chastellet, 55 livres par an.

Divers arrets rendus au parlement. — Ordonnances pour les faiseurs desteufs, les taillandiers, les brasseurs de bière. — Arret de la cour contre Robert Bonneau, lequel avoit espousé deux femmes, condamné à estre pendu et estranglé à une potence qui sera plantée au cymetière Saint-Jehan ; son corps mort sera porté et pendu au gibet de Montfaulcon (janvier 1574). — Lettres patentes touchant le domaine (14 août 1574). — Poulaillers, rotisseurs, hosteliers, taverniers, cabaretiers, taincturiers, les fondeurs en terre et sable. — Ordonnance des tanneurs de Poissy. — Institucion du roy des menestriers (29 octobre 1571). — Arret touchant la chutte du pont Notre-Dame de Paris (9 janvier 1499). — Suppression du grand chambrier de France. — Ordonnance des patenostriers et boutonniers d'esmail, des drapiers, des paticiers, des artiliers, des harquebusiers (2 août 1576) faisant canons et harquebuses, rouets et pistollets. — Les scelliers. — Alienation du scel du Chastelet de Paris (février 1577). — Arrêt contre les prevots des marchands sur la visitation du boys merrien (août 1578). — Creation d'un maistre de chacun mestier pour l'entrée de la royne de Navarre (5 mars). Les paveurs, les tixerans en thoille et canevas, — les drapiers chaussetiers, — le foing, — les gantiers. — Touchant la vente des meubles pour le faict de la contagion, — doreurs sur fer, fonte, cuivre, laiton. — Union des deux mestiers de pelletiers, haubbanniers, foureurs (18 août 1585). — Arrest touchant la marque des maîtres peigniers, tabletiers. — Arrest de reiglement entre les jurez couvreurs et les jurez plombiers (4 août 1589). — Arres que les estaux des bouchers acquis du domaine du roy, pourront etre baillez à raison du denier douze. — Creation de deux maistres de chacun mestier, l'un pour l'advenement du roy à la couronne, l'aultre pour son entrée ès villes de son royaume (26 décembre 1589). — Ordonnance touchant les bouchers de la boucherie de Beauvais (mai 1594). — Les porteurs de grains de la halle. — Édit de creation de deux maistres de chacun mestier accordés par Leurs Majestés à Madame Catherine, tant pour son nouveau titre de sœur, que pour les nouvelles et joieuses entrées (15 juillet 1593). — Confirmation pour les doreurs damasquineurs, — des chapelliers, — des pasticiers,— des tapissiers contrepointiers, — doreurs sur cuir. — Arret defendant de vendre chair, durant le caresme, ailleurs qu'à la boucherie de l'Hotel-Dieu (1er février 1595). — Ordonnances des maistresses thoillières lingères, — des tissutiers rubanniers. — Creation de maitres accordée par le prince de Condé comme prince du sang (mars 1596). — Les scelliers lormiers, — les coffretiers malletiers, — les cartiers tarottiers. — Adveu, terre et denombrement de la chastellenie d'Athys-sur-Oise. — Les chandeliers. — Permission de revendre d'Espagne en France. — Les teinturiers de petit tain.

Les quatre derniers feuillets de ce manuscrit sont déchirés.

Le Livre jaulne petit (Archives de l'empire, Y, 4) va depuis le 22 novembre 1463 jusqu'au 22 may 1481. — Il commence par l'ordonnance des maréchaux et finit par le rôle des chapeliers.

On y trouve diverses ordonnances concernant : les postiers d'estin, — les charcutiers, — les tailleurs de robes, — les porteurs des halles de Paris, — les lanterniers, — les huchiers et menuisiers, — les tanneurs, — les boutelliers, — les laboureurs de vignes, — les pasticiers, — les tisserans en linge, — les merciers, estalliers et composteurs, — les artillers, — les bonnetiers, — les tondeurs, — les chaudronniers, — les poissonniers d'eau doulce, — les vanniers, — les foulons de draps, — les ligniers et chanvriers, — les tabletiers, — les lingières (1484), — les espiciers et apothicaires, — les brodeurs, — les saincturiers, avec les noms et surnoms des trente-neuf maîtres (13 décembre 1475), — les bonnetiers, — les faiseurs de baudriers, — les tisserants de layne, — les cardeurs de layne et acousteurs.

Le grant Livre jaulne (Archives de l'empire, Y, 5) commence ainsi : C'est la table du grant Livre jaulne estant en la chambre de M. le procureur du roy au Chastellet de Paris.

La première ordonnance (1548) est la confirmation des ordonnances des marchands rotisseurs en la ville de Paris. On voit à la suite : les ordonnances relatives aux vingt-quatre courtiers de chevaulx jurez en la ville de Paris (avril 1558), — les hostelliers, — les rubanniers, — les porteurs de grains, — les savatiers, — les vinaigriers, — les poulaillers (1537), — les drappiers, — les chartiers qui blessent aucuns par leur faule (19 mars 1537), — les tonneliers et deschargeurs. — Édit du roy François Ier contre les hérétiques et semmateurs d'heresies (juin 1540). Les mégissiers. — Érection des seaux, greffes et offices (6 juillet 1521). — Les orfeuves (août 1548), — les brodeurs, — les potiers destain. — Table d'un livre estant en la chambre des commissions, appellé le livre des Bannières. — Les menuisiers, — les faiseurs desteufz, — les barbiers (août 1542). — Cry faict par les carrefours de la ville de Paris touchant le poisson d'eau doulce, — les merciers, — les serruriers, — les taincturiers de thoille, fil et soie. — Création et érection du mestier dorlogeur et ordonnances d'iceluy (juillet 1544). Au xive siècle les horloges publiques avaient une utilité, même une autorité, que l'on ne comprend plus aujourd'hui. — La négligence dans leur direction était réprimée par la prison. « Le 11 juillet 1526, le parlement de Paris ordonne que l'horloger du palais sera pris au corps, mis et constitué prisonnier au Petit-Châtellet, jusqu'à ce que, par la cour, il en soit aultrement ordonné [1]. » En suyvent les noms des dixhuit orlogeurs qui, au jour de l'impetration, avaient boutiques en la ville de Paris, chacun avait fait ou devait faire son chefd'œuvre (orloge ou réveil matin), — les maçons et charpentiers. — Cry touchant la vente de la volaille et du gibier, —

1. V. *Le parlement de Paris*, 2e édit., p. 271, 1860. Cosse, éditeur.

les cabaretiers et boulangers, — les mesureurs, porteurs de grains, cribleurs, musniers et boulangers. — La justice de Bièvre sur le moulin sis audit terrouer. — Edict du roy nostre sire sur les vivres que les hostelliers, taverniers et cabarreiers vendront aux passans (20 novembre 1540). — Rotisseurs. — Lettres de confirmation des greffiers du Chastellet de Paris (29 avril 1547). — Extrait des registres du parlement fixant les droits et devoirs du chevalier du guet (13 mai 1548). — Les plombiniers, avec les noms des huit plombiniers exercant ledit mestier, et tenant boutique en la ville de Paris (27 mai 1549). — Confirmation des maitres poulaillers.

Le registre se termine par une ordonnance de novembre 1549.

Le Livre vert neuf (Mss. Bib. impériale) : Ceste table comence au feuillet subsequent :

Charte pour les drappiers de Paris. — Vendeurs de bestail portés au nombre de douze. (Ord. de Charles, roy de France.) — Ordonnance touchant la voyerie de Paris. — Ordonnance touchant les pois, fléau et balances, par Jacques d'Estouteville, conseiller du roy nostre sire et garde de la prevosté de Paris. — Touchant le ban et arrière-ban. — Touchant les monnoyes. — Touchant les arbalestriers (soit crié de par le roy nostre sire et M. le prevost de Paris ce qui s'ensuit : L'en deffend...). — Touchant le lendit. — Touchant les blasphèmes du nom de Dieu et de la benoiste glorieuse Vierge Marie sa mère (Ord. du prevot, octobre 1386.) — Touchant les potiers de terre. — Touchant le privilége des archers. — Touchant les monnoyes. — Lettres que on ne jure le nom de Dieu ne de ses saints.

Charte pour l'accroissement de l'auditoire du Chastellet de Paris :

Charles, par la grace de Dieu, roi de France, a tous ceulx qui ces presentes lettres verront, salut. De la partie de notre procureur au Chastellet de Paris, nous a été exposé que plusieurs maisons et ediffices joignant et tenant aux murs de nostre Chastellet de Paris, qui estoient fort nuisibles et prejudiciables à la justice et chose publique, parce que les prisons et lieux où se jugent les procès civilz sont au plus prêt... (Février 1387.)

Arrest de parlement touchant ès orfèvres de Paris pour l'élection des maistres jurez dudit mestier.

Accord fait entre les fourbisseurs d'espées et les cousteliers touchant les entreprises quilz faisoient sur le mestier l'un de l'autre.

Pour les boulengiers de Paris contre les boulengiers forains.

Condamnation de Jehan Leconte, appelant au parlement d'une sentence du prevot de Paris, a estre batu nu de verges par les carrefours et au pillory de ceste ville de Paris, aiant autour de son col les billets dont il est trouvé saisy, lesquels seront lassérés comme faulx, et seront audit Leconte les barbe et cheveux couppez. Et ce faict le bannist ladite Court à toujours de ce royaume, et si déclare ses biens confisquez. (Reg. du parlement, novembre 1388.)

Sur le portail de l'église Saint-Germain l'Auxerrois à Paris est escript ce qui s'ensuit en épitafe : C'est Childebert, second roy de France crestien, et Octrogote sa femme, qui fonderent ceste eglise.

Ordonnance touchant les Bretons, rendue par Charles après la bataille de Saint-Aubin du Cormier.

Ordonnance touchant les ladres, genz oisifs.

Ordonnance touchant les francs fiefs et nouveaux acquets.

Ordonnance touchant les brasseurs de bière et servoises.

Touchant admortissemens.

Ordonnance pour les messagiers et suppots de l'Université de Paris (20 mars 1498).

Fin : le Livre vert neuf.

La Bibliothèque impériale renferme encore plusieurs manuscrits relatifs au Châtelet de Paris [1]. Ils sont ainsi désignés
au catalogue :

Fonds de Sorbonne. — 1144. — Recueil d'actes, rassemblés
par M. Petitpied, *pour prouver que sa qualité de clerc ne doit
pas l'empêcher de présider le Châtelet.*

Cart. 8. — Le *livre rouge vieil.*

Cart. 9. — Le *livre gris.*

Cart. 10. — Le *livre vert neuf.*

S. F. 3350. Registre du Châtelet de Paris.

Fr. 4275. — 1666. (Constitution du Châtelet.)

9350. Le livre appelé le *Doulx Sire.*

309. H. 37. Pièces concernant les officiers du Châtelet (feuilles
non réunies contenues dans des cartons).

1383. H. 415. Fonds Saint-Germain de Harlay. — Recueil
des ordonnances d'après les registres du Châtellet.

Manuscrit commençant ainsi : *Cy sont les ordonnances royaux
du Chastellet, faictes par grand semonce et délibération du conseil...* suivi d'une table.

567. Saint-Victor. 387. Ordonnances extraites des *livres
noir — Blanc petit — Rouge vieil — Vert vieil et neuf,* — touchant la *police des corps et mestiers de Paris.*

9350. a. 40. 41. Registres de 1605 à 1615. — 4275 et 4276.

9843. — 5320. Répertoire des livres du procureur du roi au
Chastellet. — Sur la reliure gaufrée sont les armes de France :
                    F. IX. F.
                        X

Sur la première page, on lit : Répertoire tabulaire (*sic*) général
des livres estans en la chambre du procureur du roy nostre
sire au Chastellet de Paris — 139 — et premièrement ensuit
la table du Petit livre blanc. Ordonnance sur le faict des eaux

---

1. Par suite d'une récente décision, quelques-uns de ces manuscrits
viennent d'être versés aux Archives impériales, déjà si riches sur ce
sujet.

et forêts... Le livre blanc. — Le livre du premier volume. — Livre appellé le second volume. — Livre appellé le livre Doulx Sire. — Ordonnances royaux du Chastellet de Paris. — Livre vert ancien. — Livre noir. — Livre vert premier. — Livre vert vieil second. — Livre rouge vieil. — Le petit livre jaulne. — Le petit cayer. — Livre vert neuf. — Livre appellé le livre bleu. — Le livre gris. — Le livre rouge neuf.

Ce manuscrit, en très-bon état de conservation, contient 140 pages.

Le Livre bleu (Mss. Archives de l'empire) : C'est la table de ce livre appelé le Livre bleu qui est de la chambre du roy nostre sire au Chastelet de Paris, commencé l'an 1482, et se continue selon les cotes des feuillets en la manière qu'ils suivent. — Après la table.

Ordonnances royaux touchant les gens et officiers du parlement du roy Charles (1454). — Touchant la haulte justice de Dampmart. — Ordonnance des retordeurs de fil de laine, de lin et autres filz de la ville de Paris (27 mars 1491). — Cri touchant les gens oysifs de porter bastons et jeux deffendus. — Sentence par laquelle Jehan Langlois, pretre hérétique, a été degradé et laissé à la cour séculière. — Arret pour les cordoueniers et savetiers (Louis, 6 mars 1500). — Exécutoire.

D'après un mémoire [1] touchant les registres du Chatelet, les plus anciens registres sont les livres des mestiers en deux volumes. Le premier est appelé le *Livre Blanc*; il est dans la chambre des comptes. Le second volume est en Sorbonne, dans la bibliothèque. Il y avait anciennement au Chatelet les registres de la chambre du procureur du roi, renfermant les edits et ordonnances; ces registres se nommaient : le Livre Doulx Sire, le Livre rouge vieux, le second Livre rouge vieux, le Livre rouge neuf, le Livre noir ancien, le Livre noir neuf, le Livre vert vieux, le Livre vert neuf, le Livre vert petit, le

1. *Archives de l'empire*, section historique, K 854.

19

Livre bleu, le Livre gris, le grand Livre jaulne vieux, le Livre jaulne neuf, le petit Livre jaulne et autres, dispersés déjà en 1721.

Les Bannières, dont les greffiers des insinuations étaient dépositaires, ont commencé en 1401, et formaient treize volumes en 1699. Le huitième volume (1570 à 1600), comprenant le temps de la Ligue, aurait été supprimé par ordre de la cour, après la reddition de Paris.

Il existe à la bibliothèque de Sorbonne, n° 1070 (parlement 1317-1329-1352, et Châtelet de Paris), un manuscrit. Ce manuscrit du XVII° siècle a été légué à la maison de Sorbonne par M. Petit père, et contient :

1° Les noms des conseillers d'Etat et d'honneur au parlement en 1532.

2° Extraits des registres du parlement de 1319-1327.

3° Extraits des registres du parlement de 1532.

4° Noms des gardes de la prévosté de 1660 à 1669.

5° Des lieutenans civils et prevosts de Paris de 1323 à 1667.

6° Des lieutenans criminels depuis 1374. — Des lieutenans particuliers, civils et criminels de 1544 à 1683.

7° Des lieutenans conservateurs des priviléges de l'Université de Paris.

8° Des lieutenans criminels de robe courte depuis 1555.

9° Des chevaliers gardes du guet de Paris de 1352 à 1683.

10° Des procureurs du roi au Chatelet de 1311 à 1659.

11° Des avocats du roi au Chatelet de 1361 à 1684.

12° Des conseillers au Chatelet de 1311 à 1676.

13° Des officiers du bailliage créé en février 1522.

14° Des conseillers clercs présidens depuis 1364 jusqu'à 1435.

15° Des conseillers clercs depuis 1530 jusqu'à 1558.

16° Des conseillers clercs présidens de 1516 à 1572.

17° Gages du parlement.

18° Noms des présidens et conseillers au parlement de Paris de 1354 à 1584.

19° Extrait des chartres de l'abbaye de Saint-Maur les Fossés.

20° Table des manuscrits de M. Dupuis et de ce qu'ils contiennent.

Voir le *Registre criminel du Chatelet de Paris*, du 6 septembre 1389 au 18 mai 1392, publié par M. Duplès-Agier, sous les auspices de la société des bibliophiles français. Imprimé par Ch. Lahure, 1861, avec l'image de J. Auguste de Thou. — *Litteris patriœ que carus.*

Les Archives de l'empire renferment dans les cartons du comité de législation de la Convention :

Le procès de Marat et de Danton, poursuivis par le Chatelet de Paris, le premier en vertu d'un décret de prise de corps pour écrits séditieux; le second pour avoir empêché l'exécution du décret de prise de corps rendu contre Marat.

Les procédures concernant MM. de Bezenval et de Favras; le premier acquitté, le second, condamné à la peine de mort et pendu en place de Grève.

Les pièces imprimées du procès des 5 et 6 octobre ou informations faites contre les excès commis au château de Versailles, et contre les auteurs présumés de cette sédition (lesquels auteurs présumés étaient le duc d'Orléans et M. de Mirabeau, innocentés tous deux).

Le procès de Suleau, poursuivi comme royaliste.

Dans les papiers des commissaires au Châtelet se trouve le procès-verbal dressé par l'un d'eux, de l'information faite contre le marquis de Sade, prévenu d'avoir à Arcueil, déchiqueté, à coups de canif, une femme qu'il avait fait mettre nue et attachée à un arbre, et d'avoir versé sur les plaies saignantes de la cire à cacheter brûlante.

Nous nous bornons à indiquer ces curieux dossiers, dont les détails sortiraient des limites de notre travail.

XXII

PRIVILÉGES ET PRÉSÉANCES.

DU CHATELET

Le Châtelet jouissait de nombreuses prérogatives : il avait le droit de sceau, avec attribution de compétence, le droit de faire arrêter les étrangers débiteurs d'un bourgeois de Paris, le droit de poursuite. Ainsi, quand un commissaire du Châtelet avait apposé les scellés sur une partie des biens d'un défunt, aucun autre magistrat ne pouvait, s'il n'était à ce commis par le Châtelet, mettre sous les scellés, une autre portion des biens du même défunt, en quelque lieu du royaume que ces biens fussent situés; seul il statuait sur la régularité des saisies et criées; enfin la même juridiction comprenait la garde et conservation des priviléges de l'Université.

Lettres patentes du roi qui accordent la noblesse aux officiers du Châtelet après quarante ans d'exercice de leurs fonctions, ou à leurs veuves et enfants, s'ils décèdent après vingt ans.

A Compiègne, au mois d'août 1768, registrées au parlement

le 17 août 1768, on y trouve des noms chers à la magistrature : Josson, Gilbert des Voisins, Duval Despremenil.

A compter du 1er janvier 1772, huit cents livres de gages sont attribuées à chaque office de conseiller au Châtelet de Paris.

Édit du roi portant rétablissement d'offices dans le Châtelet de Paris. A Versailles, décembre 1774.

Le 9 février 1776, un arrêt du conseil d'Etat du roi ordonne que ceux qui se feront pourvoir d'offices au Châtelet paieront le marc d'or de noblesse tel qu'il est fixé par l'édit de décembre 1770, avec les huit sous pour livre en sus.

Le Châtelet a, de temps immémorial, figuré aux cérémonies et assemblées publiques auxquelles les cours assistent d'ordinaire, et il y a eu rang, après elles, et avant toutes les autres compagnies.

Entrées des rois et reines à Paris : A l'entrée de Charles VII, le 12 novembre 1437, le Châtelet marchait après la ville et avant le parlement; on sait que dans ces cérémonies, le dernier rang est le plus honorable. En 1460, à l'entrée que fit la reine Marguerite, femme de Henri VI, roi d'Angleterre, le roi envoya au-devant d'elle le parlement, le Châtelet, le corps de ville, l'Université, l'évêque de Paris. Le 31 août 1461, à l'entrée de Louis XI, furent le parlement, la chambre des comptes, le Châtelet, le corps de ville, l'Université, l'évêque de Paris. Le 28 novembre 1476, à l'entrée du roi de Portugal, furent au-devant de lui le parlement, le Châtelet et le corps de ville. A celle de Charles VIII, le 5 juillet 1484, le parlement, la chambre des comptes, le Châtelet, le corps de ville et l'évêque de Paris, avec aucuns de son clergé. En 1491, à la première entrée de la reine Anne

de Bretagne, femme de Charles VIII, allèrent le parlement, la chambre des comptes, les généraux de la justice sur le fait des aides, le prévôt de Paris, les gens
du Châtelet et les prévôts des marchands et échevins.
Le 2 juillet 1498, à celle de Louis XII, le parlement,
la chambre des comptes, les généraux de la justice
et des monnaies, le Châtelet, le corps de ville, l'Université et le clergé. A l'entrée d'Anne d'Autriche, seconde
femme de François Ier, le 6 juin 1530, les officiers du
Châtelet assistèrent au festin royal, en la grand'salle du
palais, et prirent place à la même table que les cours.
Un édit de Henri II (avril 1557), registré au parlement
le 11 mai suivant, relatif au rang des cours en tous actes
et assemblées publiques, fixe celui du Châtelet après la
chambre des monnaies et avant la ville. Il assista, dans
ce même rang, à l'entrée de Charles IX, le 6 mars 1571,
et au souper royal qui se fit le soir en la grand'salle du
palais. Il a toujours occupé la même place à toutes les entrées qui ont eu lieu depuis cette époque.

Compliments : Le 18 mai 1616, deux jours après l'entrée de Louis XIII, les cours, le Châtelet et la ville allèrent le complimenter sur son retour de Guienne. Le
17 novembre 1630, il fut à Saint-Germain, par ordre du
roi, le complimenter sur sa convalescence. Le 5 novembre 1644, il fut, à la suite des cours, complimenter la
reine Henriette-Marie, fille de Henri IV et femme de
Charles Ier, roi d'Angleterre, réfugiée à Paris. Le 5 novembre 1645, il alla complimenter la princesse Louise-
Marie sur son mariage avec le roi de Pologne. Le 10 septembre 1656, il alla saluer Christine, reine de Suède. Le
4 août 1660, il alla complimenter le roi, la reine et la

reine mère, à l'occasion du mariage du roi; il fut même aussi, le 21, complimenter le cardinal Mazarin, *le roi l'ayant ainsi ordonné*. Le 31 juillet 1667, le Châtelet fut, *par ordre du roi*, le complimenter sur la paix. Le 6 septembre 1679, les officiers de l'ancien et du nouveau Châtelet s'étant réunis, furent, par ordre du roi, saluer la reine d'Espagne, Marie-Louise d'Orléans, nouvellement mariée.

Le Châtelet assistait aussi aux cérémonies funèbres, au *Te Deum* et aux publications de paix, aux prises de possession d'évêques de Paris, aux processions générales faites à Saint-Denis ou à Notre-Dame pour la conservation de la famille royale, pour l'abondance des biens de la terre, pour célébrer des victoires, pour l'extinction de l'hérésie. A l'assemblée des notables tenue à Rouen, le roi présent, le lieutenant civil assista pour le Châtelet. Les officiers du Châtelet assistaient à l'assemblée générale de police qui devait se tenir deux fois la semaine, suivant l'édit de janvier 1572; ce bureau a été supprimé le 10 septembre 1573.

Lors de l'entrée de Louis XIV à Paris, après son mariage, le Châtelet marchait dans l'ordre suivant :

Le chevalier du guet avec ses exempts et ses archers;

Le lieutenant criminel de robe courte, avec ses lieutenants, ses exempts et ses archers;

Le prévost de l'île avec ses lieutenants, ses exempts et ses archers;

Les sergens à verge, tenant à la main un bâton d'azur, semé de fleurs de lys d'or;

Les notaires en bonnet carré et robes de drap noir;

Les commissaires, également en bonnets carrés et en robes;

Les sergens à la douzaine en hocqueton de drap blanc et tanné ;

Les huissiers-audienciers en robes et bonnets ;

Le greffier en chef, en robe de camelot noir doublée de velours ;

Le lieutenant civil, le lieutenant criminel, le lieutenant particulier et le lieutenant de police, tous en bonnets carrés et robes rouges ;

Les conseillers en robes comme le greffier en chef ;

Les avocats et procureur du roi en robes rouges ;

Les substituts en robes noires ;

Les procureurs au Châtelet en robes noires.

Le cortége était fermé par les sergens à cheval avec un guidon, et le clerc de leur communauté, ayant en main un bâton d'azur semé de fleurs de lys d'or et vêtu d'une robe de tabis blanc, avec une toque de même étoffe.

Charles VI. — Juillet 1410. — Exemption des droits d'ayde sur les grains et le vin recueillis dans leurs terres, en faveur du procureur du roy, des commissaires, du greffier civil et criminel du Châtelet de Paris. (Ord. roy., t. IX, 543.)

MM. les lieutenans civil, criminel et particulier au Chastelet de Paris, MM. les gens du roy dudit Chastelet, MM. de la Rue et Ledenoye, procureurs au Chastelet, prirent part à la distribution des cierges faite au nom de l'Université de Paris, pour le jour de la Purification (1610). (V. Charles Jourdain, *Hist. de l'Université de Paris.*)

Dans les cérémonies, le Châtelet prenait rang immédiatement après les cours souveraines, le parlement et la chambre des comptes. Aussi, et au refus du parlement, la cour essaya-t-elle (presque toujours en vain du reste), de faire enregistrer des édits par le Châtelet, qui protesta plus d'une fois.

Comme nous venons de le dire, pour la récompenser de son zèle et de son dévouement, les rois accordèrent à la magistrature du Châtelet de larges priviléges, exemption des tailles, aides et gabelles, préséance dans toutes les solennités, noblesse même conférée aux lieutenants et conseillers, qui la transmettaient, après de longs services, à leurs veuves et à leurs enfants.

XXIII

PRISONS DU CHATELET

Bien que la prison ait d'abord été instituée pour retenir l'accusé et non pour le maltraiter, il est certain que le but de la loi a longtemps été éludé. Les parlements, c'est leur honneur, écoutant l'humanité, cherchèrent à adoucir, par leurs arrêts, le sort des détenus, à restreindre la cupidité des geôliers, et à faire régner l'ordre parmi les prisonniers.

Les prisonniers ne pourront jouer aux déz, mais les personnes, gens d'état et d'honneur retenus pour debte, pourront jouer aux tables ou aux eschez seulement. Le pain sera distribué aux prisonniers sur les carreaux, par le plus suffisant et notable prisonnier.

Les aumônes seront remises aux prisonniers.

Le geôlier pourra retenir les prisonniers pour son droit de geôleage. (Ord. 9 mai 1425.)

Il y avait à la geôle du Châtelet un clerc chargé de tenir un registre des criminels amenés au Châtelet; il devait y énoncer le motif de leur arrestation; le registre était remis le lendemain au juge, et collationné par le clerc criminel, qui lisait à rebours, la liste écrite la veille. Ces détails nous sont révélés, le 5 juillet 1391, à l'occasion de l'arrestation d'un nommé Yves, qui de lui-même, et sans l'autorisation du prévot de Paris, s'était ingéré de dresser la liste des prisonniers détenus au Châtelet pour la communiquer à la cour de l'official. (Arch. de l'Empire, Conseil et plaid. civiles, t. VIII, fol. 345.)

Charles VIII règle le guet, institué de toute ancienneté pour la seureté, garde, tuition et défense de la ville de Paris, des sainctes reliques, du palais, du lieu des prisonniers du Chas-tellet, des personnes desdits manans et habitans et de leurs biens ou marchandises, et d'obvier aux maulx perpetrés par nuyt en diverses manières, comme rapts, homicides, meurtres, furts et larcins, et pareillement afin d'obvier aux fortunes de feu.

A Saint-Martin de Candé, 20 avril 1491. Enregistré, juillet 1495. (Ord., t. XX, fol. 314.)

Les prisonniers à la paille payaient pour gîte et geôlage, par jour, 1 sol.

Les prisonniers couchant seuls dans un lit, 5 sols.

Ceux qui couchaient deux dans un lit, 3 sols.

Les pensionnaires pour nourriture, gite et geôlage, 3 livres.

Suivant l'arrêt du 1er septembre 1717, art. 1, la messe se devait dire dans les prisons, depuis la Saint-Remi jusqu'à Pâques, à neuf heures, et la prière du soir à quatre heures, et depuis Pâques jusqu'à la Saint-Remi, la messe à huit heures et la prière du soir à cinq heures. Tous les prisonniers sont tenus d'y assister, à peine d'être privés de parloir pendant trois jours, pour la première contravention, et du cachot pour la seconde faute.

Les chambres seront ouvertes à sept heures du matin depuis la Toussaint jusqu'à Pâques, et à six heures depuis Pâques jusqu'à la Toussaint; les prisonniers seront renfermés à six heures du soir depuis la Toussaint jusqu'à Pâques, et à sept heures depuis Pâques jusqu'à la Toussaint.

Le prisonnier dernier arrivé sera tenu de balayer sa chambre et la tenir propre.

Les personnes qui voudront faire des charités pourront distribuer leurs aumônes sur le préau ou dans les cachots, par les mains du geôlier, en leur présence.

Les greffiers des geôles auront un registre relié, coté et paraphé par premier et dernier, dans tous ses feuillets, par le lieutenant général ou par autre officier; tous les feuillets dûdit registre seront séparés en deux colonnes, l'une pour les écrous, l'autre pour les élargissements et décharges, et ils ne pourront laisser aucun blanc dans le registre, que les huissiers devront signer après avoir remis aux détenus copie lisible et en forme, de l'acte en vertu duquel ils sont écroués ou recommandés.

Il est fait défense aux geôliers de faire entrer aucun prisonnier à la *morgue*[1] ou entrée de la prison qu'il n'ait été, au préalable, écroué.

Les substituts du procureur général devaient veiller à ce que le pain livré aux prisonniers fût de bonne qualité et du poids d'une livre et demie au moins, par jour; ils devaient visiter les prisons une fois chaque semaine, et entendre les prisonniers, hors la présence des geôliers, recevoir leurs plaintes, faire visiter les malades par les médecins et, sur leur avis, les faire transférer à l'infirmerie.

Les prisonniers du Châtelet de Paris devaient avoir une certaine quantité de pain, de viande, le jour de la fête de la con-

---

1. S'il faut en croire Vaugelas, morgue serait un vieux mot français qui signifiait visage. A l'entrée des prisons se trouvait autrefois un vestibule où l'on retenait quelques instants les prisonniers, au moment de les écrouer, pour que les gardiens pussent bien examiner leur morgue ou visage.

Plus tard, on exposa dans les morgues les cadavres dont la justice s'était saisie et qu'on voulait faire reconnaître; à cet effet, le public était admis à venir regarder par un guichet pratiqué dans la porte. A Paris, les corps inconnus furent exposés, jusqu'en 1804, dans la basse-geôle ou morgue dépendant du Grand-Châtelet; mais à cette époque fut commencé le bâtiment du quai Saint-Michel, que va remplacer celui que l'on construit à la pointe orientale de l'île de la Cité.

frérie des drapiers de Paris, et les gentilshommes devaient avoir le double.

Les orfévres de Paris dounaient aussi à dîner, le jour de Pâques, aux prisonniers qui voulaient l'accepter.

Une partie des marchandises de rôtisserie qui étaient confisquées, était donnée aux pauvres prisonniers du Châtelet.

En 1739, le boulanger chargé de la fourniture du Châtelet est condamné à 2,000 livres d'amende pour avoir altéré le pain des prisonniers.

Les premiers présidents du parlement allaient souvent au Châtelet, et leurs visites sont portées sur les registres :

1er *avril* 1377. — Le premier président assista au Châtelet à la lecture de la déposition d'un accusé.

5 *janvier* 1400. — Le premier président allait au Châtelet *la veille des bonnes fêtes.*

29 *décembre* 1401. — Le premier premier président est allé au Châtelet.

23 *mars* 1401. — Le premier président fut au Châtelet.

13 *mai* 1402. — Le premier président fut au Châtelet.

9 *juin* 1412. — Le premier président fut au Châtelet *pour la délivrance des prisonniers.*

3 *février* 1418. — Le premier président fut installer au Châtelet le prévôt de Paris.

1425. — Le premier président fut tenir le siége du Châtelet, pour y faire lire des ordonnances touchant cette juridiction.

1549. — La geôle du Châtelet baillée pour neuf ans.

3 *avril* 1556. — Deux conseillers de la cour commis pour visiter les prisons du grand et du petit Châtelet, et pourveoir aux prisonniers des chambres commodes pour les malades. (Reg. du parlement, t. 185, fol. 145.)

Par ordonnance du mois de juillet 1319, Philippe le Long ordonnait de vendre aux enchères les geôles, et à bonnes gens qui donneront bonnes cautions de bien traiter les prisonniers[1]. L'ordonnance de la geôle de Saint-Denis ne nous apprend rien de plus[2]; mais celle qui concerne la geôle du Châtelet de Paris donne quelques détails sur le régime intérieur des prisonniers; elle nous indique aussi les prisons que l'on qualifiait d'*honestes*, et le nom des autres maisons de détention qui existaient à Paris[3]. En voici un extrait :

Ce sont les estatus de la géole du Chastellet de Paris, signifiées à vous, sire prévost de Paris, par mestre Richart de Gisors, géolier dudit Chastellet, selon ce qui s'en puent remembrer :

Premièrement, il a plusieurs prisons en ladite géolle, plus *honestes* et plus *honorables* les unes que les autres, et, toutefoiz sont-elles fors et seures, et pour mettre et emprisonner les personnes, selon le cas pourquoy ils y sont amenéz en prison, et selon que lesdictes personnes sont plus honorés les uns que les autres, en selon ce qui est mandé ou commandé du roy, nostre sire, et de noz granz seigneurs des royaumes, es quelles personne pour l'honnesteté d'icelles, on les puet miex mettre que es autres prisons plus moiennes, si comme il appert ci-dessouz.

Premièrement, un simple homme ne doit pour son géolage d'entré et d'issue que IIII deniers, tant sache demourer en prison, et ne les paie que une foiz, quand il est délivréz.

Item, un simple chevalier doit de géolage pour entrée et pour yssue, quand il s'en va délivré, V sous.

---

1. Collection de chartes et de diplômes, boîte 254.

2. Le texte de ce document se trouve dans le recueil de Loisel, manuscrit de la Bibliothèque impériale.

3. *Mestiers de la ville de Paris.* Bibliothèque imp., S. F. 108.

Item, pour ce mesme, un chevalier banneret, xx sous.

Item, un conte, pour ce mesme, x libres.

Item, un escuyer, pour son géolage, xii deniers.

Item, un Lombart, pour ce mesme, xii deniers.

Item, un juif, pour ce mesme, xii deniers.

Item, nul clerc ne doit point de géolage, se ainsi est qu'il se fasse requerre à son ordinaire, et il soit délivré.

Item, nulle personne qui soit séanz baillée en garde des justices de Paris, qui n'ont nulles prisons, cestassavoir la terre de Joigni, de Therouanne, du prévost des marchanz, à la foire Saint-Ladre, et de plusieurs autres de semblable condition, ne doivent point de géolage ; mes leur sont renduz, si comme ils les baillent, en paiant tex despenz, comme en leur aura livrez à leur requeste, se aucuns en ont euz en paiant : pour le clerc, ii deniers, pour le rabatre par courtoisie et non par c n-trainte, se il ne plaist au prisonnier.

Item, une personne qui ne soit hoste couchant, ne levant du roy, ne souz le Roy, pour soupeçons de quelque cas que ce soit, et il soit requis et renduz à son juge, il ne doit point de géolage, fors ses dépenz se aucuns en a euz, et ii deniers au clerc, se il li plest.

Item, un homs qui est au pain le roy, en la prison nommée *la Fosse*, ne doit que un denier pour chascun jour et nuict, au cas que il aurait de quoy paier, quant il est délivré, et si le doit le géollier doit trouver nates.

Item, chascune personne, emprisonnée en *prison de Beauvez ;* excepté ceuz qui sont baillez en garde come dit est, doivent ii deniers pour chascune nuit, et leur doit le géollier quérir couche de paille ou de feurre, par paiant, iiii deniers la nuit.

Item, es *prisons de Barbarie* et de *Gloriette*, aussi comme en la prison de Beauvez.

Item, es *prisons du Puis* et de la *Gourdeme*, aussi comme en la prison de la Fosse et la prison du *Beiteul* et celle de *Ou-*

bliete, de la condition celle de la Fosse, et doivent avoir du geolier nates ou couche de feurre ou de paille.

Item, la prison de la *Boucherie* et celle aus *Femes* que l'on dit *la Griesche*, de mesme condition que celle de Beauvez.

Item, la prison des *Chesnes*, qui est honneste prison, iiii deniers pour chascune nuit pour leur liz, se ilz les prennent du géolier, et se ils les veullent faire venir leurs lis faire le pour-ronz sant contredire, par paiant chascune nuit ii deniers seul-lement, sauf les dépenz, se aucuns en prennent au geolier.

Item, les prisons de *Beauvoir*, de *la Mote* et de *la Salle*, chascun prisonnier doit par nuit, pour chascune desdites pri-sons iiii deniers, se ils ont lis en la manière que dit est, et les despens, excepté *Biaumont*, qui ne doit par chascune nuit que ii deniers seulement.

Item, le clerc du guichet ne doit avoir que ii deniers pour rabatre la personne quant elle est délivré, encor par courtoisie et non par mestrie; mais quant un prisonnier est mis oultre le guichet par jugement et ne y doit que un seul, si nul pour ce faire de son droit.... [1].

Dans les prisons de Paris, le massacre des Armagnacs (*mai-juin* 1418) fut affreux. Chaque rue, puis chaque maison fut fouillée. Quiconque était Armagnac, ou suspecté de l'être, ou dé-noncé comme tel, était pris. Beaucoup furent emmenés en pri-son, d'autres exécutés sur place. Les insurgés exploraient les maisons : ils jetaient les victimes dévouées à la mort par les portes, par les fenêtres, par-dessus les murs, dans la rue; là les gens d'armes tuaient. Pendant le meurtre, les autres vo-laient et pillaient. D'après le témoignage d'un Bourguignon,

1. Bibliothèque impériale, manuscrit in-f°, S. F. 108 (vers la fin du volume). Ce texte est d'une écriture du quatorzième siècle. Il est cité dans le travail intitulé : *Droits et usages concernant les travaux de construction, publics ou privés, sous la troisième race des rois de France*, par Aimé Champollion-Figeac. Paris, 1860, 1 vol. in-8°, p. 163, 164, 165.

cinq cent vingt-deux hommes moururent ce premier jour « à l'épée, dans les rues, » sans y comprendre ceux qui furent assassinés à l'intérieur des maisons.

Les captifs furent conduits aux prisons du Palais, de Saint-Éloi, des deux Châtelets, du Louvre, du Temple, de Saint-Magloire, de Saint-Martin des Champs, du For-l'Évêque, de Saint-Antoine, de Saint-Merry et de Tiron. Au nombre des personnes ainsi arrêtées se trouvaient quantité de bourgeois, de magistrats, de militaires, et autres personnes; on y remarquait les évêques de Saintes, de Lisieux, d'Évreux, de Coutances, de Senlis, l'évêque et duc de Laon, pair de France, les archevêques de Reims et de Tours; Philippe de Villette, abbé de Saint-Denis, les cardinaux de Saint-Marc et de Bar. L'émeute mit la main sur un jeune prince du sang, Charles de Bourbon, dont le père, prisonnier d'Azincourt, était l'adversaire politique du duc de Bourgogne.

Ces furieux se dirigèrent ensuite vers le petit Châtelet. On y avait enfermé l'évêque de Coutances, l'évêque de Senlis et d'autres prélats. Les Bourguignons n'obtinrent pas, de prime accès, l'entrée de cette prison. Mais il fut convenu que l'un des leurs, délégué, pénétrerait à l'intérieur et ferait l'appel des captifs. Chacun de ces malheureux, à tour de rôle, était nominativement invité à sortir. Au moment où il baissait la tête pour franchir le guichet, il recevait la mort. Une pluie continue avait, depuis quelques jours, détrempé le sol mal pavé. Les bourreaux jetaient au fur et à mesure le cadavre dans la boue. L'évêque de Coutances, nommé Jean de Marle, était fils du chancelier. Il avait quitté son siége plutôt que de prêter serment au roi d'Angleterre. Le prélat s'était muni de beaucoup d'or, qu'il portait sur lui. Vainement il l'offrit à ses meurtriers, espérant que ceux-ci préféreraient cette richesse à sa vie. Les assassins le tuèrent d'abord et le dépouillèrent ensuite; ils prirent ainsi l'un et l'autre.

Au grand Châtelet, les officiers royaux, gardiens de la prison, donnèrent enfin l'exemple d'une virile résistance. Ils s'étaient procuré des armes. Pendant deux heures, ils se battirent contre ces forcenés; puis, vaincus par le nombre, ils périrent au poste de la justice. La lutte recommença entre les sicaires du dehors et les prisonniers, également armés. Ces captifs, d'ailleurs, n'étaient pas seulement des *Armagnacs*. Avec eux habitaient des prisonniers civils, des détenus pour dettes, des individus antérieurement incarcérés et tenant pour le duc de Bourgogne. Ces diverses catégories de détenus attendaient de l'émeute leur délivrance. Mais le peuple, en ce moment, était ivre de carnage et de fureur : il ne distinguait plus et voulut tout tuer. Vivement disputé, le combat se prolongea jusqu'à la nuit entre ceux du dedans et ceux du dehors.

Enfin, le lendemain, les envahisseurs revinrent à la charge, renforcés de nouveaux bandits. Ils assiégèrent les prisonniers à l'aide de la flamme et de la fumée. Sur certains points que le feu laissait libres, les assiégeants pénétrèrent dans la prison. Chassés par la flamme et par l'épée, les assiégés montaient au sommet des tours, et, poursuivis jusque-là, ils se précipitaient au dehors. Pendant ce temps, leurs bourreaux les attendaient au pied des murailles. Leurs corps venaient tomber sur les piques des Bourguignons, qui *achevaient* ces morts à coups de hache ou d'épée. xii et xiii juing mccccxviii, les Maillotins de la faction de Bourgogne et d'Angleterre, ayant attaqué et prins le Chastelet, les prisonniers armagnacs sont paillardement et inhumainement occis; plusieurs sont jectez du hault des tours aval et reçus sur des picques. Le prevost de Paris, Tanneguy du Chastel, resté fidèle à la saincte cause roy.

> Castellum hoc dixère patres, nisi dicere mavis,
> Carcellum modici quod signat carceris antrum.

Le Chastelet eut des prisons redoutables; Clément Marot y est enfermé, en 1515, pour cause de religion; elles lui inspirent son *Enfer*. Avant lui, nous voyons Martial d'Auvergne, poëte et prosateur, chanter Charles VII, roi de France; il était notaire apostolique au Chastelet de Paris.

L'ordonnance de 1670 portait :

Voulons que les prisons soient saines et disposées de manière que la santé des prisonniers n'en soit point incommodée.

Jamais loi ne fut plus mal exécutée [1]. La plupart de — « ces prisons étaient des antres humides et ténébreux où les détenus, entassés les uns sur les autres, s'apportent et se communiquent des maladies de toute espèce. Les édifices qui en servent aujourd'hui étaient autrefois destinés à d'autres usages ; plusieurs sont d'anciennes portes de la cité , des tours servant à la défense. Il est temps d'imiter les Génois qui , sur la porte de leurs somptueuses prisons, écrivaient : *Liberta*, voulant désigner ainsi que la sûreté des citoyens dépend de la détention des coupables.

Le For-Lévêque peut offrir quarante à cinquante pieds de profondeur sur à peu près trente de largeur, encore cette largeur n'est-elle pas égale dans toutes ses parties; celle qui donne sur le quai n'a guère que quinze à vingt pieds. La cour ou préau n'a que trente pieds de long sur dix-huit de large, et c'est dans cet espace que l'on renferme quelquefois jusqu'à quatre et cinq cents prisonniers. Cette prison se trouve d'ailleurs dominée par des bâtiments d'une hauteur considérable, qui ne permettent pas à l'air d'y circuler. De là des miasmes causés par la réunion d'un grand nombre d'individus. Les cellules desti-

---

1. *Projet concernant l'établissement de nouvelles prisons dans la capitale*, par un magistrat, sans nom d'auteur. (Manuscrit du dix-huitième siècle.) Appartient à M. Labat.

nées aux malheureux qui n'ont aucune faculté sont plutôt des trous que des logements. Celles qui sont sous les
marches de l'escalier ont six pieds carrés; on y place
cinq prisonniers. Les autres, où l'on peut à peine se tenir
debout, ne reçoivent d'autre jour que celui de la cour.
Une odeur infecte les rend horribles. Les chambres
qu'on appelle la pistole sont aussi trop petites; mais ce
qu'il est impossible de voir sans pitié, ce sont les cachots
souterrains. Ces cachots sont au niveau de la rivière, la
seule épaisseur des murs les garantit de l'inondation,
et toute l'année l'eau filtre à travers les voûtes. Là, sont
pratiqués des réceptacles de cinq pieds de large sur six
pieds de long, dans lesquels on ne peut entrer qu'en
rampant, et où l'on renferme jusqu'à cinq détenus. Même
en été, l'air n'y pénètre que par une petite ouverture de
trois pouces, percée au-dessus de l'entrée, et lorsqu'on
passe en face, *on est frappé comme d'un coup de feu.* Ces
cachots n'ayant de sortie que sur les étroites galeries qui
les environnent, ne reçoivent pas plus de jour que ces souterrains, où l'on n'aperçoit aucun soupirail. En général,
tout le bâtiment est dans un état de délabrement et de
vétusté qui menace d'une ruine prochaine. On y renferme les débiteurs, et généralement tous ceux que la police fait arrêter pour fautes légères. Le grand et le petit
Châtelet, que leur solidité semble mettre à l'abri des ou-
trages du temps, sont encore plus horribles et plus mal-
sains. Leurs bâtiments n'ayant pas d'ouverture extérieure, ne reçoivent d'air que par en haut; ce qui
n'établit pas un courant, mais seulement une colonne
d'air à peine suffisante pour ne pas étouffer. Ils ont, au
reste, les mêmes inconvénients que le For-Lévêque,

c'est-à-dire que l'enceinte est trop petite, ainsi que le préau, les murs trop élevés et les cachots souterrains, pour le moins aussi horribles. La seule prison qui puisse subsister et dont le séjour ne soit pas mortel, est la Conciergerie du Palais. Bicêtre a servi de maison de plaisance à François Ier, et la Conciergerie faisait autrefois partie du palais de nos rois. Cette prison a l'avantage de n'avoir pas de cachots souterrains.

Le préau, qui forme un carré long, est vaste et aéré. Les cachots clairs qui sont autour, quoique petits, reçoivent un air plus épuré. Les cachots noirs sont aussi grands et aussi sains qu'on peut le désirer ; la plupart sont placés dans les deux tours appelées de Montgommery et la Conciergerie. Cinquante individus pourraient se promener facilement dans chacun de ces cachots. La hauteur en est considérable; ils sont d'ailleurs si secs, que les pièces de bois qui ont servi à attacher Ravaillac sont encore entières. Les cachots pratiqués dans l'endroit qui servait de cuisines au roi Saint-Louis auraient besoin d'un écoulement pour les immondices. Les logements des femmes sont trop petits. L'infirmerie est malsaine, elle consiste en une salle fort basse; les malades, presque dépourvus de toute assistance, y sont quatre à cinq dans chaque lit. C'est un prisonnier qui, volontairement, prend soin de le desservir et de l'approprier. Il y est mort, dans cette dernière année, soixante à quatre-vingts personnes. Tel est l'état des prisons de la capitale ; on peut assurer que celles de tout le royaume ne sont pas plus saines ni mieux construites.

La place de concierge, dans les prisons de Paris, n'est point aujourd'hui un titre d'office ; ceux qui la remplissent ne payent aucune finance au roi, mais s'accommodent avec leurs prédécesseurs, à qui, pour pot de vin, ils donnent jusqu'à 25,000 livres. L'agrément des magistrats fait le titre de leur installation, et la justice passe avec eux un bail des prisons, moyennant une certaine somme. Ces places produisent au Châtelet et au For-Lévêque 15 à 20,000 livres. Ces produits sont prélevés sur les prisonniers à leur entrée et à leur sortie, suivant l'arrêt de règlement du parlement de Paris du 18 juin 1717. Ce même arrêt leur permet de prendre à leur pension, c'est-à-dire de nourrir à leur table, les prisonniers qui payent un certain prix. Il fixe encore ce que les détenus doivent payer pour le loyer des meubles, lits, chambres, suivant qu'ils veulent se loger seuls ou plusieurs ensemble. Le marchand de vin qui a la permission de vendre dans la prison paye au concierge une somme de 1,200 livres ; les autres fournisseurs, auxquels il accorde le privilége d'y débiter leurs denrées, lui payent également une rétribution proportionnée à leur gain et à la qualité de leurs fournitures.

Il y avait un mouvement de détenus des prisons du Châtelet à celles du parlement, afin de faire statuer sur les appels ou évocations interjetées. Les condamnés étaient extraits soit du Châtelet, soit de la Conciergerie, pour subir leur peine. »

Le 15 octobre 1721, Cartouche, arrêté dans un cabaret de la Courtille, fut conduit au grand Châtelet avec un concours de peuple étonnant.

On l'a mis, dans les cachots, attaché le long d'un pilier, afin qu'il ne puisse pas se casser la tête contre les murs et la porte du cachot ; il y a quatre hommes de garde. Jamais on n'a pris de pareilles précautions contre un homme. Il sera demain interrogé. (*Journal de Barbier.*)

Le 26 novembre, le parlement condamnait Louis-Dominique Cartouche, dit Lamare, dit Petit, dit Bourguignon, et cinq de ses complices, à être rompus après avoir reçu la question ordinaire et extraordinaire. Le 27 novembre, le prisonnier reçut la question, et il fut, le lendemain, rompu par onze coups de barre.

Le 5 janvier 1757, Damiens commettait sa tentative de parricide sur Louis XV le Bien-Aimé; il était transféré dans la Conciergerie, tour de Montgommery, dans le cachot où Ravaillac avait été renfermé. La procédure, commencée par le prévôt de l'hôtel, fut confiée à la grand'chambre du parlement de Paris, et l'arrêt du 26 mars 1757 ordonna que le coupable, conduit en Grève, y serait tenaillé, écartelé et brûlé.

Madame de Sévigné qui, comme l'a si finement écrit M. le premier avocat général Oscar de Vallée, *absorba une légion d'âmes délicates, par les grâces réunies de l'esprit et du cœur*, a tracé en quelques lignes qui brisent l'âme sans l'irriter, un tableau des misères enfermées parfois dans les prisons du Châtelet; celle-là fait deviner les autres :

Un pauvre passementier, dans le faubourg Saint-Marceau, était taxé à dix écus pour impôt sur les maîtrises. Il ne les avait pas; on le presse et represse; il demande du temps, on lui refuse; on prend son pauvre lit et sa pauvre écuelle. Quand il se vit en cet état, la rage s'empara de son cœur : il coupa la gorge à trois enfants qui étaient dans sa chambre; sa femme sauva le quatrième et s'enfuit. Le pauvre homme est au Châtelet; il sera pendu dans un jour ou deux. Il dit que tout son déplaisir, c'est de n'avoir pas tué sa femme et l'enfant qu'elle a sauvé. Songez que cela est vrai comme si vous l'aviez vu, et que, depuis le siége de Jérusalem, il ne s'est pas vu une telle fureur.

Un ordre du roi était nécessaire, même pour le lieutenant général, voulant instruire dans une prison d'État.

Lettre du roi à de Besmaus, gouverneur de la Bastille[1] :

Escrit à Saint-Germain en Laye, le 15e avril 1678.

Ayant ordonné au sieur de la Reynie, lieutenant général de police de ma bonne ville de Paris, de se transporter dans mon chasteau de la Bastille, pour y interroger le nommé Martin, hostelier de Saint-Cloud, je vous fais la présente pour vous dire de permettre audit sieur de la Reynie d'entrer dans mondit chasteau de la Bastille, toutes les fois qu'il le jugera à propos, et que vous ayez à lui représenter ledit Martin.

On se mariait même en prison, comme l'indique l'ordre du roi pour le geôlier du Châtelet :

A Versailles, le xxive de may 1689.

S. M. estant informée qu'Antoine Sénéchal est dans le dessein d'espouser Magdeleine Desforses, prisonnière au Chastellet, par ordre de S. M., elle enjoint aux geolliers desdites prisons de le mettre en liberté après que la cérémonie de leur mariage aura été faicte, avec les formalités ordinaires.

1. Registre secret, 1678.

XXIV

SENTENCES PRONONCÉES

AU CHATELET

Les sentences étaient les jugements rendus au Châtelet sur les diverses instances dont il était saisi. Le Châtelet motivait ses sentences, ce que ne faisaient pas les cours supérieures, indiquant seulement ces mots vagues : *Les cas résultant du procès.*

Au Châtelet, comme au parlement, l'hiver, le sol glacé des salles d'audience était *couvert de nates*, l'été, on les jonchait *d'erbe vert* et on les *arrosait de grant foison d'eau, puis icelles balayait*[1].

Au Châtelet aussi, comme à la Tournelle, on prononçait des peines terribles. — L'instruction criminelle avait emprunté sa procédure secrète, par écrit, ses bûchers, au droit canonique[2], et aujourd'hui encore la trace en

---

1. *Comptes de l'huissier*, fᵒ 42 vᵒ. (Cités par M. Edgard Boutaric dans ses *Recherches archéologiques sur le palais de justice de Paris*, pages 52-53.)

2. Sur le sujet qui nous occupe, on pourra consulter aussi le curieux ouvrage ayant pour titre : *De la Sorcellerie et de la Justice criminelle à Valenciennes* (xviᵉ et xviiᵉ siècles), par Th. Louïse. (Claudin, éditeur. Paris, 1861.)

20

est demeurée dans les Codes des nations modernes. La torture amenait l'aveu, le supplice suivait, et la justice songeait à l'âme des suppliciés, car une ordonnance porte dès le xive siècle :

A l'avenir, les condamnés à mort pourront être confessés avant d'être menés au supplice. (Ch. vi. Paris, 12 février 1396. Ord. viii, p. 122.)

Chaque accusé est interrogé, après serment, sur la sellette. Sur les registres, on voit fréquemment des vols de tabatières dans les spectacles, foires, processions, commis par des Piémontais, des locangeurs, qui, par des tours de cartes et subtilités, escroquent au cabaret des deniers comptants.

Quand l'inculpé est étranger, il lui est nommé d'office un interprète qui prête serment de bien et fidèlement faire entendre au prévenu les questions, et de rendre pareillement en français ses réponses.

Le Châtelet prononçait les peines suivantes :

Pour homicide, pendu et les mains liées devant. (Jehan de la Ramée, 21 septembre 1390; Reg. cr. du Châtelet, p. 419.)

Pour empoisonnement de puits et fontaines, décapité et pendu. (Regnaut de Poilly, 7 septembre 1390.)

Pour avoir fait faux coings et forgé faulce monnoye, fut bouilli et moru en la chaudière. (Jehan Jouye, 3 octobre 1390; Reg. cr. du Châtelet, p. 493.)

Colin des Mores et Michel Le Soudant, mayeurs de la confrérie Notre-Dame des Champs, attestent qu'ils ont reçu du vicomte d'Avranches douze livres tournois pour achat d'une chaudière, vendue à Tassart de Montereul, bailli de Cotentin, pour l'exécution d'un faux monnoyeur. (Bib. imp., Coll. Beaumarchais; série de quittances.)

Volé pour la première fois : oreille droite coupée. (Berthault Lestalon, 6 octobre 1390; Reg. cr., p. 507; Laurière, *Glossaire du Droit français.* V° *Essoriller.*)

Le *questionnaire* avait un salaire de 36 livres. — Louis Barbotte, questionnaire en la cour du Châtellet de Paris, confesse avoir receu la somme de 18 liv. 15 sols pour deux quartiers de ses gaiges, le 3 février 1663. (Voir les comptes manuscrits de la prévosté de Paris, 1439, 1489, 1498.)

La question avait ses temps d'arrêt; avant de l'appliquer, on sollicitait un aveu : « Après, fu osté d'icelle question, menée chofer en la cuisine, et en après ce, remis en la prison. Requis si elle ne cognoissoit doulcement et amiablement les crimes par elle commis et perpetrez, que ille seroit mis à question et que l'en les lui froit dire et cognoistre par sa bouche. Attendu les petites valeurs d'une chascune des parties de larrecins par elle faites, par elle cogneus et confessés, la jeunesse d'icelle, que il n'y avoit pas cause pour quoy elle deust souffrir mort, mais conseillèrent que elle feust tournée au pillory, et en oultre tenue prisonnière au pain et à l'eau, un mois audit Chastellet. » (Marion du Val, 26 mars 1390; Reg. cr. du Châtelet, p. 201.)

Le cas et manière du murdre proposé et appensé de longue main, et a fait appensé à sanc meur et à grant déliberation. (Marguerite de Bruges, arse comme murdrière, 1er juin 1390; Reg. cr. du Châtelet, p. 268.)

9 *août* 1390. — Les sorcières étaient brûlées au marché aus pourceaux, hors de la ville de Paris, après avoir été tournées au pellory es hales, et crié publiquement leurs meffais et délis par elles faits. (Margot de la Barre; Reg. cr. du Châtelet, p. 360 et 361.)

Sur l'appel déclaré, un examinateur du Châtelet était envoyé à MM. du parlement, qui députaient deux conseillers ouïr les causes d'appel proposé, les rapportaient au parlement, qui délibérait et appointait qu'il fût continué à procéder, no-nobstant l'appellation faite. (Margot de la Barre, p. 334.)

Gillette la Large, prévenue d'avoir enlevé des cuillers d'argent au préjudice de Jehan de Maulmes, son maître. Le 7 *juillet* 1390. — « Attendu que contre elle l'en n'a aucune informacion ou accusacion d'aucuns autres cas, et que c'est le premier larrecin par elle commis, au moins qui soit venu à cognoissance dudit mons le prévost; ce que ledit larrecin fut fait, par ladite confession, tout à une fois,

« Vue l'aage et povreté d'icelle prisonnière et que partie s'est tenue pour contente,

« Furent d'oppinion que elle feust menée au pillory tournée illec, l'oreille destre coppée, et en après, banye de la ville de Paris et dix lieux environ à tousjours, sous peine d'estre enfouye toute vive. » (Reg. cr. du Châtelet, p. 309 et 310.)

Le 26 février 1430, nous voyons qu'un procès s'était élevé entre l'évêque de Paris et les officiers du Châtelet, qui avaient appréhendé au corps N... dans l'église du Saint-Esprit en Grève. (Archives de l'empire.)

La même affaire n'est pas toujours suivie par les mêmes juges; ainsi pour Raoulin du Pré, dit Bacquet : En 1389, 12 novembre, par devant mons. le prevost, présens maistre Jehan Truquam, lieutenant; Dreux d'Ars, auditeur; Martin Double, advocat; Audry Le Preux, procureur du Roy nostre sire au Chastellet; Robert, Petit-Clerc; Robert de Pacy, Oudart de Fontenoy, Jehan de Bar et Robert de Tuillières, examinateurs audit Chastellet.

Puis, le samedi, quatrième jour de décembre 1389, par devant mons. le prevost, présens maistre Jehan Truquam, lieutenant; Dreux d'Ars, auditeur; Jehan Delay, Michel Marchant, Jacques du Bois, advocas au Chastellet; Oudart de Fontenoy, Miles de Rouvray, Gérart de la Haye et Robert de Pacy, examinateurs audit Chastellet.

Dans les jugements prononcés au Châtelet, on voit, dès 1389 (procès de Katerine Duroquier), les diverses opinions des juges exprimées : « Avis donné qu'elle devoist être tournée au pillory et illec brûlée pour ses démérites, sauf lesdits maistres B. et L., qui dirent qu'elle fût tournée au pillory seulement. »

Ordinairement, les décisions sont conformes à l'avis du rapporteur. On trouve aussi cette mention : Arrêté *in mitius* à l'avis de M. de X...

Par les décisions qui suivent, on verra que les réponses des inculpés n'ont guère varié, non plus que les modes de crimes :

Léon Charles, porteur d'eau, trouvé saisi d'un pot de fer-blanc rempli de glu et d'une baleine, dont il est véhémente-ment soupçonné de s'être servi; galères à perpétuité, marqué sur l'épaule gauche. (Châtelet, Y, 10, 528.)

Jean Bocage, — 4 *janvier* 1759 — 15 ans, né à la Poterie, évêché de Coutances, n'a pas fouillé dans les poches pour y prendre des mouchoirs, mais en a ramassé un à terre, a été forcé de convenir chez le commissaire de police, de tout ce qu'on lui demandait, parce qu'on lui serrait les doigts *avec des cordes* (Chamb. crim., Y, 10, 515).

Nicolas Dautron, dit Vadeboncœur, soldat des gardes fran-çaises, compagnie de M. de Mornay, cocher de place, rue des Juifs, 20 ans, né à Frison en Franche-Comté, « a pris une dame rue des Moineaux et l'a conduite rue Couture Saint-Gervais, qu'il est faux qu'il l'ait violée, que c'est elle qui l'a fait monter, et qui l'a engagé à jouir d'elle, qu'il est vray qu'il a eu cette faiblesse, et qu'ayant été aperçu, elle luy a dit de se sauver et qu'elle allait crier. » (22 novembre 1747, Reg. de la cham. cr., Y, 10, 514.)

26 *janvier* 1762. — Paul René Dutruch de Lachaux, écuyer, ci-devant garde du corps de S. M., compagnie de Luxembourg, brigade de Saint-Sauveur, convaincu d'avoir, le 6 du présent

mois, entre neuf et dix heures du soir, estant lors de service, en habit uniforme, mis à exécution dans le château de Versailles, le roy souppant à son grand couvert, le détestable projet de faire croire qu'il aurait été assassiné par des gens qui en voulaient à la personne sacrée de S. M. Pourquoi condamné à faire amende honorable devant l'église Notre-Dame, le palais des Thuileries, dans un tombereau, ayant la corde au col, portant une torche ardente de cire jaune du poids de deux livres, avec écriteaux portant ces mots : Fabricateur d'impostures contre la sûreté du Roy et la fidélité de la nation ; à genoux, nüe teste, nuds pieds et en chemise, dire et déclarer sa faute à haute et intelligible voix, dont il se repent, demande pardon à Dieu, au roy et à justice, ce fait, condamné à avoir la teste tranchée sur un échaffaut qui, pour cet effet, sera dressé en la place de Grève. (Y, 10, 517.)

5 *may* 1763. — Jean-Baptiste Leger, enfant de *douze ans*, inculpé de vol d'argent dans un comptoir, attendu son bas âge, est remis à son père, auquel il est enjoint de veiller plus attentivement sur sa conduite. (Y, 10, 518.)

29 *avril* 1760. — Delabarre, avocat au parlement de Rouen, 50 ans, rue de Touraine, convulsionnaire, condamné avec d'autres, pour contraventions aux ordonnances, en amenant chez lui, et en maison étrangère, un concours de personnes de tout état, contraire au bon ordre, à être mandé en la chambre pour y être admonesté en présence des juges, défense de recidiver, condamné en 3 livr. d'aumosne applicables au pain des prisonniers. (Regist. du Châtelet, Y, 10, 515.)

On peut recourir aux registres du Châtelet, et on y trouvera différents arrêts intéressants, notamment celui qui fut rendu contre Robert Bonneau, lequel avait épousé deux femmes, et pour ce, — fut condamné à estre pendu et étranglé.

L'arrêt du parlement contre Agnès Piédeleu, *maque-*

relle publique, qui avait appelé d'une sentence rendue contre elle par le prévôt Hugues Aubriot, au Châtelet[1].

«... Supra quamdam quadrigam ligatam, capite nudo, habentem de super suum caput unam coronam pergameni, in qua erit in ejus circunferᵒntia a parte exteriori scriptum in pluribus locis, grossa littera, in gallico hoc verbum : — Faussaire, — per lictorem, seu bourellum, Parisiis, ad pillorium in hallis nostris situatum, et ibidem ponendum, et per spatium duarum horarum remanendum, causam suæ punitionis per dictum bourellum coram populo, alta voce dicendo et declarando, per suum arrestum condempnat, et una cum hoc, eamdem Agnetem a regno bannivit atque bannit. »

Guillaume du Bruc, Breton, 1389. — Poursuivi pour vol, avait baillé en garde à son hôte à Laon, Jehan Le Breton, deux gobelets et deux tasses d'argent, qui furent prestés à maistres Guillaume, et Olivier desquelx il ne scet les surnoms, tenans les escolles de grantmaire à Laon, pour ce qu'ils sont de sa congnoissance et du payz dont il est nez. 6 octobre, fu décapité, et en, après ce, mené à la justice, et illec, le corps et la tête pendus.

Katerine du Roquier, de Compiègne, demeurant à Paris, rue des Estuves, conduisit sa nièce Margot du Roquier, aagée de xviij ans ou environ, à messire Jehan Braque, chevalier, qui fut successivement maître des eaux et forêts en Normandie, maître d'hôtel et chambellan du roi. Le chevalier la despucella, et congnut charnellement, et eut sa compagnie par deux fois, et lui bailla deux livres. Fut condampnée, comme maquerelle, à estre tournée au pillory et brûlée, et que audit lieu du pillory feust cryé la cause pour laquelle ledit jugement a esté donné. 23 octobre 1389. (Reg. cr. du Châtelet.)

---

1. 28 février 1375. *Registre criminel*, X, 8841, fᵒ 390, vᵒ. (Archives de l'empire, section judiciaire.)

Le 3 avril 1562, il y eut grand bruit à Paris, sur le Pont-Neuf et ailleurs; on afficha force placards. Les prévôts des marchands et échevins et les officiers du Châtelet s'en étant plaint, le 4, les trois chambres assemblées, la cour fit défenses d'afficher aucuns placards, ni composer, imprimer et vendre aucuns libelles tendant à sédition, à peine de la vie, enjoignit aux officiers du Châtelet de faire le procès présidialement à ceux qui seraient pris. Un individu pris la veille, fut exécuté le lendemain, au milieu du Pont-Neuf. (Y, 517.)

Le 2 janvier 1573, le Châtelet de Paris condamna à être brûlé Geoffroy Vallée, natif d'Orléans, auteur d'un livre intitulé : *La Béatitude des chrétiens, ou le fléau de la foi*, imprimé sans nom de lieu ni d'imprimeur, et sans date. — Petit in-8° de huit feuillets. — Cette sentence fut confirmée par arrêt du Parlement de Paris, le 9 février 1563 [1].

7 mars 1606. — Arrest de la cour de parlement par lequel Michel le Moire a esté condamné, pour avoir porté faux témoignage, à faire amende honorable en ceste cour, pieds nuds, ayant la corde au cou, tenant en sa main une torche ardente du poids de deux livres, en la grand'-chambre du plaidoyé, l'audience tenant, à genoux, dire et déclarer que....

Du jeudi 30 *janvier* 1659. — Marie Lemaire, femme grosse de sept mois, a fait amende honorable en la grand'-chambre, l'audience tenant, suivant l'arrest du 25 janvier, rendu en la chambre de l'édit.

Du jeudi 18 *juillet* 1669. — Barbe et Gratienne Chardin ont fait amende honorable, l'audience tenant, suivant l'arrest du 15 juillet, rendu en la Tournelle.

Novembre 1645. — Le lieutenant criminel condamne un libraire aux galères, pour avoir imprimé un libelle contre le

---

1. *Les Livres condamnés,* par Ed. Boutaric (page 173, dans les *Annales du Bibliophile.* — Novembre 1862.)

gouvernement; le libraire dit dans son interrogatoire que M. de Longueil lui avait donné. Jacques Dupuy écrivait à M. de Grémonville, le 5 décembre de la même année : M. de Longueil, conseiller d'Église de la troisième chambre des enquestes, s'est trouvé bien embarrassé, et n'en est pas encore dehors pour un certain libelle diffamatoire, imprimé à Bruxelles ou Anvers, contre l'honneur de la France, de la maison royale et de son Eminence. Un libraire du palais ayant esté si téméraire et hardi que de le faire réimprimer icy a esté découvert, et interrogé par M. le lieutenant civil de qui il avait eu cette copie, luy nomma M. de Longueil, conseiller Ce qui estant venu aux oreilles de S. Em., a bien mis en peine le conseiller et M. le président de Maisons, son frère, qui ne sait quel emplastre y apporter, et ils ne sont pas encore hors de cet embarras. Le libraire et l'imprimeur ont été condamnés au Chastelet à cinq ans de galères, par appel à la Tournelle, au bannissement pour pareil temps. Le libraire est du palais et dans le banc auquel M. de Longueil mettait son bonnet, et comme il est noté dans le conseil comme un des tribuns du peuple, cette mauvaise rencontre le rend encore plus criminel.

L'affaire de M. de Longueil fut terminée dans le conseil d'en haut, où la plus part des avis furent fort rudes contre luy; mais la reine voulut qu'en considération des services de monsieur son frère l'on luy pardonnast, et qu'il veillerait sur ses actions pour en respondre au roy. (*Journal d'Olivier d'Ormesson*, t. I, p. 335.)

Le journalisme cherche à se faire jour sous Louis XIV, mais le gouvernement s'efforce de l'étouffer comme une apparition très-importune. Renaudot fut le premier gazetier privilégié, mais à côté de lui, des feuilles volantes s'impriment à Paris, Rouen, Orléans, Reims, Troyes. — En 1656, il y eut, le 22 août, procès au Châtelet contre le chevalier L. Martin, comme auteur, et Genty, comme imprimeur.

Sur l'avis donné que plusieurs personnes malveillantes s'étaient, depuis quelque temps, ingéré de composer plusieurs libelles séditieux qu'elles intitulent les *Gazettes secrètes*, lesquelles elles débitent écrites à la main et s'avisent de les faire imprimer, vendre et débiter dans les rues, par les colporteurs ordinaires [1]...

En 1683, l'ordre est donné à la Reynie d'attacher à la première chaîne de forçats qui partira pour les galères, les nommés Bourdin et Dubois, condamnés au Châtelet pour distribution de libelles.

Le secrétaire d'État pour la maison du roi, en transmettant cet ordre au lieutenant général de police, prend soin d'ajouter :

« Le Roi veut que la sentence soit entièrement exécutée. »

La presse, en France, était vivace, puisqu'elle survécut à de semblables pénalités ; elle se joua de la Bastille, des galères et des amendes.

Le procureur du roi au Châtelet s'excuse auprès de Colbert, le 16 septembre 1677 :

De ce que M. de Maupeou, jugé ce jour au Chastelet, et bien que la preuve ait paru très-claire, et aist été attainct et convaincu d'avoir fabriqué et faict exposer de la fausse monnaie, il a esté seulement condamné aux gallères perpétuelles, et quatre officiers du Chastelet dont deux n'estoient pas du service du criminel, ont fait rendre ce jugement [2]... Vne pensée de compassion pour une famille considérable dans la robbe,

---

1. Imprimé à Paris, in-4°.
2. Correspondance administrative sous le règne de Louis XIV.

l'a emporté par-dessus celle du bien public et de la justice, et ils ont parlé comme des personnes persuadées que ce n'estoit point le blesser que de faire grâce quelquefois. Pour moi, Monseigneur, j'ay faict en sorte que, dans l'instruction, la preuve fust bien établie. Dans mes conclusions, j'ay suivy la sévérité de la loy, et ne croyois pas mesme qu'il fust possible qu'un juge peust estre d'un autre sentiment.

C'est avec déplaisir, Monseigneur, que je prends la liberté de vous informer d'une chose qui ne faict pas honneur à la compagnie dont je suis officier, d'autant plus que cette faulte est sans remède; mais peut estre, Monseigneur, estimerés vous qu'il n'est pas inutile de faire dire un mot sur ce subject, de la part du Roy, aux principaux officiers du Chastelet, afin qu'à l'advenir on soit plus exact à se tenir aux règles de la justice.

Le marquis de Seignelay à Lecamus, lieutenant civil :

A Versailles, le 6 mars 1684.

Le Roy a esté informé que vous avez rendu quelques sentences pour envoyer aux isles de l'Amérique, par forme de punition, des gens qui estoient tombez dans le désordre. Et comme cette punition n'est point connue en France, S. M. m'a commandé de vous escrire qu'elle ne veut plus que vous en ordonniez de pareilles.

Cette défense faite aux lieutenants civils des deux Châtelets, fut notifiée aussi au lieutenant général de police. (Registre secret, 1684, page 70.)

« Le sieur Aubry, dit une requeste présentée à la chambre criminelle du Châtelet, est convaincu de vingt-trois différents vols et assassinats qu'il a commis, tant de jour que de nuit, tant sur les grands chemins qu'ailleurs, tant lui seul qu'avec d'autres gens de sa trempe. » Et de fait les informations commencées contre plusieurs de ces crimes sont jointes à la requête du sieur Guichard et aux pièces déposées par lui ; elles

contiennent dans tous leurs détails et avec toutes les circonstances les faits reprochés au témoin. « Il est prouvé par ces
informations :

« 1° Qu'au commencement du mois de septembre de l'année 1663, Aubry et ses complices assassinèrent de nuit, sur le
quay des Augustins, le nommé Sébastien Antoine, soldat aux
gardes;

« 2° Que vers le milieu de l'année 1664, lui et feu Nicolas
Aubry, son frère, assassinèrent et tuèrent en plein jour, dans la
ruë des Fossés-Saint-Germain, le nommé Germain Gousset,
compagnon plombier, qui portait un fardeau sur ses espaules,
et qui passait son chemin, n'ayant ny verge, ni baston;

« 3° Qu'au mois d'octobre de l'année 1666, luy et ce mesme
frère donnèrent plusieurs coups d'espée à quelques domestiques du sieur marquis de Sourdis, qui se retiraient, le soir,
au logis de leur maistre;

« 4° Qu'en la même année 1666, luy et son frère assassinèrent et tuèrent, en plein jour, un limonadier au bout du
Pont-Neuf, dans sa propre maison;

« 5° Qu'au mois d'avril 1667, luy et son frère ont encore
assassiné en plein jour, dans la grande rue du village de
Chaillot, le fils du deffunt commissaire Bruneau;

« 6° Qu'en la mesme année 1667, luy et son frère ayant fait
la débauche dans un mauvais lieu, et à la sortie ayant rencon-
tré pendant la nuit un malheureux mendiant qui estait couché et endormy sur une pierre vers le Pont-Neuf, ils l'assassinèrent et le tuèrent de gayeté de cœur[1]... »

Les peines étaient, comme nous l'avons vu jusqu'ici,
prononcées au Châtelet, par plusieurs magistrats; aussi
on se plaignit d'un jugement rendu, le lundy 20 décem-

---

1. Requeste d'inscription de faux, pour le sieur Guichadr, contre
Jean-Baptiste Lully, faux accusateur. Paris, 1676.

bre 1666, par le nouveau lieutenant crimiuel [1], qui avait *seul* condamné un délinquant au fouet et fait exécuter la sentence :

Un commissaire amena cet homme prisonnier, et fit sa plainte : qu'il l'avait trouvé dans le marché, disant que le blé estoit renchéri et qu'il falloit renchérir le pain, et qu'il avoit excité bien du bruit ; que ce prisonnier avoit esté interrogé sur-le-champ, et estoit convenu d'avoir dit que le blé estoit enchéri, qu'il estoit facteur de marchands de blé, que M. le lieutenant criminel avoit ouy à l'audience quatre témoins, et les avoit confrontés publiquement à ce prisonnier, et que l'avocat s'étant levé pour prendre ses conclusions, avoit dit bas au lieutenant criminel qu'il croyoit que cela alloit à l'amende et aux deffenses de récidiver ; que le lieutenant luy avoit dit que cette affaire estoit de la dernière importance, et qu'il falloit soustenir la police avec plus de force ; que, sur cela, il avoit pris des conclusions au fouet et au bannissement, ce que le lieutenant criminel avoit prononcé et à l'heure même exécuté. — Il est nouveau, dit d'Ormesson, qu'un juge seul condamne à une peine afflictive un bourgeois domicilié comme ce misérable, qu'on dit honneste homme, riche de 20,000 escus, logé dans la rue de la Mortellerie, ayant une famille honneste. — Cette affaire fait grand bruit.

L'état de démence, on va en juger, ne désarmait ni l'arrêt ni le supplice :

Le dimanche 3 août 1670, il fut commis une action très-horrible [2]. Le criminel fut pris, renvoyé au Chastelet, le lundy matin, sur la compétence et jugé. — Le mardy, il fut jugé au

---

1. Lettre de Guy Patin, du 29 décembre 1666. —*Journal de Lefèvre d'Ormesson*, t. II, page 482.

2. *Journal d'Olivier Lefèvre d'Ormesson*, t. II, pages 597-598.

parlement, sur l'appel, par toute la grand'chambre assemblée
dans la Tournelle et bruslé l'après dinée. — Ce misérable s'ap-
peloit François Sarrazin de Caen, aagé de vingt-deux ans, né
de famille commune, *il avoit un oncle fou*. Il avoit fait ses
études aux Jesuites, mais depuis, il avoit apostasié ou plutost
il s'estoit fait une religion nouvelle; il avoit fait faire des habits singuliers de taffetas blanc avec du ruban vert, et il prétendoit s'habiller comme les Juifs l'estoient. — Il ne vouloit
croire dans l'Évangile que ce que les quatre évangélistes disent esgalement et d'une mesme manière. — Sur ce principe,
il s'estoit imaginé que le sacrifice de la messe estoit une idolâ-
trie, et pour faire connoistre son sentiment, il s'estoit résolu
de faire une action mémorable. — *Il estoit enfermé à Caen,
comme fou*, dans la maison de sa mère, il s'en estoit échappé
et estoit parti de Caen et avoit couché le samedy dans un village près de Paris, où il estoit arrivé le dimanche matin, à
sept heures, estoit allé à Nostre-Dame..... y avoit pénétré dans
l'enceinte de la chapelle de la Vierge. Là, il avoit mis l'espée
à la main, tasché de frapper l'hostie, de la couper, avoit renversé le calice qui n'estoit pas consacré, renversé le ciboire,
respandu plusieurs hosties consacrées, donné au prestre qui
célébroit un coup d'espée au travers du corps. — Sarrazin arresté avoue, et fut ainsy condamné au feu et a eu le poing
coupé. — M. le premier président, que l'on dit l'avoir admira-
blement interrogé sur la sellette, a dit n'avoir jamais rien vu
de pareil, ce misérable lui ayant respondu sans étonnement,
mais avec une douceur, une honneteté et une présence d'esprit
extraordinaire, de même pour l'évesque de Bayeux, l'ayant
esté voir dans sa prison pour tascher de le convertir. — Il
étoit allé au supplice, sans paroître ému, avoit fait amende honorable devant Nostre-Dame, avoit demandé pardon à Dieu,
estant pécheur, mais non au Roy, ne l'ayant point offensé, ny
à la justice, ne la reconnoissant point; avoit eu le poing
coupé sans avoir fait le moindre cri, au contraire ayant souri,

se voyant le bras sans main, avoit esté attaché au poteau et avoit esté bruslé, sans qu'on l'eust ouy se plaindre.

Suivant l'ordonnance de 1670, art. xi, titre I, *les cas royaux* étaient :

Le crime de lèze-majesté en tous ses chefs. — Le sacrilége avec effraction. — La rébellion aux mandemens du roi ou de ses officiers. — La police pour le port d'armès. — Les assemblées illicites. — Les séditions et émotions populaires. — La force populaire. — La fabrication, altération ou exposition de fausse monnaie. — La correction des officiers royaux. — Les malversations par eux commises dans leurs charges. — Le crime d'hérésie. — Le trouble public fait au service divin. — Le rapt et enlèvement de personnes par force et violence.

Les baillis, sénéchaux et juges présidiaux connaissent de ces crimes privativement aux autres juges royaux et à ceux des seigneurs.

D'après l'ordonnance de 1670, art. xii, titre I, et la déclaration du 5 février 1731, *les cas prévôtaux* étaient :

Tous les crimes commis par les vagabonds, gens sans aveu et sans domicile ou par ceux qui ont été condamnés à peine correctionnelle, bannissement ou amende honorable. — Les oppressions ou excès commis par gens de guerre en marche ou lieux d'étapes. — Les déserteurs d'armée. — Les assemblées illicites avec port d'armes. — Les levées des gens de guerre sans commission du roi. — Les vols faits sur les grands chemins. — Les vols faits avec effraction.

La condamnation à mort ou aux galères à perpétuité emporte confiscation des biens, suivant la règle : qui confisque le corps, confisque les biens. Il en est de même du bannissement perpétuel hors du royaume.

La peine du fouet, la flétrissure, le bannissement à

temps, l'amende honorable et le blâme emportent infa-
mie. On ne donne jamais la flétrissure sans le fouet et le
bannissement ; la condamnation aux galères emporte la
flétrissure des trois lettres GAL., depuis la déclaration
du roi du 4 mars 1724, mais il n'y a pas d'amende, parce
que l'accusé paye de son corps.

Lorsque l'amende honorable est jointe à la peine de
mort, elle doit être faite devant une église.

Quelquefois les juges des cours supérieures, pour adoucir le supplice, arrêtent que le criminel *ne sentira que
quelques coups vifs*, ou bien qu'il *sera étranglé avant
que de recevoir le premier coup*, ce qui s'exprime en un
retentum curiæ, que l'on met au bas de l'arrêt.

Si, lors de l'exécution, le condamné veut faire quelque
déclaration, le juge en dresse procès-verbal, ce qui s'appelle testament de mort.

L'ordonnance criminelle veut que le sacrement de
confession soit offert aux condamnés, et qu'ils soient
assistés d'un ecclésiastique jusqu'au moment du supplice.

COMPÉTENCE DU MAGISTRAT DE POLICE EN MATIÈRE CRIMINELLE.

2 *novembre* 1710. — Lettre de M. Mutel, lieutenant général
de police de Meaux, à M. Delamare, à Paris [1].

Monsieur,

En continuant toujours de vous importuner à demander vos
avis dans l'interprétation de vos livres, et autres qui se ren-
contrent, je prends la liberté de vous prier de m'aplanir une
difficulté, au sujet d'une servante à laquelle je fais le procès

1. Collection Delamare, vol. 187, fol. 34.

pour avoir volé une cuiller d'argent chez son maistre, et qui m'a esté amenée par un orphebvre de nostre ville, en exécution d'un édit du mois de mars 1700, qui nous donne le paraphe de leur registre; laquelle avait esté aussy escrouée par le prévost des marchands, qui a esté depuis déclaré incompétent, et est par conséquent resté à juger; toutes les informations et confrontations estant faites, il me reste à sçavoir si je puis la juger en dernier ressort, au nombre de sept conseillers, comme aurait peu faire ledit prévost, où si il y aura appel à *minimâ* de mon jugement, assisté de deux conseillers seulement, d'autant que vous marquez (tome imprimé) que les procès des domestiques sans répondants se peuvent faire comme à gens errans et vagabonds, ce qui s'entendrait en dernier ressort. J'attendray l'honneur de votre advis sur le tout, comme aussy de vouloir me marquer........ Monsieur Dargenson a esté maintenu et déclaré compétent pour juger, ce m'a-t-on dit, un homme à mort, qui a esté exécuté il y a quelque temps, en conséquence d'un arrest du conseil rendu sur le conflit de M. le lieutenant criminel du Chastelet de Paris. Cet exemple pourrait me servir d'instruction, et pour l'establissement de jurisdiction et pour la manière de juger, dont je suis en peine. Pardon, si je prends tant de liberté; c'est que je suis persuadé que je ne me peux adresser à une personne plus éclairée et plus zélée pour nos jurisdictions; en estant en outre les preuves généralles des marques particulières, qui me feront toujours estre très-respectueusement, Monsieur, votre très-humble et obéissant serviteur.

MUTEL,

Lieutenant général de police à Meaux, y demeurant.

Meaux, 2 novembre 1710.

A Monsieur Mutel, conseiller du roy, lieutenant général
de police, à Meaux[1].

Monsieur,

J'estois à ma maison de campagne lorsque la lettre que vous m'avez fait l'honneur de m'escrire est arrivée chez moi, à Paris, et ne l'ai resçue que d'hier au soir, que j'en suis de retour.

Le jugement rendu contre le prévost des marchands est conforme à l'ordonnance. Le vol domestique, sans effraction, n'est point un cas prévostal, et quand mesme cela seroit, il n'auroit pas peu en connoistre, puisque le crime a esté commis dans la ville de sa résidence. Mais vous me permettrez de vous dire que cela n'estoit pas non plus de la vostre, et que c'estoit à M. le lieutenant criminel d'en connoistre. Il est vrai que c'est au magistrat de police à parapher les registres des orfèvres et à les condamner à l'amende, lorsqu'ils manquent à ceste formalité; mais il ne s'en suit pas que l'exposition qui se fait chez eux de choses volées soit un fait de police.

Il est vray aussy que le magistrat de police a droit de punir les vagabonds, et la peine à l'esgard des hommes est le bannissement, le fouet ou les galères, et des femmes, l'hôpital. Mais le juge, qui est l'interprète des lois, a réduit celte compétence à la punition du seul libertinage, par exemple des mendians valides, des bohémiens, des gens sans aveu et autres, qui n'ont ny estat ny condition fixe et certaine, qui ne sont réclamés par personne, et qui troublent la tranquillité publique par leur mauvaise vie. Mais lorsque ces mêmes gens commettent quelque crime, c'est au juge du criminel d'en connoistre.

A l'esgard des domestiques, vous me marquez que j'ai dit ans mon premier tome que quand ils n'ont pas de répondant, ils doivent estre traittez comme vagabonds. C'est à la page 107

1. Collection Delamare, vol. 187, fol. 36.

que j'en ai parlé, et si vous avez pour agréable de reveoir ce passage, vous y remarquerez que j'ai dit que ceux qui quittent leurs maistres sans leur consentement ou une cause légitime, et sans avoir pris d'eux un congé par escript, seront traittez comme vagabonds, ce qui ne peut pas s'appliquer à celle dont vous m'escrivez, car elle estoit encore chez son maistre. Or, tant qu'un serviteur est en service, qu'il ait répondant ou non, il ne peut être réputé vagabond.

A l'esgard de l'autre article de vostre lettre, M. d'Argenson n'a point eu de conflit à faire régler avec M. le lieutenant criminel; mais voici les principaux cas dont le magistrat de police connoisse seul, en matière criminelle : les faux enrollemens, la composition, impression et débit de mauvais livres, les émotions populaires, les troubles de commerce dans les marchés publics, ou à l'esgard du pain sur les chemins ou chez les boulangers, la fabrication, vente ou port des armes défendues, le port des cannes ou bastons par les laquais, les violences faites aux syndics, gardes ou jurez des communautez de marchands ou artisans, dans leurs visites. Si vous avez besoin d'exemples, vous trouverez dans le second tome du Traité de la police des condamnations à mort rendues par M. de La Reynie contre des particuliers qui avoient commis des violences chez un boulanger. J'en donnerai d'autres, et dans chacun de ces autres, des preuves, dans la suite de mon Traité de la police.

Les vols domestiques, comme vous voyez, Monsieur, ne sont point compris dans aucun de ces cas. Si néantmoins l'on vous en abandonne la connoissance à l'esgard de cette fille, vous ne la sçauriez juger qu'à l'ordinaire, à la charge d'appel.

J'ai l'honneur d'estre avec bien du respect, Monsieur...

DELAMARE.

Comme le prince a la puissance et l'autorité d'imposer

des peines, il est aussi le maître et le seul dispensateur des grâces.

Les lettres de grâce sont de plusieurs sortes : il y a les *lettres pour ester à droit* après les cinq années de contumace expirées, celles de *grâce, pardon, abolition, rappel de ban ou de galères,* et celles de *commutation de peines.*

Toutes ces lettres s'expédient par M. le chancelier et sont du grand scel.

Sur un état, non signé, des femmes et hommes déférés au Châtelet, on lit :

Mémoire des hommes et fammes reprises de justice que j'ai arrêtés sur vos ordres, Monseigneur (Archives de l'empire, sect. hist., xviiie siècle) : Margot la Noire, qui a eu le fouet et deux fleurs de lis, pour volle et plusieurs fois en prison. — La petite Marie, qui a eu le fouet et la fleur de lis, pour volle de boutique, et plusieurs fois en prison. — La petite Robert, qui a etay plusieurs fois en prison, pour reselages et pour vivre en débauche avec des volleurs, et aller dans les maisons pour voir comme elle son faite, pour faire-voller.....

Sur un autre état on lit :

Mémoire des volleurs qui sont revenu des galleres, qui sont à Paris, qui vollent ; puis : Mémoire des androit où a vollé le nommé Jacques Arluisson, dit Chevalier, sous prétexte d'aller vendre des pentoufles ou souliers de femme.

On brisait déjà les instruments ayant servi à un jeu prohibé ; ainsi le comte de Pontchartrain écrit à Robert, procureur du roi au Châtelet :

« Le 17 décembre 1696.

« Le Roy m'a ordonné de vous escrire de retourner à l'hôtel de Soissons et de dire à mademoiselle de Soissons que le devoir de vostre charge vous ayant obligé de rendre compte d'une lotterie qui s'y fait, et des gens que vous y avez veu jouer aux billards qui sont dans son département, aux préjudice des règlements de police. S. M. vous a ordonné de lui dire de faire cesser cette lotterie, pour laquelle il n'y a eu aucune permission, et de faire oster sans délay ces billards; *sinon que vous avez ordre de les faire rompre.* »

Le comte de Pontchartrain à Robert, procureur du roi au Châtelet[1] :

« 8 novembre 1696.

« J'ay leu au roy la lettre que vous m'avez escrite au sujet de la nommée Jorel ou la sœur Briet, qui se mesle d'invocations et de recherches de trésors, que vous avez fait conduire au Chastelet. — Il faut vous appliquer, avec soin, à l'instruction de son procez, et me mander ce qu'on aura appris par les informations et par les interrogatoires, touchant le mauvais commerce dont elle se mesle. »

14 juin 1752. — Sentence de M. le prevot de Paris et Messieurs tenant la chambre criminelle au Chastelet de Paris, qui décharge Antoine Nicolas Hérisset, maître brodeur à Paris, et ci-devant garçon de sacristie au collège des Bernardins, de l'accusation contre lui intentée, au sujet du vol commis en l'église des Bernardins.

Billard de Vaux, caissier général de la ferme des postes, était poursuivi par les magistrats du Châtelet, en 1755, pour concussion, faux et banqueroute. Cet accusé, qui approchait de la sainte table tous les trois jours, et communiait avec une hostie de prêtre, par privilége, trouva des protecteurs dans les congrégations, et jusque dans le conseil du roi ; un arrêt du grand conseil évoqua le procès. C'était peu de soustraire un voleur public et

1. Registre secret.

privé à l'autorité des tribunaux légitimes, des agents violèrent le dépôt le plus sacré, celui de la justice, et enlevèrent la procédure du greffe du Châtelet. Le greffier Néret, dépositaire de ces pièces et du registre, fut arrêté. Cet acte arbitraire, déféré au parlement de Paris, donna lieu à des remontrances du 27 novembre 1755, signées par de Maupeou, alors premier président, qui en soutint les principes devant le roi. Les efforts des dévots suspendirent le cours de la justice, mais la procédure régulière fut enfin reprise. Billard fut condamné en février 1772, longtemps après l'expulsion des jésuites, qui avaient conservé de l'influence sur une partie du clergé ; il avait été protégé par la comtesse du Barry, qui voulait sauver le coupable, neveu de Billard de Mousseaux, son parent. Les efforts de la favorite furent inutiles ; Billard fut attaché au pilori, une seule fois, avec cet écriteau : *Banqueroutier et commis infidèle.* Billard était en bas de soie, en habit noir, frisé, poudré ; s'inspirant de Tartuffe, quand le bourreau vint le chercher à la Conciergerie, il l'embrassa, l'appela son frère, le remercia de ce qu'il lui ouvrait la porte du ciel, bénit Dieu de cette humiliation, et récita les psaumes tout le temps qu'il fut au carcan. Condamné au bannissement, il fut conduit hors de Paris et se réfugia à Rome auprès du général des jésuites. Il avait eu la précaution d'y faire passer sa fortune, évaluée à cinq millions [1].

On voit, quai des Orfévres, chez M. Forgeais, dont la persévérante sagacité a sauvé de l'oubli bien des reliques, une badelère ou badelaire, épée de supplice au moyen

---

1. *Correspondance de madame Du Deffand*, tome I, p. 289.

âge, trouvée au Pont au Change en 1861. A la poignée on voit, d'un côté, les tours du Châtelet; au revers, un cordon de besans, sans doute émaillé sur fond noir. En 1858, M. Forgeais a recuéilli aussi une médaille en plomb trouvée dans la Seine, représentant d'un côté saint Nicolas, patron des marchands de vin au Châtelet, et de l'autre, le Châtelet de Paris.

XXV

LA MONTRE DES OFFICIERS

DU CHATELET

La *Montre*[1] est une cavalcade que faisaient tous les ans, dans Paris, le premier lundi d'après le dimanche de la Trinité, les officiers du Châtelet.

Ce jour-là M. le prévôt de Paris se tient chez lui pour la recevoir : elle n'est composée que d'officiers qui lui sont subordonnés.

Ils sont tous à cheval, deux à deux. La marche commence par les 80 huissiers ou sergents à cheval, qui sont tirés tous les ans, des 130 qui composent cette communauté pour faire le service de la police avec les commissaires. Ils ont à leur tête leurs timballes, trompettes, hautbois, un étendard et tous les attributs de la justice, comme le casque, la cuirasse, les gantelets, le bâton de commandement, la main de justice.

Après eux viennent les 180 sergents à verge, qui sont tirés tous les ans des 236 qui composent la communauté, pour faire le service de la police. Précédés de leurs timballes et trom-

1. Voir Leber, Salgues et Cohen. (*Collection de pièces sur l'Histoire de France*, tome VII, p. 52.)

pettes, et des mêmes marques d'honneur que les huissiers à cheval.

Ces deux compagnies ne sont point en robe ni uniforme. La plupart sont habillés en noir, les autres de diverses couleurs.

Les 120 huissiers priseurs viennent ensuite, en robe et sur des chevaux revêtus de housses noires. Les 20 huissiers audienciers marchent après eux habillés et montés de même.

Ils sont suivis de 12 commissaires au Châtelet, députés d'entre les 48 qui composent la compagnie, lesquels sont en robe de soie noire ; d'un député de MM. les avocats du roi, de MM. les lieutenants particuliers et de M. le lieutenant civil, qui sont en robes rouges. Les greffiers du Châtelet et quelques huissiers ferment la marche.

Toute cette cavalcade va chez M. le chancelier, M. le premier président, M. le procureur général et M. le prévôt de Paris.

Le lendemain, M. le lieutenant civil mande en la Chambre du conseil les huissiers contre lesquels il y a quelque plainte pour malversation commise en leur office, et s'ils se trouvent coupables, il les interdit et les condamne en telle autre peine que le cas le requiert.

La cérémonie de la montre est si ancienne que l'on n'en trouve point l'établissement.

Quelques officiers du Châtelet conservent cette tradition qu'autrefois le prévôt de Paris parcourait la ville, avec ses officiers, pour recevoir les plaintes du peuple contre ses officiers, que l'on n'eût pas osé poursuivre. Cette version est invraisemblable, parce que depuis Etienne Boileau (1251), le premier prévôt de Paris, tous les prévôts se tiennent chez eux pour recevoir la cavalcade.

D'autres disent que la montre n'est qu'un devoir de bienséance pure et simple.

Le xii febvrier, jor de quaresme prenant de l'an mccxiv, où le roi Philippes Auguste fu vainquierre, à Bovines, li prevost de Paris feict por la première fois la monstre dou Chastellet, guidon et musique en chief; aulcuns portoient li heaulme et haubert, li gantelez, li baston de commant et la main de jostice.

Il paraît singulier que les officiers du Châtelet, qui sont tous gens de robe longue, à l'exception des huissiers à verge et à cheval, fassent leurs visites à cheval. Peut-être est-ce un reste du temps où Paris boueux n'était pas pavé, et les carrosses inconnus. Mais pourquoi alors des timballes, des trompettes et ces attributs militaires? et ce nom de *montre*, qui servait à désigner autrefois les revues de gens de guerre convoqués pour le ban et l'arrière-ban?

Pour trouver la véritable origine, il faut observer que toute justice est émanée du roi, et que les rois rendaient la justice eux-mêmes. L'ancien style du Châtelet, imprimé en 1521, dit sur la fin « qu'il faut noter que le roi notre sire est prévôt de « Paris, et icelle prévôté baille en garde. » Les rois rendaient la justice au Châtelet de Paris, d'où l'existence d'un dais en la chambre de l'audience du Châtelet, qui ne se trouve dans aucune autre Cour, sauf quand le roi y tient lit de justice.

Dans la suite, l'administration de la justice fut confiée aux pairs et autres grands, tous *gens d'épée*, id. pour les baillis et sénéchaux qui siégent encore (xviiie siècle), l'épée au côté et le bâton de commandement à la main. Les baillis commandaient les troupes de leur ressort, et en avaient même à leur solde particulière. Ils choisissaient des *serregens*, ainsi appelés non parce qu'ils arrêtaient et exécutaient la contrainte par corps, mais parce qu'ils étaient employés à faire serrer les files des bandes que commandaient les baillis et sénéchaux. Ils servaient aussi à prêter main-forte à l'administration de la justice.

En 1192, Philippe-Auguste, étant en terre sainte, établit une compagnie de sergents d'armes, pour se garder du *Vieux de la Montagne.* Saint Louis en eut aussi. C'est à eux qu'on rapporte l'origine des gardes du corps.

Quoi qu'il en soit, ils étaient militaires et portaient le nom d'huissiers, sergents d'armes.

C'est pour cela que les officiers du Châtelet vont à la montre en épée et avec des trompettes.

Les prévôts de Paris sont officiers d'épée; témoin M. de Bullion, qui est en même temps maréchal des camps et armées du roi. Le prévôt de Paris a le droit d'assembler le ban et l'arrière-ban. Il est vêtu de noir et en habit court, avec le petit manteau, une cravate plissée, un chapeau en forme de toque, garni d'une plume noire. Il siége ainsi l'épée au côté, même au parlement, lorsqu'il prend place sur le banc des baillis et sénéchaux; il tient à la main une canne ou bâton blanc, garni d'une pomme et d'un bout d'ivoire, pour marque de son commandement. Il est précédé de ses douze huissiers fieffés, qu'on nomme les sergents de la douzaine, qui sont revêtus d'une cotte d'armes et armés de hallebardes dorées.

Les huissiers à cheval qui marchent les premiers à la montre sont les plus anciens sergents du prévôt de Paris. Le premier nom était sergent à cheval; plus tard, sergents-huissiers à cheval; puis huissiers à cheval. Ils étaient à cheval pour aller faire au loin des expéditions. Les sergenteries étaient des fiefs ou offices féodaux sans domaine ni justice.

Les huissiers à verge ont été ainsi nommés parce qu'ils devaient toucher d'une verge ceux contre lesquels ils faisaient des exploits.

Les huissiers audienciers et les huissiers priseurs sont *gens de robe.*

Pour la cérémonie de la montre, les magistrats ont la robe rouge; les commissaires, la robe de soie noire; les huissiers à cheval, un habit d'ordonnance rouge; les huissiers à verge, un habit d'ordonnance bleu; les huis-

siers priseurs et les audienciers, une robe noire, avec
des housses noires sur leurs chevaux. Après les visites
rendues, on prononçait sur les plaintes portées par les
particuliers contre les huissiers; ceux qui ne se présen-
taient pas étaient condamnés à une amende arbitraire
de vingt livres.

———

XXVI

LES PARANYMPHES

On appelait ainsi les visites et les discours que faisaient aux diverses chambres de justice assemblées, à
des époques déterminées, les bacheliers de licence réunis en corps, et représentés par l'orateur de la compagnie
qui marchait à leur tête. Elles se renouvelaient de deux
ans en deux ans : la plaisanterie n'était pas bannie de
ces discours.

Lorsque les bacheliers du premier ordre avaient fini
leur licence, on les avertissait de se trouver au jour
fixé, qui était ordinairement un dimanche, à l'officialité, d'où ils se rendaient en fourrure chez le chancelier
de l'Université pour le prier d'assister aux paranymphes. Le lendemain, ils allaient tous en corps, et sous
peine de grosses amendes, adresser la même invitation
aux diverses chambres de justice et aux magistrats. Autrefois toutes les chambres du parlement y assistaient;
mais l'usage cessa au commencement du XVIIe siècle. Le
jour fixé, tous les bacheliers devaient être présents et
écouter ce qu'on avait à leur dire de flatteur ou de dé-
sobligeant, et d'y répondre. Chaque maison faisait ses

paranymphes à part, avec illumination et beaucoup de curieux de haute distinction.

Le *Mercure galant* de septembre 1709 publie une relation des paranymphes :

La licence alla au Châtelet et à l'hôtel de ville le mardi 14, parce que ces deux juridictions ne tenaient pas audience le lundi. M. Le Camus, lieutenant civil, présidait au Châtelet. Le Père Darcet fit un très-éloquent discours. Le Camus répondit par un discours latin fleuri et éloquent, et fit l'éloge de la théologie de Paris.

Du Châtelet, la licence alla en fourrure à l'hôtel de ville où M. le prévôt des marchands, messire Charles Boucher, tenait l'audience. Nouveaux discours. Acceptation de l'invitation.

On fit les paranymphes des ubiquistes dans l'école de théologie des Cordeliers.

Le premier jour, un bachelier de la licence, M. Poirier, fut chargé de paranympher; il commença par M. l'abbé de Saint-Aignan : on y détailla toutes les splendeurs de la maison de Beauvilliers. L'abbé répondit avec une modestie éloquente; M. Poirier paranympha ensuite d'autres personnes qui lui répondirent. Quelques plaisanteries eurent un grand succès.

Le deuxième jour, M. Dauchel, bachelier de licence, fit les paranymphes : il dit quelques vérités assez fortes, mais on lui en dit de fortes aussi, et on fit quelques plaisanteries sur sa chevelure qui eurent beaucoup de succès.

On donna à la fin des confitures à tout le monde.

Le 16 et le 17, les réguliers firent leurs paranymphes, la première bande aux Jacobins, la deuxième aux Carmes.

Le 19, ce furent les bacheliers de la maison de Navarre. Celui qui fait les paranymphes a une robe d'écarlate doublée d'hermine, un bonnet sur la tête. Il parle couvert, une espèce de mortier à la main et assis sur un trône. Les bacheliers répondent debout et découverts.

XXVII

LA BASOCHE

La basoche est la communauté des clercs du parlement et du Châtelet de Paris, anciennement établie pour connoître des différends qui naissent entre les clercs, et régler leur discipline. A l'égard des contestations qui naissent entre les officiers de la basoche, elles doivent être réglées par l'ancien conseil, c'est-à-dire par le chancelier et les procureurs de la cour [1].

Quelques-uns prétendent que le mot de basoche vient du terme *basilica*, qui signifie le palais du prince ou le lieu où se rend la justice. D'autres veulent qu'il soit tiré du mot grec qui signifie, en latin, *dicacitas*, et en français, *discours goguenard et plaisant*. En effet, quoique nos rois ayent accordé aux clercs de la basoche plusieurs priviléges pour leur donner de l'émulation, tout ce qui se passe entre eux n'est qu'un jeu d'esprit qui, en les exerçant agréablement, ne laisse pas de les rendre capables d'une profession plus sérieuse.

1. Recueil de pièces fugitives sur les parlements de France. (1771.)

Cette juridiction porte le titre de *royaume de la basoche*, titre qui paroît d'abord prétentieux, mais qui donne aux officiers de cette juridiction un droit effectif de connoître souverainement de tous les différends de clerc à clerc, pendant qu'ils sont clercs, tant en matière civile que criminelle.

Son institution a commencé dès le temps que le parlement a été fait sédentaire à Paris. Les procureurs, qui se trouvoient d'abord en trop petit nombre, à cause de la multitude d'affaires pendantes en la cour, demandèrent des aides pour travailler avec eux.

Le parlement, après avoir délibéré sur cette demande, leur permit, vers l'an 1303, de prendre des jeunes gens pour les faire travailler dans leurs études.

Ces jeunes gens, appliqués à la procédure, plaidoient volontiers les uns contre les autres : leurs différends étant portés en première instance devant les juges ordinaires, les détournoient de leur emploi, qui étoit de travailler dans l'étude de leur procureur et de fréquenter le parlement pour y faire les expéditions journalières.

Ces motifs donnèrent lieu à l'établissement que fit Philippe le Bel de la basoche, de l'avis et conseil de son parlement, qui voulut qu'entre eux il y eût un roi, leur donnant le pouvoir de juger en dernier ressort, comme aussi d'établir des prévôts et jurisdictions basochiales dans les siéges royaux ressortissants au parlement de Paris, à la charge de tenir à foi et hommage du roi de la basoche, devant lequel ou son chancelier ressortiroient les appellations des prévôts, et à la charge que le roi de la basoche feroit faire montre, tous les ans, à tous les clercs du palais et autres ses suppôts et sujets.

Le parlement a, par ses arrêts, confirmé cette jurisdiction. l y en a trois notables : le premier est du 14 juillet 1528, rendu contre l'official de Paris; le deuxième est du 27 mars 1604, rendu contre le lieutenant civil du Châtelet; le troisième est du 12 avril 1642, rendu contre le baillif du palais. Par ces arrêts, il est enjoint aux clercs du parlement de ne procéder ailleurs qu'au royaume de la basoche, quand il s'agit de différends de clercs à clercs, et défenses sont faites à tous autres juges d'en connoître.

Le pouvoir d'établir des prévôts se prouve par les anciens registres de la basoche, dans lesquels il se trouve deux arrêts : l'un d'enregistrement des lettres d'érection et établissement d'un siége et jurisdiction basochiale en faveur des clercs du siége royal de Loches, et un autre pour les clercs du siége de Chaumont en Bassigny, en date des 14 et 21 février 1586, ces lettres et arrêts scellés du sceau de la chancellerie de la basoche.

Ces érections de prévôté se faisoient au commencement sous le titre de *Prince de la basoche*, portant foi et hommage au roi de la basoche en son siége à Paris, avec obligation d'obéir à ses ordres et commandements, et il n'y a pas d'apparence que le prévôt basochial du Châtelet de Paris, ni que le prince de la basoche du présidial d'Angers, et plusieurs autres, ayent été établis d'une autre manière, puisqu'ils ne peuvent se dire officiers du roi ni d'aucun seigneur.

La montre se faisoit tous les ans à Paris, sur les mandements du roi de la basoche envoyés à ses princes et sujets, avec ordre de se trouver à Paris, sous peine de grosses amendes, en plusieurs bandes et compagnies, sous les habits et livrées des capitaines, dont chacun avait un modèle.

Ces montres, qui se faisoient en forme de *carozel*, attiroient beaucoup de monde, et firent tant de bruit, que François Ier manda à son parlement qu'il vouloit voir la montre du roi de la basoche, et qu'à cette fin il se rendroit à Paris dans tel tems.

Le roi de la basoche, sur l'avis qu'il en eut, requit à la cour par l'avocat général de la basoche, qu'il lui plût de vaquer les deux jours suivans. Sur ce réquisitoire, M. le procureur général du parlement ayant remontré que l'équipage du roi de la basoche était prêt, et d'un air triomphant, et que le roi François Ier devait se rendre le lendemain à Paris, et qu'attendu le grand nombre de suppôts qui devoient s'assembler dans le palais, il seroit difficile à la cour de vaquer à l'expédition et jugement des affaires, après avoir consenti au réquisitoire de l'avocat du roi de la basoche, par arrêt du 25 juin 1540, la Cour ordonna que tout vaqueroit, un jour ou deux. La montre se fit au jour marqué, et François Ier la vit : il y avait sept ou huit cents clercs.

Vers le 15 juillet 1548, le peuple de Guyenne s'étant mutiné, Henri II y envoya le connétable de Montmorenci avec une forte armée.

Pendant qu'on faisoit la levée, le roi de la basoche et ses suppôts s'offrirent au roi. Ils étoient environ six mille hommes, qui firent si bien leur devoir, qu'à leur retour le roi, voulant reconnoître leurs services, leur demanda quelle récompense ils désiroient. Ils répondirent qu'ils n'en demandoient aucune, et qu'ils étoient prêts de servir Sa Majesté où elle voudroit les envoyer.

Le roi, content de cette réponse, leur donna, de son propre mouvement, la permission de faire couper dans ses bois tels arbres qu'ils voudroient choisir, en présence du substitut du procureur général aux eaux et forêts, pour servir à la cérémonie du plant du mai, qu'ils avoient accoutumé de faire planter tous les ans, le dernier samedi du mois de mai, devant le grand perron de la cour du palais. Et pour fournir aux frais de cette cérémonie, il leur accorda tous les ans une somme à prendre sur le domaine, assignée sur les amendes adjugées au profit du roi, tant au parlement qu'en la cour des aides.

De plus, le même Henri II accorda aux trésoriers et receveurs du domaine de la basoche le droit de faire sceller gratuitement, en la chancellerie du parlement, une lettre de tel prix qu'ils la trouveroient, et ordonna que sur les arrêts rendus en la basoche il seroit expédié gratis des commissions.

Enfin, il permit au roi de la basoche et à ses suppôts d'avoir dans leurs armoiries (qui sont trois écritoires) timbre, casque et morion, pour marques de souveraineté, ainsi qu'il est expliqué au long dans les lettres de don que le roi Henri II leur en a fait expédier l'an 1548, et qu'on prétend avoir été vérifiées en parlement.

Quoi qu'il en soit, ils jouissent encore de ces droits et priviléges, à l'exception que les commissions gratuites sur les arrêts de la basoche ne s'expédient plus aujourd'hui en la chancellerie du parlement qu'en payant les droits ordinaires.

Pour ce qui est du titre de roi de la basoche, il a été révoqué par Henri III, qui, voyant que le nombre des clercs alloit à près de dix mille, défendit qu'aucun sujet du royaume prît le nom de roi. Cela fit passer tous les droits du roi de la basoche en la personne de son chancelier, dont les montres ensuite se trouvèrent réduites aux seuls officiers de la basoche et clercs du palais, lesquels ont continué de les faire en plusieurs compagnies jusqu'en l'année 1667, qu'elles ont cessé.

Il ne reste plus aujourd'hui que le corps de la jurisdiction de la basoche, composé d'un chancelier, de plusieurs maîtres de requêtes, d'un grand audiencier, un référendaire, un procureur et un avocat généraux, quatre trésoriers, un greffier, quatre notaires et secrétaires de de la cour basochiale, un premier huissier et huit autres huissiers, avec un aumônier qui a voix délibérative et séance après le grand aumônier et le référendaire, tous deux maîtres des requêtes extraordinaires.

Les principaux officiers de la basoche prenoient les noms consacrés aux premiers ministres de l'Etat; mais sans conséquence.

Les procédures et instructions s'y font par des clercs, qui y sont reçus avocats, et plaident pour les parties. Il y a audience les mercredis et samedis, dans la chambre Saint-Louis, entre midi et une heure.

Le chancelier y préside, et en son absence, le vice-chancelier ou le plus ancien maître des requêtes; et pour faire arrêt, il faut qu'il y ait sept maîtres des requêtes, outre le chancelier ou autre qui préside.

Les jugements qui y sont rendus sont expédiés par le greffier de cette jurisdiction, sous ce titre : *La basoche régnante en triomphe et titre d'honneur, salut;* et à la fin on met : *Fait audit royaume, le.....*

Ils sont souverains et portent le nom d'arrêts, de sorte

qu'on ne se peut pourvoir que dans cette même jurisdiction, par requête portée à l'ancien conseil, qui se
tient par le chancelier assisté des procureurs de la
Cour. Le nombre des maîtres des requêtes de la basoche
n'est point fixe. Il s'en fait tous les ans quatre, qui
sont les quatre trésoriers sortant de charge. Les avocats
et procureurs généraux restent toujours jusqu'à vacation de leur office. Le chancelier ne règne qu'un an;
l'élection s'en fait, tous les ans, au mois de novembre;
il ne peut être choisi que des quatre plus anciens maîtres
des requêtes, avocat et procureurs généraux, et de leur
procureur de communauté.

Il y a un arrêt de règlement du 5 janvier 1636, rendu
sur les conclusions de M. Bignon, avocat général, qui
prescrit la forme de l'élection du chancelier. L'habit de
cérémonie du chancelier est une robe et un bonnet; les
autres officiers portent, en cérémonie, l'habit noir, le
rabat et le manteau. Le chancelier ne peut être ni marié,
ni bénéficier. Il est obligé de donner un festin le jour de
sa réception; c'est ce qu'on appelle, entre eux, droits et
devoirs. On lui en donne acte à la fin du repas; mais
avant qu'il le puisse obtenir, il faut qu'il essuie quantité
de contestations, qui font encore vuider grand nombre
de bouteilles.

La basoche a, dit-on, joui autrefois de quantité de
droits et de priviléges; mais on ne sait ce que sont devenus les titres; on tient qu'ils ont été brûlés dans l'in-
cendie du Palais. Quoi qu'il en soit, la basoche a toujours eu le droit de donner aux clercs, qui se veulent
faire recevoir procureurs, le certificat de leur temps de
palais. L'ordonnance de François Ier signée à Saint-

Jean d'Angely, le 11ᵉ février 1519, art. 18, porte « que nul [ne sera reçu procureur qu'il n'ait quatre ans de pratique et ne soit âgé de vingt-cinq ans. » Et par un édit donné à Compiègne, le 24 septembre 1539, il veut qu'ils soient examinés à l'audience, et c'est ce qui se pratique actuellement au parlement de Paris. Auparavant l'examen, il faut justifier de son temps de palais par un certificat de la basoche. François Iᵉʳ avait limité ce temps de palais à quatre ans, mais les arrêts l'ont augmenté jusqu'à dix.

Comme nous l'avons dit, à Paris, le premier et le plus ancien tribunal était le Châtelet; le nombre des clercs y était considérable (près de dix mille sous le règne de Henri III), et ils formaient une communauté nommée *basoche*, qui avait son roi, son chancelier, ses maîtres des requêtes, un grand audiencier, un référendaire, un procureur général, un avocat général, quatre trésoriers, un greffier, quatre notaires ou secrétaires de la cour basochiale, d'un premier huissier, de huit autres huissiers et d'un aumônier.

Le roi de la basoche et ses suppôts avaient dans leurs armoiries, qui étaient trois écritoires, timbre, casque et morion, pour marque de souveraineté.

La basoche exerça constamment le droit de donner aux clercs qui voulaient se faire pourvoir d'un office de procureur au parlement, un certificat de stage et de capacité attestant leur temps d'étude et d'exercice au palais. Ce droit, contesté devant le Châtelet et le parlement par les procureurs, en 1757, fut reconnu par ces deux juridictions; il résultait, en dehors d'autres preuves, des statuts de la communauté des procureurs, homologués par sentence du 14 mars 1726 ; l'art. 27 porte : « Aucun ne sera reçu en la charge de procureur qu'il n'ait été clerc dix ans, et pour le justifier, sera tenu de représenter des certificats des procureurs chez lesquels il aura demeuré, s'il n'a été prévôt ou trésorier de la basoche. »

Les audiences de la basoche se tenaient les mercredis et les samedis, dans la chambre de Saint-Louis, entre midi et une heure ; le chancelier ou à son défaut le vice-chancelier y présidaient, les sept maîtres des requêtes formant la cour.

Les requêtes présentées à la basoche sont intitulées : « A nos seigneurs du royaume de la basoche ; » elles sont sur *papier timbré*, comme les autres actes de procédure qui s'y font.

Mornac appelle la basoche *le séminaire des procureurs ;* il en existait à Toulouse, à Orléans et à Rouen, sous le titre *de régence*. La basoche de la chambre des comptes, à Paris, se nommait *le haut et souverain empire de Galilée*.

La basoche du parlement de Paris était la première de France. Vainement les clercs du Châtelet, réunis depuis 1278 en confrérie, lui disputaient-ils son titre, vainement la basoche de la chambre des comptes, qui s'intitulait : *Haut et souverain empire de Galilée*, cherchait-elle de temps à autre à usurper les priviléges, la basoche parlementaire triomphait de toutes ses rivales, elle évitait les écueils et pouvait prendre la devise de la ville de Paris : *Fluctuat nec mergitur.*

Les parlements souriaient en regardant, autour d'eux, la basoche, milice généreuse, intelligente, dévouée, toujours disposée à les défendre, à les sauver ou à les venger. Nombreuse à Toulouse, à Bordeaux, à Rouen, à

Tours, elle formait presque une armée à Paris. Les états du royaume de basoche, dressés en 1585, portent à dix mille le chiffre des clercs de procureurs.

La nomination du roi avait lieu par l'élection ; on déposait les suffrages dans une énorme urne de bronze consacrée à cet usage depuis Philippe le Bel.

Une ronde, dont nous citons un seul des nombreux couplets, fut composée après la bataille de Pavie, à l'époque où les basochiens partirent pour secourir l'armée d'Italie qui, — comme son roi, — *avait tout perdu, fors l'honneur :*

> L'encrier, la plume et l'épée
> Étaient les armes de Pompée,
> La basoche est son héritière,
> Elle en est fière !
> Soldat, clerc, le basochien
> Est bon vivant et bon chrétien.
> Vive la basoche !
> A son approche
> Tout va bien [1].

Un édit de Henri III supprime la basoche :

« Henri, IIIe du nom, par la grâce de Dieu, roi de France et de Pologne, avons ordonné et ordonnons ce qui suit :

« Que la royauté de la basoche sera abolie. »

Sur la démarche tumultueuse et pressante des clercs de la basoche, cette décision fut modifiée un peu ; *le titre seul de roi fut et demeura aboli* ; ses fonctions furent dé-

---

1. A. de Bast : *les Galeries du Palais*, p. 813.

volues à un chef *qui prendra à l'avenir le titre de Chancelier de la basoche.*

Henri de Maingot, *dernier roi de la basoche,* fut nommé *bailli du palais.*

Au palais de justice, qui portait aussi le nom de Palais Royal, car il était l'habitation des rois de France, notamment du roi Jean, on voyait, dans une des principales salles, la célèbre *table de marbre* où se célébraient les fêtes solennelles. On la distinguait de celle de la cour d'honneur en désignant cette dernière sous le nom de *Pierre de marbre.* La moitié des sommes provenant des forfaitures, des amortissements et des francs-fiefs, était employée à son entretien. (*Tableau de Paris,* par Saint-Victor, t. I, p. 71. — Ord. de Charles V, 1366. — Ord. du roi Jean, 1358.)

Les plus belles fêtes données à l'empereur d'Allemagne et au roi des Romains, pendant leur voyage à Paris, sous le règne du roi Charles V, furent tenues dans les salles du palais de justice de Paris. Plusieurs belles miniatures du manuscrit de la Bibliothèque impériale, n° 8395, représentent ces splendides réceptions. (Champollion-Figeac, *Droits et usages.*)

Depuis le xv⁰ siècle, il était de règle au Palais de ne recevoir aucun procureur « s'il n'était inscrit sur les registres de la communauté des procureurs et sur ceux de la basoche du palais. » Cette double formalité était exigée pour constater les dix années obligées de cléricature.

La plantation du mai dans la cour de la Sainte-Chapelle était une fête pour le corps de la basoche, qui s'y montrait avec ses costumes rouges, ses armes étincelantes, ses tambours et son magnifique drapeau, don de la reine Anne d'Autriche, mère de Louis XIV. Le chêne à planter, enlevé par privilége spécial dans la forêt de Bondy, était amené triomphalement à Paris et dans la cour du palais, où l'arbre nouveau, enguirlandé de rubans et de devises, remplaçait le chêne de l'année précédente.

Les premiers acteurs comiques français sont les clercs de la basoche; en jouant les mystères, les soties, les farces, ils ont fondé la scène française. Vadé, Rochon de Chabannes, Roucher, Panard, Laujon, Dancourt, Beaumarchais, Lemierre, Gilbert, Philidor, Rochette, Barré, Radet, Desfontaines, auteurs de pièces charmantes, les ont esquissées ou composées dans une étude.

La basoche organisait des fêtes, des concerts; elle avait une caisse de secours; elle vint en aide à Malfilâtre, et n'ayant pu assister à temps Gilbert *sur le grabat chaud de son agonie*, elle lui donna un suaire, un cercueil et une couronne de cyprès[1].

Les arrêts du parlement ont longtemps suspendu les représentations de la basoche; mais certains rois les protégèrent singulièrement, payant les frais de leurs spectacles, et prétendant que ces comédies leur apprenaient les désordres des gens en place. Ces pièces licencieuses plaisaient au peuple, surtout dans les villes du Midi; elles représentaient des aventures scandaleuses empruntées à la vie intime ou publique des grands, des magistrats (habituellement figurés par le *Sot corrompu*, et le clergé par le *Sot dissolu*), quelquefois même à celle des acteurs.

1. A. de Bast.

Les écoliers des colléges jouaient aussi la comédie avec tant d'entrain, que parfois le lendemain d'une solennelle représentation les acteurs recevaient le fouet de la main de leurs régents, *suprà dorsum nudum, pulsante campaná*, comme s'exprimait le sévère règlement[1].

A des époques fixes de l'année, les clercs des procureurs près les diverses cours de justice se réunissaient pour représenter leurs pièces. On présentait à chacun des acteurs un rouleau de parchemin sur lequel étaient peints les divers personnages de l'œuvre à jouer ; chacun signait au-dessous de celui qui lui paraissait convenir le mieux à son talent (*Mémoires de Miraulmont*, arrêt du parlement du 14 juillet 1528), et il n'y avait plus moyen de s'en dédire, quelles que fussent les dépenses d'habits ou de festins qui devaient s'ensuivre. Aux clercs de la basoche il fallait joindre encore les *acteurs des mystères*, les *enfants sans souci*, les *coqueluchars* ou *cornards de Rouen*, les *cornuyaux de Douai*, les *compagnies de l'empereur de Galilée*, du *roi de l'Epinette*, du *prince des nouveaux mariés*, du *prince de l'étrille*, du *recteur des fous*, de *l'abbé de l'Escache* ; joignez-y les théâtres des colléges et les processions du duc d'Anjou. Il y avait donc au moins en France cinq mille personnes jouant sur les théâtres profanes[2].

Les jésuites faisaient jouer à leurs élèves des tragédies. Sur le manuscrit cité par A. Monteil, *Liber prœmiorum collegii Sorbone Plessei ab anno 1685 ad annum 1718*, on lit : *Propter benè actam personam prœmium feret ;* on

---

1. *Démétrius.* Plan d'une tragédie représentée au collége des jésuites de Poitiers (1688.) — Mémoires de Nicolas Foucault, p. 227.

2. Alexis Monteil.

y voit aussi que chaque année on jouait une pièce nouvelle.

Les places du parterre dans les théâtres à Paris coûtaient dix-huit sous, et en province six sous seulement.

Aux naissances des dauphins, aux mariages des rois, aux entrées des princes, des cardinaux, les rues se couvrent d'échafauds sur lesquels on représente des mystères et des allégories. (*V.* Monstrelet, *la Chronique de Jean de Troyes.*) Les clercs de la basoche se réunissaient dans les cabarets de la Cornemuse et du Puits qui parle, rue de la Harpe; de la Tour d'argent et des Trois marteaux, rue Saint-Jacques; de la Licorne, dans la rue du même nom; de la Croix de Lorraine, rue des Cordeliers; du Bourdon d'or, sur la place Cambrai[1].

Nous donnons quelques arrêts du parlement concernant la basoche :

17 *août* 1443. — La cour défend aux clercs des avocats et procureurs de s'appeler Royaume de basoche, de faire payer bec à jaunes, sans licence de la cour, et s'ils veulent faire jeux le premier mai, en demandent licence à la cour.

6 *mai* 1501. — On délivre 10 livres parisis au roi de la basoche, pour le jeu fait en mai.

18 *juillet* 1505. — Don de 30 livres aux clercs pour leur jeu.

23 *février* 1508. — Don du parlement aux receveurs de la basoche pour les frais du jeu par eux fait la veille des Rois.

18 *juin* 1528. — Don de 138 livres pour leur jeu.

1528. — Les basochiens élisent un roi, un chancelier, douze

1. A de Bast.

maîtres des requêtes, quatre receveurs trésoriers, huissiers
et capitaines, lieutenants et porte-enseignes; chaque capitaine
fait un portrait en parchemin comme ceux de sa bande doivent être habillés, et ceux qui veulent être de ladite bande
au-dessous dudit portrait s'obligent de se trouver à la montre,
accoutrés suivant ledit portrait.

La cour a défendu aux basochiens de jouer leur jeu, que
préalablement elle n'eût vu ce qu'ils veulent jouer; un conseiller en faisait rapport; il était défendu d'y jouer aucune
personne, ne faire aucuns écriteaux taxant quelqu'un.

23 *janvier* 1537. — La cour a permis aux basochiens de
faire jouer leur jeu à la Table de marbre, hormis les choses
rayées.

25 *juin* 1540. — Le roi veut voir la montre de la basoche.

19 *novembre* 1542. — Arrêt qui défend aux clercs du palais
de porter des habits dissolus, de longues barbes et des capes
à l'espagnole.

10 *mars* 1544. — Défense de jouer, à cause de l'indisposition du temps et péril des maladies.

2 *juin* 1546. — Un huissier ayant coupé un mai planté en
la cour du palais par les suppôts de la basoche, ils le poursui-
virent criminellement. Ledit huissier offrit d'y en planter un
autre, la cour l'y condamna, et lui défendit d'user à l'advenir
de telles voyes de fait.

12 *janvier* 1551. — La cour, considerée la cherté du temps,
a fait défense aux clercs de la basoche et à ceux du Châtelet de
faire, cette année, aucunes farces, banquets ne autres dépenses.

13 *avril* 1553. — La cour, sur la plainte du procureur général, ordonna que les chanceliers et suppôts de la basoche
viendraient au premier jour, et cependant par provision, leur

a défendu de contraindre aucuns clercs du palais d'aller à la montre de la basoche, si bon ne leur semble, et de faire sonner le tabourin par la salle du palais qu'après six heures sonnées.

8 janvier 1555. — Permission de la cour aux chancelier, trésorier et suppôts de la basoche, de pouvoir jouer ou faire jouer en la grand'salle du palais, jeux modestes, sans aucun scandale, sur peine de s'en prendre à eux.

15 juin 1557. — Don du parlement aux quatre trésoriers de la basoche pour aider au remboursement des frais faits pour les jeux par eux donnés.

10 mai 1547. — Arrêt qui enjoint aux clercs de procureurs et solliciteurs des parties de sortir du parquet.

11 février 1549. — Plusieurs clercs abusant du nom de procureurs, et ayant des bancs en ladite salle du palais, furent registrées des lettres, données dès le 29 juin 1548, portant défenses à tous clercs, collecteurs et autres non estant procureurs et n'en ayant fait le serment, d'exercer l'estat de procureur et d'avoir banc en la salle du palais.

9 juillet 1549. — La cour a ordonné que tous les clercs qui prétendent avoir eu permission de postuler sous le nom de procureur, en rapporteront la preuve dans les trois jours.

24 janvier 1552. — Arrêt, sur la requête du procureur général, portant inhibition à tous clercs du palais d'exercer et faire aucun acte de pratique, soit en icelle, à la barre ou ailleurs, sous le nom emprunté d'aucuns procureurs, et à tous procureurs de prester leurs noms auxdits clercs, sous les peines y contenues.

1595. — Défense (de même qu'en 1600, 1605, 1610, 1611), aux clercs du palais de postuler, et aux procureurs de prêter leurs noms.

18 *janvier* 1603. — La cour a enjoint à tous clercs qui ont des minutes d'arrêts de les rapporter, sous trois jours, au greffe, à peine de privation de leurs charges.

10 *janvier* 1558. — La cour a permis aux chanceliers et trésorier de la basoche de jouer en la salle des procureurs, cette présente année, jeux modestes ainsi qu'il est accoutumé.

9 *janvier* 1559. — A été arrêté que les trésorier et suppôts de la basoche n'auront permission, cette année, pour leurs jeux, eu égard à la mort du feu roi Henri, naguère arrivée, et sans tirer à conséquence, ni déroger à ce qui a été permis d'ancienneté aux trésorier et suppôts.

8 *janvier* 1560. — Permis aux chancelier et trésorier de la basoche de faire jouer des jeux honestes et sans scandale.

5 *janvier* 1561. — La cour a permis aux chancelier et trésorier de la basoche de jouer leur jeu, en la salle du palais, selon qu'il a été vu par les commissaires à ce commis, à la charge de n'y rien adjouter.

4 *janvier* 1562. — Permission de la cour aux chancelier, trésorier et suppôts de la basoche, de faire jouer en la salle du palais, jeux modestes, sous peine de s'en prendre à eux, s'ils font jeux scandaleux.

31 *décembre* 1562. — Permission de la cour aux clercs et receveurs de la basoche de passer et repasser par cette ville, soit de nuit ou de jour, ayant flambeaux et torches avec leurs joueurs d'instruments, pour assister aux aubades qu'ils entendent faire faire par cette ville, suivant leur coutume, ainsi garder les ordonnances.

26 *novembre* 1563. — La cour, après avoir vu le jeu des clercs de la basoche, leur a permis de le jouer.

22 *décembre* 1564. — N..., clerc au palais, ayant requis dé-

fenses être faites aux trésoriers de la basoche de ne mettre à exécution certain prétendu jugement, donné à leur poursuite par le chancelier de ladite basoche, attendu les injonctions et commandements faits aux parties adverses de communiquer au parquet sur les différents, la cour a arrêté que les parties seront ouïes en jugement, au premier jour, et cependant, défenses particulières à tous qu'il appartiendra, d'attenter aucune chose en la personne du suppliant.

10 *janvier* 1564. — La cour, pour certaines considérations à cela mouvant, a ordonné que les chancelier et trésorier de la basoche se déporteront, pour cette année seulement, de jouer leurs jeux, et sans tirer à conséquence.

18 *juin* 1568. — La cour a ordonné aux receveurs des amendes de payer aux trésoriers de la basoche la somme de six vingts livres à eux ordonnée être délivrée, par lettres patentes vérifiées, pour les jeux et plantement de may par eux faits, l'an 1567, en la manière accoutumée.

11 *janvier* 1570. — La cour a permis aux chancelier et autres officiers de la basoche de faire leur jeu ; un conseiller l'avait vu auparavant.

8 *mai* 1571. — Arrêt portant défenses, tant aux clercs de la basoche que du Châtelet, de faire planter aucuns mays en cette ville ; défend à ceux du Châtelet de faire oster promptement ceux qu'ils ont fait planter, sur peine de douze livres parisis d'amende ; enjoint au substitut du procureur général au Châtelet d'y tenir la main et de faire exécuter le présent arrêt.

22 *janvier* 1577. — Les officiers de la basoche poursuivant des clercs de procureurs à leur faire des festins, pour raison de leurs offices, la cour, de relevée, ordonna qu'ils communiqueraient au parquet, et cependant défendit de les poursuivre.

28 *mai* 1578. — Permission de la cour aux trésoriers de la

basoche de couper et amener en cette ville, la houpe du grand mai de la cour du palais, nonobstant les défenses faites conformément aux ordonnances.

12 *juin* 1582. — Permission de la cour aux officiers de la basoche de jouer, dans la salle du palais, une tragédie et une comédie, à la charge qu'il n'y aura choses contre la religion, le roi et l'État.

20 *juin* 1582. — Les officiers de la basoche demandèrent à la cour la permission de jouer leurs jeux en la salle de la Tournelle. La cour leur permit de les représenter à la Table de marbre et non ailleurs.

10 *février* 1582. — La cour a renvoyé des clercs du palais, devant les officiers de la basoche, pour les régler.

14 *mai* 1583. — Les officiers de la basoche demandèrent permission à la cour de pouvoir porter, le jour de leur montre générale, toutes sortes d'habits et armes dorées et gravées, suivant leurs statuts, ordonnances, nonobstant les édits de réformation des habits, ce qui leur est accordé, pour ce jour-là seulement, à la charge qu'ils s'y comporteront avec toute modestie et sans insolence.

20 *mars* 1585. — Deux clercs du palais ayant été envoyés prisonniers pour quelque désordre arrivé entre les clercs et les pages ou laquais, ont été eslargis après avoir vu l'interrogatoire à eux fait par l'un des commissaires de la cour, et néanmoins a été arrêté qu'il sera informé des insolences faites.

23 *mai* 1585. — Arrêt portant permission aux colonel, capitaines et chefs de bandes du royaume de la basoche, de planter le may en la cour du palais, et de porter habits enrichis, armes dorées, à la charge de s'y comporter avec toute modestie.

9 *mai* 1588. — Défense aux clercs de la basoche de planter leur mai avec armes.

30 *mai* 1589. — Les trésoriers de la basoche sont, vu la calamité du temps, sur leur demande, déchargés de planter le mai en la cour du palais et autres frais accoutumés.

2 *mars* 1592. — Plainte faite par les maire et échevins de la ville de Tours, de ce qu'aucuns clercs du palais ont battu l'un des sergens de la ville, et usé de paroles irrévérentes contre ledit maire. La cour a commis un conseiller en icelle pour informer.

6 *janvier* 1601. — Arrêt que le procureur général aura commission pour informer des excès, violences et assemblées illicites d'aucuns clercs du palais, lesquels se seraient efforcés d'excéder les huissiers de la dite cour, et monition afin de révélation.

21 *janvier* 1621. — Arrêt contre Portelet et Courcelles, pour les insolences, rébellions et voies de fait par eux commises, contre les chancelier, maître des requêtes, advocats, procureurs et premier huissier de la basoche, tenant leur juridiction.

16 *février* 1635. — Don de 150 livres aux trésoriers de la basoche, pour frais du plant de may.

10 *janvier* 1649. — Les clercs du palais, au nombre de *douze cents*, s'étant offerts au service de la cour, tout prêts à prendre les armes, furent envoyés à l'hostel de ville.

3 *août* 1663. — Le procureur général a représenté que le jour d'hier, il y avait eu quelque désordre arrivé dans la grand'salle du palais, au moyen d'une rixe survenue entre les clercs et les laquais, lesquels s'estaient battus, même qu'il y avait eu plusieurs blessés de part et d'autre, lequel désordre pouvait s'accroître s'il n'y était pourvu, la cour a ordonné que

les règlements et arrêts, par elle ci-devant faits, concernant les laquais, seraient exécutés, fait itératives défenses d'y contrevenir, et à tous laquais de porter aucuns bâtons ni armes offensives, *à peine de la vie*, comme aussi leur fait défense de jouer aux cartes ni autres jeux, dans l'enclos du palais, de s'y attrouper, *sous peine du fouet ;* fait pareillement défenses aux clercs du palais de s'attrouper, ni de porter aucunes armes au palais, ni de méfaire auxdits laquais à peine *de punition exemplaire*, enjoint au bailli du palais de tenir la main à l'exécution des règlements et du présent arrêt, dont la cour lui remet l'exécution ; et sera le présent arrêt publié à son de trompe et cri public, et affiché.

16 *mai* 1665. — Don de 150 livres au trésorier de la basoche, pour les frais du plant de mai. (Archives de l'Empire, section judiciaire, Y. 505.)

Arrêt du 14 juillet 1528. — Entre maistre Roland de Chauvreulx, et Jacques Dalluye, clercs du palais, capitaine et lieutenant de la bande des femmes, mises sur en ceste présente année au royaume de la basoche, le procureur général du roy, et de la communauté dudict royaume de la basoche joincts avec eux ; appelans comme d'abus de l'octroy de certaine citation décernée par l'official de Paris, ou son vicerégent, exécution d'icelle et de tout ce qui s'en est ensuivy, d'une part ; et Colas Amy, intimé, d'autre :

De Thou, pour les appelans, dict que la cour sçait la bonne et louable coustume suivant laquelle les clercs de céans, ou autrement dicts basochiens, ont accoustumé par chacun an faire jeux et monstres, et pour ce faire eslisent un roy, un chancelier, douze maistres des requêtes, quatre receveurs et trésoriers, huissiers et capitaines, lieutenans et port'enseignes de bandes, et en ce ils sont bien fondez de tant et si longuement qu'il n'est mémoire du contraire, tant par coustume que par arrest de la cour de céans : et trouve une complainte en

matière de nouvelleté, de l'an 1500, faicte par les basochiens
de Poictiers, qui tiennent en foy et hommage du roy de la
basoche, laquelle est signée en queuë par monsieur le président Guillart, lors estant maistre des requestes ordinaire de
l'hostel du roy, parce qu'ils ne sont tenus de respondre ailleurs qu'à la cour de céans, et au roy de la basoche : en ensuivant ladicte coustume, lesdicts clercs, dicts basochiens, ont
dernièrement soubs l'autorité du roy et de la cour de céans,
esleu leur roy, leur chancelier, douze maistres des reques-
tres, quatre recevèurs, et six ou sept capitaines de bandes.
Or il fault entendre que chacun capitaine de bande a accoustumé faire faire un pourtraict en parchemin, de la manière
comme ceux de sa bande doivent estre accoustrez et habillez,
et de quelle livrée : et au-dessoubs d'iceluy pourtraict ceux
qui veulent estre de la bande du capitaine, se signent, et obligent en peine de dix escus, ou autre somme, de se trouver à
la monstre accoustrez selon ledict pourtraict : et entr'autres
bandes y avoit une bande de femmes, desquelles partie s'est
offert estre, et s'est signée comme lieutenant de capitaine de
ladicte bande, et obligé soubs le pourtraict, et promis de se
trouver à la monstre, à la peine desdits dix escus sol.; ce qu'il
n'a faict, au moyen de quoy est adjourné par devant le roy
de la basoche et son chancelier, et tout est procédé, que partie
est condamné par arrest en l'amende de dix escus, lequel arrest est levé en forme, et présenté pour exécuter à un des
huissiers de la basoche, qui se transporte par devers partie,
luy signifie ledict arrest, luy fait commandement de payer ladicte somme de dix escus, mais partie est refusant de ce faire,
au moyen de quoy, et que les arrests du roy de la basoche
sont exécutoires, nonobstant oppositions ou appellations
quelsconques, ledict huissier saisit le manteau de partie qu'il
avait, et le baille en garde par justice à un nommé Jean Brisson, lequel promet rendre iceluy manteau toutesfois et quantes
que par le roy de la basoche ou son conseil en sera ordonné.

En haine de quoy partie faict citer les appellans pardevant l'official de Paris; à ceste cause les appellans, qui ne sont tenus de respondre ailleurs qu'en la cour de céans et pardevant le roi de la basoche, s'en sont portez pour appellans, comme d'abus; et ont faict intimer le promoteur, ensemble l'intimité, etc.

Voyet, pour le roy de la basoche et le conseil estroict, dict, qu'il y a céans plusieurs arrests donnez au prouffit du roy de, la basoche et de ses supposts; et que quand il y a eu quelque plainte céans touchant la basoche, la cour a toujours renvoié la cause par devant le roi de la basoche, à cette cause supplie à la cour, en ensuivant les arrests d'icelle, renvoier ceste matière pardevant le roy de la basoche, et son chancelier, pour en ordonner.

Berruier, pour la communauté de la basoche, dict, que le roy de la basoche est fondé de droict royal : et combien que ses subjects et supposts ne doivent estre traictez que pardevant luy, néantmoins partie soubs faulx donné à entendre, obtient de l'official de Paris, ou son viceregent, une citation contre les appellans, en abusant notoirement contre les droicts, prérogatives, franchises et libertez des supposts de ladicte basoche, et par ce çonclud à mal, et abusivement procédé et exécuté par ledict official, et demande despens, dommages et intérests, etc.

Morin, pour le promoteur, a dict qu'il désavoue la citation faicte à sa requeste, à la suscitation de l'intimé.

Favier, pour l'intimé, dict pour ses défenses : *Quod petita delicti venia*, il proteste de ne rien dire chose dérogeant à la majesté royale du très illustre roi de la basoche, attendu sa qualité : *Quia illi debetur honor*. Et aussi qu'il y a en la cour de céans infiny nombre de nobles personnages qui sont venus à la basoche et de ses supposts : pour parvenir au faict : dict, etc.

Sur quoy, la Cour, attendu le désaveu faict par l'official de

Paris, et promoteur, a permis et permet audict intimé de se désister de la poursuitte qu'il avoit faicte à l'encontre desdicts Chauvreulx et Dalluye appellans, et dict qu'il a esté mal octroyé, et exécuté par lesdicts official et promoteur, et bien appellé par les appellans, et sans despens, et pour cause : et a renvoié et renvoie la cour, la cause et matière par devant le roy de la basoche et son conseil à huictaine, pour en ordonner ainsi qu'il verra estre à faire par raison ; et ordonne la cour que ledict roy de la basoche traictera amiablement ses subjects ; et sur ce que Lamy, pour l'intimé a requis délivrance de sa robbe, la cour a ordonné qu'il baillera sa requeste au roy de la basoche [1].

REMONTRANCES

De la communauté des clercs du palais, dite la Basoche, au roi [2].

Sire, nous ne pouvons pas ignorer que Votre Majesté doit avoir un furieux dégoût pour les remontrances. L'imprimeur Simon et toute l'Europe savent bien pourquoi. Nous osons toutefois nous flatter, Sire, que vous aurez encore la patience de supporter les nôtres, qui probablement seront les dernières, à moins que les poissardes ne prennent aussi la liberté de porter leurs gémissements au pied du trône.

Quoi qu'il en soit, nos remontrances, Sire, sont d'autant moins déplacées, que nous tenons au parlement aussi *essentiellement* que le parlement tient à la monarchie. Le parlement fut établi en 1302 par Philippe le Bel : nous le fûmes en 1303, sous Philippe le Bel ; en sorte que la com-

---

1. Arrêt de l'audience du mardy quatorzième jour de juillet 1528. Extrait des Mémoires de Pierre de Miraulmont, escuyer, conseiller du roy, lieutenant-général en la prévosté de l'hostel et grande prévosté de France, sur l'*Origine et institution des cours souveraines et justices royalles estant dans l'enclos du Palais-Royal de Paris*, pages 664 et suivantes. Paris, 1612, in-8°. Bibliothèque Mazarine, 33151 A.

2. Recueil de pièces fugitives sur les parlements de France. (1771.)

munauté de la basoche n'est que d'un an, tout au plus, la cadette du parlement. Nul n'était ci-devant reçu conseiller au parlement, qu'il n'eût obtenu de Votre Majesté des provisions dont le prix était de 40,000 livres, et autrefois nul n'étoit reçu clerc ou praticien, qu'il n'eût pris des lettres du roi de la basoche, dont la taxe était d'un écu. Nous n'avons d'autre qualité que celle de clercs; mais il y a plus de trois cents ans que le parlement a reconnu que les magistrats ne sont eux-mêmes que gens clercs et lettrés, pour vaquer et entendre au fait de la justice[1]. Si ces traits de ressemblance ne suffisaient pas pour nous autoriser à vous remontrer, nous ajouterions, Sire, que dans ces jours de disgrâce et d'angoisse, tout ce qui tient à la robe, de près ou de loin, doit la secourir de tout son pouvoir et devenir cour des aides. Peut-être nos représentations ne paraîtront pas assez respectueuses; mais elles sont calquées sur celle de nos maîtres, qui doivent encore être nos modèles.

Nous aurions bien voulu, Sire, ne pas nous en tenir là et pouvoir exciter quelque sédition. Nous avions déjà commencé par insulter, au Palais, les membres de votre Conseil, que vous y avez envoyés pour rendre la justice à vos peuples. Ces premiers essais de courage auroient pu être grièvement punis sous un règne seulement monarchique; mais sous un gouvernement despotique tel que le vôtre, nos confrères les plus entreprenans en ont été quittes pour un petit voyage à Bicêtre. C'en étoit assez pour nous enhardir, si la réflexion ne fût venue à notre secours. La connoissance, quoique superficielle, que nous avons de l'histoire de France, nous a fait comprendre que c'est temps perdu que de se révolter en France. Nous nous sommes souvenus que lors des plus grands troubles de l'Etat l'autorité monarchique a toujours repris le dessus, et que les petits qui ont fait la sottise de servir l'ambition de quelques grands en ont toujours payé les pots cassés.

1. Règlement du parlement du 17 janvier 1384.

Puis donc que le parti le plus violent n'est pas le plus sage, qu'il nous soit du moins permis, Sire, de gémir aux pieds de Votre Majesté sur l'excès des maux qui affligent la patrie.

Nous ne nous arrêterons point ici à vous peindre le déplaisir de tant de magistrats fringans, exilés dans de tristes hameaux où il n'y a ni bals, ni comédie, ni opéra. Ce n'est pas là leur plus grand malheur, et il faut avouer que la retraite peut donner lieu à bien des réflexions utiles.

Nous ne vous représenterons pas l'affliction où sont aujourd'hui tant de jolies femmes de cette capitale qui dictoient des arrêts et ne vivoient que d'*épices*. Elles ont d'autres ressources, et il serait à souhaiter qu'elles n'en eussent aucune que celle d'être sages.

Nous ne stipulerons pas non plus pour l'ordre des avocats. Puisqu'ils font métier et marchandise d'éloquence, ils sont plus en état que nous de plaider leur propre cause. Tout le monde sait, au reste, qu'ils exercent une profession libre; ils sont donc libres de se taire, libres de se sacrifier pour des magistrats qui les méprisent; libres de refuser leur ministère à la veuve et au pupille, qui attendent le secours de leur langue ou de leur plume pour sortir de l'oppression; libres de manquer à leur devoir de sujets et de citoyens; libres en un mot de mourir de faim pour se faire honneur dans l'esprit des rebelles.

Quelque intérêt que nous prenions à nos dames les procureuses, nous ne vous dirons pas combien il sera dur, pour la pluspart d'entre elles, de quitter leurs coteries et d'aller se claquemurer, avec leurs chastes époux, dans une province où l'on respire sans doute un meilleur air qu'à Paris, mais où l'on ne pourra pas se donner les mêmes airs, un air de rouge, un air de diamans, un air de carrosse.

Il ne sera pas même question ici de notre propre désastre. Hélas! nous n'avions appris d'autre métier que celui de piller le public d'une manière légale. Combien donc de nos confrères

vont être obligés de retourner dans leur province pour aider
un père nécessiteux à labourer son champ et à nourrir sa famille; comme si l'Etat n'avait pas plus besoin de procureurs
que de laboureurs! Et que va-t-il devenir ce beau jour, le plus
beau de notre vie, où le fier et magnifique escadron de la basoche, suivi d'une longue suite de carrosses suffisamment gar-
nis de nymphes, traversoit Paris en ordre de bataille pour aller dans le bois de Bondi marquer le mai de la cour du Palais?
Ce rare privilége sera-t-il donc perdu?

> Et n'aurions-nous blanchi dans ces travaux guerriers
> Que pour voir, en un jour, flétrir tant de lauriers?

Mais, Sire, ce ne sont là que des objets peu importants, en
comparaison de ceux que nous avons à mettre sous les yeux
de Votre Majesté. Il ne s'agit de rien moins que de la subver-
sion totale des loix et de la déroute de leurs dépositaires essentiels. Oui, Sire, le même coup qui a culbuté les loix fondamentales de la basoche a renversé celles de la monarchie.
Et quelles sont ces loix fondamentales? Hélas, Sire, on vous
l'a dit dans tant de remontrances, et vous avez toujours fait
semblant de ne pas l'entendre! La première, et en quelque
sorte l'unique loi fondamentale de votre royaume, c'est qu'un
bourgeois qui a acheté une charge de conseiller dans un de vos
parlements soit le juge de vos loix comme celui de nos procès.

Nous savons bien qu'il est prouvé par le droit et par le fait
que nos rois font les loix, ou les abrogent à leur volonté, et
selon qu'ils le jugent nécessaire au bien de leurs peuples. Malgré cela, Sire, nos rois *sont soumis aux loix*, les magistrats sont
les *ministres essentiels des loix;* donc nos rois sont essentiellement soumis aux magistrats.

Nos rois sont toujours mineurs, même après leur majorité
déclarée; donc ils ont toujours besoin de tuteurs, et ces tuteurs sont essentiellement les magistrats.

Nos rois peuvent se tromper ou être trompés; mais les magistrats ne rendent que des *oracles d'une faillible vérité*. Ils vous l'ont dit, et soyez sûr qu'ils sont très-convaincus de leur infaillibilité, bien qu'ils ne croient pas à celle du pape.

Aussi, lorsqu'à l'exemple de vos illustres prédécesseurs, vous leur permettez de vous faire des remontrances, vous devez bien penser que ces remontrances qu'on oppose à l'enregistrement de vos loix sont elles-mêmes des loix qu'on vous impose. Donc, quand vous envoyez une loi à vérifier et qu'on vous déclare qu'elle ne plaît pas à votre parlement, vous devez vous le tenir pour dit, et ne point passer outre, sans quoi vous seriez non-seulement le roi de vos peuples, mais même le roi de vos magistrats, et vos magistrats ne seroient que vos sujets; ce qui seroit encore le renversement des loix fondamentales de l'État.

Telles sont, Sire, les maximes sacrées que nous avons sucées au palais, *avec le lait de la procédure et du chic.*

En vain un ministre intrépide osera vous suggérer des maximes contraires; nous lui répondrons par un seul mot qui renferme tout, et qui est sans réplique : Il veut que vous soyez *despote* et que les magistrats ne le soient plus.

En vain quelques savants, livrés dans la poussière du cabinet à l'étude de notre histoire et de notre droit public, prétendront que nos maximes de palais ne sont que des mensonges, et que nous insultons la nation en lui proposant de croire de pareilles absurdités; en vain le prouveront-ils par une multitude de pièces surannées qu'ils vont déterrer jusque dans les fondements de la monarchie, et même dans les registres de votre parlement. Qui ne voit que ces savants sont des gens maussades et ennuyeux, dont le témoignage ne saurait nuire aux prétentions d'un joli magistrat qui sait par cœur le vaudeville de la Comédie-Italienne et les ariettes du nouvel opéra! Qui ne sait encore que nous vivons dans un siècle de philosophie et d'élégance où les vieux principes doivent être proscrits comme les vieilles modes!

Dira-t-on, Sire, pour appuyer les droits de votre sceptre, que *le charbonnier est maître chez lui?* Mais ce n'est là qu'un proverbe bas et trivial d'où il ne résulte rien contre des magistrats dont le nom dérive sans doute du mot latin *magister*, et qui par conséquent doivent être les maîtres partout.

Alléguera-t-on que vous êtes *monarque?* que ce mot est composé des deux mots grecs μονος αρχω, qui signifient *je commande seul*, et que quand on a droit de commander seul, tous les autres sont tenus d'obéir? Mais nos magistrats, qui ne sont pas Grecs, n'entendent point cela; ils déclarent au surplus qu'ils ne sont avec la loi, l'Etat et Votre Majesté, qu'une seule et même chose, un tout indivisible; d'où il faut conclure que vous commanderez toujours seul lorsqu'ils commanderont avec vous, ou même sans vous et contre vous.

Prétendra-t-on que vous ne tenez votre couronne que de Dieu et de votre épée? Les magistrats en conviennent; mais ils savent en même temps que vous la leur avez vendue moyennant la finance de leur office, et qu'elle doit rester au greffe, où vous pouvez être sûr qu'elle sera bien gardée, car rien ne sort du greffe; *et l'avare Achéron ne lâche point sa proie.*

Dira-t-on enfin que les vues de Votre Majesté qui embrassent l'ensemble de votre administration sont des vues générales, et conséquemment supérieures à celles de quelques particuliers auxquels vous ne rendez point compte du secret de votre gouvernement? Mais ce secret que vous ne dites pas, Sire, votre parlement le devine, car votre parlement est sorcier, bien qu'il ne croie pas aux sorciers.

De là sans doute ce zèle, cet empressement avec lequel il a tant de fois quitté son service et laissé languir nombre de vos sujets dans l'attente d'un jugement définitif, afin de vaquer au plus pressé, en travaillant à gagner son procès contre Votre Majesté. De là cette persuasion que lorsque vous voudrez le resserrer dans les bornes de sa mission primitive, ce ne sera là que votre *volonté momentanée.* Quand vous lui lâcherez la bride, alors il reconnoîtra votre volonté constante. Aussi ne devez-vous pas douter un seul instant que les magistrats ne fassent tout ce que Votre Majesté voudra dès qu'elle voudra tout ce qu'ils feront.

Inutilement donc avez-vous supprimé leurs offices puisqu'ils ne le vouloient point; inutilement avez-vous remplacé par d'autres magistrats ceux qui ne vouloient plus rendre la justice à vos peuples. En effet, Sire, où tout cela s'est-il opéré? Dans un lit de justice. Ah! Sire, un lit de justice, malgré cette pompe qui l'accompagne et qui est le symbole de la puissance comme de la majesté de nos rois, un lit de justice n'est point un acte *légal*. Quand Votre Majesté veut dissoudre un parlement, quelques bonnes raisons qu'elle en ait, les loix fondamentales exigent que cette dissolution soit vérifiée et enregistrée *librement* par ce parlement lui-même. Votre Majesté ne gagneroit rien à envoyer son édit de suppression pour être enregistré dans un autre parlement, car vous le savez, Sire, tous les parlements ne font qu'un, et quand ils seroient réellement distingués les uns des autres, vous n'ignorez pas qu'ils ont tous intérêt commun et qu'ils s'entendent comme larrons en foire. Mais quoi? dira-t-on, les coupables ne pourront donc être jugés que par eux-mêmes ou par leurs complices? Non, Sire, non, malgré la règle qui dit *qu'on ne peut pas être juge et partie*; car il n'y a point de règle sans exception, et ici l'exception est singulièrement et essentiellement le privilége des magistrats.

Ceux que Votre Majesté vient d'établir seront-ils donc, comme les autres, les dépositaires essentiels de la loi? ont-ils comme eux, dans leur poche, la procuration de la nation qui les charge de la représenter? Il est vrai que ce sont de bons juges, mais sont-ce d'importans personnages, capables de soutenir toute la dignité, disons-mieux, toute la magistrature? On sait que ce sont d'honnêtes gens; mais ce ne sont pas des héros, puisqu'ils n'ont pas su vous résister, puisqu'ils ont été plus dociles à vos volontés qu'à nos clabauderies, et qu'ils ont préféré le bien public à nos éloges. Sire, ils n'auront jamais le courage de soutenir les droits de votre couronne contre vous-même, ni de vous prouver leur fidélité par leur désobéissance. Leurs prédécesseurs étoient des Romains; mais de ces Romains de l'ancienne Rome, qui n'étoit ni royaliste ni catholique.

Vous voyez, Sire, quel intérêt prennent au sort de ces derniers la pluspart des princes de votre sang et plusieurs pairs de votre royaume. Quoique la cour des pairs soit essentiellement distincte de celle du parlement, quoiqu'elle ait une jurisdiction certaine, déterminée, et qui lui est propre en qualité de cour féodale; quoiqu'elle ait exercé séparément cette jurisdiction avant et après l'institution du parlement, comme il est prouvé par des monuments authentiques de notre histoire, cependant, Sire, ces princes et ces pairs veulent absolument siéger avec des petits bourgeois, qui de leur côté ont souvent prétendu être leurs égaux. N'est-ce donc pas là, Sire, un exemple d'humilité bien digne d'être applaudi par un roi très-chrétien?

Vous voyez encore que les princes de votre sang, qui peuvent devenir un jour (ce qu'à Dieu ne plaise pourtant) les héritiers de votre couronne, aiment mieux, dans cette supposition, n'hériter que d'un sceptre mutilé et d'un fantôme de royauté, que de recueillir une souveraineté tout entière. Quel trait de renoncement évangélique! Et comment Votre Majesté n'en est-elle pas touchée!

Daignez, Sire, vous rappeler ce que Henri le Grand disoit un jour à la reine en parlant des magistrats, de ces magistrats qui l'avoient réduit à la nécessité de conquérir son propre royaume : « J'ai eu plusieurs disputes avec eux; en cela je n'ai été plus heureux que mes prédécesseurs, et vous ni votre fils ne le serez pas davantage. »

Ah! Sire, nous vous en conjurons, au nom de la discorde

qui est notre mère nourrice et qui frissonne à la vue de vos projets, renoncez à celui de détruire ce germe éternel de division entre le monarque et les sujets, ce principe si fécond des troubles et des malheurs publics. Apprenez une bonne fois à l'Europe étonnée que le roi de France n'est pas un plus grand seigneur que le doge de Venise, ou que le roi de la basoche. Qu'elle sache que tout ce que vous venez de faire pour reprendre votre autorité n'étoit qu'un jeu d'enfant.

Rétablissez d'abord la cour des aides, qui vous fera de belles remontrances. Renvoyez au vieux Louvre le grand conseil qui, pour conserver la couronne à Charles VII, encore Dauphin, eut jadis l'audace de chasser de Paris plusieurs conseillers du parlement, et qui vient aujourd'hui de donner à toute la magistrature un si mauvais exemple de soumission. Supprimez les nouveaux tribunaux que vous aviez établis pour diminuer des trois quarts et demi la lenteur et les frais de la justice, qui étoient peut-être l'impôt le plus onéreux à vos sujets. Rappelez l'ancien parlement, et rendez-lui tout son lustre : l'immensité de son ressort faisoit sa gloire : il est essentiel à sa dignité comme à sa fortune que vos sujets se ruinent en venant de cent lieues plaider à Paris.

Voilà, Sire, ce que vous demandent par notre entremise, non le clergé que le parlement a voulu écraser, non la noblesse qu'il a vexée et humiliée dans la personne de vos commandans de provinces et autres militaires chargés de l'exécution de vos ordres; non le tiers état, dont les parlements ne font qu'une très-petite partie, et duquel ils se soucient fort peu ; mais ce que vous demandent ces parlements eux-mêmes avec toute leur suite. Ce sera le moyen de faire taire bien des langues, et d'immortaliser votre nom en perdant votre couronne.

Ce sont, Sire, les vœux de vos fidèles serviteurs et sujets.

Les armoiries de la basoche étaient : écu d'azur à trois écritoires d'or, deux en chef et un en pointe, timbré d'un casque ouvert de face, et pour support deux anges. Pour légende : *la Basoche régnante en triomphe et titre d'honneur* (1705).

Len plante li premier mai ens la court dou palais devant li grant perron, au son des trompettes et des tabours dou rois li derrenier samedi de may de l'an MCCC. Li prevost basocheal dou Chastellet est présent.

La monstre du Chastelet est transmuée du mardy gras au lendemain de la Trinité. (Déclaration de 1558.)

A chaque coin du guidon était une fleur de lis ; au milieu trois pals ; au centre : *Chastelet de Paris.*

Le 1er juillet 1540, François Ier assiste à la monstre du roi de la basoche ; il y eut triomphe et carrousel. Une médaille portait : « *Anthonius primus Burgundiæ juventutis et Basochiæ rex optimus.* 1545. »

Une autre, de 1548 : « *Henri II donne à la basoche, pour ses desduits et esbatemens, le pré de la Seine, de cent arpens, qui fut le Pré aux Clercs.* » Ailleurs on lit :

« La basoche, fondée par Philippe le Bel, bat monnoye, rend des arrêts souverains, seule ou réunie aux Enfans sans soucis de l'hôtel de Bourgogne, joue mystères, moralités, soties ; fournit 6,000 volontaires à Henri II, n'a plus de roi depuis Henri III, dépose ses drapeaux à Notre-Dame, près de la statue de son fondateur, le 26 juin 1790. »

Lettres patentes de Louis XIV portant rétablissement de la basoche au siége présidial de Lyon. — Données à Sully, le ... avril 1652. Registrées le 2 juillet 1652. — Ordonn. de Louis XIV, cot. m. m. fol. 21.

Lettres patentes de Louis XIV portant révocation de celles du mois d'avril 1652, portant rétablissement de la basoche de Lyon, et suppression de ladite basoche. Données à Paris août 1653. — Registrées le 2 septembre 1653, fo 269. — Coll. Baluze.)

XXVIII

CONCLUSION

Dans les pages qui précèdent, nous avons essayé de montrer, avec les textes, le double rôle administratif et judiciaire que remplissait le Châtelet de Paris. Cette antique juridiction marchait appuyée sur les lois, soutenue aussi par le mérite de ses officiers, investis de la confiance des rois, ou entourés de l'estime du peuple. Louis XVI cherchait à réaliser les idées nouvelles, mais il rencontrait une résistance obstinée de la part de la noblesse, élevée dans l'amour des priviléges. En effet, la noblesse et le clergé possédaient les deux tiers du territoire ; l'autre tiers, détenté par le peuple, payait des impôts au roi, de nombreux droits féodaux à la noblesse, et la dîme au clergé. Du fond de son cachot, Mirabeau s'écrie : « Guerre aux privilégiés et aux priviléges. » A ce cri vont s'écrouler de toutes parts les institutions judiciaires de la France, et avec elles la monarchie, qu'elles avaient si longtemps défendue.

L'heure fatale a sonné. Les événements se précipitent vers cette époque, dont la grandeur égale les excès. En

ce moment, le Châtelet ne sépara pas sa cause de celle
du parlement; les compagnies judiciaires se montrèrent
dévouées à la France et au roi; elles demandèrent un
contrôle présentant au peuples des garanties, des espé-
rances, et assurant l'égalité devant la justice.

Nous donnons ici la réponse du président de l'Assemblée nationale à MM. les députés du Châtelet de Paris :

« 25 juillet 1789.

    « Messieurs,

« L'Assemblée nationale se rappelle, avec plaisir, que le Châtelet de Paris a opposé une fermeté salutaire aux attentats
portés, l'année dernière, aux droits de la nation; ce souvenir
honorable lui est un titre certain à l'approbation des représentans de cette nation, et vous est un sûr garant, messieurs, de
la satisfaction qu'ils reçoivent de vos respects et de vos hom-
mages.

        « Duc DE LIANCOURT, *président de l'Assemblée nationale.*
        « LE CHAPELLIER, *secrétaire de l'Assemblée nationale.*»

La révolution commence son œuvre.

C'était une révolution qui devait n'édifier que sur des
ruines. Comme ces flambeaux qui se raniment avant de
s'éteindre, le Châtelet, avant de succomber, reprend une
importance nouvelle; on étend ses pouvoirs, on lui dé-
fère la connaissance des troubles des 5 et 6 octobre,
les procès de Besenval et de Favras. Tout à coup, cette
antique juridiction, remontant à cinq siècles, sombre
dans la tempête, emportée par le décret du 11 septembre
1790, qui supprima d'un même coup toutes les compagnies de justice.

Le tribunal de la Seine occupe aujourd'hui, dans la
niérarchie judiciaire, le rang tenu autrefois, au-dessous

du parlement, par le Châtelet. Plus d'un rapprochement fécond se présente à l'esprit, et la pensée de nos lecteurs devancerait d'elle-même notre plume, alors même que nous voudrions la conduire sur ce terrain plus voisin de nous, mais qui excéderait le plan tracé pour nos forces. Puisse la tentation à laquelle nous avons cédé en décrivant une grande institution, d'après des documents inédits, être une excuse pour notre témérité même.

Le Châtelet disparut donc dans la tourmente qui emporta toute l'organisation féodale ; mais il avait vécu longtemps, et il nous a paru bon de rappeler ce qu'avait été cette institution judiciaire et d'en dire les titres. Aujourd'hui même encore, pour la plupart, les fonctions du prévôt sont exercées par M. le préfet de police à Paris, et la chambre du conseil du tribunal de la Seine, l'audience des référés, ont conservé plusieurs des utiles attributions du Châtelet. C'est donc le passé qui, par ses sages traditions, a préparé le présent : *Non nova, sed oblita.*

Comme l'a si bien dit un éloquent historien [1] : « Jusqu'à l'heure dernière, cherchons le jour, mais ne croyons pas qu'on ne le voie que du côté où se lèvera l'aurore demain. Profitons donc de cette heureuse indication, et savants, penseurs, soldats, magistrats, tous, citoyens de la même France, pour mieux voir en avant, parfois regardons en arrière. »

---

1. M. V. Duruy, professeur à l'Ecole polytechnique. Discours d'ouverture. (Décembre 1862.)

XXIX

TOPOGRAPHIE, PLANS, VUES

DU CHATELET

Le grand Châtelet de Paris avait la forme d'un vaste rec-
tangle irrégulier, borné, du côté de la Seine, par la rue Trop
Va qui dure, par la rue de la Vieille Jouaillerie sur le côté,
derrière par la Boucherie, et enfin, sur l'autre flanc, par les rues
Pierre à Poisson et de la Saunerie. La porte du grand Chastellet, qui regarde le Pallais, donne sur la rue Saint-Leufroy et
la voulte dessoutz le grand Chastellet, sépare du grand Chastellet les prisons du grand Chastellet auxquelles sont adossées
boutiques à vendre trippes et poissons.

Une cour fait séparation de l'ancien et du nouveau Chastellet, puis sur le quai de Misère ou de Mégisserie, se trouve le
petit Chastellet, nouvellement basty sur des maisons et boutiques, qui estoient antérieurement du domaine du roy, et depuis
vendues et revendues à la charge de cens deubs, chacun an, au
roy. (Légende d'un ancien plan du Chastellet.)

La Bibliothèque impériale (section des Estampes) possède différentes pièces reproduisant le grand Châtelet [1]. Nous allons indiquer les principales :

1º Le grand Chatelet, lith. d'après Pernot;

2º Grand Chatelet de Paris, vue prise de l'entrée de la rue Saint-Denis. Civiton del.; Gossard sculp.;

3º Le grand Chastelet de Paris. Israël, ex. ;

4º Démolition du grand Châtelet ;

5º Le plan de la paroisse royale Saint-Germain l'Auxerrois, faict par les soins du curé de ladite paroisse, en 1698. H. Van Loon, sculp.;

6º Diverses vues de la place du Châtelet et de la fontaine érigée d'après les dessins de Bralle;

7º Un plan indiquant le grand et le petit Chastellet.

Une eau-forte que vient de publier l'éditeur Rochoux, quai de l'Horloge, 19, à Paris, représente :

Le grand Châtelet à Paris, d'après un dessin exécuté vers 1780, qui fait partie de la collection de M. Bérard. — C. Meryon, sculp., 1861. — Pierron, impr., rue Montfaucon.

Cette gravure reproduit le grand Châtelet ; sur la droite et sur la gauche figurent des étaux pour la vente des poissons et de la viande.

Nous avons entendu signaler ici seulement les vues spéciales du Châtelet; d'autres estampes où ce monument est compris se trouvent en diverses descriptions de Paris[2].

1. (France. Paris. 1795. Louvre, I. V. A. 94.) — Aujourd'hui, sur l'emplacement du Châtelet, s'élèvent le Théâtre impérial du Châtelet et le Théâtre-Lyrique.

2. On trouve aussi, dans la *Topographia Galliæ* de Martin Zeiller, Francfort, 1655, *une vue du grand Chastelet de Paris*. (1 vol. petit in-fº, chez Blaisot, rue de Rivoli, 178, Paris.)

XXX

BIBLIOGRAPHIE

POUR L'ÉTUDE DU CHATELET DE PARIS[1].

Recueil de pièces concernant le Châtelet de Paris. (Août 1768, 9 février 1776; in-4°.)

Traité des fonctions, droits et priviléges des commissaires au Châtelet de Paris, par M. Sallé. Paris, 1759; in-4°.

Histoire de l'administration de la police de Paris, depuis Philippe-Auguste, jusqu'aux états généraux de 1789, par M. Frégier. Paris, 1850; 2 vol. in-8°.

Liste générale de tous les officiers du Châtelet de Paris; in-4°.

Recueil des priviléges, octroys, concessions et reiglemens des commissaires enquesteurs et examinateurs du Chastelet de Paris; 1589; in-4o.

Confirmations des privilèges et vérifications d'iceux pour les commissaires enquesteurs et examinateurs du Châtelet de Paris; 1619; in-4°.

---

1. Dans cette liste ne sont pas compris les *manuscrits*, dont nous avons, du reste, fait mention détaillée en divers chapitres de cet ouvrage. Ces manuscrits sont, nous l'avons dit, conservés précieusement aux Archives de l'empire, à la Bibliothèque impériale et à la Préfecture de police.

Règlement pour le Châtelet de Paris, tant pour le service de l'audience que celui de la chambre du conseil, au civil et au criminel, faisant défense à tous procureurs, greffiers, huissiers, audienciers, leurs clercs et commis, de servir de clercs à MM. les lieutenans et conseillers. (19 novembre 1674; in-4°.)

Règlement fait au Châtelet contenant l'ordre qui doit être observé par MM. les conseillers, pour le service qu'ils rendent à l'audience en la chambre criminelle et en celles du comité de la police. (4 avril 1678.)

Distribution de MM. les conseillers du Châtelet pour l'expédition des affaires, suivant l'arrêté du 4 avril 1678; in-4°.

Requête présentée au roy par les commissaires du Châtelet de Paris, en entherinement de laquelle il leur a été fait augmentation de leur salaire. (30 juin 1586; in-4°.)

Délibération du jeudi, sixième jour d'octobre 1588, relative aux commissaires du Châtelet; in-4°.

Rémonstrance faite au conseil du roy par messire François Myron, lieutenant civil de Paris, pour la révocation de l'édict des lieutenans généraux alternatifs. Paris, 1598; in-8°.

La grande et nécessaire police à M. le lieutenant civil. Paris, 1619; in-8°.

Articles de bourse commune accordés et signés de tous les commissaires enquêteurs et examinateurs du Châtelet de Paris. (30 octobre 1647; in-4°.)

Du Châtelet de Paris; in-8°.

Copie d'une lettre missive envoyée par M. le duc d'Épernon, colonel général des bandes françaises, à M. de la Vergne, maréchal-des logis au régiment des gardes, en faveur des commissaires de Paris, touchant leurs priviléges. (20 août 1658; in-4°.)

Mémoires contre la prétention des seigneurs de Saint-Germain des Prés, sur le fait de la police; 1668.

Arrêté de la compagnie des conseillers au Châtelet, du 11

août 1692, portant divers règlemens relatifs aux défaults. Paris; in-fol.

Séance du Châtelet de Paris (lundi 25 octobre 1762) et discours prononcés par M. de Sartine, lieutenant général de police, par M. Moreau, procureur du roi au Châtelet, et par M. Chardon, lieutenant particulier, président au parc civil. Paris, 1762; in-4°.

Arrêté du Châtelet de Paris du jeudi 13 avril 1769, au sujet de la prétendue prévôté du cens commun, faubourg Saint-Laurent. Paris; in-4°.

Discours prononcé à l'audience du parc civil au Châtelet de Paris, le 5 janvier 1775, à l'occasion du retour des anciens magistrats de ce tribunal. Signé, Me Guillaume, avocat.

Délibération des substituts de M. le procureur du roi au Châtelet de Paris, homologuée au parlement, portant renonciation du droit à la faculté de postuler à eux donnée par édit d'avril 1696.—Du 12 mai 1778. Paris, Kimpen; in-4°.

Arrêté de la chambre criminelle du Châtelet de Paris du 27 février 1779; in-4°.

Discours de M. le président Lefèvre d'Ormesson, le 25 septembre 1788, au Châtelet, au sujet de l'établissement de la chambre des vacations, les pairs y séant. Réponse du roi du 26 septembre 1788.

Discours de M. Talon, lieutenant civil, dans la séance publique du Châtelet de Paris du lundi 26 octobre 1789, jour de la rentrée du tribunal. Paris, 1789; in-4°.

Observations pour les ci-devant commissaires au Châtelet de Paris, reçus depuis 1771; in-4°.

Notaires. — Chartres, lettres et titres des pouvoirs attribués par les rois aux notaires, garde-notes au Châtelet de Paris; arrêts de nosseigneurs de la cour du parlement et sentences de M. le prévôt de Paris, pour la fonction de leurs offices. Paris, 1619; in-4°.

Chartres, lettres, titres et arrêts de l'antiquité, chapelle,

droits, fonctions, pouvoirs, exemptions et privilèges des notaires et garde-notes au Châtelet de Paris, recueillis par
M⁰ Guillaume Levesque, l'un des délégués de la communauté. Paris, 1673; in-4°.

Traité des droits, privilèges et fonctions des conseillers du
roi, notaires, garde-notes et garde-scel de Sa Majesté au Châtelet de Paris, avec le Recueil de leurs chartres et titres, par
M. Simon-François Langlois. Paris, 1738; in-4°.

Statuts et règlemens de la communauté des notaires au Châtelet de Paris, revus, corrigés et augmentés en 1651 ; in-4°.

Statuts et règlemens de la communauté des notaires au Châtelet de Paris, faits en l'année 1651. Paris, 1666; in-8°.

Discours pour montrer qu'un gentilhomme ne déroge pas à
sa noblesse par la charge de notaire au Châtelet ; in-4°.

Règlemens sur les arts et métiers de Paris au xiiie siècle, et
connus sous le nom du Livre des Métiers, d'Étienne Boileau,
publiés par Depping. Paris. (Crapelet, 1837.)

Procureurs. — Statuts et règlements faits et établis en la
communauté des procureurs du Châtelet de Paris ; Liste générale de tous les officiers du Châtelet de Paris. Imp. Baudry,
1666 ; in-4°.

Mémoire des déclarations qui seront faites en exécution de
la bourse commune des procureurs du Châtelet de Paris, et
arrêts d'homologation suivant la signification faite aux commissaires de ne plus recevoir les vacations des procureurs,
ainsi qu'il a été arrêté en la communauté; in-4°.

Délibération des procureurs au Châtelet de Paris du 16 juillet 1714, pour l'homologation des nouveaux statuts de la
communauté ; in-fol.

Adresse à l'Assemblée nationale par les procureurs du Châtelet de Paris, 1790; in-8°.

Pétition des procureurs au Châtelet de Paris à l'Assemblée
nationale. (Octobre 1790; in-8°.)

Huissiers au Châtelet. — Recueil des statuts, chartres, édits, déclarations, arrêts, sentences et ordonnances concernant les charges et priviléges attribués aux offices de chevaliers, huissiers servans à cheval au Châtelet de Paris, revu et augmenté par N. Choquart, l'un d'iceux et membre de leur communauté. 1648 ; in-8°, à Paris.

Chartre du roi Charles VIII, concernant les pouvoirs des huissiers à cheval au Châtelet de Paris, et qui rappelle l'ordonnance de Charles V portant fixation au nombre de onze vingts sergens huissiers à cheval, des 8 juin 1369 et août 1492 ; in-4°.

Liste des huissiers à cheval au Châtelet de Paris, contenant leurs noms, surnoms et demeures, tant dans ladite ville de Paris que dans les autres villes du royaume, avec une autre liste par ordre alphabétique desdits huissiers des provinces et des villes dans lesquelles ils font leurs résidences. Imprimé en 1713 à la diligence de Pierre Desplats, clerc de la communauté. Paris ; in-8°.

Au Roi et à Nosseigneurs de son conseil. (Requête des huissiers à cheval et à verge au Châtelet de Paris, au sujet du règlement de 1768, signée de M° Arsandaux, avocat.)

Liste des huissiers à verge et de police au Châtelet de Paris exploitant et résidant dans toute l'étendue du royaume. Imprimé à la diligence et de la maîtrise de MM. Boudy, Duval, Choquet et Daniel. Paris, 1783 ; in-8°.

Factum pour les maîtres gouverneurs de la communauté des huissiers sergens à verge au Châtelet de Paris, contre la communauté des huissiers de la cour des aydes de Paris.

Factum pour les huissiers audienciers du présidial du Châtelet de Paris contre les huissiers audienciers des juges auditeurs et les huissiers à cheval et sergens à verge.

Mémoire pour les huissiers commissaires priseurs, vendeurs de biens meubles au Châtelet de Paris, contre les jurés priseurs de Versailles, Meudon, Vincennes. Signé de La Croix de Frainville, avocat; 1784.

A l'Assemblée nationale. (Requête des huissiers priseurs du Châtelet de Paris.)

Supplique des huissiers commissaires-priseurs immatriculés au Châtelet de Paris, à nosseigneurs les représentans de la nation. Paris, janvier 1790; in-4°.

Greffiers. — Mémoire pour la communauté et compagnie des greffiers commis pour l'expédition des sentences du parc civil, siège présidial et criées du Châtelet de Paris, et propriétaire du greffe des affirmations de voyage, contre le sieur Monnerat, commissaire général des saisies réelles; 1743.

Basoche. — L'excellence du mot de *clerc*, noblesse et antiquité des clercs, leur première institution, leurs faits héroïques, les priviléges par eux accordés par les rois, où se remarque aussi l'origine des avocats et procureurs, par le sieur Gastier. Paris, Bassin, 1631; in-8°.

Recueil des statuts, ordonnances, règlements, antiquités, prérogatives et prééminence du royaume de la basoche. Ensemble plusieurs arrêts donnés pour l'établissement et conservation de sa juridiction. Le tout adressé à M. Boivinet, chancelier en icelle, en la présente année 1644. Paris; in-8°.

Ancienne basoche de Paris. (Commune de Paris, extrait du procès-verbal du 17 juin 1790.) Signé : les membres de l'ancienne basoche, Dinens, Varlent. Paris, 1833; in-4°.

Rapport sur l'historique, le but et l'utilité des basoches; fait à la basoche de Chartres, le 26 novembre 1839, par Bournisien. Chartres, 1840; in-8°.

Essai sur la basoche du parlement, par Georges Besnard. Caen, 1843; in-8°.

Essai sur la basoche. Discours prononcé à la séance de rentrée de la conférence Delvincourt, le 20 novembre 1853, par Paul Dupré.

Études historiques sur les clercs de la basoche, suivies de pièces justificatives, par Adolphe Fabre. Paris, Potier, 1856; in-8°.

De la grandeur et décadence de la basoche, par Gustave Janvier. Bordeaux, 1857; in-18.

Les Clercs à Dijon, pour servir à l'histoire de la basoche, par Charles Muteau. Dijon, 1857; in-8°.

Observations pour la basoche du palais à Paris. 1785; in-4°.

Statuts pour la basoche et communauté des clercs du Châtelet de Paris, homologués par sentence rendue au Châtelet, la compagnie assemblée, le 1er septembre 1757. Paris, 1759; in-4°.

Au Roi et à Nosseigneurs de son conseil. (Signé : Falentin, avocat.

Requête des quinze clercs écrivant en parchemin au Châtelet de Paris, contre les principaux commis.

Observations des clercs du Châtelet de Paris, en faveur de tous ceux qui ont travaillé pendant un certain temps au profit des ci-devant procureurs. Paris; in-8° 1.

1. (Voir la division Jurisprudence, Catalogue de la Bibliothèque impériale, département des imprimés. Paris, Didot; 1861.)

(Voir aussi la Notice jointe aux deux collections de médailles et de légendes, offertes à la compagnie des notaires honoraires de Paris, le 11 novembre 1841, par Me Potron, notaire honoraire. V. La Table de ce livre appelé le Livre Rouge neuf des maistrises des mestiers, et aultres ordonnances cy-après enregistrées (Arch. imp. sect. jud. Y), dans le Cabinet historique, VIIIe vol. Paris, Dumoulin, 1862.)

XXXI

PRÉSIDENTS ET CHEFS DU PARQUET

PRÈS LE TRIBUNAL DE LA SEINE

Le tribunal de la Seine a été l'héritier si direct du Châtelet de Paris, que nous croyons utile de donner ici la liste de ses Présidents et Chefs du parquet; ils ont continué la mission de justice que leur avaient léguée leurs devanciers au Châtelet.

PRÉSIDENTS DU TRIBUNAL DE PREMIÈRE INSTANCE DE LA SEINE.

NOMS.	DÉCRET DE NOMINATION.	INSTALLATION OU SERMENT.
M. Berthereau............	11 germin. an VIII.	5 floréal an VIII.
M. Try (Bertrand).........	6 janvier 1811.	17 janvier 1811.
M. Girod de l'Ain	30 mars 1815.	4 avril 1815.
Loi qui annule les nominations faites par l'empereur depuis le 20 mars 1815....	12 juillet 1815.	
M. Try (Bertrand).........	15 octobre 1815.	23 octobre 1815 [1].
M. Moreau (Jean-François)..	7 mars 1821.	2 avril 1821.
M. De Belleyme (Louis-Marie)	13 août 1829.	25 août 1829.
M Benoit-Champy	30 décembre 1856.	6 janvier 1857.

1. Réinstallation de tout le tribunal.

CHEFS DU PARQUET PRÈS LE TRIBUNAL DE LA SEINE.

NOMS.	DATE DE NOMINATION.	DATE D'INSTALLATION.
M. Hémery...............	11 germinal an viii	5 floréal an viii.
M. Robin.................	28 germinal an viii	
M. Séguier..............	23 pluviôse an x.	
	17 frimaire an xi.	
M. Olivier............ ...	8 pluviôse an xi.	
M. Joubert-Arnaud..........	10 brumaire an xiv	7 frimaire an xiv.
M. Courtin...............	6 janvier 1811	17 janvier 1811.
M. Jacquinot-Pampelune.....	26 juillet et 15 octobre 1815.	23 octobre 1815.
M. De Belleyme...........	12 juillet 1826.	17 juillet 1826.
M. Billot (Jean-François)...	6 avril 1828.	11 avril 1828.
M. Barthe................	2 août 1830.	12 août 1830.
M. Comte (Charles)..........	28 septembre 1830	1er octobre 1830.
M. Desmortiers...........	8 mars 1831.	11 mars 1831.
M. Boucly (Félix).........	7 août 1843.	11 août 1843.
M. Landrin...............	28 février 1848.	2 mars 1848.
M. Pinard......	4 juillet 1848.	11 juillet 1848.
M. Foucher (Victor)........	21 février 1849.	23 février 1849.
M. Lascoux................	1er août 1850.	5 août 1850.
M. Cordoen.	31 octobre 1856.	8 novembre 1856.
M. Lenormant (Paul).......	5 décembre 1861.	16 décembre 1861
M. Moignon (Alice).........	6 juillet 1863.	10 juillet 18 63.
M. Désarnauts.............	12 novembre 1868.	27 novembre 1868

TABLE ANALYTIQUE.

CHAPITRE PREMIER.

Emplacement du Châtelet de Paris, p. 7. — Ses accroissements, p. 9. — Inscriptions qu'on y lisait, p. 10. — Le Châtelet assiste aux entrées solennelles, p. 10. — Sa paroisse était Saint-Germain l'Auxerrois, p. 12. — Sous ses murs se vendait le poisson, p. 12. — Établissement d'un prévôt, p. 13. — Juridiction du Châtelet, p. 14. — Sa composition au xve siècle et en 1775, p. 15. — Les princes du sang étaient soumis à sa juridiction, p. 17. — Le grand et le petit parquet, p. 17. — Édits et lettres patentes concernant le Châtelet, p. 17. — Création d'un présidial au Châtelet, p. 22. — Le Châtelet siége aux Augustins de Paris, p. 23. — Défense aux officiers du Châtelet de Paris de décréter prise de corps contre les bourgeois, sinon en matière importante, p. 23. — Arrêt de conflit entre le grand conseil et le lieutenant criminel du

CHAPITRE VI.

Les examinateurs. — Leur salaire par jour à Paris et hors Paris, p. 130. — Prix et longueur des dépositions, p. 131. — Lettres patentes concernant les examinateurs, p. 131. — Motifs de leurs priviléges, p. 133. — Les examinateurs doivent mentionner sur le registre d'écrou la date et la cause de l'emprisonnement, p. 133. — Il leur appartient de faire prendre les assassins et vagabonds et autres mal vivants fréquentant les lieux suspects, et d'emprisonner ceux trouvés en flagrant délit, p. 133. — Ordonnance des examinateurs du Châtelet, p. 136.

CHAPITRE VII.

Les auditeurs. — Leurs gages et compétence, p. 141. — Lettres patentes les concernant, p. 142. — Arrêt invitant les officiers de police du Châtelet et ceux du bureau de la ville à fournir, sur leurs droits respectifs, un mémoire au procureur général du roi, p. 145.

CHAPITRE VIII.

Les avocats, p. 147. — Tarif de leurs plaidoyers, p. 148.

CHAPITRE IX.

Les procureurs au Châtelet. — Forme de leur élection, p. 149. — Leur salaire par cause, p. 149. — Lettres patentes les concernant, p. 150.

CHAPITRE XV.

CHAPITRE XX.

L'ordonnance de Moulins, p. 296. — Ordonnance de 1667, p. 302. — Matières réglées par le style du Châtelet, p. 302. — Indication de divers traités de la procédure du Châtelet, p. 303.

CHAPITRE XXI.

Leur désignation sous le nom de *Livres de couleur*, p. 306-307. — Les Bannières du Châtelet, p. 307.

CHAPITRE XXII.

Rang du Châtelet dans les cérémonies, p. 329. — Priviléges et exemption de tailles, p. 333.

CHAPITRE XXIII.

Leurs règlements, p. 335. — Visite des présidents du parlement au Châtelet, p. 337. — Statuts de la geôle du Châtelet de Paris, p. 338. — Massacre des Armagnacs, p. 340. — Etat des prisons de Paris au xviiie siècle, p. 343.

CHAPITRE XXIV.

Peines contre des auteurs et imprimeurs, p. 356-357. — Les cas royaux, p. 363. — Les cas prévôtaux, p. 363. — Le

CHAPITRE XXVIII.

Lettre du président de l'Assemblée nationale au Châtelet de Paris, p 414. — Suppression du Châtelet en 1790, p. 414.

CHAPITRE XXIX.

Plans, estampes représentant le Châtelet, p. 415-416.

CHAPITRE XXX.

CHAPITRE XXXI.

Présidents, p. 424. — Chefs du parquet de la Seine, p. 425.

FIN DE LA TABLE ANALYTIQUE.

TABLE DES CHAPITRES

FIN LA TABLE DES CHAPITRES.

A LA MÊME LIBRAIRIE

LE CHANCELIER D'AGUESSEAU

Sa conduite et ses idées politiques
Et son influence sur le mouvement des esprits, pendant
la première moitié du XVIIIe siècle,

Avec des documents nouveaux et plusieurs ouvrages inédits du chancelier

PAR

M. FRANCIS MONNIER

Précepteur du Prince impérial

Ouvrage couronné par l'Académie française

DEUXIÈME ÉDITION

1 volume in-8°. . . . 7 fr.

L'ouvrage de M. Monnier se divise en trois parties : la première comprend des
études sur le parlement de Paris, depuis son alliance avec la Fronde jusqu'au
milieu du règne de Louis XIV; l'histoire de d'Aguesseau comme avocat
général et comme procureur général; dans la seconde, d'Aguesseau, devenu
chancelier, rencontre des difficultés de toute nature et de puissants ennemis;
il est deux fois exilé. La troisième partie nous fait pénétrer dans sa vie privée,
et nous initie à la connaissance de ses ouvrages. Un appendice renferme, outre
des fragments de quelques écrits encore inédits du chancelier, un grand
nombre de documents précieux que l'auteur a augmenté dans cette nouvelle
édition.

LES PARLEMENTS DE FRANCE

ESSAI HISTORIQUE

SUR LEURS USAGES, LEUR ORGANISATION ET LEUR AUTORITÉ

PAR

LE Vte DE BASTARD D'ESTANG

ANCIEN PROCUREUR GÉNÉRAL, CONSEILLER A LA COUR IMPÉRIALE DE PARIS

2 forts volumes in-8°. 15 fr.

Paris. Imp. PILLET fils aîné, rue des Grands-Augustins, 5.

LIBRAIRIE ACADÉMIQUE DIDIER ET Cᵉ.

VILLEMAIN.

Souvenirs contemporains d'histoire et de
littérature. 2 vol. in-8. . . . . . . 14 »
— Le même ouvrage, 2 vol. in-12. . . 7 »
Choix d'Études sur la littérature. Rapports
académiques, etc. 1 vol. in-8. . . . »
— Le même, 1 vol. in-12. . . . . . . 3 50
Cours de Littérature française. Tableau de
la Littérature française au XVIIIᵉ siècle et
Tableau de la Littérature au moyen âge.
Nouv. édit. 6 vol. in-8. . . . . . . 36 »
— Le même, 6 vol. in-12. . . . . . . 21 »
Discours et mélanges littéraires : Éloges de
Montaigne et de Montesquieu. Rapports
et Discours académiques, etc. Nouv. édit.
1 vol. in-8. . . . . 6 »
— Le même, 1 vol. in-12. . . . . . . 3 50
Études de littérature ancienne et étrangère.
Nouv. édit. 1 vol. in-8. . . . . . . 6 »
Le même, 1 vol. in-12. . . . . . . 3 50
Études d'Histoire moderne. Nouv. édition.
1 vol. in-8. . . . . 6 »
— Le même, 1 vol. in-12. . . . . . . 3 50
Tableau de l'éloquence chrétienne au IVᵉ
siècle. 1 vol. in-8. . . . . 6 »
— Le même, 1 vol. in-12. . . . . . . 3 50

GÉRUZEZ.

Histoire de la Littérature française depuis
ses origines jusqu'à la Révolution. (Ouvrage couronné par l'Académie française.
Prix Gobert). 8ᵉ édit. 2 vol. in-8. 14 »
— Le même, 2 vol. in-12. . . . . . . 7 »

AMPÈRE (J. J.)

La Grèce, Rome et Dante. études littéraires
d'après nature. 8 édit. 1 vol. in-8. 7 »
— Le même, 1 vol. in-12. . . . . . . 3 50
Littérature et Voyages. 1 vol. in-12. 3 50
Heures de Poésie. 1 vol. in-12. . . . 3 50

BARANTE.

Histoire des ducs de Bourgogne. Nouv.
édition illustrée de vignettes. 8 vol.
in-12. . . . . 24 »
Histoire de Jeanne d'Arc. Édition populaire. 1 vol. in-12. . . . . 1 25
Royer-Collard (Vie politique de M.) —Ses
discours et ses écrits. Nouv. édit. 2 vol.
in-8. . . . . 14 »
— Le même, 2 vol. in-12. . . . . . . 7 »
Histoire du Directoire. 3 vol. in-8. 21 »
Tableau littéraire du XVIIIᵉ siècle. 1 vol.
in-12. . . . . 3 50
Études historiques et biographiques. 2 vol.
in-8. . . . . 14 »
— Le même, 2 vol. in-12. . . . . . . 7 »
Études littéraires et historiques. 2 vol.
in-8. . . . . 14 »
— Le même, 2 vol. in-12. . . . . . . 7 »

PH. CHASLES.

Voyages d'un Critique à travers la vie et les
livres. Orient. 1 vol. in-8. . . . . 7 »

J.-F. BOISSONADE.

Critique littéraire sous le 1ᵉʳ empire
publiée par F. Colincamp, précédée d'une
notice par M. Naudet de l'Institut. 2 très-
forts vol. in-8. avec portrait. . . . 16 »

S. DE SACY.

Variétés littéraires, morales et historiques.
Nouv. édit. 2 vol. in-8. . . . . . . 14 »
— Le même, 2 vol. in-12. . . . . . . 7 »

SAINT-MARC GIRARDIN.

Tableau de la littérature française au XVIᵉ
siècle, suivi d'études sur la littérature du
moyen âge et de la renaissance. 1 volume
in-12. . . . . 3 50
La Syrie en 1861.—Condition des chrétiens
en Orient. 1 vol. in-12. . . . . . . 3 50

V. DE LA PRADE.

Questions d'art et de morale. 1 volume
in-8. . . . . 7 »
— Le même, 1 vol. in-12. . . . . . . 3 50

REMUSAT (CH. DE).

Critiques et Études littéraires. 2 volumes
in-12. . . . . 7 »
L'Angleterre au XVIIIᵉ siècle. 2 volumes
in-12. . . . . 7 »
Bacon, sa vie, sa philosophie, son influence, etc. 1 vol. in-8. . . . . . 7 »
— Le même, 1 vol. in-12. . . . . . . 3 50
Saint Anselme de Canterbéry. Tableau de
la vie des couvents. 1 vol. in-8. . . 7 »
Abélard. Sa vie, sa théologie. 2 volumes
in-8. . . . . 14 »

J. JANIN.

La Poésie et l'Éloquence à Rome. 1 vol.
in-8. . . . . 7 »
— Le même. 1 vol. in-12. . . . . . . 3 50

MOLAND (LOUIS).

Origines littéraires de la France. 1 vol.
in-8. . . . . 6 »
— Le même, 1 vol. in-12. . . . . . . 3 50

DESJARDINS (ERN.).

Le grand Corneille historien. 1 volume
in-8. . . . . 6 »
— Le même, 1 vol. in-12. . . . . . . 3 »

FEUGÈRE.

Caractères et portraits littéraires du XVIᵉ
siècle. 2 vol. in-12. . . . . 7 »
Les Femmes poètes du XVIᵉ siècle, étude
suivie de notices sur Mlle de Gournay,
d'Urfé, Montluc. 1 vol. in-8. . . . »
— Le même, 1 vol. in-12. . . . . . . 3 50

H. BAZOU.

Les Amoureux de Madame de Sévigné.
LES FEMMES VERTUEUSES DU GRAND SIÈCLE.
1 vol. in-8. . . . . 6 »
— Le même, 1 vol. in-12. . . . . . . 3 50

Paris. — Imprimerie Viéville et Capiomont, rue des Poitevins, 6.

www.ingramcontent.com/pod-product-compliance
Lightning Source LLC
Chambersburg PA
CBHW060528220326
41599CB00022B/3464